Thieme

... und noch mehr Tipps für die Prüfungsvorbereitung

Das Repetitorium MEDI-LEARN hat fast alle seit 1981 gestellten Prüfungsfragen analysiert. Im 2. Staatsexamen sind das mehr als 15.000 Fragen. Dabei wurde festgestellt, dass sich in den Fächern Naturheilverfahren und Homöopathie, Anästhesiologie/ Intensivmedizin, Notfallmedizin, Schmerztherapie und Zahn-, Mund- und Kiefererkrankungen über 71% aller bisher gestellten Fragen durch wenige Themen abdecken lassen.
Die "Top-Themen" enthalten diejenigen Stichworte, die in diesem Zeitraum mit mindestens 10 Fragen vertreten waren.

Die Top-Themen der Prüfung

Naturheilverfahren und Homöopathie	Anteil
Bewegungstherapie	16,0%
Thermotherapie	14,0%
Grundlagen der Phytotherapie	8,0%
Klimatherapie	6,0%
Massage	4,0%
Balneologie	4,0%
Hydrotherapie	4,0%
Elektrotherapie	4,0%
Homöopath. Dosierungslehre	4,0%
Grundlagen der Ernährung aus naturheilkundlicher Sicht	2,0%
Ernährungstherapie	2,0%
Phytotherapie bei Magen- und Darm-Erkrankungen	2,0%
Phytotherapie bei Erkrankungen des Herz- und Gefäßsystems	2,0%
Phytotherapie bei Erkrankungen des Nervensystems	2,0%
Summe	**74,0%**

Anästhesiologie/ Intensivmedizin	Anteil
Vergiftungen	15,9%
Nierenversagen	14,3%
Allgemeine Intensivtherapie	7,9%
Komplikationen der Allgemeinanästhesie	6,3%
Medikamente zur Allgemeinanästhesie	4,8%
Beatmung	4,8%
Schädel-Hirn-Trauma	4,8%
Schock	4,8%
Medikamente zur Regionalanästhesie	3,2%
Technik d. Regionalanästhesie	3,2%
Intensivmedizinische Behandlung, Überwachung und Pflege des Patienten	3,2%
Überwachung der Respiration	3,2%
Akutes Abdomens	3,2%
Summe	**79,4 %**

Notfallmedizin	Anteil
Vergiftungen mit Sedativa, Drogen, Ethanol, Kohlenmonoxid, Kohlendioxid und Giftpflanzen	10,4%
Verbrennungen	7,1%
Vergiftungen mit Alkylphosphaten, Zyaniden, Nitrosegasen, Thallium, Chlorgasen, Digitalis und Knollenblätterpilzen	6,8%
Diagnostik der akuten Störungen der Atmung	5,8%
Therapie akuter Herz-Kreislaufstörungen	4,7%
Klinik des akuten Abdomens	4,2%
Koma bei Diabetes mellitus	3,7%
Epileptische Anfälle	3,7%
Symptomatik der akuten Herz-Kreislaufstörungen	3,1%
Sofortmaßnahmen bei akuten Störungen der Atmung	2,6%
Pharmakotherapie der akuten Störungen der Atmung	2,6%
Trauma, Polytrauma	2,6%
Sofortmaßnahmen bei akuten Herz-Kreislaufstörungen	2,1%
Pharmakotherapie der akuten Herz-Kreislaufstörungen	2,1%
Symptomatik der akuten Funktionsstörungen des ZNS	2,1%
Therapie von Verbrennungen	2,1%
Delirien	2,1%
Mechanische Ursachen für akute Störungen der Atmung	1,6%
Diagnostik und Differentialdiagnostik des akuten Abdomens	1,6%
Pathophysiologie der akuten Herz-Kreislaufstörungen	1,0%
Diagnostik der akuten Herz-Kreislaufstörungen	1,0%
Suizidalität	1,0%
Summe	**74,0 %**

Therapie chronischer Schmerzen	Anteil
Analgetika	21,2%
Migräneformen	12,5%
Allgemeine Prinzipien der medikament. Schmerztherapie	7,7%
Therapie d. Malignomschmerzes	7,7%
Trigeminusneuralgie	7,7%
Andere Kopfschmerzformen	5,8%
Sympathikusblockaden	2,9%
Phantomschmerz	2,9%
Nozizeptorschmerz	1,9%
Sympathische Reflexdystrophie	1,9%
Summe	**72,3 %**

Zahn-, Mund-, Kiefererkrankungen	Anteil
Tumoren im Mund-Rachen-Bereich	23,1%
Infektionen von Weichteilen im Mund-Rachen-Bereich	6,6%
Karies	5,5%
Zahndurchbruch	3,3%
Störungen des Milchgebisses	3,3%
Erkrankungen der Zahnhartsubstanz und der Pulpa	3,3%
Therapie der Pulpitis	3,3%
Zahnextraktion	3,3%
Entwicklung des Mund-Rachen-Bereichs	2,2%
Morphologie der Zähne des bleibenden Gebisses	2,2%
Ätiologie, Formen und Folgen der apikalen Parodontitis	2,2%
Fluoride als Kariesprophylaxe	2,2%
Traumen im Kiefer-/Gesicht	2,2%
Weichteilverletzungen des Gesichts	2,2%
Kariesrisiko	1,1%
Zahnersatz	1,1%
Luxationen und Subluxationen im Kieferbereich	1,1%
Zahnfrakturen	1,1%
Mittelgesichtsfrakturen des Gesichts	1,1%
Laterale Mittelgesichtsfrakturen	1,1%
Summe	**71,5 %**

Fragenanteil pro Kapitel Naturheilverfahren

Die Darstellung des prozentualen Fragenanteils pro Kapitel empfehlen wir als Grundlage Ihrer Lernplanung.

	Naturheilverfahren und Homöopathie	Anteil
1	Allgemeine Grundlagen	6,5 %
2	Physikalische Therapie	45,5 %
3	Ernährungstherapie	9,1 %
4	Phytotherapie	24,7 %
5	Weitere Verfahren	6,5 %
6	Homöopathie	7,8 %

	Anästhesiologie/Intensivmedizin	Anteil
1	Grundlagen der Anästhesiologie	57,1 %
2	Grundlagen der intensivmedizinischen Behandlung	42,9 %

	Notfallmedizin	Anteil
1	Akute Störung der Atmung	25,0 %
2	Akute Herz-Kreislaufstörungen	35,0 %
3	Akute Funktionsstörungen des Zentralnervensystems	15,0 %
4	Stoffwechselkomata	19,0 %
5	Spezielle Notfallsituationen	15,0 %

	Therapie chronischer Schmerzen	Anteil
0	Definition	1,3 %
1	Physiologie und Pathophysiologie	14,3 %
2	Schmerzdiagnostik	2,9 %
3	Methoden der Schmerztherapie	47,1 %
4	Besondere chronische Schmerzsyndrome	34,3 %

	Zahn-, Mund-, Kiefererkrankungen	Anteil
1	Entwicklung des Mund-, Rachen-Bereichs	15,8 %
2	Anatomische Grundlagen	14,0 %
3	Erkrankungen der Zahnhartsubstanz und der Pulpa	38,6 %
4	Erkrankungen des Zahnbetts	7,0 %
5	Vorbeugende Zahn-, Mund- und Kieferheilkunde	5,3 %
6	Zahnextraktion und -ersatz	8,8 %
7	Erkrankungen an Weichteilen und Knochen	8,8 %
8	Traumen im Kiefer- und Gesichtsbereich	1,8 %

Original-Prüfungsfragen
mit Kommentar

GK 3

Naturheilverfahren
Anästhesiologie/ Intensivmedizin
Notfallmedizin
Therapie chronischer Schmerzen
Zahn-, Mund-, Kiefererkrankungen

6. Auflage

Bearbeitet von M. Bühring, R. Braun,
M. Schuler und A. Hoffmann

Georg Thieme Verlag
Stuttgart · New York

Prof. Dr. med. M. Bühring
Krankenhaus Moabit
IV. Innere Abteilung
Turmstraße 21
10559 Berlin

Dr. med. Roland Braun, D.E.A.A.
Trützschler Straße 13
68199 Mannheim

Dr. med. Matthias Schuler
Pfälzer Straße 6/3
69123 Heidelberg

Dr. med. Dr. med. dent. Andreas Hoffmann
Klinik und Poliklinik für
Mund-Kiefer-Gesichtschirurgie der LMU
Lindwurmstraße 2a
80337 München

Die Deutsche Bibliothek – CIP-Einheitsaufnahme

Original-Prüfungsfragen mit Kommentar GK 3.
Original-Prüfungsfragen mit Kommentar GK 3. – Stuttgart ; New York : Thieme (Schwarze Reihe)
Naturheilverfahren / bearb. von M. Bühring.... – 6. Aufl. – 2001
ISBN 3-13-112916-6

1. Auflage 1995
2. Auflage 1996
3. Auflage 1997
4. Auflage 1998
5. Auflage 2000
6. Auflage 2001

Unsere Homepage: http://www.thieme.de

Satz: Hagedorn Kommunikation, Viernheim
Druck und Bindung: Universitätsdruckerei H. Stürtz AG, Würzburg
Printed in Germany

ISBN 3-13-112916-6

Vorwort

Der vorliegende, in seiner 6. Auflage komplett überarbeitete Band deckt die Fächer Naturheilverfahren, Anästhesiologie/Intensivmedizin, Notfallmedizin, Therapie chronischer Schmerzen und Zahn-, Mund-, Kiefererkrankungen des GK 3 ab. Die zu diesen Gebieten gestellten Originalfragen des IMPP werden in gewohnter Weise ausführlich kommentiert. Um den Umfang des Bandes bei halbjährlich steigender Fragenanzahl konstant zu halten, sind von den älteren Examina doppelte Fragen oder solche mit geringer Prüfungsrelevanz herausgenommen worden. Ebenfalls entfernt wurden Fragen des Typs „kausale Verknüpfung", da dieser vom IMPP nicht mehr verwendet wird.
Die sich schon in älteren Auflagen abzeichnende Tendenz zur Prüfung von Detailwissen und der Kenntnisse in den Randgebieten hat sich fortgesetzt. Zur besseren Orientierung in der Prüfungsvorbereitung wurden die einzelnen Fragen entsprechend ihrer Häufigkeit klassifiziert (unterschiedliche Zahl von Ausrufezeichen). Zudem ist von den verschiedenen Kapiteln des Gegenstandskataloges der prozentuale Anteil in den Prüfungen angeführt. Um die wichtigen Themen verständlich zu machen, sind sie mit Lerntexten versehen, die zum einen so ausführlich gehalten sind, dass auch Zusammenhänge ersichtlich werden, andererseits so prägnant formuliert sind, um gerade für mündliche Prüfungen ein gutes Wissensgerüst zu vermitteln.
Die Anregungen und Verbesserungsvorschläge der Benutzer dieses Bandes sind in die neue Überarbeitung eingeflossen. Hierfür danken wir allen, die sich trotz der anstrengenden Prüfungsvorbereitungen die Zeit genommen haben, damit dieses Werk den Anforderungen an zukünftige Prüflinge gerecht wird. Allen Examenskandidaten wünschen wir gute Nerven und viel Erfolg.

Heidelberg, Mannheim, München, im Juni 2001

Matthias Schuler
Roland Braun
Andreas Hoffmann

Anmerkung der Redaktion

Zur besseren Übersicht über die Schwerpunkte des umfangreichen Prüfungswissens wurden Fragen und Kommentare mit Ausrufezeichen gekennzeichnet. Diese gehören Stoffgebieten an, zu denen wiederholt in verschiedener Form Fragen gestellt werden.

! = wiederholt geprüfter Stoff
!! = sehr wichtiger, häufig geprüfter Stoff

Naturheilverfahren sind überwiegend Teil der empirischen Medizin. Sie haben sich im Verlauf vieljähriger Anwendungen zu der jetzt üblichen Form entwickelt, Grundlagenforschung und klinische Evaluation nach den heute geforderten Standards waren bisher nur für Teilbereiche möglich. Damit muß der akademische Unterricht an manchen Stellen – wie häufig in der Medizin – auf allgemein anerkannte und naturwissenschaftlich gut abgesicherte Inhalte verzichten. Die Lehre und die studentische Prüfung beschäftigen sich dann mehr mit „Trends" in der Naturheilkunde, mit therapeutisch Bewährtem, zu welchem breiter Konsens unter anwendenden Ärzten besteht. Für die Praktische Medizin – z.B. des niedergelassenen Arztes – sind Naturheilverfahren von großer Bedeutung und sollten die wichtigsten Grundzüge auch den Ärzten bekannt sein, welche sie selbst nicht anwenden.
Seit der 7. Novelle zur ärztlichen Approbationsordnung (Oktober 1989) sind „Grundlagen, Möglichkeiten und Grenzen von Naturheilverfahren und Homöopathie" Teil der klinischen Prüfung für Medizinstudenten. Die Autoren des damit notwendigen Gegenstandskataloges haben sich im wesentlichen auf die „klassischen" Naturheilverfahren beschränkt, wie sie grundsätzlich auch von der modernen naturwissenschaftlich orientierten Medizin (sog. Schulmedizin) anerkannt werden. Der damalige Entschluß geschah zum einen aus der Überzeugung, daß diesen Verfahren das eigentliche ärztliche Interesse gebührt, zum anderen aber auch, um den studentischen Lehrplan mit Methoden der alternativen und unkonventionellen Therapie nicht zu überfrachten. Nur beispielhaft werden unter Kapitel 5 „Weitere Verfahren" auch die klassische Naturheilkunde überschreitende Themen abgehandelt.

Berlin, im Juni 2001 Malte Bühring

Inhalt

Die **halbfett** gedruckten Seitenzahlen beziehen sich auf den Kommentarteil.

Lerntextverzeichnis

Bearbeitungshinweise

In den Original-Aufgabenheften, die die Grundlage der Prüfung bilden, sind die Fragen nicht nach Fächern, sondern nach Aufgaben-Typen geordnet.

Zur Prüfungsvorbereitung erscheint eine fachbezogene Fragenordnung, wie sie in diesem Band praktiziert wird, geeigneter.

Im Examen Frühjahr 2000 wurden die Fragen vom IMPP erstmals nach inhaltlichen Gesichtspunkten sortiert.

Die Lösung zu jeder Frage ist am Unterrand derselben Seite vermerkt.

Es ist zweckmäßig, beim ersten Durchgang die falsch beantworteten Fragen zu markieren, um sie kurz vor dem Prüfungstermin zu wiederholen.

Aber Vorsicht! Manche Fragen werden im Examen wortgetreu wiederholt, doch kann die Reihenfolge der möglichen Antworten geändert sein.

Aufgabentypen:

Aufgabentyp A: Einfachauswahl

Erläuterung: Bei diesem Aufgabentyp ist von den fünf mit (A) bis (E) gekennzeichneten Antwortmöglichkeiten eine einzige auszuwählen, und zwar entweder die allein bzw. am ehesten zutreffende Aussage oder die einzig falsche bzw. am wenigsten zutreffende Aussage.
Wenn die Falschaussage zu markieren ist, enthält der Vorsatz ein fettes (im Originalheft noch unterstrichenes) **nicht** oder einen ähnlichen deutlichen Hinweis.

Lesen Sie immer alle Antwortmöglichkeiten durch, bevor Sie sich für eine Lösung entscheiden!

Aufgabentyp B: Aufgabengruppe mit gemeinsamem Antwortangebot – Zuordnungsaufgaben –

Erläuterung: Jede dieser Aufgabengruppen besteht aus:

a) einer Liste mit nummerierten Begriffen, Fragen oder Aussagen (Liste 1 = Aufgabengruppe)
b) einer Liste von 5 durch die Buchstaben (A)–(E) gekennzeichneten Antwortmöglichkeiten (Liste 2)

Sie sollen zu jeder nummerierten Aufgabe der Liste 1 aus der Liste 2 *eine* Antwort (A) bis (E) auswählen, die Sie für zutreffend halten oder von der Sie meinen, dass sie im engsten Zusammenhang mit dieser Aufgabe steht. Bitte beachten Sie, dass jede Antwortmöglichkeit (A) bis (E) für mehrere Aufgaben der Liste 1 die Lösung darstellen kann.

Aufgabentyp C: Kausale Verknüpfung

Erläuterung: Bei diesem Typ besteht die Aufgabe aus zwei Aussagen, die mit „weil" verknüpft sind. Jede der beiden Aussagen kann unabhängig von der anderen richtig oder falsch sein. Wenn beide Aussagen richtig sind, so kann die Verknüpfung durch „weil" richtig oder falsch sein. Dabei muss Aussage 2 nicht die alleinige Begründung von Aussage 1 sein! Ein gegebenenfalls vorangestellter Sachverhalt ist bei der Beurteilung zu berücksichtigen. Nach Prüfung entnehmen Sie den richtigen Lösungsbuchstaben dem Lösungsschema:

Antwort	Aussage 1	Aussage 2	Verknüpfung
A	richtig	richtig	richtig
B	richtig	richtig	falsch
C	richtig	falsch	–
D	falsch	richtig	–
E	falsch	falsch	–

Aufgabentyp D: Aussagenkombination

Erläuterung: Bei diesem Aufgabentyp ist die Richtigkeit mehrerer nummerierter Aussagen zu beurteilen. Es können je nach den vorgegebenen Aussagenkombinationen A bis E eine einzige, mehrere, alle oder keine der Aussagen richtig sein. Eine Aufgabe wird als **richtig gelöst** gewertet, wenn der Lösungsbuchstabe markiert wurde, der für die **zutreffende Beurteilung aller Aussagen** als richtig oder falsch steht.

Allen Aufgabentypen gemeinsam ist, dass am Ende eine und nur eine der fünf möglichen Lösungen (A) bis (E) zu markieren ist. Die beste Antwort ist diejenige, die im Vergleich der fünf Antwortmöglichkeiten die Aufgabe **am umfassendsten beantwortet**. Eine Mehrfachmarkierung wird als falsch gewertet. Das Fehlen einer Markierung wird in gleicher Weise falsch gewertet wie eine Markierung an falscher Stelle. Man sollte also, auch wenn man eine Aufgabe nicht lösen kann, in jedem Falle eine Lösung raten, weil man so eine 20%-Chance hat, die richtige Lösung zu treffen.

Fragen

Lösungsschema

Aufgabentyp C – Kausale Verknüpfung
Siehe Bearbeitungshinweise

Antwort	Aussage 1	Aussage 2	Verknüpfung
A	richtig	richtig	richtig
B	richtig	richtig	falsch
C	richtig	falsch	–
D	falsch	richtig	–
E	falsch	falsch	–

Grundlagen, Möglichkeiten und Grenzen von Naturheilverfahren und Homöopathie

1 Allgemeine Grundlagen

F93

1.1 Welche Aussage trifft **nicht** zu?

Die Prinzipien der Kneipp-Therapie sind:

(A) Bewegungstherapie
(B) Hydrotherapie
(C) Phytotherapie
(D) Elektrotherapie
(E) Diätetik

F93 !

1.2 Bei folgenden therapeutischen Maßnahmen ist mit adaptativen Umstellungen im Organismus zu rechnen:

(1) Klimatherapie
(2) Bettruhe
(3) hydrotherapeutische Kurbehandlung
(4) Ultraviolettbestrahlungen

(A) nur 1 ist richtig
(B) nur 1 und 3 sind richtig
(C) nur 1, 3 und 4 sind richtig
(D) nur 2, 3 und 4 sind richtig
(E) 1 – 4 = alle sind richtig

F95 !!

1.3 In einer Systematik zum Verständnis naturheilkundlicher Behandlungen sind Langzeiteffekte:

(A) Effekte einer besonders lange dauernden einmaligen Behandlung (z.B. Bad über 45 Minuten)
(B) Effekte, welche nach einmaliger Behandlung besonders lange andauern
(C) Effekte, welche sich im Verlauf einer seriellen Behandlung allmählich einstellen
(D) Effekte, welche nach einer Kurbehandlung mindestens 5 Jahre nachweisbar sind
(E) die Summe sich wiederholender Akuteffekte bei wiederholten physikalischen Behandlungen

H98 !

1.4 Die Arndt-Schulz-Regel beschäftigt sich mit

(A) der differenten Wirkung von unterschiedlich dosierten Pharmaka bzw. von Reizen unterschiedlicher Stärke
(B) reflektorischen Beziehungen zwischen dem Leber-Galle-System und der Regulation von Kreislaufgrößen
(C) topographischen Besonderheiten in der Abheilung homöopathisch behandelter Krankheiten
(D) konsensuellen Kreislaufreaktionen bei einseitig durchgeführter Wärmeanwendung, z.B. an der linken Hand bei Thermotherapie der rechten Hand
(E) dem qualitativen Unterschied kurz- und langwelliger UV-Strahlung (UV-B und UV-A)

F98 !

1.5 Welche Aussage trifft **nicht** zu?

In der modernen Medizin besteht ein zunehmender Trend, chronisch Kranke auch für eine Selbstbehandlung zu befähigen.

Zu solchen sinnvollen Selbstbehandlungsmaßnahmen gehören:

(A) regelmäßiges Trinken von Hydrogencarbonatwässern bei chronischen oder rezidivierenden bakteriellen Zystitiden
(B) regelmäßige Wärmeanwendungen bei einem postthrombotischen Symptomenkomplex der Unterschenkel
(C) isometrisches Muskeltraining bei Gelenkinstabilität
(D) lokale Wärmeanwendungen bei funktionellen Bauchschmerzen
(E) Heliotherapie bei Infektanfälligkeit

1.1 (D) 1.2 (E) 1.3 (C) 1.4 (A) 1.5 (B)

H98 **!**

1.6 Welche Aussage trifft am ehesten **nicht** zu?

Kontraindikationen oder Anlaß zur besonderen Vorsicht bei der Anwendung sind:

(A) Heliotherapie bei lichtempfindlicher Haut
(B) Balneotherapie bei Herzinsuffizienz NYHA III oder IV
(C) therapeutisches Fasten bei Herzrhythmusstörungen
(D) lokale Wärmebehandlung bei diabetischer Neuropathie
(E) Thalassotherapie bei exogen-allergischem Asthma

F99 **!**

1.7 Welche Aussage trifft **am wenigsten** zu?

Mit folgenden unerwünschten Wirkungen von Naturheilverfahren bzw. Naturheilmitteln muß gerechnet werden:

(A) lichttoxische Reaktion bei Heliotherapie und gleichzeitiger Einnahme von Tetracyclin
(B) trophische Gewebeschäden bei lokaler Wärmetherapie (z. B. heißes Fußbad) bei Patienten mit fortgeschrittenem Diabetes mellitus
(C) Exazerbation einer mittelgradig aktiven Neurodermitis bei einer seriellen Behandlung mit Schwefelbädern
(D) Immunthrombozytopenie nach Einnahme von Weißdornextrakt
(E) Hustenanfälle bei Inhalation von 3%iger Sole

2 Physikalische Therapie

2.1 Bewegungstherapie

H98 **!**

2.1 Welche Aussage trifft **nicht** zu?

Eine besonders wichtige Form der krankengymnastischen Bewegungstherapie ist die Unterwasserbewegungstherapie, die gegenüber einer „Trockenbehandlung" folgende Vorteile aufweist:

(A) Durch die Auftriebswirkung des Wassers kommt es zu einer scheinbaren Gewichtsverminderung.
(B) Der Widerstand des Wassers läßt sich gut für Bewegungsübungen verwenden.
(C) Im Bewegungsbad ist die optische Kontrolle über die richtige Ausführung der Bewegungen erleichtert.
(D) Im Bewegungsbad wird die muskelentspannende Wirkung des warmen Wassers ausgenutzt.
(E) Der Übergang von Förderübungen zu Widerstandsübungen kann im Wasser besonders gut angepaßt werden.

H94

2.2 Welche Aussage trifft **nicht** zu?

Zu den naturheilkundlichen Behandlungsmethoden bei essentieller Hypertonie mittlerer Ausprägung gehören:

(A) Sauna (ohne kaltes Tauchbad)
(B) rhythmische Gymnastik
(C) Ernährungstherapie
(D) autogenes Training
(E) isometrische Kraftübungen

H96 **!**

2.3 Welche physikalische Therapie ist sinnvoll?

(A) CO_2-Bäder bei bakteriell entzündlichen Nierenerkrankungen
(B) heiße Fuß- und Unterschenkelbäder (40 C) bei arterieller Verschlußkrankheit im Stadium IV nach Fontaine
(C) Atemgymnastik bei chronischer Bronchitis
(D) Höhensonne (UV) bei Lupus erythematodes
(E) Kochsalzinhalationen bei Lungentuberkulose

1.6 (E) 1.7 (D) 2.1 (C) 2.2 (E) 2.3 (C)

F97 !!

2.4 Für die Indikation und Durchführung von Bewegungstherapie gilt:

(A) Erkrankungen der Atmungsorgane sind eine Kontraindikation.
(B) Bei arterieller Hypertonie sind isometrische Übungen angebracht.
(C) Depressive Syndrome werden in ihrer Symptomatik verstärkt.
(D) Schwimmen bedeutet für herzinsuffiziente Patienten ein zusätzliches Risiko.
(E) Patienten mit konsumierenden Erkrankungen (z. B. Karzinom, HIV-Infektion) sollen unbedingt davon verschont bleiben.

H96 !

2.5 Welche der folgenden Aussagen zur Bewegungstherapie innerer Erkrankungen trifft **nicht** zu?

(A) Es kann mit einer Verbesserung rheologischer Eigenschaften des Blutes gerechnet werden.
(B) Zu den metabolischen Wirkungen gehören günstige Einflüsse auf erhöhte Blutlipidwerte.
(C) Asthma bronchiale bedeutet eine strenge Kontraindikation.
(D) Als Trainingsherzfrequenz wird 180 minus Lebensalter bis maximal 130/min empfohlen.
(E) Krankengymnastische Behandlungen sollen in der Regel im schmerzfreien Rahmen durchgeführt werden.

H95 !!

2.6 Isometrische muskuläre Belastungen in der Bewegungstherapie

(1) dienen zur Kräftigung der Muskulatur
(2) führen zu einem Blutdruckanstieg
(3) können zur Einleitung anschließender Entspannungstechniken genutzt werden

(A) nur 2 ist richtig
(B) nur 3 ist richtig
(C) nur 1 und 3 sind richtig
(D) nur 2 und 3 sind richtig
(E) 1 – 3 = alle sind richtig

2.2 Massage

F96 !!

2.7 Welche Aussage trifft **nicht** zu?

In folgenden Strukturen können Triggerpunkte vorkommen:

(A) Skelettmuskulatur
(B) Knorpel
(C) Periost
(D) Sehnen
(E) Muskelfaszien

H98 !!

2.8 Welche Aussage zur Massagetherapie trifft **nicht** zu?

(A) Bei der Bindegewebsmassage werden mit Fingerkuppen tangentiale Druck- und Zugreize auf das subkutane Bindegewebe ausgeübt.
(B) Bei der Unterwasserdruckstrahlmassage werden Drücke zwischen 50 – 600 kPA (0,5 – 6,0 bar) benutzt.
(C) Die Grifftechniken der Lymphdrainage ähneln am ehesten den Streichungen und Zirkelungen in der klassischen Massage.
(D) Vibrationen dienen vor allem einer muskulären Entspannung.
(E) Die Kombination von Massage mit Thermotherapie hat sich bei der Behandlung akuter Gelenkergüsse bewährt.

F97 !

2.9 Welche Aussage zur Massage trifft **nicht** zu?

(A) Streichungen, Knetungen und Zirkelungen sind typische Begriffe der sogenannten klassischen Massage.
(B) Bei der Lymphdrainage wird mit kräftigen, tief einschnürenden Streichungen und Knetungen Lymphe aus ödematös verändertem Gewebe gepreßt.
(C) Bei dem „bindegewebigen Strich" werden unter Druck tiefe Streichungen (Züge) durch die Haut und Unterhaut geführt.
(D) Schmerzhaftigkeit ist bei Bindegewebsmassage durchaus möglich.
(E) Eine Kombination von Massage und manueller Therapie kann sinnvoll sein.

2.4 (D) 2.5 (C) 2.6 (E) 2.7 (B) 2.8 (E) 2.9 (B)

2.3 Klimatherapie

H98 !

2.10 Welche Aussage trifft **nicht** zu?

Folgende biologisch wirksame Klimafaktoren sind im Hochgebirge gegenüber dem Flachland deutlich verändert:

(A) mittlere Lufttemperatur
(B) Sauerstoffpartialdruck
(C) prozentuale Zusammensetzung der Luft (O_2/N_2)
(D) Wasserdampfpartialdruck
(E) Intensität der UV-Strahlung

F95

2.11 Welche Aussage trifft **nicht** zu?

Als wichtige Wirkfaktoren einer Thalassotherapie gelten:

(A) aktinische Reize
(B) thermische Reize
(C) allergenarme Luft
(D) NaCl reiches Aerosol
(E) Selengehalt des Wassers

H95 !

2.12 Kontraindikation gegen eine Klimabehandlung in der Höhe über 2000 m ist:

(A) dermatologische Erkrankung aus dem Formenkreis der Atopie
(B) Herzinsuffizienz NYHA III
(C) Osteoporose
(D) Grenzwerthypertonie
(E) exogen allergisches Asthma bronchiale

F93

2.13 Welche Aussage trifft **nicht** zu?

Das Nordseeklima ist therapeutisch geeignet für die Behandlung von

(A) rezidivierenden Harnwegsinfektionen
(B) Asthma bronchiale
(C) Hypotonie (orthostatische Regulationsstörungen)
(D) chronischer Bronchitis
(E) Neurodermitis

H95 !

2.14 Als klinisch relevante Wirkungen der Heliotherapie gelten:

(1) Aktivierung von Melanozyten
(2) Anregung der Vitamin-D-Synthese
(3) Bildung von Zytokinen in Hautzellen

(A) nur 1 ist richtig
(B) nur 2 ist richtig
(C) nur 3 ist richtig
(D) nur 1 und 3 sind richtig
(E) 1–3 = alle sind richtig

2.4 Balneologie

F96 !

2.15 Die auffälligste Reaktion während eines Kohlensäurebades besteht in

(A) kutaner Hyperämie
(B) Anstieg des Blutdrucks
(C) vertiefter Atmung
(D) Verstärkung der Schmerzempfindlichkeit
(E) Muskelzittern

F99 !

2.16 Ein Kohlensäure-Gasbad unterscheidet sich in seinen Wirkungen vom Kohlensäure-Wasserbad dadurch, daß

(A) die hydrostatische Druckbelastung fortfällt
(B) keine CO_2-Diffusion durch die Haut stattfindet
(C) die Erregbarkeit der Kaltrezeptoren gesteigert wird
(D) der Blutdruck deutlich ansteigt
(E) die atemanregende Wirkung stärker ist

2.10 (C) 2.11 (E) 2.12 (B) 2.13 (A) 2.14 (E) 2.15 (A) 2.16 (A)

F97 !

2.17 Welche Aussage trifft **nicht** zu?

Natürliche Solewässer finden in Kurorten Verwendung zu

(A) Bewegungsbädern bei rheumatischen Erkrankungen
(B) Inhalationen bei unspezifischen Atemwegserkrankungen
(C) Badekuren in Kombination mit UV-Bestrahlung zur Therapie der Psoriasis
(D) Trinkkuren bei Magenulkus mit Hyperazidität
(E) Wannenbädern in der postoperativen Rekonvaleszenz nach gynäkologischen Operationen

F00 !!

2.18 Weder zu den aquatischen noch zu den terrestrischen Peloiden gehört:

(A) Sole
(B) Lehm
(C) Torf
(D) Fango
(E) Schlick

F94 !!

2.19 Bei einem 56-jährigen Mann, der seit Jahren an einer chronischen Bronchitis leidet, ist eine Kurorttherapie vorgesehen.

Den therapeutischen Hauptzielen wird besonders gerecht:

(A) Kur in einem Solebadekurort wegen der Möglichkeit der Soleinhalation und der Atemgymnastik
(B) Moorbadekur, da sie die Schleimhäute hyperämisiert
(C) Badekur mit radiumemanationshaltigem Wasser, da sie den Organismus umstimmt
(D) Trinkkur mit schwach alkalisierenden Wässern, da diese besonders stark sekretolytisch wirken
(E) Terrainkur bei Nebelwetterlage

F99 !

2.20 Welche Aussage trifft **am wenigsten** zu?

Kuren mit Moorbädern können bei folgenden Krankheiten indiziert sein:

(A) Arthrose
(B) chronische Adnexitis
(C) Uterus myomatosus
(D) inaktive rheumatoide Arthritis (chronische Polyarthritis)
(E) Spondylosis hyperostotica (M. Forestier)

2.5 Hydrotherapie

F95 !

2.21 Zu den typischen Akuteffekten eines üblich dosierten hydrotherapeutischen Kaltreizes (z.B. kalter Oberguß von 13 °C) gehört:

(A) eine lang anhaltende (über 10 Minuten) Minderdurchblutung und Blässe der Haut
(B) eine lang anhaltende Tachykardie
(C) Anstieg systolischer und diastolischer Blutdruckwerte
(D) Frösteln über mindestens 15 Minuten
(E) oberflächliche und verkürzte Atmung

F93 !

2.22 Temperaturansteigende Armbäder (n. Schwenninger-Hauffe) haben folgende Effekte:

(1) Gefäßerweiterung an den Armen
(2) reflektorische Gefäßverengung an den Beinen
(3) reflektorische Gefäßerweiterung an den Beinen
(4) Blutdruckanstieg

(A) nur 1 ist richtig
(B) nur 1 und 2 sind richtig
(C) nur 1 und 3 sind richtig
(D) nur 2 und 4 sind richtig
(E) nur 1, 2 und 4 sind richtig

2.17 (D) 2.18 (A) 2.19 (A) 2.20 (C) 2.21 (C) 2.22 (C)

F99 !!

2.23 Welche Aussage zur Hydrotherapie trifft **nicht** zu?

(A) Die übliche Wassertemperatur des Kaltreizes liegt zwischen 10 und 18 °C.
(B) Der Kneipp-Guß wird mit einem deutlich erhöhten Wasserdruck (z.B. 500 kPa) durchgeführt.
(C) Die Kneipp-Anwendungen mit wechselnden Wassertemperaturen (z.B. ein Wechselfußbad) schließen in der Regel mit Kältebehandlungen ab.
(D) Waschungen, ähnlich auch Güsse, beginnen auf der rechten (herzfernen) Körperseite.
(E) Die meisten Menschen sind vormittags kältempfindlicher als nachmittags.

F98 !

2.24 Welche Aussage trifft **nicht** zu?

Bei medikamentös schlecht einstellbarer schwerer arterieller Hypertonie bestehen Kontraindikationen für folgende hydrotherapeutischen Maßnahmen:

(A) Sauna mit kaltem Tauchbad
(B) großflächige heiße Wickel
(C) heiße Vollbäder
(D) temperaturansteigende Armbäder
(E) kalte Nackengüsse

H98 !

2.25 Welche Aussage trifft **nicht** zu?

Für wärmeentziehende Waden- und Unterarmwickel, die zur Fiebersenkung eingesetzt werden, gilt:

(A) Der Wickel wirkt u.a. durch Verdunstungskälte.
(B) Wickel und Packungen werden am liegenden Patienten angelegt; dabei ist darauf zu achten, daß keine Hohlräume zwischen Haut und Wickel entstehen.
(C) Das direkt auf der Haut liegende Leinentuch sollte grob porös sein, um möglichst viel Wasser aufnehmen zu können.
(D) Das Zwischentuch muß größer sein als das Leinentuch, das der Haut aufliegt.
(E) Ein Wolltuch liegt als äußere Schicht an den Ober- und Unterrändern direkt der Haut auf und wird nach frühestens 2 Stunden gewechselt.

F97 !

2.26 Bei welcher der folgenden Erkrankungen kann einem Saunabesuch bei einem älteren Patienten am ehesten zugestimmt werden?

(A) dekompensierte Herzinsuffizienz
(B) koronare Herzkrankheit mit Ruheangina
(C) Aortenklappenstenose mit Synkopen
(D) Beschwerdefreiheit nach Herzinfarkt vor einem Jahr
(E) Cor pulmonale chronicum

2.6 Thermotherapie

F94 !

2.27 Bei welcher der folgenden Badearten steigt die Körpertemperatur am schnellsten an, wobei in allen Bädern eine Temperatur von 40 °C herrschen soll?

(A) Luftbad
(B) Moorbad
(C) Wasserbad
(D) Schlickbad
(E) Dampfbad

H00 !!

2.28 Bei einer 25-jährigen Patientin mit chronischer Adnexitis soll eine lokale Wärmebehandlung durchgeführt werden.

Welche der folgenden Methoden ist am geeignetsten, die Temperatur im Bereich der Adnexe zu erhöhen?

(A) heiße Fangopackung in der Lendengegend
(B) heiße Fangopackung am Unterleib
(C) Rotlichtbestrahlung am Unterleib
(D) Heißluftapplikation an Rücken und Unterleib
(E) Hochfrequenztherapie im Kurzwellenkondensatorfeld

2.23 (B) 2.24 (D) 2.25 (E) 2.26 (D) 2.27 (C) 2.28 (E)

F00 !!

2.29 Sie stellen ein physikalisches Therapiekonzept für einen Patienten mit rheumatoider Arthritis (hohe Krankheitsaktivität, CRP stark erhöht) auf.

Welche der folgenden Maßnahmen ist **kontraindiziert?**

(A) Überwärmungsbad
(B) Kryotherapie
(C) Hilfmsittelversorgung durch die Ergotherapie
(D) Versuch der intensiven Kältetherapie in der Kältekammer
(E) Bewegungstherapie unter fachlicher Anleitung

F00 !

2.30 Ein 56-jähriger Patient entwickelt nach Operation und Nachbestrahlung wegen eines Prostatakarzinoms ein einseitiges sekundäres Beinlymphödem.

Welche physikalische Maßnahme ist **kontraindiziert?**

(A) manuelle Lymphdrainage mit Bandagierung
(B) nächtliches Hochlagern der Extremität
(C) klassische Massage mit Wärmepackung
(D) Hautpflege zur Infektionsprophylaxe
(E) Anpassen eines Kompressionsstrumpfes

F99 !!

2.31 Für die Behandlung mit Wärme oder Kälte trifft folgende Regel zu:

(A) Während bei lokaler Thermotherapie mit Gewebeschäden gerechnet werden muß, bestehen solche Risiken bei einer Kryotherapie nicht.
(B) Die Mindestbehandlungszeit bei Kryotherapie mit frisch verdampftem Flüssigstickstoff beträgt pro Gelenk 10 min.
(C) Lokale Kälte hat sich besonders in der Schmerztherapie bei progressiver Systemsklerose bewährt.
(D) Als orientierende und vereinfachende Regel bei rheumatischen Erkrankungen gilt „warm auf kalt und kalt auf warm".
(E) Bei der Wärmebehandlung mit Moor (lokale Packungen) sind allergische Reaktionen der Haut häufig.

2.7 Elektrotherapie

H94 !

2.32 Bei einer 60-jährigen Patientin soll wegen einer hartnäckigen Lumbalgie ein elektrisches Vollbad (sog. Stangerbad) verordnet werden.

Für die Dosierung des elektrischen Stromes gilt:

(A) Der Strom soll auf keinen Fall zu irgendwelchen subjektiven Empfindungen führen.
(B) Der Strom soll eine deutliche, aber noch angenehme Empfindung an der Haut hervorrufen.
(C) Der Strom soll zu kräftigen Muskelkontraktionen führen.
(D) Der Strom soll in der Nähe der Elektroden ein deutliches Hitzegefühl erzeugen.
(E) Die Stromstärke sollte entsprechend der individuellen Stromempfindlichkeit zwischen 10–20 A liegen.

F96 !!

2.33 TENS (transdermale elektrische Nervenstimulation)

(A) dient vor allem der Schmerzbehandlung
(B) arbeitet mit hochfrequenten Wechselströmen ($>$ 20 000 Hz)
(C) ist kontraindiziert bei Karzinomschmerzen
(D) ist an einen großen apparativen Aufwand gebunden ($>$ 10 000 DM/Gerät)
(E) ist eine spezielle Form der Akupunktur

F97

2.34 Bei der therapeutischen Iontophorese handelt es sich um

(A) die künstliche Anreicherung von Raumluft mit Ionen
(B) die Einschleusung von Medikamenten durch die Haut mittels eines Gleichstromfeldes
(C) eine durch die Stromstärke dosierbare parenterale Verabreichung elektrolytisch dissoziierter Stoffe im Wechselstromfeld
(D) eine durch elektrische Energie hervorgerufene systemische Veränderung des Elektrolytstoffwechsels
(E) die durch ein Gleichstromfeld provozierte Ausscheidung harnpflichtiger Substanzen durch die Haut

2.29 (A) 2.30 (C) 2.31 (D) 2.32 (B) 2.33 (A) 2.34 (B)

H97 !

2.35 Mit welcher elektrotherapeutischen Methode gelingt bei einer schweren peripheren Lähmung mit totaler Entartungsreaktion des Muskels bei der Erregbarkeitsprüfung eine Muskelkontraktion am besten?

(A) Dezimeterwellendiathermie
(B) Durchflutung mit Kurzwellen im Spulenfeld
(C) hydrogalvanischem Vollbad (Stangerbad)
(D) galvanischen Einzelimpulsen allmählich ansteigender Intensität („Exponentialstromimpulse")
(E) neofaradischem Reizstrom einer Impulsfrequenz von 50 Hz und einer Impulsdauer von 1 ms

F95 !

2.36 Die Hochfrequenztherapie benutzt Wechselströme über 300 kHz bis zu ca. 2500 MHz.

Medizinische Anwendung (Diathermieverfahren) finden:

(1) Kurzwellen
(2) Dezimeterwellen
(3) Mikrowellen

(A) nur 1 ist richtig
(B) nur 3 ist richtig
(C) nur 1 und 2 sind richtig
(D) nur 2 und 3 sind richtig
(E) 1 – 3 = alle sind richtig

3 Ernährungstherapie

F95 !!

3.1 Welche Aussage trifft **nicht** zu?

Die biologische Wertigkeit von Nahrungseiweiß

(A) läßt auf die Eignung von Nahrungsprotein zum Ersatz von Körperprotein schließen
(B) ist abhängig von Menge und Zusammensetzung essentieller Aminosäuren in der Nahrung
(C) aus Fleisch ist für gewöhnlich höher als die aus Pflanzen
(D) aus Vollei und Milch ist besonders hoch
(E) aus Kartoffeln ist sehr niedrig

H98 !

3.2 Welche Aussage trifft **nicht** zu?

Für die Ernährung mit Eiweiß gilt:

(A) Bei optimaler biologischer Wertigkeit liegt der tägliche Minimalbedarf an Protein, mit dem die Stickstoffbilanz noch ausgeglichen ist (Bilanzminimum), bei etwa 0,35 g/kg Körpergewicht beim Erwachsenen.
(B) Ein Gemisch aus $^2/_3$ Kartoffelprotein und $^1/_3$ Volleiprotein hat am Bilanzminimum beim Gesunden eine besonders hohe biologische Wertigkeit.
(C) Nahrungsmittelallergien können ihre Ursache in der Resorption makromolekularer Proteine haben.
(D) Selbst unter experimentellen Bedingungen ist eine Toxizität essenzieller Aminosäuren unbekannt.
(E) Der physiologische Brennwert von 1 g Eiweiß beträgt etwa 17 kJ (4,1 kcal) und ist dem von 1 g Kohlenhydraten vergleichbar.

H00 !!

3.3 Was ist als Folge eines hohen Faser-(Ballast-) Stoffanteils in der Nahrung **am wenigsten** zu erwarten?

(A) Verkürzung der intestinalen Transitzeit
(B) Stabilisierung der Darmflora
(C) Prävention von Divertikelbildung
(D) Senkung der Serumcholesterinkonzentration
(E) Induktion von Nahrungsmittelallergien

F97 !

3.4 Welche Aussage zur Ernährungstherapie trifft zu?

(A) Bei der Semmel-Milch-Diät nach F. X. Mayr darf außer Milch nichts getrunken werden.
(B) Bei manchen Patienten sind Blähungen eine Wirkung ballaststoffreicher Kost.
(C) Bei vegetarischer Kost ist bei der Mehrzahl der Patienten nach 3 – 6 Monaten mit klinischen Zeichen eines Eisenmangels zu rechnen.
(D) Vollwertkost enthält vor allem Nahrungsmittel mit einem für den Körper rasch verfügbaren hohen Energiegehalt (z. B. Raffinadezucker).
(E) Wegen der Entlastung des Magen-Darm-Traktes gilt 3 – 4wöchiges Fasten als gute therapeutische Alternative bei Gastritis und Magengeschwüren.

2.35 (D) 2.36 (E) 3.1 (E) 3.2 (D) 3.3 (E) 3.4 (B)

F96 !

3.5 Bei der Kurbehandlung nach Franz Xaver Mayr handelt es sich um

(A) ein besonderes Ernährungsprogramm (z.B. Semmel-Milch-Diät)
(B) eine bestimmte Form rhythmisch wiederholter Massagen
(C) eine Behandlung mit hautreizenden Bädern
(D) eine Form der körperlichen und seelischen Entspannung
(E) ein Training der auxiliären Atemmuskulatur

F97 !

3.6 Welche Aussage **trifft** nicht zu?

Oxalatreiche Nahrungsmittel sind:

(A) Rhabarber
(B) Rote Beete
(C) Weißbrot
(D) Kakaopulver
(E) Spinat

H00 !

3.7 Was ist **keine** Kontraindikation des Heilfastens?

(A) offene Lungentuberkulose
(B) Karzinomerkrankung (Aktivitätsgrad 3 WHO)
(C) schwere arthrotische Gelenkerkrankung
(D) Risikoschwangerschaft
(E) Anorexia nervosa

H97 !

3.8 Welche Aussage trifft **nicht** zu?

Zu den bewährten Indikationen des Heilfastens zählen:

(A) Adipositas
(B) Diabetes Typ II (NIDDM)
(C) Hyperurikämie
(D) Leberzirrhose
(E) Hyperlipidämie

4 Phytotherapie

H00 !!

4.1 Welches der folgenden pflanzlichen Stoffgemische enthält praktisch **kein** ätherisches Öl?

(A) Rizinusöl
(B) Anisöl
(C) Eukalyptusöl
(D) Lavendelblütenöl
(E) Koniferenöle

H98 !!

4.2 Welche Aussage trifft **nicht** zu?

Zu den phytotherapeutischen Zubereitungsformen aus zuvor getrockneten Arzneipflanzen zählen:

(A) Fluidextrakt
(B) sog. Urtinktur
(C) Aufguß (Infus)
(D) Kaltauszug (Mazerat)
(E) Abkochung (Dekokt)

H00 !!

4.3 Was ist **kein** auswurfförderndes Hustenmittel (Expektorans)?

(A) Ipecacuanhae radix (Brechwurzel)
(B) Primulae radix (Primelwurzel
(C) Hederae folium (Efeublätter)
(D) Hyperici herba (Johanniskraut)
(E) Saponariae rubrae radix (Seifenwurzel)

F97 !!

4.4 Welche Aussage trifft **nicht** zu?

Als Expektorantien einsetzbare ätherische Öle sind:

(A) Anisöl
(B) Senföl
(C) Latschenkiefernöl
(D) Eukalyptusöl
(E) Terpentinöl

3.5 (A) 3.6 (C) 3.7 (C) 3.8 (D) 4.1 (A) 4.2 (B) 4.3 (D) 4.4 (B)

F00 **!!**

4.5 Welche der folgenden Maßnahmen ist **am wenigsten** sinnvoll im Zusammenhang mit Erkältungskrankheiten?

(A) Kopfdampfbäder mit Kamillezusatz
(B) Trinken von Sennesblättertee
(C) heißes Fußbad mit Senfmehl
(D) Echinacea-Extrakt zur kurzfristigen Prophylaxe
(E) Nasenspülungen mit Leitungswasser oder Salzlösung

H98 **!**

4.6 Welche Aussage trifft **nicht** zu?

Beurteilen Sie die phytotherapeutischen Zuordnungen von Phytopharmakon und Diagnose:

(A) Prostatahyperplasie – Brennesselwurzel innerlich
(B) stumpfe Traumen – Arnika äußerlich
(C) Colon irritabile – Pfefferminze innerlich
(D) Bronchiektasen – Capsaicin äußerlich
(E) Neurodermitis – Nachtkerze innerlich

F00 **!**

4.7 Welche der folgenden pflanzlichen Drogen ist ein scharfer Bitterstoff (Amarum acre) ohne abführende Wirkung?

(A) Sennesblätter (Sennae folium)
(B) Rhabarberwurzel (Rhei radix)
(C) Flohsamenschalen (Psylii testa)
(D) Ingwerwurzelstock (Zingiberis rhizoma)
(E) Faulbaumrinde (Frangulae cortex)

H96 **!**

4.8 Welche der folgenden Zuordnungen trifft **nicht** zu?

(A)	Weißdorn (Flores Crataegi)	– Kardiaka
(B)	Kümmel (Fructus Carvi)	– Karminativa
(C)	Eibisch (Radix Althaeae)	– Muzilaginosa
(D)	Eukalyptus (Oleum Eucalypti)	– Ätherischöldrogen
(E)	Faulbaum (Cortex Frangulae)	– Quellstoffe

F94 **!!**

4.9 Silibinin (Silybin), der Inhaltsstoff von Silybum marianum (Mariendistel) wird eingesetzt

(A) bei Ulcus ventriculi
(B) bei Ulcus duodeni
(C) zur Dyspepsiebehandlung
(D) bei Knollenblätterpilzvergiftung
(E) zur Auflösung von Gallensteinen

F98 **!**

4.10 Welche Aussage trifft **nicht** zu?

Als Karminativa oder Digestiva im weiteren Sinne werden zur Behandlung funktioneller Störungen des Magen-Darm-Trakts folgende Heilpflanzen eingesetzt:

(A) Anis (Pimpinella anisum)
(B) Pfefferminze (Mentha piperita)
(C) Kümmel (Carum carvi)
(D) Maiglöckchen (Convallaria majalis)
(E) Kamille (Chamomilla recutita)

F98 **!**

4.11 Welche Aussage trifft **nicht** zu?

Zu den Phytotherapeutika mit Wirkung auf den Magen-Darm-Trakt zur Behandlung funktioneller Störungen, besonders zur Anregung von Magensaftsekretion und Appetit, zählen:

(A) Chinarinde (Chinae cortex)
(B) Wermutkraut (Absinthii herba)
(C) Johanniskraut (Hyperici herba)
(D) Enzianwurzel (Gentianae radix)
(E) Condurangorinde (Condurango cortex)

F99 **!**

4.12 Welche Aussage trifft **nicht** zu?

Folgende Pflanzenbestandteile werden als Laxantien verwendet:

(A) Leinsamen (Lini semen)
(B) Flohsamenschalen (Psyllii semen)
(C) Sennesblätter (Sennae folium)
(D) Ipecacuanhawurzel (Ipecacuanhae radix)
(E) Faulbaumrinde (Frangulae cortex)

4.5 (B) 4.6 (D) 4.7 (D) 4.8 (E) 4.9 (D) 4.10 (D) 4.11 (C) 4.12 (D)

F96 !

4.13 Allicin bzw. Alliin sind Wirkstoffe in:

(A) Weißdorn
(B) Fenchel
(C) Roßkastanie
(D) Anisfrüchten
(E) Knoblauch

H95 !

4.14 Anwendungsgebiet (amtliche Monographie) für eine Behandlung mit Ginkgo-biloba-Präparaten ist

(A) Asthma bronchiale
(B) zerebrale Durchblutungsstörungen mit Einschränkungen der zerebralen Leistungsfähigkeit
(C) Colitis ulcerosa
(D) Hyperemesis gravidarum
(E) akute und chronische Gicht

H96 !

4.15 Roßkastanienextrakt (Aesculus hippocastanum) dient als

(A) Venenmittel
(B) Aphrodisiakum
(C) Immunstimulans
(D) Kardiakum
(E) Spasmolytikum

F98

4.16 Welche der folgenden Stoffgruppen ist wirksamkeitsrelevant beim Weißdorn (Crataegus oxyacantha)?

(A) Digitaloide
(B) Flavonoide
(C) ätherische Öle
(D) Bitterstoffe
(E) Chinonderivate

F97 !

4.17 Ein pflanzliches Harndesinfizienz ist (sind):

(A) Baldrianwurzel (Radix valerianae)
(B) Eschscholtzienkraut (Herba eschscholtziae)
(C) Bärentraubenblätter (Folia uvae ursi)
(D) Johanniskraut (Herba hyperici)
(E) Faulbaumrinde (Cortex frangulae)

F99 !

4.18 Welcher Pflanzenbestandteil oder -extrakt wird in den Stadien I und II der benignen Prostatahyperplasie verwendet?

(A) Wurzelstock der Traubensilberkerze (Cimicifuga racemosa)
(B) Früchte der Zwergsägepalme (Serenoa repens)
(C) Früchte der Mariendistel (Silybum marianum)
(D) Früchte des Mönchspfeffers (Vitex agnus castus)
(E) Blätter des Lebensbaums (Thuja occidentalis)

H94 !

4.19 Welche der folgenden Heilpflanzen bzw. deren Inhaltsstoffe können bei Mastodynie ohne morphologische Veränderungen der Mamma oder bei prämenstruellem Syndrom indiziert sein?

(A) Silybum marianum (Mariendistel)
(B) Vitex agnus-castus (Mönchspfeffer)
(C) Polygala senega (Senegawurzel)
(D) Raphanus sativus (Rettich)
(E) Juniperus communis (Wacholder)

F00 !

4.20 Welche der folgenden Pflanzen ist für eine phytotherapeutische Verwendung als Immunstimulans bzw. -modulator **am wenigsten** geeignet?

(A) Echinacea purpurea (Purpursonnenhut)
(B) Eleutherococcus senticosus (sibirischer Ginseng)
(C) Thuja occidentalis (Lebensbaum)
(D) Viscum album (Mistel)
(E) Salix alba (Weide)

F95 !

4.21 Johanniskraut (Hypericum perforatum) ist aus phytotherapeutischer Sicht indiziert bei:

(A) Hypercholesterinämie
(B) depressiven Verstimmungszuständen
(C) Obstipation
(D) arteriellen Durchblutungsstörungen
(E) atopischer Dermatitis

4.13 (E) 4.14 (B) 4.15 (A) 4.16 (B) 4.17 (C) 4.18 (B) 4.19 (B) 4.20 (E) 4.21 (B)

H97 !

4.22 Welche Aussage trifft **nicht** zu?

Folgende Pflanzen werden als Beruhigungsmittel oder als Einschlafhilfe benutzt:

(A) Hopfen (Humulus lupulus)
(B) Ringelblume (Calendula officinalis)
(C) Melisse (Melissa officinalis)
(D) Baldrian (Valeriana officinalis)
(E) Kava-Kava (Piper methysticum)

F98

4.23 Der Extrakt aus der Wurzel der Kava-Kava-Pflanze (Piper methysticum) ist indiziert bei

(A) leichten Depressionen
(B) Angst- und Spannungszuständen
(C) Hypersomnie
(D) typischen Wechseljahrsbeschwerden
(E) zerebralen Durchblutungsstörungen

H97 !

4.24 Welche der folgenden Zuordnungen von Indikation und Arzneipflanze gilt phytotherapeutisch als üblich?

(A) Obstipation – Eichenrinde (Quercus cortex)
(B) Gallensteine – Bärentraubenblätter (Uvae ursi folium)
(C) stumpfe Traumen – Arnikablüten (Arnicae montanae flos)
(D) Varizen – roter Sonnenhut (Echinacea purpurea)
(E) Bluthochdruck – Mönchspfeffer (Vitex agnus castus)

F98 !

4.25 Zu den typischen und bewährten hautreizenden Verfahren gehört:

(A) Hochfrequenztherapie
(B) Senfpflaster
(C) Salbe mit Calendula (Ringelblume)
(D) Unterwasserdruckstrahlmassage
(E) manuelle Lymphdrainage

F98

4.26 Welche Aussage trifft **nicht** zu?

Sinnvolle Kombinationen von Phytotherapie und physikalischer Therapie sind:

(A) Zitronellöl als Badezusatz bei Schlafstörungen
(B) Senfmehl als Wickelzusatz bei Gonarthrose
(C) Heublumen (Heusack) als Kälteträger bei Distorsionen
(D) Thymian als Zusatz von Kopfdampfbädern bei Sinusitis
(E) Rosmarin als Badezusatz bei rheumatischen Beschwerden

H97

4.27 Welche der folgenden Komplikationen bei Anwendung von Phytopharmaka ist klinisch am bedeutsamsten?

(A) reflektorischer Atemstillstand bei Kleinkindern auf Menthol
(B) Sinustachykardie bei Patienten mit Hypertonus auf Weißdorn
(C) Anstieg der leberspezifischen alkalischen Phosphatase auf pflanzliche Choleretika
(D) Thrombozytopenie bei mehrmonatiger Therapie mit rotem Sonnenhut (Echinacea purpurea)
(E) Diarrhö bei älteren Menschen auf Ginkgo biloba

5 Weitere Verfahren

5.1 Konstitutionsmedizin

F97 !

5.1 Welche Therapiemethode der traditionellen Konstitutionsmedizin zählt zu den sog. allgemein umstimmenden Methoden, ohne ein aus- oder ableitendes Verfahren zu sein?

(A) emetische Therapie (Brechverfahren)
(B) Blutegeltherapie
(C) Aderlaß
(D) Eigenblutbehandlung
(E) Ausleitung über den Darm (Purgation)

4.22 (B) 4.23 (B) 4.24 (C) 4.25 (B) 4.26 (C) 4.27 (A) 5.1 (D)

H96

5.2 Ein Aderlaß ist kontraindiziert bei

(A) Polyglobulie
(B) Polycythaemia vera
(C) akuter Diarrhö mit Dehydratation
(D) Adipositas (adipös-plethorische Konstitution)
(E) Hyperurikämie/Hyperlipidämie

H96 **!**

5.3 Welche Aussage trifft **nicht** zu?

Anwendungsmöglichkeiten zur lokalen Therapie rezidivierender Schmerzen mit dem Kantharidenpflaster, das zu den blasenziehenden Mitteln (Vesikantien) gehört, sind:

(A) chronisches Lumbalsyndrom
(B) Ulcus ventriculi
(C) Gonarthrosen
(D) chronische Arthritis urica
(E) Postdiskotomiesyndrom

F95

5.4 Welche Aussage trifft **nicht** zu?

Zu den ausleitenden Verfahren (sog. externe Aschner-Verfahren) der Humoralmedizin zählen:

(A) Schröpftherapie
(B) Aderlaß
(C) Blutegelbehandlung
(D) Akupunktur
(E) Kantharidenpflaster

H95

5.5 Welche Aussage trifft **nicht** zu?

Der Blutegel (Hirudo medicinalis) wird therapeutisch eingesetzt bei

(A) varikösem Symptomenkomplex
(B) diabetischer Mikroangiopathie
(C) postthrombotischem Syndrom
(D) Ulcus cruris
(E) Phlebothrombose der unteren Extremität

6 Homöopathie

H98 **!!**

6.1 Welche der folgenden homöopathischen Potenzen ist die höchste und wird von Anwendern der Homöopathie als personotrope Potenz angesehen?

(A) D 1
(B) D 3
(C) D 31
(D) C 1
(E) Q 1 (LM 1)

F00

6.2 Welche Darreichungsform ist für Homöopathika ungebräuchlich?

(A) Lösungen (dilutiones)
(B) Milchzuckerverreibungen (triturationes)
(C) Milchzuckertabletten (tabulettae)
(D) Rohrzuckerkügelchen (globuli)
(E) Dosiersprays (inhalationes)

F98

6.3 Welche Aussage trifft **nicht** zu?

Begriffe der klassischen Homöopathie nach Hahnemann sind:

(A) Arzneimittelprüfung am Gesunden
(B) Nosode
(C) Simile
(D) Repertorium
(E) Modalitäten

F97

6.4 Mögliche unerwünschte Wirkungen von Homöopathika sind:

(1) Arzneimittelexanthem durch Arnica montana D30
(2) anaphylaktischer Schock durch Apis D4
(3) Photosensibilisierung bei Hypericum perforatum D1

(A) nur 1 ist richtig
(B) nur 2 ist richtig
(C) nur 1 und 3 sind richtig
(D) nur 2 und 3 sind richtig
(E) 1 – 3 = alle sind richtig

5.2 (C) 5.3 (B) 5.4 (D) 5.5 (B) 6.1 (C) 6.2 (E) 6.3 (B) 6.4 (D)

Anästhesiologie, Intensivmedizin

1 Grundlagen der Anästhesiologie

1.1 Vorbereitung zur Anästhesie

H96

1.1 Die aufgeführten zur Narkoseprämedikation wichtigen Pharmaka haben charakteristische Wirkungen.

Welche der folgenden Kombinationen trifft **nicht** zu?

(A) Atropin – Parasympatholyse
(B) Morphin – Analgesie
(C) Scopolamin – Hemmung der Speichelsekretion
(D) Promethazin – Sedierung
(E) Droperidol – Anxiolyse

1.2 Allgemeinanästhesie

H00

1.2 Welches der folgenden Opioide ist wegen geringer analgetischer Potenz **am wenigsten** für die Durchführung einer totalen intravenösen Anästhesie geeignet?

(A) Fentanyl
(B) Alfentanil
(C) Remifentanil
(D) Tramadol
(E) Sufentanil

F00 !

1.3 Welches der folgenden bei Anästhesien verwendeten Pharmaka ist aufgrund seiner blutdrucksteigernden Wirkung bei Hypertonikern mit Blutdruckwerten systolisch > 160 mmHg **am wenigsten** geeignet?

(A) Thiopental
(B) Ketamin
(C) Droperidol
(D) Suxamethonium
(E) Atropin

F97

1.4 Welche der folgenden Aussagen über die Wirkung von Succinylcholin trifft **nicht** zu?

(A) Es kommt zu Muskelfaszikulationen.
(B) Bei wiederholten Nachinjektionen besteht die Gefahr eines Dual-Blocks (Phase-2-Block).
(C) Die Wirkung wird durch Gabe von Cholinesterasehemmern verkürzt.
(D) Es muß mit einem Anstieg der Serumkaliumkonzentration gerechnet werden.
(E) Die relaxierende Wirkung kann durch einen Nervenstimulator überwacht werden.

H00 !

1.5 Was gehört **nicht** zu den unerwünschten Wirkungen des depolarisierenden Muskelrelaxans Succinylbischolin?

(A) Hypersalivation
(B) Bradyarrhythmie
(C) Senkung des intraokularen Druckes
(D) Erhöhung des intragastralen Druckes
(E) maligne Hyperthermie

H00

1.6 Das Intubationsgranulom des Kehlkopfes bildet sich am häufigsten

(A) in Höhe des Processus vocalis der Aryknorpel
(B) im oberen Drittel der Stimmlippen
(C) im unteren Drittel der Stimmlippen
(D) subglottisch
(E) supraglottisch

H00

1.7 Welche Aussage zur Kapnometrie trifft zu?

(A) Das Kapnometer wird am Beatmungsgerät zwischen Inspirationsschlauch und CO_2-Adsorber installiert.
(B) Zur Steuerung der Beatmung misst man den endinspiratorischen Kohlendioxidpartialdruck.
(C) Sie dient zur präzisen Bestimmung der Totraumventilation.
(D) Sie hat einen endinspiratorischen Normalwert von 2,67 – 3,33 kPa (20 – 25 mmHg PCO_2).
(E) Sie dient zur Überwachung beatmeter Patienten.

1.1 (E) 1.2 (D) 1.3 (B) 1.4 (C) 1.5 (C) 1.6 (A) 1.7 (E)

F00

1.8 Mit der Pulsoxymetrie kann eine Beurteilung der Oxygenation des Blutes nichtinvasiv erfolgen.

Ein pulsoxymetrischer Wert von 90% entspricht einem arteriellen PaO_2 von

(A) 16,00 kPa (120 mmHg)
(B) 13,33 kPa (100 mmHg)
(C) 10,67 kPa (80 mmHg)
(D) 8,00 kPa (60 mmHg)
(E) 4,00 kPa (30 mmHg)

1.3 Regionalanästhesie

H00 !

1.9 Zu den Symptomen einer Intoxikation mit einem Lokalanästhetikum gehört/gehören **nicht:**

(A) Karpopedalspasmen
(B) Benommenheit
(C) metallischer Geschmack
(D) Taubheitsgefühl der Zunge
(E) Ohrgeräusche

F00

1.10 Zu den Komplikationen bei der postoperativen epiduralen Opiat Analgesie gehört **nicht:**

(A) Pruritus
(B) unmittelbar einsetzende Atemdepression
(C) bedrohliche, nach vielen Stunden eintretende Atemdepression
(D) Harnverhaltung
(E) hypertensive Krise

2 Grundlagen der intensivmedizinischen Behandlung

2.1 Behandlung, Überwachung, Pflege des Patienten

F00

2.1 Das Zuschalten eines positiv endexspiratorischen Drucks zu einer kontrollierten Beatmung kann folgende Änderungen bewirken:

(1) alveoläres Recruitment
(2) Erhöhung des Herzzeitvolumens
(3) Erhöhung der funktionellen Residualkapazität
(4) Verminderung des mittleren Beatmungsdruckes

(A) nur 1 und 2 sind richtig
(B) nur 1 und 3 sind richtig
(C) nur 1 und 4 sind richtig
(D) nur 2 und 3 sind richtig
(E) nur 3 und 4 sind richtig

H98

2.2 Bei der maschinell assistierenden Beatmung

(A) wird der Patient manuell beatmet
(B) beginnt die Inspiration mit einem Sog, der vom Respirator erzeugt wird
(C) wird der Patient sediert und relaxiert beatmet
(D) bestimmt der Patient die Atemfrequenz
(E) erzeugt der Patient aktiv einen Überdruck

F00

2.3 Überdruckbeatmung bei Spannungspneumothorax

(A) sollte nach Intubation mit einem PEEP von 15 cm H_2O erfolgen
(B) behebt durch pulmonale Blähung die Mediastinalverschiebung
(C) sollte erst nach Legen einer Thoraxdrainage begonnen werden
(D) erfordert wegen der verminderten Vorlast des linken Ventrikels eine sofortige Digitalisierung
(E) sollte unter Erhalt der Spontanatmung als assistierende Beatmung erfolgen

1.8 (D) 1.9 (A) 1.10 (E) 2.1 (B) 2.2 (D) 2.3 (C)

H97

2.4 Typisch für eine Hypokaliämie sind:

(1) erhöhte Toleranz gegenüber Herzglykosiden
(2) Neigung zu Tachyarrhythmien
(3) Adynamie
(4) Tonuserhöhung der glatten Muskulatur des Magen-Darm-Kanals
(5) Herabsetzung der Glucosetoleranz

(A) nur 1 und 3 sind richtig
(B) nur 1 und 4 sind richtig
(C) nur 2 und 4 sind richtig
(D) nur 2, 3 und 5 sind richtig
(E) nur 1, 2, 4 und 5 sind richtig

2.2 Spezielle Aspekte der operativen und nicht operativen Intensivmedizin

H96

2.5 Bei einem erwachsenen Patienten mit einer zweitgradigen Verbrennung von 20% Körperoberfläche sind in der Akutphase neben Hämoglobin, Hämatokrit, Kalium, Natrium und Chlor folgende Laborparameter täglich zu bestimmen:

(1) Eisen
(2) Glucose
(3) Gesamteiweiß oder Albumin
(4) Kreatinin und Harnstoff
(5) Transaminasen

(A) nur 1, 3 und 4 sind richtig
(B) nur 2, 3, und 4 sind richtig
(C) nur 1, 2, 4 und 5 sind richtig
(D) nur 1, 3, 4 und 5 sind richtig
(E) 1 – 5 = alle sind richtig

2.4 (D) 2.5 (B)

Notfallmedizin

1 Akute Störungen der Atmung

F97

1.1 Bei welchem Krankheitsbild bzw. Befund ist eine Kombination von Hypoventilation und Bradypnö **am wenigsten** zu erwarten?

(A) Rippenserienfraktur
(B) metabolische Alkalose
(C) Überdosierung von Sedativa
(D) Hirnödem
(E) apoplektischer Insult

F98

1.2 Die respiratorische Azidose durch Störung des alveolären Gasaustausches beim Neugeborenen wird am besten behandelt mit

(A) THAM (Tris-Pfuffer)
(B) Gabe von Sauerstoff über eine Nasensonde
(C) Injektion eines Atemanaleptikums
(D) Beatmung
(E) Natriumbicarbonat

F97

1.3 Bei einem Status asthmaticus ($pCO_2 > 8$ kPa (60 mmHg), Patient erschöpft und zeitweise somnolent) ist welche Maßnahme in der Klinik kontraindiziert?

(A) kontrollierte Beatmung
(B) Sedierung
(C) Gabe von Betarezeptorenblockern
(D) Infusionstherapie
(E) endotracheales Absaugen

F00 **!**

1.4 Welches/r der folgenden Symptome oder Befunde findet sich **nicht** bei einer Lungenembolie?

(A) paradoxe Atmung
(B) Tachykardie
(C) Husten
(D) gestaute Halsvenen
(E) Thoraxschmerzen

2 Akute Herz-Kreislauf-Sörungen

F00 **!**

2.1 Welches der angegebenen Arzneimittel ist bei einer Asystolie als erstes anzuwenden?

(A) Lidocain
(B) Adrenalin
(C) Heparin
(D) Digitalis
(E) Ajmalin

H99

2.2 Welche Aussage zur Thoraxkompression bei extrathorakaler Herzmassage eines Erwachsenen trifft zu?

(A) Das Sternum soll 10–12 cm tief eingedrückt werden.
(B) Das Sternum soll mit ausgestreckten Armen eingedrückt werden.
(C) Die Entlastungsphase soll doppelt so lange dauern wie die Kompressionsphase.
(D) Mit ihr darf erst nach Sicherung der Diagnose Herzstillstand durch ein EKG begonnen werden.
(E) Es sollen Thoraxkompressionen mit einer Frequenz von 45/min erfolgen.

H96

2.3 Welche Aussage trifft **nicht** zu?

Typische Befunde und pathophysiologische Veränderungen bei einem unbehandelten hypovolämischen Schock können sein:

(A) BE (base excess) negativ
(B) erniedrigter Lactat-Spiegel
(C) erniedrigter zentralvenöser Druck
(D) hohe Atemfrequenz
(E) erhöhter peripherer Gefäßwiderstand

1.1 (A) 1.2 (D) 1.3 (C) 1.4 (A) 2.1 (B) 2.2 (B) 2.3 (B)

F94

2.4 Indikationen zur gezielten Therapie mit Lidocain ist im notfallmedizinischen Einsatz in erster Linie:

(A) die ventrikuläre Extrasystolie
(B) die Asystolie
(C) der kardiogene Schock
(D) das Lungenödem
(E) das Vorhofflimmern

3 Akute Funktionsstörungen des Zentralnervensystems

F95

3.1 Welche Aussage trifft **nicht** zu?

Hinweise auf ein akutes epidurales Hämatom sind:

(A) sekundäre Bewußtseinstrübung
(B) Stauungspapille
(C) Erweiterung der homolateralen Pupille
(D) kontralaterale Hemiparese
(E) Streckkrämpfe

H96

3.2 Bei Patienten mit Schädel-Hirn-Trauma und erhöhtem intrakraniellem Druck sollte bei der Beatmung der P_aCO_2 mittels gezielter Hyperventilation über einige Tage möglichst unter einen Wert von 20 mmHg (2,67 kPa) gesenkt werden,

weil

durch gezielte Senkung des P_aCO_2 eine Abnahme des intrakraniellen Blutvolumens erreicht werden kann.

F98

3.3 Welches Symptom ist **nicht** typisch für eine transitorische ischämische Attacke (TIA)?

(A) retrograde Amnesie
(B) Gangunsicherheit
(C) Schwindel
(D) motorische Schwäche
(E) sensible Ausfallerscheinungen

F00 !

3.4 Welches Symptom ist für einen Grand-mal-Anfall **nicht** typisch?

(A) tonisch-klonische Krämpfe
(B) beidseitige Miosis
(C) Zungenbiss
(D) Urinabgang
(E) Bewusstlosigkeit

H00

3.5 Was ist für den klassischen idiopathischen Grand-mal-Anfall **am wenigsten** wahrscheinlich?

(A) Zungenbiss
(B) Urinabgang
(C) Hypersalivation
(D) Hinstürzen
(E) postiktaler Meningismus

4 Stoffwechselkomata

F00

4.1 Welche Maßnahme ist zur Erstellung eines Therapiekonzeptes beim Coma diabeticum **am wenigsten** bedeutsam?

(A) Bestimmung von Ammoniak im Serum
(B) Bestimmung von Kalium im Serum
(C) Erfassen der Serumosmolalität
(D) Bestimmung der arteriellen Blutgase
(E) Bestimmung der Blutglucose

F98

4.2 Welche Aussage trifft **nicht** zu?

Für ein akutes Leberversagen (Leberzerfallskoma) sprechen eine fehlende Leberanamnese und ein oftmals dramatischer Krankheitsverlauf.Als auslösende Faktoren kommen in Frage:

(A) Knollenblätterpilzvergiftung
(B) wiederholte Halothan-Exposition
(C) fulminante Virushepatitis
(D) Paracetamol-Intoxikation
(E) zu hohe Eiweißzufuhr

2.4 (A) 3.1 (B) 3.2 (D) 3.3 (A) 3.4 (B) 3.5 (E) 4.1 (A) 4.2 (E)

5 Spezielle Notfallsituationen

F00

5.1 Welche Aussage über die akute Methanolvergiftung trifft **nicht** zu?

(A) Es kommt zu einer metabolischen Azidose.
(B) Bei erhaltenem Bewusstsein ist eine sofortige Magenspülung indiziert.
(C) Ethanol-Infusionen hemmen den Methanolabbau.
(D) Methanol wird zum größeren Teil unverändert über die Nieren ausgeschieden.
(E) Bei einer schweren Vergiftung kann eine Hämodialyse indiziert sein.

H00 **!**

5.2 Eine auffällig hellrote Hautfarbe kann bei welcher der nachfolgend aufgeführten Vergiftungen als typisches Symptom am ehesten beobachtet werden?

(A) Barbiturat-Intoxikation
(B) Alkylphosphat-Intoxikation
(C) Kohlendioxidvergiftung
(D) Aminophenolvergiftung
(E) bei keiner der in (A)–(D) genannten Vergiftungen

H00 **!**

5.3 Bei welchem der genannten Notfälle sind enge Pupillen (Miosis) ein typischer Hinweis?

(A) Alkylphosphat-Intoxikation
(B) Kammerflimmern
(C) Ecstasy(MDMA)-Intoxikation
(D) Elektrounfall
(E) Ertrinkungsunfall

H99

5.4 Bei welcher der folgenden Störungen ist die Hypoxie primär und unmittelbar in der Zelle lokalisiert?

(A) ausgeprägter akuter Blutverlust
(B) Ventilations-Perfusionsstörungen in der Lunge
(C) Zyanidvergiftung
(D) vermindertes Herzzeitvolumen
(E) Antigen-Antikörperreaktion

5.1 (D) 5.2 (E) 5.3 (A) 5.4 (C)

Therapie chronischer Schmerzen

0 Definition

H93

0.1 Beim Übergang gelegentlicher akuter Schmerzen in einen chronischen Schmerzzustand (Chronifizierungsprozeß) wirken folgende Faktoren mit:

(1) operante Konditionierung von Schmerzverhalten infolge eines sekundären Krankheitsgewinns
(2) Fortschreiten eines körperlichen Krankheitsprozesses
(3) ernährungsbedingte Abnahme der endogenen Opioide im Zentralnervensystem
(4) das Erleben erfolgloser Schmerzbehandlungen

(A) nur 1 und 2 sind richtig
(B) nur 1 und 4 sind richtig
(C) nur 2 und 3 sind richtig
(D) nur 1, 2 und 4 sind richtig
(E) nur 2, 3 und 4 sind richtig

1 Physiologie und Pathophysiologie

H93

1.1 Die wichtigste spinal aufsteigende Schmerzbahn verläuft

(A) im Tractus spinocerebellaris posterior
(B) im Vorderseitenstrangsystem
(C) in der Pyramidenbahn
(D) über die zentrale Vasomotorenbahn
(E) über das Centrum ciliospinale

H96 !

1.2 Welche Aussage trifft **nicht** zu?

Bei der Verarbeitung von Schmerzinformationen spielen folgende zum nozizeptiven System gehörende Hirnareale eine Rolle:

(A) limbisches System
(B) Formatio reticularis des Hirnstammes
(C) Thalamus
(D) periaquäduktales Grau (PAG)
(E) Zerebellum

H93 !

1.3 Welche Aussage trifft **nicht** zu?

Beim Schmerz, insbesondere beim chronischen Schmerz, entstehen sog. nozizeptive Substanzen, die die freien Nervenendigungen stimulieren.

Folgende Substanzen erzeugen bzw. unterhalten den Schmerz

(A) Substanz P
(B) Prostaglandine
(C) Calcium
(D) Bradykinin
(E) Säurekationen

H98 H94 !

1.4 Eine Hyperalgesie (verstärkte Schmerzempfindlichkeit) kann auf folgenden Mechanismen beruhen:

(1) Sensibilisierung von Nozizeptoren durch Prostaglandine
(2) Unterfunktion zentralnervöser Hemmungssysteme
(3) erhöhte Nervenleitungsgeschwindigkeit der nozizeptiven Afferenzen
(4) nachlassende Hemmung aus der Headschen Zone
(5) veränderte motorische Reflexe durch verstärkte synaptische Übertragung an der motorischen Endplatte

(A) nur 2 ist richtig
(B) nur 1 und 2 sind richtig
(C) nur 1 und 5 sind richtig
(D) nur 1, 2 und 3 sind richtig
(E) nur 2, 4 und 5 sind richtig

F00 H97 H95 !!

1.5 Welche Aussage trifft **nicht** zu?

Neuropathische Schmerzen können ausgelöst werden durch:

(A) Sensibilisierung von afferenten Nervenfasern durch Prostaglandin E2
(B) längerdauernde Kompression sensibler Nerven
(C) metabolische Störungen bei Diabetes mellitus
(D) Tumorinfiltration eines peripheren Nerven
(E) Degeneration sensorischer Neurone in den Spinalganglien nach Zoster-Infektion

0.1 (D) 1.1 (B) 1.2 (E) 1.3 (C) 1.4 (B) 1.5 (A)

F98 F94 !!

1.6 Eine Fehlfunktion des (efferenten) sympathischen Nervensystems ist bei den folgenden Schmerzsituationen beteiligt:

(1) Brennschmerzen nach Nervenverletzung (Kausalgie)
(2) Trigeminusneuralgie
(3) postoperative Schmerzen
(4) Sudeck-Atrophie

(A) nur 4 ist richtig
(B) nur 1 und 2 sind richtig
(C) nur 1 und 4 sind richtig
(D) nur 2 und 3 sind richtig
(E) nur 1, 2 und 4 sind richtig

F99 F95

1.7 Periphere Nozizeptoren transformieren und kodieren schmerzhafte Impulse und leiten sie zu den Hinterhornneuronen über

(1) dünn myelinisierte Aδ-Fasern
(2) myelinisierte Aα-Fasern
(3) myelinisierte Aβ-Fasern
(4) nicht-myelinisierte C-Fasern
(5) myelinisierte Aγ-Fasern

(A) nur 1 und 4 sind richtig
(B) nur 2 und 5 sind richtig
(C) nur 1, 3 und 4 sind richtig
(D) nur 2, 3 und 5 sind richtig
(E) 1 – 5 = alle sind richtig

H96 H95

1.8 Bei der Schmerzhemmung im Rückenmark wird die Information durch segmentale und durch von supraspinal absteigende Einflüsse moduliert.

Zu den inhibitorischen Transmittern zählt **nicht:**

(A) β-Endorphin
(B) Glycin
(C) Glutamat
(D) 5-Hydroxytryptamin
(E) GABA

2 Schmerzdiagnostik

H95

2.1 Bei der Schmerzdiagnose muß auch die Schmerzqualität ermittelt werden, z.B. durch kennzeichnende Adjektive (Schmerzworte). Aus der Schmerzqualität können Rückschlüsse auf die Pathogenese und Ätiologie der Schmerzen gezogen werden.

Brennende Schmerzen sind kennzeichnend bei

(1) Kausalgie
(2) Migräne
(3) Angina pectoris
(4) anfallsweise auftretender Trigeminusneuralgie (Tic douloureux)
(5) sympathischer Reflexdystrophie

(A) nur 2 ist richtig
(B) nur 1 und 4 sind richtig
(C) nur 2 und 4 sind richtig
(D) nur 1, 3 und 5 sind richtig
(E) nur 3, 4 und 5 sind richtig

H99 H97

2.2 Welche Aussage über die Schmerzdokumentation mit der visuellen Analogskala (VAS) trifft **nicht** zu?

(A) Die Angabe auf der VAS stellt ein subjektives Maß für die augenblickliche Schmerzintensität dar.
(B) Bei schweren Schmerzen reicht die Skala wegen Überschreitung des Höchstwertes meistens nicht aus.
(C) Patienten geben an, um wieviel ihre Schmerzen über der Schmerzwelle liegen.
(D) Durch mehrmalige tägliche Angaben des Patienten auf der VAS kann der Zeitverlauf des Schmerzes dargestellt werden.
(E) Die Wirksamkeit einer Schmerztherapie kann anhand des Zeitverlaufs der VAS-Werte beurteilt werden.

1.6 (C) 1.7 (A) 1.8 (C) 2.1 (D) 2.2 (B)

H00 !

2.3 Welche Aussage zur visuellen Analogskala (VAS) trifft **nicht** zu?

(A) Mit ihr lässt sich die Wirksamkeit der Schmerztherapie dokumentieren.
(B) Die Eintragung der Schmerzwerte muss von einem Arzt vorgenommen werden.
(C) Sie ist in der Regel 10 cm lang.
(D) Mit mehrfachen täglichen Angaben können tagesrhythmische Schwankungen der Schmerzstärke dokumentiert werden.
(E) Die Endpunkte der Skala können mit „kein Schmerz" und „stärkste vorstellbare Schmerzen" bezeichnet werden.

F00

2.4 Bei der Schmerzdokumentation werden dem Patienten schmerzbezogene Adjektive angeboten, um

(A) das Wahrnehmungsvermögen des Patienten zu testen
(B) ihm bei der Charakterisierung der affektiven Dimension seines Schmerzes zu helfen
(C) die schmerzbezogene Kommunikationsfähigkeit des Patienten zu testen
(D) die Glaubwürdigkeit der Patientenangaben zu testen
(E) psychopathologische Zeichen des Patienten aufzudecken

3 Methoden der Schmerztherapie

H93 !

3.1 Bei der Behandlung von Dauerschmerzen mit einem Analgetikum

(A) ist es wegen Wirkungsverlust typischerweise nötig, die tägliche Dosis stetig zu erhöhen
(B) hat es sich als sinnvoll erwiesen, das Medikament in nicht zu langen Zeitintervallen unabhängig vom Auftreten von Schmerzen zu geben
(C) muß das Medikament möglichst parenteral (durch Injektion) verabreicht werden
(D) darf das Medikament vor dem Einschlafen nicht mehr gegeben werden
(E) sollte das Medikament erst gegeben werden, wenn der Patient danach verlangt (Therapie nach Bedarf)

H94 !

3.2 Acetylsalicylsäure als Analgetikum

(1) ist wirksam gegen Schmerzen bei Knochenmetastasen
(2) sollte im Sinne des WHO-Stufenplanes nicht als 1. Substanz gegeben werden
(3) kann auf allen Stufen des WHO-Stufenplanes gegeben werden
(4) soll nicht mehr gegeben werden, wenn Patient Morphin erhält
(5) wirkt ausschließlich peripher

(A) nur 1 und 3 sind richtig
(B) nur 2 und 4 sind richtig
(C) nur 3 und 5 sind richtig
(D) nur 1, 2 und 5 sind richtig
(E) nur 2, 4 und 5 sind richtig

F00 H97

3.3 Welche Aussage trifft **nicht** zu?

Nicht-steroidale entzündungshemmende Analgetika

(A) hemmen die Impulsentstehung in Nozizeptoren
(B) hemmen die Prostaglandinsynthese
(C) schwächen die Entzündungsprozesse ab
(D) verstärken die Bindung endogener Opioide an periphere Opioidrezeptoren
(E) reichern sich als saure Analgetika im entzündeten Gewebe an

F00

3.4 Welche Aussage zur Behandlung von Tumorschmerzen mit Opioiden trifft **nicht** zu?

(A) Die Höhe der Opioiddosis muss individuell anhand der Schmerzintensität „titriert" werden.
(B) Bei Dauerbehandlung sollen auch Laxantien gegeben werden.
(C) Das Opioid soll in regelmäßigen Zeitabständen gegeben werden.
(D) Gemäß dem WHO-Schema werden auf Stufe 2 schwach opioidhaltige Analgetika mit nichtopioidhaltigen kombiniert angewendet.
(E) Die transdermale Applikation von Fentanyl wird entsprechend dem WHO-Schema auf Stufe 1 empfohlen.

2.3 (B) 2.4 (B) 3.1 (B) 3.2 (A) 3.3 (D) 3.4 (E)

F98 F97

3.5 Einer oralen Wirkdosis von 300 mg Morphin entspricht welcher intramuskulären Dosierung am ehesten?

(A) 30 mg
(B) 100 mg
(C) 300 mg
(D) 450 mg
(E) 600 mg

H99 !

3.6 Die Gabe von Opiatanalgetika zur Therapie chronischer Schmerzen führt **am wenigsten** wahrscheinlich zu:

(A) Miktionsstörung
(B) Juckreiz
(C) Dysphorie
(D) Euphorie
(E) arterieller Hypertonie

F98 F94 !!

3.7 Morphin wird als ein stark wirkendes Analgetikum bei Dauerschmerzen eingesetzt.

Welche der folgenden Feststellungen hierfür trifft **nicht** zu?

(A) Bei regelmäßiger oraler Einnahme über längere Zeit entsteht häufig eine psychische Abhängigkeit (Sucht).
(B) Bei starken tumorbedingten Dauerschmerzen ist der Einsatz eines Retard-Präparates mit langer Wirkungsdauer sinnvoll.
(C) Morphin ist auch bei lokaler Anwendung am Rückenmark infolge Bindung an spinale Opiatrezeptoren analgetisch wirksam.
(D) Seine längerfristige Anwendung führt häufig zu einer behandlungsbedürftigen Obstipation.
(E) Bei regelmäßiger oraler Einnahme kommt es nicht zu einer Atemdepression.

F97 !!

3.8 Die zentralnervöse Verarbeitung von schmerzbezogenen Informationen unterliegt der Kontrolle durch endogen inhibitorische Systeme.

Für diese gilt welche der folgenden Feststellungen **nicht**?

(A) Ein wichtiger Bestandteil ist die Antagonisten-Hemmung der spinalen Motorik.
(B) Endogene Opioide wirken als inhibitorische Neurotransmitter mit.
(C) Durch schmerztherapeutische Stimulationsverfahren (z. B. TENS-transkutane elektrische Nervenstimulation) werden zentralnervöse Hemmungsmechanismen ausgelöst.
(D) Bei der oralen Morphintherapie wird die auf endogenen Opioiden beruhende Schmerzhemmung imitiert oder verstärkt.
(E) Die schmerzhemmenden Wirkungen der Opioide im Rückenmark werden vor allem durch Bindung an Opioidrezeptoren vermittelt.

H97

3.9 Bei der Therapie schwerer Schmerzzustände finden z. T. Arzneistoffe aus folgenden Stoffklassen Anwendung:

(1) Antikonvulsiva
(2) Antidepressiva
(3) Neuroleptika

(A) nur 1 ist richtig
(B) nur 1 und 2 sind richtig
(C) nur 1 und 3 sind richtig
(D) nur 2 und 3 sind richtig
(E) 1 – 3 = alle sind richtig

3.5 (B) 3.6 (E) 3.7 (A) 3.8 (A) 3.9 (E)

F95

3.10 Die schmerzdämpfende Wirkung von trizyklischen Antidepressiva beruht auf folgenden Mechanismen:

(1) Hemmung der Wiederaufnahme von Serotonin und Noradrenalin aus dem synaptischen Spalt
(2) Hemmung der neurogenen Entzündung durch Interaktion mit Substanz P in peripheren Nerven
(3) Veränderung des Schmerzerlebens
(4) Hemmung der Prostaglandinsynthese im ZNS

(A) nur 1 ist richtig
(B) nur 2 ist richtig
(C) nur 1 und 3 sind richtig
(D) nur 3 und 4 sind richtig
(E) nur 1, 2 und 3 sind richtig

F98 !

3.11 Welche Aussage zu Nervenblockaden bei chronischen Schmerzzuständen trifft **nicht** zu?

(A) Man unterscheidet diagnostische, prophylaktische und therapeutische Blockaden.
(B) Diagnostische Blockaden werden mit Lokalanästhetika durchgeführt.
(C) Führt eine diagnostische Blockade zur Schmerzfreiheit, so kann eine therapeutische Blockade mit Neurolytika indiziert sein.
(D) eine therapeutische Blockade mit Neurolytika ist einer systemisch-medikamentösen Therapie immer vorzuziehen.
(E) Eine kontinuierliche Leitungsanästhesie (z. B. Epiduralkatheter) zur Vermeidung von Phantomschmerzen nach Extremitätenamputationen ist eine der wichtigsten prophylaktischen Blockaden.

F96

3.12 Indikationen für die sogenannte therapeutische Lokalanästhesie zur Schmerztherapie und -prävention sind:

(1) akuter Zoster
(2) postzosterische Neuralgie
(3) Trigeminusneuralgie

(A) nur 1 ist richtig
(B) nur 2 ist richtig
(C) nur 1 und 3 sind richtig
(D) nur 2 und 3 sind richtig
(E) 1 – 3 = alle sind richtig

F00 H97 !

3.13 Welche Aussage trifft **nicht** zu?

Zu den unerwünschten Wirkungen eines Lokalanästhetikums gehören:

(A) allergische Reaktionen
(B) Krampfanfälle
(C) Thrombopenie
(D) Atemlähmung
(E) Bradykardie

H95 !

3.14 Welche Aussage zu schmerztherapeutischen Lokalanästhesien trifft **nicht** zu?

(A) Bupivacain ist ein langwirkendes Lokalanästhetikum vom Amidtyp.
(B) Lokalanästhetika vom Estertyp werden bevorzugt eingesetzt.
(C) Lidocain ist ein Aminoamid-Lokalanästhetikum.
(D) Etidocain führt zu einer ausgeprägten motorischen Blockade.
(E) Prilocain ist bei gleicher Dosierung wie Lidocain weniger toxisch.

H99 F94

3.15 Die axilläre Plexusblockade eignet sich für die Therapie bei

(1) Ischämieschmerzen im Unterarm
(2) Schmerzen im Bereich von Hand und Unterarm
(3) Schmerzen nach Plexusausriß
(4) Schmerzen im oberen Drittel des Armes
(5) Phantomschmerzen nach Handamputation

(A) Keine der Aussagen 1 – 5 ist richtig
(B) nur 3 ist richtig
(C) nur 1, 2 und 3 sind richtig
(D) nur 1, 2 und 5 sind richtig
(E) 1 – 5 = alle sind richtig

3.10 (C) 3.11 (D) 3.12 (A) 3.13 (C) 3.14 (B) 3.15 (D)

H00

3.16 Die Infiltration eines Lokalanästhetikums in schmerzempfindliche Triggerpunkte ist am besten geeignet bei:

(A) Angina pectoris durch koronare Herzkrankheit
(B) Schmerz durch Knochenmetastasen
(C) Trigeminusneuralgie mit einschießenden Schmerzen
(D) myofaszialen Schmerzen im Schulter-Nacken-Bereich
(E) Schmerzen durch Bandscheibenvorfall

F94

3.17 Zur Therapie des Schmerzes beim Pankreaskopfkarzinom kommt welche der folgenden Maßnahmen in Frage?

Neurolytische Blockade im Bereich des

(A) Plexus coeliacus
(B) Ganglion stellatum
(C) thorakalen Grenzstranges
(D) lumbalen Grenzstranges
(E) Plexus lumbosacralis

H94

3.18 Sympathikusblockaden an den Ganglien des Grenzstranges sind indiziert

(1) bei malignen Tumoren
(2) bei Morbus Sudeck
(3) bei Durchblutungsstörungen der oberen Extremität
(4) zur Prophylaxe postzosterischer Neuralgien

(A) nur 2 ist richtig
(B) nur 3 ist richtig
(C) nur 1 und 4 sind richtig
(D) nur 1, 2 und 3 sind richtig
(E) 1–4 = alle sind richtig

H94 !!

3.19 Welche der folgenden Zeichen geben Hinweise auf eine korrekte Durchführung der Stellatumblockade?

(1) Ptosis
(2) Enophthalmus
(3) Schmerzlinderung in der Hand bei sympathischer Reflexdystrophie
(4) Mydriasis

(A) nur 4 ist richtig
(B) nur 1 und 2 sind richtig
(C) nur 2 und 3 sind richtig
(D) nur 1, 2 und 3 sind richtig
(E) 1–4 = alle sind richtig

H97 !

3.20 Im Zusammenhang mit einer Zöliakusblockade trifft **nicht** zu:

(A) Sie wird bei chronischen Oberbauchschmerzen, insbesondere infolge von Oberbauchtumoren durchgeführt.
(B) Häufigste unerwünschte Wirkung ist eine passagere Verstopfung.
(C) Das Auftreten einer Querschnittssymptomatik wird gelegentlich beobachtet.
(D) Die Blockade wird in Bauchlage durchgeführt.
(E) Der Zugang wird ultraschallkontrolliert durchgeführt.

F99

3.21 Die intravenöse regionale Anwendung von Guanethidin wirkt beim M. Sudeck analgetisch, weil

(A) in den Nerven, die parallel zu den Blutgefäßen laufen, ein Leitungsblock bewirkt wird
(B) die Noradrenalinspeicher in den sympathischen Nervenendigungen entleert werden
(C) die Impulsübertragung in den sympathischen Ganglien des Grenzstrangs gehemmt wird
(D) die Postaglandinsynthese gehemmt wird
(E) die neurogene Entzündung durch erhöhte Freisetzung von Substanz P abgeschwächt wird

3.16 (D) 3.17 (A) 3.18 (E) 3.19 (D) 3.20 (B) 3.21 (B)

H93 !

3.22 Welche Aussage trifft **nicht** zu?

Die Anwendung operativer Methoden zur Schmerzausschaltung ist nur nach strenger Indikationsstellung angebracht. Bevorzugte Indikationen sind:

(A) eingeklemmte Nervenwurzeln mit Blasen-Mastdarm-Störung
(B) Migräne
(C) typische Trigeminusneuralgie
(D) eingeklemmte Nerven mit Kompressionssyndrom
(E) Kopfschmerz bei Hirntumoren

H98

3.23 Für die Chordotomie gilt folgende Indikation:

(A) Ischämieschmerz im Bein bei Diabetes mellitus
(B) einseitige starke Tumorschmerzen im Becken
(C) Schmerzen durch einseitige Hüftgelenksarthrose
(D) einseitige Schmerzen nach Bandscheibenvorfall
(E) Phantomschmerzen

H96 !

3.24 Zu den neurodestruierenden Verfahren bei operativer Behandlung schwerer Schmerzsyndrome zählt **nicht** die

(A) perkutane Thermokoagulation (z.B. des Ganglion Gasseri)
(B) Rhizotomie
(C) Dekompression (nach Jannetta)
(D) Chordotomie
(E) Facettendenervation

F95

3.25 Neurolytische Blockaden sind Leitungsunterbrechungen, die durchgeführt werden mit

(1) Ethylalkohol
(2) 10%igen Glukoselösungen
(3) Phenol
(4) Natriumbicarbonat

(A) nur 1 ist richtig
(B) nur 2 ist richtig
(C) nur 1 und 3 sind richtig
(D) nur 2 und 4 sind richtig
(E) 1–4 = alle sind richtig

F95 !!

3.26 Welche Aussage trifft **nicht** zu?

Die Anwendung operativer Methoden zur Schmerzausschaltung ist nur nach strenger Indikationsstellung angebracht.

Bevorzugte Indikationen sind:

(A) atypischer Gesichtsschmerz
(B) Kopfschmerz bei Hirntumoren
(C) eingeklemmte Nerven bei einem Kompressionssyndrom
(D) typische (idiopathische) Trigeminusneuralgie
(E) zervikaler Wurzelausriß

F97

3.27 Verschiedene Arten der Elektrotherapie wirken analgetisch, wobei die folgenden Mechanismen beteiligt sein können:

(1) Hyperämisierung
(2) Ausschüttung von Opioiden im Zentralnervensystem durch die elektrische Erregung afferenter Nervenfasern
(3) Blockierung der nozizeptiven Afferenzen durch eine lokale Hyperpolarisation der Axone
(4) Verbesserung der Erregungsübertragung an der motorischen Endplatte durch die repetitive Stimulation der Motoraxone

(A) nur 1 und 2 sind richtig
(B) nur 2 und 3 sind richtig
(C) nur 3 und 4 sind richtig
(D) nur 1, 3 und 4 sind richtig
(E) 1–4 = alle sind richtig

3.22 (B) 3.23 (***) 3.24 (C) 3.25 (C) 3.26 (A) 3.27 (A)

F96 !

3.28 Welche Aussage trifft **nicht** zu?

Die Schmerzhemmung im ZNS ist aktivierbar durch:

(A) lokale elektrische Stimulation
(B) lokale Morphineinwirkung
(C) transkutane elektrische Nervenstimulation (TENS) und Akupunktur
(D) systemische Behandlung mit einem GABA-Agonisten
(E) Sympathikusblockade

F95

3.29 Der Stellenwert von Entspannungsverfahren innerhalb der Schmerztherapie gründet sich auf folgende Tatsachen:

(1) physiologischer Antagonismus zur Streßreaktion
(2) Veränderung der Schmerzintensität
(3) selbstinduzierte Wirkung

(A) Keine der Aussagen 1–3 ist richtig
(B) nur 1 ist richtig
(C) nur 1 und 2 sind richtig
(D) nur 2 und 3 sind richtig
(E) 1–3 = alle sind richtig

H95

3.30 Als Indikationen für eine schmerztherapeutische Akupunktur kommen in Frage:

(A) Kopfschmerzen und Migräne
(B) chronische degenerative Nervenerkrankungen
(C) akute chirurgische Erkrankungen (Knochenfrakturen)
(D) Spondylodiszitiden
(E) akute bakterielle Infektionen

F97

3.31 Bei der Akupunktur hemmen welche der genannten Hormone die Übertragung nozizeptiver Reize?

(1) Noradrenalin
(2) Serotonin
(3) Endorphin
(4) Cortisol

(A) nur 1 ist richtig
(B) nur 3 ist richtig
(C) nur 2 und 3 sind richtig
(D) nur 1, 2 und 3 sind richtig
(E) 1–4 = alle sind richtig

F96

3.32 Welche Aussage trifft **nicht** zu?

Das Kantharidenpflaster, das zu den blasenziehenden Mitteln (Vesikanzien) der traditionellen Medizin zählt, wird bevorzugt bei chronisch degenerativen Erkrankungen zur lokalen Schmerztherapie angewendet.

Es führt zu

(A) Austritt von Lymphe
(B) Austritt von Blut
(C) einer lokalen Hyperämie
(D) einer Gegenirritation
(E) einem Abtransport von lokal algetischen Substanzen

4 Besondere chronische Schmerzsyndrome

H96 !!

4.1 Welche Aussage trifft **nicht** zu?

Ein tumorassoziierter Schmerz kann verursacht werden durch

(A) einen Herpes zoster
(B) Venenthrombosen
(C) Pilzinfektionen
(D) Knochenmetastasen
(E) Dekubitus

3.28 (E) 3.29 (E) 3.30 (A) 3.31 (D) 3.32 (B) 4.1 (D)

H98 !

4.2 Ihr Tumorpatient, der wegen seiner Schmerzen mit Morphin in Retardform behandelt wird, geht für 2 Monate in Urlaub.

Gemäß der in der BtMVV vorgeschriebenen Höchstverschreibungsdauer

(A) geben Sie Ihrem Patienten 2 Rezepte für jeweils 30 Tage mit
(B) geben Sie Ihrem Patienten 200 mg Morphin
(C) empfehlen Sie Ihrem Patienten eine besonders sparsame Einnahme des Morphins, damit die 30-Tage-Dosis für den doppelten Zeitraum ausreicht
(D) stellen Sie Ihr Rezept für einen 60-Tage-Bedarf von Morphin in Retardform mit Angabe des Symbols (A) aus
(E) verschreiben Sie ein nicht-retardiertes Morphin, wegen dessen hoher Bioverfügbarkeit der Opiatverbrauch niedriger als bei Einsatz von Morphin in Retardform ist

H94 !

4.3 Möglichkeiten palliativer Schmerzbehandlung bei Mammakarzinom sind:

(1) Strahlentherapie
(2) Versorgung einer pathologischen Fraktur
(3) subkutane Mastektomie

(A) nur 1 ist richtig
(B) nur 2 ist richtig
(C) nur 1 und 2 sind richtig
(D) nur 2 und 3 sind richtig
(E) 1 – 3 = alle sind richtig

H00 !

4.4 Zur Therapie der durch Knochenmetastasen bedingten Schmerzen ist welche Maßnahme **nicht** geeignet?

(A) Strahlentherapie
(B) nichtsteroidale Antirheumatika
(C) Calcitonin
(D) Opioide
(E) Dopaminagonisten

F95 !!

4.5 Die orale Gabe von Opioiden wird zur Schmerztherapie schwerster chronischer Tumorschmerzen eingesetzt

(A) immer, wenn der Patient Schmerzen hat (nach Bedarf)
(B) entsprechend dem Stufenschema der WHO
(C) in einer für jedes Medikament konstanten Standarddosis
(D) wegen der Suchtbildung nur im Endstadium
(E) nur unter stationärer Überwachung

F96 !!

4.6 Welche Aussage zur Tumorschmerztherapie trifft zu?

(A) Langwirkende Opioidanalgetika (z. B. retardiertes Morphin) werden nach einem festen Zeitschema verabreicht.
(B) Die Kombination eines Nichtopioidanalgetikums mit einem Opioidanalgetikum ist kontraindiziert.
(C) Dihydrocodein gehört zu den hochpotenten Opioidanalgetika.
(D) die partiellen Opioidantagonisten Buprenorphin und Pentazocin unterliegen nicht der Betäubungsmittelverschreibungsverordnung (BtMVV).
(E) Eine ambulante Langzeittherapie mit Opioiden, die der BtMVV unterliegen, ist nicht möglich.

4.2 (D) 4.3 (C) 4.4 (E) 4.5 (B) 4.6 (A)

H96 !!

4.7 Welche Aussage trifft **nicht** zu?

Die Tumorschmerztherapie wird nach folgenden Regeln durchgeführt:

(A) Vor Beginn der medikamentösen Schmerztherapie sollte ausgeschlossen sein, daß mit kurativen Maßnahmen eine Ausschaltung der Schmerzen möglich ist.
(B) Auf der Stufe II des WHO-Stufenschemas erfolgt die analgetische Therapie mit schwach wirksamen Opioiden in Kombination mit Nichtopioid-Analgetika.
(C) Es werden bevorzugt kurz wirksame Opioide eingesetzt, damit die Therapie besser steuerbar ist.
(D) In vielen Fällen ist – je nach Schmerzursache – eine Therapie mit Adjuvantien, wie Corticosteroiden, Antidepressiva, Antikonvulsia, erforderlich.
(E) In Deutschland werden retardiertes Dihydrocodein und retardiertes Dextropropoxyphen als schwach wirksame Opioide eingesetzt.

H95 !

4.8 Wenn die therapeutische Wirkung von Acetylsalicylsäure (ASS) bei der Therapie chronischer Schmerzen nicht ausreicht, wird zusätzlich Dihydrocodein (ein niederpotentes Opioid) gegeben, weil

(A) durch Interaktion beider Moleküle mehr Opioidrezeptoren im Zentralnervensystem besetzt werden und dadurch nozizeptive Neurone verstärkt gehemmt werden
(B) die gastrointestinale Resorption von ASS durch die Zugabe von Dihydrocodein (darmaktive Wirkung!) verbessert wird und damit eine höhere Plasmakonzentration resultiert
(C) sich durch unterschiedliche Wirkmechanismen die analgetische Wirkung verstärkt
(D) die entzündungshemmende Wirkung der ASS durch die Wirkung des Opioids auf die Prostaglandinsynthese verstärkt wird
(E) sich fiebersenkende (ASS) und schlaffördernde (Opioid) Wirkungen bei Schmerzpatienten potenzieren

H93 !!

4.9 Für die Nervenschmerzen nach einem lumbalen Bandscheibenvorfall gelten folgende Aussagen:

(1) Bei Rechtshändern treten sie überwiegend auf der rechten Körperseite auf.
(2) Sie beruhen auf der Kompression einer ventralen Rückenmarkswurzel.
(3) Sie strahlen typischerweise in das Dermatom des betroffenen Rückenmarksegments aus.
(4) Sie sind typischerweise mit einer Spastik der betroffenen Skelettmuskulatur assoziiert.

(A) nur 3 ist richtig
(B) nur 1 und 3 sind richtig
(C) nur 2 und 4 sind richtig
(D) nur 1, 2 und 4 sind richtig
(E) 1–4 = alle sind richtig

F98 !

4.10 Welche Aussage trifft **nicht** zu?

Zu den Therapieempfehlungen bei chronischen nicht-radikulären Rückenschmerzen zählen:

(A) systemische Schmerzmedikation mit Analgetika
(B) TENS/Akupunktur
(C) Kraft- und Muskelkoordinationstraining über mindestens 1 Jahr
(D) Immobilisierung über 4 Wochen
(E) Veränderung des Arbeitsplatzes

H00 !!

4.11 Welche Aussage zur Migräne trifft **nicht** zu?

(A) Die Migräne kommt auch bei Kindern vor.
(B) Die Diagnose Migräne setzt definitionsgemäß voraus, dass der Schmerz auf eine Kopfseite begrenzt bleibt.
(C) Ein typisches Begleitsymptom ist Brechreiz.
(D) Zur Therapie der akuten Attacke kommt s.c.-Gabe von Sumatriptan in Betracht.
(E) Zur Anfallsprophylaxe ist im Intervall Gabe eines Beta-Rezeptorenblockers geeignet.

4.7 (C) 4.8 (C) 4.9 (A) 4.10 (D) 4.11 (B)

F94 !!

4.12 Bei einer Migräne ohne Aura wird die Intervallprophylaxe, z. B. mit β-Adrenozeptorantagonisten, üblicherweise durchgeführt, wenn

(A) eine schwere Migräneattacke/Monat auftritt
(B) zwei oder mehr schwere Migräneattacken/Monat auftreten
(C) die Attacke von Übelkeit begleitet wird
(D) die Attacke von Übelkeit und Erbrechen begleitet wird
(E) ipsilaterale Rhinorrhö und/oder Lakrimation auftreten

H98 !

4.13 Zur Migräne-Intervalltherapie (Prophylaxe) ist – nach vorherrschender Lehrmeinung – in erster Linie folgender der genannten Arzneistoffe geeignet:

(A) Indometacin
(B) Fluphenazin
(C) Betarezeptorenblocker
(D) Carbamazepin
(E) Lithium

H99

4.14 Zur Migräneprophylaxe kommt üblicherweise **nicht** in Betracht die Gabe von

(A) Metoprolol
(B) Sumatriptan
(C) Pizotifen
(D) Flunarizin
(E) Ergotamin

H98 !!

4.15 35-jähriger Patient mit attackenförmigem, einseitigem Kopfschmerz. Der Schmerzcharakter ist pulsierend, die Attackendauer beträgt zwischen 12 und 36 Stunden. Die Attacke wird begleitet von Übelkeit und Erbrechen sowie Lichtempfindlichkeit.

Um welche Erkrankung handelt es sich am wahrscheinlichsten?

(A) Trigeminusneuralgie
(B) Migräne
(C) Cluster-Kopfschmerz
(D) medikamenteninduzierter Kopfschmerz
(E) atypischer Gesichtsschmerz

H98 !!

4.16 40-jähriger Patient mit attackenförmigem, stets einseitigem Kopfschmerz von unerträglicher Intensität. Die Dauer beträgt 30 – 180 Minuten. Zwischen den Attacken komplette Schmerzfreiheit. Schmerzfreiheit wird stets erreicht durch Inhalation von 7 Litern reinem Sauerstoff/min.

Um welche Erkrankung handelt es sich am wahrscheinlichsten?

(A) Trigeminusneuralgie
(B) Migräne
(C) Cluster-Kopfschmerz
(D) medikamenteninduzierter Kopfschmerz
(E) atypischer Gesichtsschmerz

H94 !!

4.17 Eine Patientin (verheiratet, 3 schulpflichtige Kinder) hat fast regelmäßig am Wochenende einen schweren Migräneanfall.

Folgende Behandlungsansätze sind indiziert:

(1) Kupierung des Migräneanfalls, z. B. mit Acetylsalicylsäure oder Ergotamin
(2) Intervallbehandlung mit β-Adrenozeptorantagonisten zur Prophylaxe des Anfalls
(3) Verhaltenstraining zur Verbesserung der Streßbewältigung
(4) zeitweilige Dauerbehandlung mit einem lang wirksamen Opioid (Retard-Präparat)
(5) Eisbeutel auf den Kopf rechtzeitig vor Beginn des Anfalls

(A) nur 1 ist richtig
(B) nur 1 und 3 sind richtig
(C) nur 4 und 5 sind richtig
(D) nur 1, 2 und 3 sind richtig
(E) 1 – 5 = alle sind richtig

F96 !

4.18 Für welches der genannten Krankheitsbilder ist eine Hemikranie **am wenigsten** charakteristisch?

(A) Migräne
(B) Spannungskopfschmerz
(C) Cluster-Kopfschmerz
(D) Aneurysma dissecans der A. carotis interna
(E) Tolosa-Hunt-Syndrom

4.12 (B) 4.13 (C) 4.14 (***) 4.15 (B) 4.16 (C) 4.17 (D) 4.18 (B)

H95 !!

4.19 Eine O_2-Inhalation kann als erfolgversprechender Therapieversuch bei folgender Kopfschmerzform unternommen werden:

(A) Migräne mit Aura
(B) Migräne ohne Aura
(C) Spannungskopfschmerz
(D) Cluster-Kopfschmerz
(E) Medikamenten-induzierter Kopfschmerz

H00 !!

4.20 Bei welcher der folgenden Kopfschmerzarten kann ein Anfall effizient mit Inhalation von 100%igem Sauerstoff kupiert werden?

(A) Migräne
(B) Spannungskopfschmerz
(C) Cluster-Kopfschmerz
(D) Trigeminusneuralgie
(E) atypischer Kopfschmerz

F94 !

4.21 Zur Akutmedikation bei Spannungskopfschmerzen sind indiziert:

(1) Acetylsalicylsäure
(2) Paracetamol
(3) Ergotamin
(4) Flunarizin
(5) Ergotamin und Acetylsalicylsäure

(A) Keine der Aussagen 1 – 5 ist richtig.
(B) nur 3 ist richtig
(C) nur 5 ist richtig
(D) nur 1 und 2 sind richtig
(E) 1 – 5 – alle sind richtig

F95 !

4.22 Folgende Arzneistoffe können bei täglicher Einnahme über längere Zeit Dauerkopfschmerzen verursachen:

(1) Ergotamin
(2) Ergotamin-Mischpräparate
(3) analgetische Mischpräparate

(A) nur 1 ist richtig
(B) nur 3 ist richtig
(C) nur 1 und 2 sind richtig
(D) nur 2 und 3 sind richtig
(E) 1 – 3 = alle sind richtig

F96 !

4.23 Eine 47-jährige, leicht übergewichtige Patientin klagt über seit dem 20. Lebensjahr bestehende Kopfschmerzen. Zu Beginn der Erkrankung seien die Kopfschmerzen ein- bis zweimal pro Monat über einen Zeitraum von ein bis zwei Tagen aufgetreten. In den letzten Jahren seien die Kopfschmerzen jedoch ständig vorhanden. In Abhängigkeit von der Schmerzstärke nimmt die Patientin regelmäßig Paracetamol oder Dihydroergotamintartrat ein.

Welche Diagnose ist derzeit am ehesten zu stellen?

(A) Cluster-Kopfschmerz
(B) medikamentös induzierter Mischkopfschmerz
(C) Migräne ohne Aura
(D) Bing-Horton-Syndrom
(E) psychogener Kopfschmerz

H99 !!

4.24 Ein 45-jähriger Patient kommt mit dumpfdrückenden Dauerkopfschmerzen, die schon beim Erwachen vorhanden sind und den ganzen Tag anhalten. Anamnestisch bestehen seit 25 Jahren Kopfschmerzen, die anfangs eher episodisch auftraten und zunächst auf Medikamente gut, später jedoch nicht mehr ansprachen.

Um welchen Krankheitsbild handelt es sich jetzt am wahrscheinlichsten?

(A) Trigeminusneuralgie
(B) Migräne
(C) Cluster-Kopfschmerz
(D) medikamenteninduzierter Kopfschmerz
(E) atypischer Gesichtsschmerz

F98 !!

4.25 Für die Dauer der einzelnen klassischen Schmerzattacke bei der sog. idiopathischen Trigeminusneuralgie wird im allgemeinen folgende Zeitangabe beschrieben:

(A) Sekunden
(B) ca. 5 – 15 Minuten
(C) ca. $^1/_2$ – 1 Stunde
(D) einige Stunden
(E) einige Tage

4.19 (D) 4.20 (C) 4.21 (D) 4.22 (E) 4.23 (B) 4.24 (D) 4.25 (A)

H94 !

4.26 Die typische Trigeminusneuralgie

(1) ist durch Dauerschmerz gekennzeichnet
(2) wird meist durch taktile Reize ausgelöst
(3) tritt meist beidseitig auf
(4) ist mit Ausfällen der Gesichtsmotorik verbunden
(5) kann medikamentös mit Carbamazepin behandelt werden

(A) nur 1 und 3 sind richtig
(B) nur 2 und 5 sind richtig
(C) nur 1, 2 und 4 sind richtig
(D) nur 3, 4 und 5 sind richtig
(E) 1 – 5 = alle sind richtig

F00 !

4.27 Bei der Trigeminusneuralgie ist erste therapeutische Maßnahme der Wahl:

(A) operative Dekompression der Trigeminuswurzeln nach Janetta
(B) systemische Anwendung von Carbamazepin
(C) systemische Anwendung von Phenytoin
(D) Durchtrennung der Trigeminus-Afferenzen nach dem Eintritt in den Hirnstamm (mesenzephale Traktotomie)
(E) ganglionäre lokale Opioidanalgesie

H98 !!

4.28 Stumpfschmerzen können hervorgerufen werden durch

(A) eine veränderte sympathische Aktivität
(B) Ephapsen im Rückenmark
(C) übererregbare Neurone im Rückenmark
(D) eine pathologische Verschaltung im Hinterhorn
(E) lokale Faktoren im Stumpf

F99 !!

4.29 Welche Aussage trifft **nicht** zu?

Phantomschmerzen nach Extremitätenamputationen

(A) sind brennend und krampfartig
(B) werden in den distalen Teil der nicht mehr vorhandenen Gliedmaße projiziert
(C) treten meist 1 – 2 Jahre nach der Amputation auf
(D) werden mit Calcitonin behandelt
(E) führen zum Telescoping

F97 !!

4.30 Die Prophylaxe von Phantomschmerzen betreibt man heute mit

(A) Benzodiazepinen
(B) Antidepressiva
(C) Antikonvulsiva
(D) Regionalanästhesien
(E) Opioiden

H94 !!

4.31 Bei Phantomschmerzen kann in der Frühphase eine gute Wirkung erzielt werden mit:

(1) regionalen Lokalanästhesien
(2) nicht-Opioid-Analgetika
(3) trizyklischen Antidepressiva
(4) Sympathikusblockaden
(5) Benzodiazepinen
(6) Calcitonin

(A) Keine der Aussagen 1 – 6 ist richtig
(B) nur 1, 2 und 3 sind richtig
(C) nur 1, 3 und 5 sind richtig
(D) nur 1, 4 und 6 sind richtig
(E) 1 – 6 = alle sind richtig

H99 !

4.32 Zum klinischen Bild der sympathischen Reflexdystrophie (komplexes regionales Schmerzsyndrom) zählt **nicht:**

(A) erhöhte Gelenkmobilität
(B) Hypästhesie
(C) Atrophie der Haut
(D) Ruheschmerz
(E) gestörte Schweißsekretion

4.26 (B) 4.27 (B) 4.28 (E) 4.29 (C) 4.30 (D) 4.31 (D) 4.32 (A)

F99 | H96 | H93 !!

4.33 Symptome bzw. Befunde bei sympathischer Reflexdystrophie oder sympathischer Algodystrophie sind:

(1) Temperaturregulationsstörung
(2) Ödem
(3) Knochensubstanzverlust
(4) Brennschmerzen

(A) Keine der Aussagen 1–4 ist richtig
(B) nur 1 und 2 sind richtig
(C) nur 2, 3 und 4 sind richtig
(D) nur 1, 2 und 4 sind richtig
(E) 1–4 = alle sind richtig

F97 !

4.34 Welche Aussage zur Therapie der Sympathischen Reflexdystrophie des Armes trifft **nicht** zu?

(A) Stellatumblockaden sind wirksam.
(B) Eine kontinuierliche Plexus-axillaris-Anästhesie kann durchgeführt werden.
(C) Es können Guanethidin-Blockaden durchgeführt werden.
(D) Die Krankengymnastik ist ein wichtiges Element der Behandlung.
(E) Neuroleptika bewirken eine Analgesie.

F00

4.35 Welche Aussage zur Sympathischen Reflex dystrophie (komplexes regionales Schmerzsyndrom) trifft **nicht** zu?

(A) Sie kann durch eine Bagatellverletzung ausgelöst werden.
(B) Sie kann sich an jeder Extremität manifestieren.
(C) Die Symptome sind auf das Innervationsgebiet eines Nerven beschränkt.
(D) Sympathikusblockaden sind eine mögliche Therapieform.
(E) Die Symptomatik beginnt hochakut.

H00 !

4.36 Bei einem Diabetiker wird ein „Complex Regional Pain Syndrome Type II“ (CRPS II) (Kausalgie) am rechten Arm diagnostiziert.

Was trifft am ehesten zu?

(A) Das CRPS II ist eine typische Folge einer diabetischen Polyneuropathie.
(B) Eine Sympathikusblockade am rechten Ganglion stellatum verringert die Schmerzen.
(C) Regionale Anwendung eines Alpha-2-Adrenozeptoragonisten im Schmerzgebiet führt zu einer deutlichen Schmerzreduktion.
(D) Die Schmerzen sprechen gut auf systemische Behandlung mit Acetylsalicylsäure an.
(E) Regionale Kältebehandlung im Schmerzgebiet führt zum Nachlassen der Schmerzen.

H94

4.37 Im Verlauf bestimmter Schmerzkrankheiten ist ein möglichst frühzeitiger Einsatz der Therapie maßgeblich für den Therapieerfolg.

Für welche der genannten Erkrankungen trifft dies zu?

(1) sympathische Reflexdystrophie
(2) postzosterischer Schmerz
(3) Migräne
(4) Trigeminusneuralgie

(A) nur 1 ist richtig
(B) nur 2 ist richtig
(C) nur 1 und 2 sind richtig
(D) nur 3 und 4 sind richtig
(E) 1–4 = alle sind richtig

4.33 (E) 4.34 (E) 4.35 (C) 4.36 (B) 4.37 (C)

F94

Welche der in Liste 2 genannten Verfahren sind zur Behandlung der in Liste 1 aufgeführten Erkrankungen sinnvollerweise in Erwägung zu ziehen?

Ordnen Sie zu!

Liste 1

4.38 Ischämieschmerz im Fuß

4.39 Trigeminusneuralgie

Liste 2

(A) Sympathikusblockade
(B) Zöliakusneurolyse
(C) Kryoanalgesie
(D) Neurexhairese
(E) Keine der Aussagen (A)–(D) ist richtig.

4.38 (A) 4.39 (∗∗∗)

Zahn-, Mund- und Kiefer-erkrankungen

1 Entwicklung des Mund-Rachen-Bereichs

F89 !

Ordnen Sie den anamnestischen Angaben der Liste 1 die am ehesten zugehörige Komplikationsmöglichkeit (Liste 2) zu!

Liste 1

1.1 Tetracyclingaben während der Bildungsperiode der Zähne

1.2 Vitamin-D-Mangel-Rachitis in der frühen Kindheit

Liste 2

(A) Mottled teeth
(B) Gelbfärbung der Zähne
(C) Frontal-Kippung der oberen Incisivi
(D) Schmelzhypoplasien der Zähne
(E) Vergrößerung der physiologischen Beweglichkeit der Zähne

F89 H88 !

1.3 Welche der nachfolgenden Aussagen zu Zahnveränderungen bei Erkrankungen treffen zu?

(1) Lues connata tarda: Tonnenform von Schneidezähnen
(2) Sinusitis maxillaris: Im Oberkieferbereich lokalisierte Zahnhypoplasien
(3) Diabetes mellitus: Schmelzsprünge an den Kronen der Molaren

(A) nur 1 ist richtig
(B) nur 2 ist richtig
(C) nur 1 und 2 sind richtig
(D) nur 2 und 3 sind richtig
(E) 1 – 3 = alle sind richtig

F90 !

1.4 Zu Grauverfärbung der Zähne und Verlust des Glanzes kommt es infolge

(A) Lues connata tarda
(B) Rachitis
(C) Tetracyclingaben im frühen Kindesalter
(D) Pulpentod
(E) Kanamycingaben

F91

1.5 Das Wurzelwachstum der Praemolaren des permanenten Gebisses ist in der Regel abgeschlossen

(A) vor dem Durchbruch des Zahnes
(B) zum Zeitpunkt des Durchbruchs des Zahnes
(C) 2 Jahre nach dem Durchbruch des Zahnes
(D) 8 Jahre nach dem Durchbruch des Zahnes
(E) frühestens jenseits des 20. Lebensjahres

H95

1.6 „Daumenlutschen" kann zur Folge haben:

(1) Entstehung eines offenen Bisses
(2) Entstehung einer Progenie
(3) Kippung der Frontzähne
(4) Entstehung einer Prognathie

(A) nur 1 ist richtig
(B) nur 2 ist richtig
(C) nur 3 ist richtig
(D) nur 4 ist richtig
(E) nur 1, 3 und 4 sind richtig

F97

1.7 Bei einer Lippen-, Kiefer-, Gaumenspalte ist **am wenigsten** angezeigt:

(A) chirurgische Therapie
(B) logopädische Therapie
(C) kieferorthopädische Therapie
(D) prothetische Therapie
(E) parodontale Therapie

F98

1.8 Welche Aussage trifft **nicht** zu?

Altersveränderungen am Gebiß sind:

(A) Erweiterungen des desmodontalen Raums
(B) Verfärbung der Zähne
(C) Abrasion der Zähne
(D) Verengerung der Wurzelkanäle
(E) Verkleinerung des Pulpenkavums

1.1 (B) 1.2 (D) 1.3 (A) 1.4 (D) 1.5 (C) 1.6 (E) 1.7 (E) 1.8 (A)

F98

1.9 Welche Aussage trifft **nicht** zu?

Indikationen zu kieferorthopädischer Behandlung können sein:

(A) Eugnathie
(B) Progenie
(C) Prognathie
(D) offener Biß
(E) Kreuzbiß

F99 !!

1.10 Ausgangspunkt einer follikulären Zyste im Zahn-, Mund- und Kieferbereich ist/sind

(A) Schmelzpulpa (Zahnsäckchen)
(B) Epithelreste der Wurzelhaut
(C) Epithelreste der Gingiva
(D) kleine Speicheldrüsen der Mundschleimhaut
(E) Schleimdrüsen

H99 !

1.11 Physiologische Alterserscheinung an Zähnen ist

(A) Erweiterung des Pulpenraums
(B) langsames, symptomloses Absterben der Pulpa
(C) Lockerung infolge Erweiterung des Desmodontalraums
(D) Zunahme der Sprödigkeit der Zahnhartsubstanz
(E) Abnahme von Dichte und Mineralisierung des Dentins

H00 !

1.12 Welche Aussage zur Lippen-Kiefer-Spalte trifft zu?

(A) Eine Lippen-Kiefer-Spalte entsteht im 3.–4. Schwangerschaftsmonat (vulnerable Phase).
(B) Eine Lippen-Kiefer-Spalte ist die häufigste Form der angeborenen Spaltbildungen des Oberkiefers.
(C) Bei der Lippen-Kiefer-Spalte ist der Oberkiefer im Bereich des seitlichen Schneidezahnes gespalten.
(D) Die Lippen-Kiefer-Spalte reicht meist über das Foramen incisivum hinaus.
(E) Ursache der Lippen-Kiefer-Spalte ist Ausbleiben der Vereinigung des embryonalen Gaumenfortsätze.

H00

1.13 Bei einem 8-jährigen Mädchen mit umgekehrten Überbiss bei Verlängerung des Unterkiefers trifft **nicht** zu:

(A) Es handelt sich um eine echte Progenie.
(B) Die Anomalie ist wahrscheinlich erblich.
(C) Eine Vergrößerung der Zunge passt zu dem Krankheitsbild.
(D) Der Zahnstand im Unterkiefer weist Lücken auf.
(E) Die Fehlstellung sollte vor Eintritt der Pubertät operativ korrigiert werden.

2 Anatomische Grundlagen

F93 !

2.1 Von den nachfolgend aufgeführten Zähnen des Unterkiefers sind üblicherweise einwurzelig:

(1) Incisivi
(2) Canini
(3) Praemolares
(4) Molares

(A) nur 1 ist richtig
(B) nur 1 und 2 sind richtig
(C) nur 2 und 3 sind richtig
(D) nur 2 und 4 sind richtig
(E) nur 1, 2 und 3 sind richtig

H93 !

2.2 Bei welchen der genannten Erkrankungen bzw. Veränderungen stellt eine zahnärztliche Röntgenaufnahme oftmals ein sinnvolles diagnostisches Hilfsmittel dar?

(1) Dentinkaries
(2) akute Pulpitis
(3) Parodontitis apicalis
(4) Hyperämie der Pulpa

(A) nur 3 ist richtig
(B) nur 1 und 3 sind richtig
(C) nur 1 und 4 sind richtig
(D) nur 2 und 3 sind richtig
(E) nur 2 und 4 sind richtig

1.9 (A) 1.10 (A) 1.11 (D) 1.12 (C) 1.13 (E) 2.1 (E) 2.2 (B)

H94 !

2.3 Von den Zähnen des Unterkiefers sind normalerweise zweiwurzelig:

(A) Schneidezähne
(B) Eckzähne
(C) Prämolaren
(D) Molaren
(E) Keiner der Aussagen (A)–(D) trifft zu.

H95 !!

2.4 Welches Zahnschema findet nach den Empfehlungen der Weltgesundheitsorganisation und der Fédération Dentaire Internationale weltweit Anwendung?

(A)	18	17	16	15	14	13	12	11	21	22	23	24	25	26	27	28
	48	47	46	45	44	43	42	41	31	32	33	34	35	36	37	38
(B)	8	7	6	5	4	3	2	1	1	2	3	4	5	6	7	8
	8	7	6	5	4	3	2	1	1	2	3	4	5	6	7	8
(C)	8+	7+	6+	5+	4+	3+	2+	1+	+1	+2	+3	+4	+5	+6	+7	+8
	8–	7–	6–	5–	4–	3–	2–	1–	–1	–2	–3	–4	–5	–6	–7	–8
(D)	1	2	3	4	5	6	7	8	9	10	11	12	13	14	15	16
	32	31	30	29	28	27	26	25	24	23	22	21	20	19	18	17

(E) keines der obigen Schemata

F96 !

2.5 Ein Zahn ist klopfempfindlich. Ursache dafür ist am ehesten eine Irritation von Nervenfasern

(A) im Schmelz
(B) im Dentin
(C) im Schmelz und Dentin
(D) in der Pulpa
(E) in der Wurzelhaut

2.3 (D) 2.4 (A) 2.5 (E)

H96 !

2.6 Mittels einer Röntgenaufnahme kann diagnostiziert werden

(1) die Vitalität eines Zahnes
(2) ein pathologischer Prozeß an der Wurzelspitze
(3) eine fortgeschrittene Karies
(4) eine seröse Pulpitis

(A) nur 1 ist richtig
(B) nur 2 und 3 sind richtig
(C) nur 3 und 4 sind richtig
(D) nur 1, 2 und 3 sind richtig
(E) 1 – 4 = alle sind richtig

F97 !

2.7 Aus dem beigefügten Röntgenbild kann geschlossen werden, daß der mit einem Stern markierte Zahn

(A) eine Pulpitis aufweist
(B) pulpentot ist
(C) eine apikale Veränderung aufweist
(D) überkront ist
(E) Approximalkaries aufweist

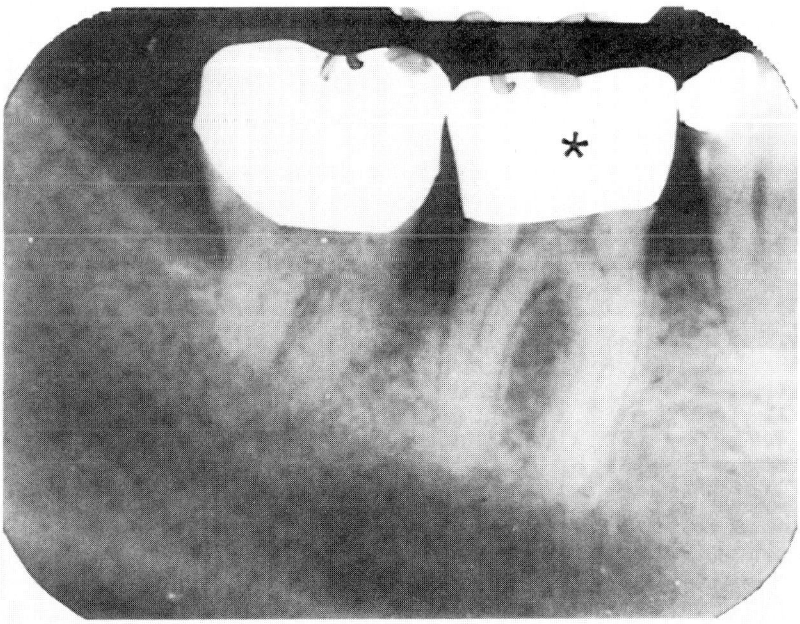

F99

2.8 Welche Aussage trifft **am wenigsten** zu?

Milchzähne weisen gegenüber permanenten Zähnen auf:

(A) eine mehr weißlich-bläuliche Farbe
(B) einen Schmelzwulst in Höhe der Gingiva
(C) engere Pulpakammern
(D) geringere interindividuelle Formvariation
(E) geringere Mineralisierung des Schmelzes

3 Erkrankungen der Zahnhartsubstanz und der Pulpa

3.1 Erkrankungen der Zahnhartsubstanz: Karies

H88

3.1 Unter „Plaques" versteht man

(A) Beläge auf den Zähnen
(B) Wurzelreste nach Zahnextraktion
(C) Konkremente
(D) Zahnstein
(E) Zahnschmelzveränderungen nach Fluoridgabe

F90

3.2 Prädilektionsstellen für die Ablagerung von Zahnstein sind die

(1) oberen Frontzähne
(2) unteren Frontzähne
(3) oberen Molaren
(4) unteren Molaren

(A) nur 1 und 2 sind richtig
(B) nur 1 und 3 sind richtig
(C) nur 2 und 3 sind richtig
(D) nur 2 und 4 sind richtig
(E) nur 2, 3 und 4 sind richtig

H91

3.3 Eine „Bäckerkaries" ist charakterisiert durch

(A) Fissurenkaries
(B) Approximalkaries
(C) Glattflächenkaries
(D) Interdentalkaries
(E) lokalen Soorbefall der benachbarten Mundschleimhaut

H97 H94 H92 !!

3.4 Prädilektionsstellen der Karies sind:

(1) Fissuren
(2) Höcker
(3) Approximalflächen
(4) Zahnhals

(A) nur 1 ist richtig
(B) nur 2 ist richtig
(C) nur 3 ist richtig
(D) nur 1, 3 und 4 sind richtig
(E) 1–4 = alle sind richtig

F94 !!

3.5 Karies

(A) tritt an Milchzähnen nur ausnahmsweise auf
(B) kommt in der Zahnhalsregion in der Regel nicht vor
(C) entwickelt sich bevorzugt auf Zahnsteinablagerungen
(D) tritt mit zunehmendem Alter seltener auf
(E) setzt die Bildung von Belägen voraus

F95 !

3.6 Unmittelbare Folge einer Karies kann sein:

(A) Pulpitis
(B) Zahnlockerung
(C) Klopfempfindlichkeit des Zahnes
(D) Parodontitis marginalis
(E) Parodontose

2.8 (C) 3.1 (A) 3.2 (C) 3.3 (C) 3.4 (D) 3.5 (E) 3.6 (A)

F96

3.7 Typisch für Karies profunda mit reversibler Pulpairritation (Hyperämie) sind:

(A) Schmerzen auf thermische Reize
(B) kontinuierliche Schmerzen
(C) Spontanschmerzen (ohne äußeren Anlaß)
(D) ausstrahlende Schmerzen
(E) Berührungsempfindlichkeit des Zahnes

H96 !

3.8 Ablagerung von Zahnstein ist die Folge von

(1) hohem Härtegrad des Trinkwassers
(2) Verwendung ungeeigneter Zahnpasten
(3) ungenügender Mundhygiene
(4) Bildung von Plaques

(A) nur 1 ist richtig
(B) nur 2 ist richtig
(C) nur 1 und 2 sind richtig
(D) nur 3 und 4 sind richtig
(E) 1 – 4 = alle sind richtig

H96 !

3.9 Voraussetzungen für die Entstehung einer Karies sind:

(1) Bakterien
(2) vitale Zähne
(3) Kontakt von Kohlenhydraten mit den Zähnen

(A) nur 1 ist richtig
(B) nur 2 ist richtig
(C) nur 1 und 3 sind richtig
(D) nur 2 und 3 sind richtig
(E) 1 – 3 = alle sind richtig

H98

3.10 Bei Versorgung von kariösen Defekten mit Amalgamfüllungen

(A) besteht die Gefahr einer oralen Intoxikation durch Methylquecksilber
(B) ist mit meßbarer Erhöhung der renalen Quecksilberausscheidung zu rechnen
(C) besteht die Gefahr einer Schmelzschädigung durch Austausch von Fluor- gegen Quecksilber-Ionen
(D) können in die Zahnfleischtaschen gelangende organische Quecksilberverbindungen eine marginale Parodontitis auslösen
(E) wird bei Eröffnung der Pulpa diese durch Quecksilbereinwirkung oberflächlich nekrotisch

H99 !

3.11 Welche Aussage zu Amalgamfüllungen trifft zu?

(A) Bei mehreren Amalgamfüllungen steigt unter Stimulation (Zähneputzen, Kaugummikauen) der Quecksilbergehalt der Atemluft über die MAK von 100 µg/m³.
(B) Aus Amalgamfüllungen können organische Quecksilberverbindungen in den Speichel diffundieren.
(C) Metallischer Quecksilberabrieb von Amalgamfüllungen wird im Verdauungstrakt zu weniger als 20% resorbiert.
(D) Amalgam sollte nur noch zu Gußfüllungen (Inlays) verwendet werden.
(E) Zur Abschätzung der Quecksilberbelastung des Organismus durch Amalgamfüllungen ist die Messung der Quecksilberkonzentration im Speichel am besten geeignet.

3.7 (A) 3.8 (D) 3.9 (C) 3.10 (B) 3.11 (C)

F00

3.12 Welche Aussage zu Amalgamfüllungen trifft zu?

(A) Amalgame sind Legierungen von Quecksilber mit Zink und Palladium.
(B) Amalgamfüllungen schrumpfen beim Aushärten.
(C) Zur Befestigung einer Amalgamfüllung muss der Zahnschmelz aufgerauht werden.
(D) Aus den Amalgamfüllungen wird metallisches Quecksilber vor allem durch Einatmung von Quecksilberdampf resorbiert.
(E) Das in den Füllungen enthaltene Quecksilber kann nach Methylierung durch Speichelenzyme toxische und allergische Reaktionen auslösen.

H00 !

3.13 Im kariös-erkrankten Dentin

(A) sind die Blutgefäße erweitert
(B) kommt es zu einer Demineralisierung
(C) finden sich eingewanderte Leukozyten
(D) kann es zu Punktblutungen kommen
(E) kommt es zu Atrophie der Markscheide markhaltiger Nervenfasern

3.2 Erkrankung der Pulpa: Pulpitis – Pulpennekrose

H88

3.14 Ein Pulpenpolyp tritt am ehesten auf

(A) durch Abkauen der Zähne bis zur Pulpa (im Senium)
(B) bei Pulpenhyperämie (im Kindesalter)
(C) bei Pulpitis chronica aperta granulomatosa
(D) bei Pulpitis chronica clausa
(E) bei Pulpitis acuta purulenta totalis

F90 !

3.15 Berührungsempfindlichkeit eines Zahnes ist typisch für

(A) Pulpitis purulenta acuta
(B) Parodontitis apicalis acuta
(C) Parodontitis apicalis chronica
(D) radikuläre Zyste
(E) Caries profunda

H91 !!

3.16 Eine Vitalitätsprüfung eines Zahnes ist stets negativ bei

(A) Pulpitis acuta
(B) Pulpitis chronica
(C) überkronten Zähnen
(D) wurzelgefüllten Zähnen
(E) Zähnen mit marginalen Parodontopathien

F93 !!

3.17 Eine Vitalitätsprüfung eines Zahnes kann ausgeführt werden:

(1) durch Beklopfen
(2) auf elektrischem Weg
(3) auf thermischem Weg
(4) mittels einer Röntgenaufnahme

(A) nur 1 und 2 sind richtig
(B) nur 1 und 3 sind richtig
(C) nur 1 und 4 sind richtig
(D) nur 2 und 3 sind richtig
(E) nur 3 und 4 sind richtig

F94 !

3.18 Die Trepanation der Pulpa ist indiziert bei

(1) Karies profunda
(2) Pulpitis acuta serosa
(3) Gangrän im Wurzelkanal
(4) akuter apikaler Parodontitis

(A) nur 2 ist richtig
(B) nur 1 und 2 sind richtig
(C) nur 2 und 3 sind richtig
(D) nur 2 und 4 sind richtig
(E) nur 3 und 4 sind richtig

3.12 (***) 3.13 (B) 3.14 (C) 3.15 (B) 3.16 (D) 3.17 (D) 3.18 (E)

4 Erkrankungen des Zahnbetts

4.1 Marginale Parodontopathien

H90

4.1 Wodurch ist eine Parodontitis superficialis (Gingivitis simplex) gekennzeichnet?

(A) Schwellung und Rötung des Zahnfleischsaumes
(B) tiefe Zahnfleischtaschen
(C) Entleerung von Eiter aus der Zahnfleischtasche
(D) Temperaturempfindlichkeit des betroffenen Zahnes
(E) Temperaturempfindlichkeit des betroffenen Zahnes

H91

4.2 Eine reine Parodontose ist

(A) die Folge einer Gingivitis
(B) die Folge einer Parodontitis
(C) ein Schwundprozeß des Zahnhalteapparates ohne Entzündung
(D) mit der Bildung vertiefter Zahnfleischtaschen verbunden
(E) die Folge einer Karies

H92 **!**

4.3 Die direkte Ursache einer mit Entzündung einhergehenden marginalen Parodontopathie stellt dar:

(A) Plaque
(B) Störungen der Kaufunktion
(C) falsche Ernährung
(D) nicht versorgte Zahnlücken
(E) mangelnde Kautätigkeit

H94

4.4 Blutung beim Zähneputzen ist heute in der Regel bedingt durch:

(A) Entzündung der Gingiva
(B) Parodontose
(C) Vitamin-C-Mangel
(D) Zahnbeläge
(E) Keine der unter (A)–(D) genannten Ursachen trifft zu.

F91 **!**

4.5 Eine horizontale Klopfempfindlichkeit eines Zahnes findet sich am ehesten bei einer

(A) Parodontitis marginalis profunda
(B) Parodontitis apicalis chronica
(C) Caries profunda
(D) chronischen Pulpitis
(E) follikulären Zyste

F92 **!**

4.6 Zahnsteinablagerung

(A) führt zu Karies
(B) stabilisiert den Zahn
(C) führt zu Gingivitis
(D) kann mittels Zahnbürste entfernt werden
(E) wird durch Fluoridgabe verhindert

4.2 Apikale Parodontitis

H97 **!!**

4.7 Ausgangspunkt einer radikulären Zyste im Zahn-, Mund- und Kieferbereich stellen dar:

(1) Schmelzpulpa
(2) Epithelreste der Wurzelhaut
(3) Epithelreste der Gingiva

(A) nur 1 ist richtig
(B) nur 2 ist richtig
(C) nur 3 ist richtig
(D) nur 1 und 2 sind richtig
(E) 1–3 = alle sind richtig

H98 **!!**

4.8 Eine radikuläre Zyste

(A) entsteht meist aus einer follikulären Zyste
(B) ist Folge einer chronischen apikalen Parodontitis
(C) wird von äußerem Saumepithel ausgekleidet
(D) kann sich aus versprengtem Speicheldrüsengewebe entwickeln
(E) neigt zu Fistelung durch den Wurzelkanal

4.1 (A) 4.2 (C) 4.3 (A) 4.4 (A) 4.5 (A) 4.6 (C) 4.7 (B) 4.8 (B)

5 Vorbeugende Zahn-, Mund- und Kieferheilkunde

H90

5.1 Fluoridgaben bei Schwangeren im geeigneter Dosierung führen zu(r)

(1) Schmelzhärtung der Zähne der Foeten
(2) Schmelzhärtung der Zähne der Mutter
(3) „mottled teeth"
(4) Beschleunigung des Zahndurchbruches nach der Geburt

(A) nur 1 ist richtig
(B) nur 2 ist richtig
(C) nur 1 und 2 sind richtig
(D) nur 2, 3 und 4 sind richtig
(E) 1 – 4 = alle sind richtig

H97 **!**

5.2 Zur Prophylaxe von Karies dienen:

(1) Mundhygiene
(2) Vermeidung von Rohrzucker
(3) Gabe von Fluoriden

(A) nur 1 ist richtig
(B) nur 2 ist richtig
(C) nur 3 ist richtig
(D) nur 2 und 3 sind richtig
(E) 1 – 3 = alle sind richtig

F98 **!**

5.3 Weniger kariogene Austauschstoffe für Saccharose sind:

(1) Xylit
(2) Cyclamat
(3) Sorbit
(4) Saccharin

(A) nur 1 ist richtig
(B) nur 4 ist richtig
(C) nur 1 und 3 sind richtig
(D) nur 2 und 4 sind richtig
(E) 1 – 4 = alle sind richtig

H99

5.4 Welche Aussage zur Mundhygiene trifft zu?

(A) Zahnbürsten sollten Borsten aus natürlichen Materialien haben.
(B) Die Borsten von Zahnbürsten sollten abgerundete Enden haben.
(C) Bei elektrischen Zahnbürsten ist die Reinigung distaler Gebißbereiche problematischer als bei Hand-Zahnbürsten.
(D) V-förmig angeordnete Borstenbüschel der Zahnbürste ermöglichen Plaquebeseitigung im Interdentalbereich.
(E) Bei Zahnseide zur Reinigung der Approximalflächen ist ungewachste Naturseide vorzuziehen.

H93

5.5 Welche der nachfolgenden Aussagen über die Ätiologie in der Mundhöhle auftretender Krankheitsbilder treffen zu?

(1) Aphthen: bakterielle Erkrankung
(2) Soor: Pilzerkrankung
(3) Herpes labialis: Pilzerkrankung
(4) Akanthome (Warzen) am Gaumen: Viruserkrankung

(A) nur 1 und 2 sind richtig
(B) nur 2 und 4 sind richtig
(C) nur 1, 2 und 3 sind richtig
(D) nur 1, 2 und 4 sind richtig
(E) 1 – 4 = alle sind richtig

H95

5.6 Symptome in der Mundhöhle können bei folgenden Allgemeinerkrankungen beobachtet werden:

(1) Masern
(2) Leukämie
(3) Rachitis
(4) generalisierte Sklerodermie

(A) nur 4 ist richtig
(B) nur 1 und 2 sind richtig
(C) nur 2 und 3 sind richtig
(D) nur 3 und 4 sind richtig
(E) 1 – 4 = alle sind richtig

5.1 (B) 5.2 (E) 5.3 (C) 5.4 (B) 5.5 (B) 5.6 (E)

6 Zahnextraktion und -ersatz

6.1 Zahnextraktion

H89 !!

6.1 Zur Leitungsanästhesie bei Zahnextraktionen kommen in Betracht das

(1) Foramen mandibulae
(2) Foramen mentale
(3) Foramen infraorbitale
(4) Foramen palatinum majus

(A) nur 1 und 2 sind richtig
(B) nur 1 und 3 sind richtig
(C) nur 1 und 4 sind richtig
(D) nur 3 und 4 sind richtig
(E) 1–4 = alle sind richtig

H90 !!

6.2 Welche der nachfolgenden Zuordnungen treffen für die Zahnextraktion zu?

(1) Leitungsanästhesie am Foramen mandibulare: Extraktion 47
(2) Leitungsanästhesie am Foramen mentale: Extraktion 44
(3) Leitungsanästhesie am Foramen infraorbitale: Extraktion 23
(4) Tuberanästhesie: Extraktion 18

(A) nur 1 ist richtig
(B) nur 1 und 2 sind richtig
(C) nur 2 und 3 sind richtig
(D) nur 2 und 4 sind richtig
(E) 1–4 = alle sind richtig

F96

6.3 Wird im Rahmen der Entfernung eines oberen Molaren die Kieferhöhle eröffnet, ist erforderlich:

(A) Kompression der Wundränder und Naht
(B) Antibiotika und abwartende Haltung
(C) plastische Deckung
(D) Tamponade der leeren Alveole
(E) Drainage der Kieferhöhle

F99 !!

6.4 Eine Leitungsanästhesie am rechten Foramen mandibulae ist indiziert zur Extraktion des Zahns

(A) 12
(B) 21
(C) 25
(D) 35
(E) 46

6.2 Zahnersatz

F95 !!

6.5 Eine durch Verlust eines Frontzahnes entstandene Lücke bei Jugendlichen kann behandelt und geschlossen werden durch

(1) einen Stiftzahn
(2) eine Brücke
(3) ein Implantat
(4) eine kieferorthopädische Behandlung

(A) nur 1 ist richtig
(B) nur 2 ist richtig
(C) nur 1 und 2 sind richtig
(D) nur 1 und 3 sind richtig
(E) nur 2, 3 und 4 sind richtig

F97 !!

6.6 Eine Lücke nach Extraktion des Zahnes kann versorgt werden durch:

(1) eine Brücke
(2) einen Stiftzahn
(3) eine herausnehmbare Prothese
(4) ein Implantat

(A) nur 1 und 2 sind richtig
(B) nur 1 und 3 sind richtig
(C) nur 2 und 3 sind richtig
(D) nur 1, 3 und 4 sind richtig
(E) 1–4 = alle sind richtig

6.1 (E) 6.2 (E) 6.3 (C) 6.4 (E) 6.5 (E) 6.6 (D)

H98 !!

6.7 Welche Aussage trifft **nicht** zu?

Durch einen Unfall wurde einem 14-jährigen ein mittlerer, oberer Schneidezahn ausgeschlagen.

Die Zahnlücke kann versorgt werden

(A) durch Reimplantation des Zahnes
(B) durch einen Stiftzahn
(C) durch ein Implantat
(D) durch kieferorthopädische Behandlung
(E) auf prothetischem Weg

F00 !

6.8 Herausnehmbarer Zahnersatz

(A) kann in Form von Stiftzähnen auch zum Ersatz einzelner Zähne dienen
(B) kann an Implantaten befestigt werden
(C) ist nur bei tragfähigen Pfeilerzähnen indiziert
(D) wird als Hybridprothese durch Verschrauben stabilisiert
(E) kann durch keramische Verblendung allergische Reaktionen im Vestibulum auslösen

7 Erkrankungen an Weichteilen und Knochen

F94 F92

7.1 Eine Kieferklemme kann verursacht werden bzw. Folge sein von

(1) submandibulärem Abszeß
(2) Dentitio difficilis
(3) paratonsillärem Abszeß
(4) retromaxillärem Abszeß

(A) nur 1, 2 und 3 sind richtig
(B) nur 1, 2 und 4 sind richtig
(C) nur 1, 3 und 4 sind richtig
(D) nur 2, 3 und 4 sind richtig
(E) 1 – 4 = alle sind richtig

F00

7.2 Eine Einschränkung der Mundöffnung (Kieferklemme) tritt am ehesten auf bei

(A) Dentitio difficilis eines Weisheitszahns im Unterkiefer
(B) Epulis granulomatosa
(C) follikulärer Zyste im Oberkiefer
(D) Gaumenabszess
(E) beidseitiger Luxation der Kiefergelenkköpfchen nach ventral

H92

7.3 Das Costen-Syndrom (Kiefergelenkmyoarthropathie) ist mit folgenden Symptomen verbunden:

(1) neuralgiforme Schmerzen ausgehend vom Kiefergelenk
(2) pulpitische Schmerzen ausgehend von einzelnen Zähnen
(3) Schwerhörigkeit
(4) Parästhesien

(A) nur 1 und 2 sind richtig
(B) nur 1 und 3 sind richtig
(C) nur 1 und 4 sind richtig
(D) nur 1, 3 und 4 sind richtig
(E) nur 2, 3 und 4 sind richtig

F95

7.4 Unter Parafunktionen des Gebisses verstehen wir

(1) Knirschen
(2) Pressen
(3) irreguläre Verzahnung bei Schlußbiß
(4) fehlenden Kontakt im Frontzahnbereich bei Schlußbiß

(A) nur 3 ist richtig
(B) nur 1 und 2 sind richtig
(C) nur 2 und 3 sind richtig
(D) nur 2 und 4 sind richtig
(E) 1 – 4 = alle sind richtig

6.7 (B) 6.8 (B) 7.1 (E) 7.2 (A) 7.3 (D) 7.4 (B)

8 Traumen im Kiefer- und Gesichtsbereich

F92

8.1 Nach einer Totalluxation eines Frontzahnes bei einem Jugendlichen kann der Zahn reimplantiert werden.

Bis zu dieser Maßnahme sind folgende Maßnahmen angezeigt:

(1) den Zahn trocken in einem sauberen Taschentuch aufbewahren
(2) den Zahn, wenn möglich, in physiologischer Kochsalzlösung aufbewahren
(3) den Zahn, wenn möglich, in Desinfektionslösung aufbewahren
(4) den Zahn in der Umschlagfalte der Mundhöhle des Patienten aufbewahren

(A) nur 1 und 2 sind richtig
(B) nur 1 und 3 sind richtig
(C) nur 1 und 4 sind richtig
(D) nur 2 und 3 sind richtig
(E) nur 2 und 4 sind richtig

8.1 (E)

Kommentare

Grundlagen, Möglichkeiten und Grenzen von Naturheilverfahren und Homöopathie

1 Allgemeine Grundlagen

Definition **I.1**

Wissenschaftlich orientierte und „schulmedizinisch" anerkannte Naturheilkunde behandelt mit natürlichen und möglichst **naturbelassenen Stoffen der Umwelt** (Naturheilmittel, z. B. Phytotherapie) und mit **Prozessen, welche natürlichen Lebensvorgängen entsprechen** (Naturheilverfahren, z. B. Bewegungstherapie). In ihrer historischen Entwicklung basiert Naturheilkunde vor allem auf „Erfahrung". Hierbei finden ältere medizinische Vorstellungen (s. Geschichte der Medizin) und ethnomedizinische Modelle ebenso Beachtung wie moderne naturwissenschaftliche Ergebnisse und Konzepte. Spezielle Schwierigkeiten für eine wissenschaftliche Bearbeitung ergeben sich aus eigenen Gesichtspunkten zur Anthropologie eines Patienten (s. Lerntext V.1) und zur Nosologie (s. Lerntext V.2) mit der Notwendigkeit einer stark individualisierenden Therapie, aus den besonderen Wirkprinzipien vieler Behandlungen (s. Lerntext I.2) und aus der Gleichzeitigkeit somatischer und psychischer Wirkungen der meisten Behandlungen (s. Lerntext I.2.d).

F93

Frage 1.1: Lösung D

Zu **(A)** bis **(E):** Sebastian Kneipp (1821 – 1897) hat während seiner Laienbehandlung in Wörishofen ein System von Naturheilverfahren zusammengestellt, welches er in 5 wichtige „Säulen" gegliedert hat: Die Hydrotherapie, die Bewegungstherapie, die Phytotherapie, die Ernährungstherapie und die Ordnungstherapie. Im Kneipp'schen Behandlungssystem werden einzelne Elemente dieser Säulen patientengerecht zusammengestellt.
Zu **(D):** Elektrotherapie ist kein eigentliches Naturheilverfahren in der ursprünglichen Definition dieses Begriffes.
Siehe Lerntexte I.1; II.1; II.20; IV.1; V.3.

Wirkprinzipien **I.2**

Ein wichtiges Ziel der Naturheilkunde besteht darin, **körpereigene Möglichkeiten zur Regeneration und Überwindung von Krankheit** („Selbstheilungskräfte") wirksam werden zu lassen (z. B. durch körperliche Entlastung und Schonung) oder solche Kräfte anzuregen (s. u.). Theoretische und medizinhistorische Überlegungen hierzu beschäftigen sich mit dem Begriff einer „physis" antiker Naturphilosophie.

a) Naturheilmittel und -verfahren werden häufig als **„Reiz"** aufgefasst, welcher gesundende **„Reaktionen"** anregen soll (z. B. thermische Reize, körperliche Aktivität, klimatische Faktoren, Balneotherapeutika, therapeutisches Fasten, „Immunstimulanzien" der Phytotherapie, Reizkörpertherapie mit Eigenblut). Häufig sind solche Reize mit **„Erstverschlimmerungen"** verbunden (z. B. Kur-, Trainings-, Fastenkrise), welche im Sinne einer ersten Antwort des Organismus auf die Behandlung interpretiert werden. Die Dosis-Wirkungsbeziehung weicht von den allgemeinen Erfahrungen in der Pharmakotherapie gelegentlich ab: Mild dosierte Reize sind oft förderlich, während stärker dosierte Reize eher ungünstig wirken können (sog. Arndt-Schulz-Regel).
In der klinischen Wertung werden **Akuteffekte** als Reaktion auf eine einzelne Behandlung von sog. **Langzeiteffekten** als Umstellungen (z. B. Adaptation) nach länger dauernden Therapieserien unterschieden. Zum Teil sind Akut- und Langzeiteffekte einander gegensinnig gerichtet (z. B. hypertone Reaktion auf einen einmaligen Kaltreiz, aber Blutdruckabfall im Verlauf serieller, meist mehrwöchiger Hydrotherapie). Vor allem Langzeiteffekte sind häufig nicht einheitlich gerichtet, sondern sie **„normalisieren"** von der Norm abgewichene Befunde in einen gemeinsamen, mittleren Bereich (vgl. **Ausgangswertgesetz** n. Wilder).
Wissenschaftliche Grundlagenforschung geschieht vor allem in der Adaptationsphysiologie. Dabei werden **spezifische und unspezifische Adaptate** differenziert (z. B. Zunahme der Kraft bei Muskeltraining und gleichzeitig Änderungen der Kreislaufregulation).
b) Umfangreiche naturheilkundliche Diagnostik und Therapie stützen sich auf die Kenntnis reflektorischer Beziehungen zwischen inneren Organsystemen selbst und Geweben der Körperoberfläche (z. B. Kutis, Subkutis, Muskulatur, Periost, paravertebrale Gewebe), welche sich gegenseitig ungünstig beeinflussen können (viszero-viszerale, viszero-periphere und peripher-viszerale reflektorische Beziehungen). Ähnlich können über eine Irritation zentralnervöser Strukturen (z. B. Limbisches System) psychische Störungen unterhalten werden. Bei der körperlichen Untersuchung werden trophisch und algisch veränderte Bezirke gesucht (sog. **Irritationszentren** oder **Triggerpunkte** bzw. **-zonen**; s. u. Massage), welche diagnostische Hinweise geben und in der Regel saniert werden müssen. Therapeutische Lokalanästhesie

arbeitet an solchen Stellen auch mit lokalen Infiltrationen von Schmerzmitteln (Entwicklungen aus der sog. Neuraltherapie).
Als Grundlage viszero-peripherer Irritationen mit Störungen im Bewegungsapparat interessieren z.B. die Zähne, Tonsillen, Gallenblase und das Magen-Darm-System. Über die neurologischen Grundlagen s. Lehrbücher der Physiologie.
Verschiedene **Haut reizende Verfahren** (z.B. Wärme oder Kälte, manche Formen der Elektrotherapie, medikamentöse Irritanzien, UV-Erythem, Schröpfen) verstehen sich als Eingriff in solche reflektorischen Beziehungen.

c) Nicht mehr sehr verbreitete humoralpathologische Vorstellungen betreffen den **Stoffwechsel anregende** und die **Exkretion fördernde** („entgiftende") Wirkungen z.B. von starker körperlicher Belastung, systemischer Hyperthermie, pflanzlichen Diuretika und Diaphoretika.
d) **Psychische Wirkungen** ergeben sich aus dem sinnlichen, hedonischen und emotionalen Erleben Physikalischer Therapie, aus dem spezifischen, empathisch geprägten, therapeutischen Milieu, aus der metaphorischen Bedeutung einzelner Heilmittel und von „Natur" und aus dem Angebot eines ichhaften, selbstkompetenten Verhaltens und eigenständigen Umgangs mit Krankheit.

! Merke: Zu den psychischen Wirkungen gehören auch die Vermittlung von Selbstkompetenz und die Hilfe zur selbstständigen Bewältigung chronischer Leiden (sog. coping). Sie dürfen nicht als Plazebo gewertet werden.

F93 **!**

Frage 1.2: Lösung E

Zu **(1)**, **(3)** und **(4):** Unterschiedliche Klimate, Hydrotherapie und ultraviolettes Licht sind typische „Reize", welche im Organismus **funktionelle und trophische Adaptationen anregen** (z.B. Thermo- und Kreislaufregulation, immunologische Abwehrfunktionen, typische Veränderungen der Haut nach UV-Bestrahlung). Sie sind wichtige Elemente der sog. Reiz- und Reaktionstherapie mit dem Ziel einer Verbesserung funktioneller und trophischer Gegebenheiten.
Zu **(2):** Längere Bettruhe führt zu einem **Verlust funktioneller und trophischer Bedingungen** des Organismus (z.B. orthostatische Regulation, Muskelatrophie).
Siehe Lerntexte I.2; II.12; II.14; II.20.

F95 **!!**

Frage 1.3: Lösung C

Für eine Reihe naturheilkundlicher Behandlungen (z.B. Bewegungs- und Hydrotherapie) werden akut messbare Effekte einer einmaligen Behandlung (Akuteffekte) und sich langfristig einstellende Wirkungen wiederholter Behandlungen (Langzeiteffekte) unterschieden. Erstere sind häufig das Ziel einer symptomatischen Therapie bei aktuellen Beschwerden, letztere sind das Ziel langfristiger Beeinflussungen konstitutioneller und funktioneller Störungen bei überwiegend chronischen Erkrankungen.
Siehe Lerntext I.2 und II.21.

H98 **!**

Frage 1.4: Lösung A

Die genannten Autoren haben sich mit unterschiedlichen (z.T. gegensätzlichen) Wirkungen einiger pharmakologischer Substanzen auf den Organismus bei unterschiedlicher Dosierung beschäftigt. Ihre Beobachtungen wurden (z.T. durchaus berechtigt) auf manche Naturheilverfahren übertragen: Schwache Reize sollen den Organismus dann eher stimulieren (z.B. als „heilsamer" Reiz), unverhältnismäßig starke Reize sollen wichtige Funktionen eher hemmen.
Siehe Lerntext I.2.

! Merke: In der Therapie mit natürlichen Reizen besteht nur ein schmales, individuell sehr unterschiedliches Optimum für die Reizintensität.

Indikationen **I.3**

Allgemeine, aus der Naturheilkunde abgeleitete **hygienische Empfehlungen** werden im Sinne einer Prävention eingesetzt (z.B. ausreichende körperliche Aktivität, Warm- und Kaltreize, UV-Exposition, individuell angepasste, verträgliche Ernährung, milde Phytotherapie bei unkomplizierten Beschwerden, ausgewählte Entspannungsübungen u.a.m., s.a. Lerntext V.3
Bei **akuten Erkrankungen** bestehen vor allem Indikationen im Sinne einer **symptomatischen Therapie** einzelner Teilbeschwerden (überwiegend Akuteffekte wie z.B. analgetische Wirkung von Wärme, antiphlogistische Wirkung von Kälte, sedierende Wirkung diverser Hydrotherapien, zahlreiche Möglichkeiten einer Phytotherapie, immunsuppressive Wirkungen therapeutischen Fastens).
Die umfangreichsten Indikationen bestehen bei chronischen somatischen Erkrankungen (z.B. chronisch entzündliche oder degenerative Pro-

zesse, chronische Schmerzsyndrome), bei körperlicher Schwäche, allgemeinen Erschöpfungssyndromen und in der Rekonvaleszenz, bei funktionellen Störungen (z.B. der vegetativen, der endokrinen, der metabolischen oder der immunologischen Regulation; Versuche einer Umstimmung bei allergischen Erkrankungen), bei konstitutionellen Schwächen und Empfindlichkeiten (s. Lerntext V.1), bei beginnendem Organversagen oder Trainingsmangel (s. Lerntext II.2) und bei psychischen sowie psychosomatischen Beschwerden (s. Lerntext I.2). Häufig ergeben sich Indikationen aus einer eigenen, in der Naturheilkunde entwickelten Nosologie (z.B. reflektorische Beziehungen innerhalb des Organismus, s. Lerntext I.2 b und III.4). Über Möglichkeiten der Phytotherapie: s. Lerntext IV.4 bis IV.14.
Ein zunehmender Bedarf entsteht in Zusammenhang mit der demographischen Entwicklung (sog. Alterspyramide).

F98 !

Frage 1.5: Lösung B

Wärmeanwendungen sind bei Varikose und postthrombotischen Beschwerden wegen ungünstiger Wirkungen auf den Venentonus und wegen proödematöser Wirkungen streng kontraindiziert.
Zu **(A)**: Die genannten Wässer wirken alkalisierend, gleichzeitig wird das harnbildende und -ableitende System mehr durchspült.
Zu **(C)**: Isometrisches Training (Krafttraining) verstärkt den muskulären Halteapparat.
Zu **(D)**: Kontraindikationen bestehen nur bei akuten entzündlichen Prozessen (z.B. Appendizitis).
Zu **(E)**: Bei zu intensiver UV-Exposition bestehen aber auch Risiken einer Immunsuppression.

Grenzen und Kontraindikationen — I.4

1. Wahrscheinliche oder nachgewiesene **Überlegenheit anderer Behandlungsverfahren**.
2. Therapeutische Versuche im Sinne einer Reizbehandlung mit Beteiligung des gesamten Organismus setzen **ausreichend belastbare und reaktionsfähige Patienten** voraus. Typische **Kontraindikationen** (mit unterschiedlicher Gewichtung bei unterschiedlichen Naturheilverfahren) sind z.B. konsumierende Erkrankungen aus dem infektiologischen und onkologischen Formenkreis, schwere kardiorespiratorische Insuffizienz, Geisteskrankheiten und akute Psychosen, schlecht eingestellte Grunderkrankungen wie Hypertonie, Diabetes mellitus oder Anfallsleiden, häufig auch geringes bzw. hohes Lebensalter und Schwangerschaft.
   Die **Reizintensität** muss der aktuellen Situation angepasst werden, z.B. sind Klimatherapie im Hochgebirge reizintensiver als im Mittelgebirge, Nordseeklima reizintensiver als Ostseeklima, Schwefelbäder reizintensiver als Solebäder usw.
3. Daneben hat jede Behandlungsform in der Regel ihre **speziellen Kontraindikationen** wie z.B. gerinnungshemmende Pharmakotherapie bei mechanisch stärker belastender Massage, akut entzündliche Zustände bei Wärmebehandlungen, ausgeprägte Herzinsuffizienz bei Balneotherapie, Metallimplantate und Schrittmacher bei verschiedenen Formen der Elektrotherapie usw.

H98 !

Frage 1.6: Lösung E

Bei Heliotherapie besteht die Gefahr eines Sonnenbrandes (A), der hydrostatische Druck während eines Bades bedeutet eine zusätzliche Belastung für das Herz (B). Umstellungen der vegetativen Regulation beim Fasten sind in ihrer Bedeutung für kardiale Rhythmusstörungen noch schwer zu beurteilen (C). Wärmebehandlungen dürfen bei gestörter Thermosensibilität grundsätzlich nur unter besonderen Vorsichtsbedingungen durchgeführt werden (D). Thalassotherapie (Behandlung mit Seeklima) gilt als eine der klassischen Behandlungsformen bei exogen-allergischem Asthma.

F99 !

Frage 1.7: Lösung D

Ernsthafte Nebenwirkungen nach Einnahme von Weißdornextrakt (Anwendung bei Herzinsuffizienz) sind bisher nicht beschrieben worden, gelegentlich wird über vorübergehende Übelkeit, Bauchschmerzen, Herzbeschwerden, Kopfschmerzen und Schwindel berichtet.
Zu **(A)**: In extrem seltenen Fällen ist es bis zu letalen Verläufen gekommen.
Zu **(B)**: Die Gefahr ist besonders groß bei diabetischer Neuropathie mit Störungen der Schmerzrezeption.
Zu **(C)**: Schwefelbäder haben generell prophlogistische Wirkungen, bei mehr oder minder akuten Erkrankungen – z.B. auch in der Rheumatologie – sind sie deswegen kontraindiziert.
Zu **(E)**: Kochsalzinhalationen werden mit etwa 1%igen Lösungen durchgeführt, höher konzentrierte Lösungen dienen wegen ihres Hustenreizes zur Sputumprovokation.

K

2 Physikalische Therapie

2.1 Bewegungstherapie

Definitionen II.1

Das Spektrum von Bewegungstherapie reicht von **unspezifischer allgemeiner körperlicher Aktivität** (z.B. auch Freizeitsport) über strukturiertes und pädagogisch geleitetes **sportliches Training** und Gymnastik bis zu hochdifferenzierter, am individuellen körperlichen Befund orientierter **Krankengymnastik** und **manueller Therapie**.
Wesentlicher Wirkfaktor für Bewegungstherapie ist wohl der umfassende „**Reiz**" körperlicher Belastung, welcher (auch in Abhängigkeit von der jeweiligen Erkrankung) zu vielfältigen funktionellen und trophischen **Anpassungen des Organismus** führt. Bewegungs- und Sporttherapie werden für verschiedene Erkrankungen verhältnismäßig einheitlich durchgeführt. Krankengymnastik setzt einen sehr individuellen ärztlichen oder von Krankengymnasten/-innen erhobenen Befund voraus. Solche Befunderhebungen dienen gleichzeitig für die Differenzialdiagnose bei internistischen Erkrankungen (z.B. sog. Brustwandsyndrom bei Angina pectoris-Symptomatik). Mit verschiedenen Methoden (z.B. Atemtherapie) leitet Krankengymnastik über zu **körperorientierter Psychotherapie** und **meditativen Verfahren**. Manche Formen der manuellen Therapie (sog. Manipulationen) bleiben ausschließlich dem zusätzlich ausgebildeten Arzt vorbehalten.

H98 !

Frage 2.1: Lösung C

Die Aussage entbehrt jeder Gundlage. Richtig ist aber, dass eine Bewegung im Wasser über Mechanorezeptoren in der Haut sehr gut bewusst werden kann, diese Rückmeldung wird in der Rehabilitation neurologischer Patienten ausgenutzt.

Allgemeine Wirkungen körperlicher Aktivität II.2

Bewegungsapparat: Erhalt und Pflege notwendiger Strukturen, z.B. Muskelmasse, Gelenkknorpel, Knochendichte und -struktur. Training metabolischer Kapazitäten und Ausgleich des Muskeltonus. Damit auch Einfluss auf die Statik und auf reflektorische, muskulo-vizerale (z.B. Kreislauf) Beeinflussungen (s. Lerntext I.2 b).
Herz/Kreislaufsystem: Ökonomisierung der Herzarbeit und der peripheren Zirkulation inkl. Blutdruck und Pulsfrequenz in Ruhe und bei Belastung. Verbesserung des peripheren O_2-Stoffwechsels, Verbesserung rheologischer Eigenschaften des Blutes. Selbst Patienten mit schwerer Herzinsuffizienz (NYHA II-III-IV) können durch eine angemessene Bewegungstherapie in gewissem Umfang rehabilitiert werden bzw. von einer solchen profitieren.
Lunge/Atemsystem: Verbesserung der allgemeinen und speziell der respiratorischen Leistungsfähigkeit bei chronisch obstruktiven und chronisch restriktiven Atemwegserkrankungen – auch in fortgeschrittenen Stadien. Erhöhung der Reizschwelle für obstruktive Reaktionen im Sinne eines Belastungsasthma.
Stoffwechsel: Erniedrigung erhöhter plasmatischer Triglyzerid-Konzentrationen mit Anstieg der HDL- und Abfall der LDL-Lipoproteine. Verbesserung der peripheren Glukoseutilisation (diskutiert werden die Anzahl und die Affinität von Insulin-Rezeptoren) und Abnahme der gegenregulatorisch wirksamen endokrinen Aktivität (z.B. Katecholamine, Glukagon, Kortisol). Gute Ergebnisse besonders bei Typ-II-Diabetes.
Allgemeine Abwehr: Personen mit ausgeglichener körperlicher Aktivität sind seltener infektiologisch erkrankt (z.B. Atemwege). Diskutiert werden eine allgemein verbesserte (auch psychische!) Stabilität sowie gut bekannte Einflüsse der vegetativen Regulation auf immunologische Abwehrprozesse (s. Neuro-Psycho-Immunologie). Zunehmend werden jetzt auch onkologische und HIV-Patienten sportmedizinisch behandelt. Cave: Übertraining.
Psyche/„Persönlichkeit": Anxiolytische und antidepressive Wirkungen bei entsprechend neurotisch erkrankten Patienten, auch in der Geriatrie. Ausgleich psycho-vegetativer Fehlregulationen. Straffung und Stärkung der Persönlichkeit eines Patienten.

! Merke: In der kurativen und rehabilitativen Medizin wird das Prinzip „körperliche Schonung" zunehmend zugunsten einer aktivierenden und körperlich trainierenden Behandlung aufgegeben.

H94

Frage 2.2: Lösung E

Isometrische Kraftübungen führen aktuell zu einer Minder- und Mangelperfusion der arbeitenden Muskulatur mit anaerobem Stoffwechsel und reflektorischem Blutdruckanstieg. Auch langfristig (als sog. Langzeiteffekte) kommt es zu keiner hypo-

tensiven Reaktion. Epidemiologische Studien haben für Gewichtheber verhältnismäßig hohe Blutdruckwerte nachgewiesen.
Hingegen sind Blutdruck senkende Wirkungen der Sauna (auch mit kaltem Tauchbad), isotonischer Muskelarbeit, verschiedener Ernährungsprogramme (besonders Gewichtsreduktion und NaCl-Restriktion) und auch von Entspannungsübungen gut dokumentiert.
Siehe Lerntext II.1; III.1; V.3.

H96 **!**

Frage 2.3: Lösung C

Zu **(A):** Bakteriell entzündliche Nierenerkrankungen werden allenfalls mit Trinkkuren (vor allem Calcium-Magnesium-Hydrogenkarbonat-Wasser) behandelt.
Zu **(B):** Heiße Fußbäder bei fortgeschrittener peripherer arterieller Verschlusskrankheit beinhalten ein großes Risiko thermischer Gewebeschäden.
Zu **(C):** Atemgymnastik fördert bei chronischer Bronchitis die gleichmäßige Ventilation der gesamten Lunge. Hustenmanöver (häufig gemeinsam mit Vibrationen, bei Atelektase auch mit speziellen Lagerungen) fördern die Expektoration.
Zu **(D):** UV-Strahlen sind bei Lupus erythematodes streng kontraindiziert!
Zu **(E):** Kochsalzinhalationen werden bei der genannten Indikation in der Literatur nicht einmal diskutiert. Wahrscheinlich würden sie einen zu intensiven Reiz bei dem in der Regel ohnehin sehr aktiven Krankheitsbild bedeuten.
Siehe Lerntext II.2.

Klinik der Sportmedizin — II.3

Unter methodologischen Gesichtspunkten werden zwei Grundtypen körperlicher Belastung differenziert:

- **dynamisch, isotonisch und aerob:** Im arbeitenden Muskel kommt es zu Längen-, aber kaum zu Spannungsänderungen. Bei ausreichender aerober Enzymkapazität, d.h. unterhalb der sog. aerob-anaeroben Schwelle bleibt ein rein aerober Stoffwechsel erhalten. Der vermehrte Sauerstoffbedarf wird vor allem durch einen **Anstieg des Herzminutenvolumens**, weniger des Blutdruckes, gedeckt, damit bestehen günstige Regelvorgänge auch für den kardiologischen Patienten. Langfristig bessert sich die periphere O_2-Utilisation, die Muskelmasse nimmt kaum zu. Typische Beispiele sind rhythmische Gymnastik, Laufen in der Ebene, Schwimmen und Rudern.
- **statisch, isometrisch und anaerob:** Der arbeitende Muskel wird nicht mehr ausreichend durchblutet, es kommt vor allem zu einem **Blutdruckanstieg** (auch reflektorisch aus der arbeitenden Muskulatur vermittelt). Dieser Anstieg ist ungünstig für die Herzarbeit bei kardiologischen Patienten, das Minutenvolumen steigt nur geringgradig an. Für systemische Trainingswirkungen sind die jeweils möglichen Belastungen zu gering, die Muskelmasse und -kraft können jedoch wesentlich vermehrt werden. Ein typisches Beispiel ist das Gewichtheben.

Regelmäßiges körperliches Training zeigt ab einer Belastung mit 50% der maximalen Leistungsfähigkeit kreislaufgünstige Wirkungen, optimal sind bei Untrainierten **$^2/_3$ der maximalen Leistungsfähigkeit**. Als Richtschnur soll hierbei eine **Pulsfrequenz von 180 minus Lebensalter** erreicht werden (Bereich der aerob-anaeroben Schwelle). Überwiegend werden heute 2–3 Trainingseinheiten über je 30–60 Minuten pro Woche empfohlen.
Bei der ärztlich überwachten Sport-/Bewegungstherapie wird zunächst die **individuelle Belastbarkeit** ermittelt. Parameter sind die Pulsfrequenz, plasmatische Laktatspiegel oder subjektive Angaben des Patienten, aber auch Ischämiezeichen und Rhythmusstörungen im EKG. Besonders sorgfältige Diagnostik kardiologischer Patienten vor balneologischen Behandlungen! (s. Lerntext II.18.).
Die klinischen **Indikationen** (präventiv und kurativ) ergeben sich aus den o.g. Wirkungen körperlicher Aktivität. Bei bestehenden Erkrankungszuständen müssen Art und Dosierung der Belastungsintensität den individuellen Verhältnissen angepasst werden. Nach Abbruch der Therapie bilden sich die klinisch erwünschten Wirkungen verhältnismäßig rasch (Wochen bis Monate) wieder zurück, körperliche Aktivität in dem beschriebenen Sinne muss also Teil der täglichen Hygiene werden.
Zu allgemeinen **Kontraindikationen** s. Lerntext I.4, **Abbruchkriterien** sind jegliche Schmerzsyndrome, Hochdruckkrise, mangelhafter Frequenzanstieg, akute Herzinsuffizienz (erschwerte Atmung bei Lungenödem), akute Rhythmusstörungen, Asthmaanfall.

F97 **!!**

Frage 2.4: Lösung D

Zu **(A):** Potenzielle Vorteile einer Bewegungstherapie bestehen für chronisch rezidivierende infektiöse Atemwegserkrankungen, Asthma bronchiale (zumindest für das Belastungsasthma) und für eine respiratorische Insuffizienz (Training der Atemmuskulatur und Verbesserung verschiedener Atemfunktionen).

Zu **(B):** Aufgrund theoretischer Grundlagen und empirischer Daten werden **isotonische** Übungen bevorzugt. Isometrische Übungen führen sogar zu einem Blutdruckanstieg. Siehe Lerntext II.3.
Zu **(C):** Im Gegenteil sind anxiolytische und antidepressive Wirkungen einer gut kontrollierten Bewegungstherapie in zahlreichen Studien belegt.
Zu **(D):** Durch Umverteilung von Blut in den Brustraum kommt es zu einem Anstieg der kardialen Vorlast. Beim Verlassen des Bades bestehen Risiken einer orthostatischen Reaktion, mit potenziell letalen Rhythmusstörungen.
Zu **(E):** Verschiedene Therapiestudien deuten sogar auf eine Verbesserung der immunologischen Abwehr und der allgemeinen Lebensqualität hin.
Siehe Lerntext II.5.

H96 **!**

Frage 2.5: Lösung C

Zu **(A)** und **(B):** Zu den genannten Veränderungen s. Lerntext II.2. Eine Verbesserung der Hämorheologie wird durch eine Abnahme der Blutviskosität, eine verminderte Aggregationsneigung und eine verbesserte Verformbarkeit der Erythrozyten erklärt.
Zu **(C):** Zweifelsohne besteht ein gewisses Risiko akuter obstruktiver Reaktionen, z.B. auch bei der plötzlich vermehrten Inhalation kalter Luft. Bei geeigneten Belastungsintensitäten kann aber die obstruktive Reaktionsbereitschaft günstig beeinflusst werden.
Zu **(D):** Voraussetzung ist eine gesunde Kreislaufregulation, z.B. auch das Fehlen einer frequenzwirksamen Medikamenteneinnahme. In der Praxis wird häufig auch die subjektiv empfundene Belastung – z.B. anhand der Skala von Borg – abgeschätzt. Abbruchkriterien im Lerntext II.3.
Zu **(E):** Ausnahmen sind z.B. Mobilisationen eingesteifter Gelenke bei orthopädischen und/oder rheumatologischen Erkrankungen. Häufig wird dann eine schmerzdämpfende Therapie mit oberflächlichen Kälteanwendungen durchgeführt.

H95 **!!**

Frage 2.6: Lösung E

Isometrische (auch statische oder anaerobe) Muskelarbeit ist durch die Entwicklung von Kraft bei unveränderter Länge der arbeitenden Muskulatur charakterisiert. Sie dient also mehr einem „Halten" als einer Bewegung (isotonische Arbeit). Solche Muskelarbeit führt eher zu einem Anstieg von Kraft als von Ausdauer. Die allgemeine Anstrengung und von der belasteten Muskulatur ausgelöste Reflexe (Chemorezeptoren) führen zu einem Anstieg des systemischen Blutdrucks. Bei Techniken der so genannten postisometrischen Relaxation und postisometrischen Dehnung werden isometrische Muskelarbeit und anschließend meditative Verfahren (z.B. Erleben der Entspannung in Anlehnung an das autogene Training) bzw. Methoden der passiven Krankengymnastik (in diesem Fall Dehnungen) miteinander kombiniert.
Siehe Lerntext II.3.

Krankengymnastisch orientierte Diagnostik — **II.4**

Stark vereinfacht sind drei Kriterien von besonderer Bedeutung (s.a. Lerntext II.9, An Massage orientierte Diagnostik):

1. **Gelenkfunktion**, **Mobilität**: Ausmaß passiver und aktiver Beweglichkeit. **Tonische Dysbalancen**, Verkürzungen und Abschwächungen in der periartikulären Muskulatur. Zur **Verkürzung** neigen mehr tonisch eingesetzte Muskeln (postural, mehr Typ-I-Fasern) wie die Mm. triceps surae, iliopsoas, ischiocruralis, adductores des Oberschenkels, piriformis, quadratus lumborum, extensores lumbales, pectoralis major, trapezius (oberer Rand), levator scapulae und sternocleidomastoideus. Zur **Abschwächung** neigen mehr phasisch arbeitende Muskeln (dynamisch, Typ-II-Fasern) wie die Bauch- und Glutäalmuskulatur, die tiefen Halsbeuger und die unteren Schulterblattfixatoren.
2. **Muskelkraft:** Eine gängige Systematik unterscheidet zwischen:
   - beim Bewegungsversuch keine Muskelkontraktion erkennbar (Grad 0).
   - Anspannung des Muskels ohne Bewegung (Grad 1).
   - Bewegung unter Aufhebung der Eigenschwere möglich (Grad 2).
   - Bewegung gegen die Eigenschwere möglich (Grad 3).
   - Arbeit gegen mittelgroßen Widerstand möglich (Grad 4)
   - Arbeit gegen Widerstand im üblichen Umfang möglich (Grad 5).
3. **Koordination:** Es wird das Zusammenspiel einzelner Muskelgruppen bei Bewegungsabläufen beurteilt (z.B. Tonus agonistischer und antagonistischer Muskulatur), die Geschicklichkeit und die Fähigkeit zu schwierigeren Bewegungsabläufen.

   Die erhobenen Befunde müssen sinnvoll in die **Beurteilung komplexer Krankheitsbilder** eingeordnet und gewichtet werden, z.B. Beteiligung muskulärer Syndrome bei arthrotischen Schmerzen, Bedeutung thorakaler muskulärer Verspannungen (z.B. M. pectoralis) und Enthesiopathie (Tendopathie) für linksthorakalen Brustschmerz, muskuläre Veränderungen (z.B. Wade) als nicht angiologische Faktoren für die Genese von Gehschmerz bei peripherer arterieller Verschlusskrankheit.

Krankengymnastische Methoden und Klinik der Krankengymnastik — II.5

Grundsätzlich besteht ein Trend, neben der aktiven Bewegung (motorische Efferenz, Kraft und Beweglichkeit) vor allem auch die **sensorische Afferenz mit Wiederherstellung des Körpergefühls** zu trainieren (Wahrnehmungs- und Perzeptionstraining und Ausbildung eines Körperbildschemas; essenziell z.B. in der Rehabilitation nach Apoplexie). Von zentraler Bedeutung ist hierbei die psychische Führung und Motivation des Patienten.

Stark vereinfacht kann für Krankengymnastik folgende Reihung aufgestellt werden:

1. Beseitigung von **Funktionsstörungen** der Gelenke
2. Beseitigung von **Dysbalancen** der Muskulatur
3. **Koordinationsschulung**
4. **Verhaltensmedizin**

Typische **passive krankengymnastische Behandlungen** sind angepasste Lagerungen des Patienten, passive Bewegungen einzelner Gelenke, Dehnungen verkürzter Muskulatur, Mobilisation einzelner Gelenke.

Aktive Krankengymnastik unterscheidet verschiedene Schweregrade und Formen der Belastung wie

- assistierte Bewegung ohne Kraftaufwand (z.B. im Wasser)
- aktive Bewegung gegen die Eigenschwere
- aktive Bewegung gegen Widerstand unterschiedlichen Ausmaßes
- **isokinetisches Muskeltraining** mit vorgegebener Kraftbelastung (auch apparativ)
- **isometrisches Muskeltraining** gegen maximalen Widerstand (jeweils 5–7 Sekunden mit mehrfach längeren Pausen)
- bei der postisometrischen Relaxation oder Dehnung werden verkürzte Muskelgruppen nach mehr oder minder kräftiger isometrischer Anspannung bewusst entspannt oder auch passiv gedehnt.

In der Regel sollen solche Behandlungen im **schmerzfreien Raum** durchgeführt werden. Zwischen einzelnen Belastungen sind ausreichend lange Pausen einzuhalten. Bei der Behandlung muskulärer Dysbalancen werden verkürzte Muskelgruppen zunächst gedehnt, ehe abgeschwächte Muskulatur gekräftigt (tonisiert) wird. Zahlreiche Kombinationen mit Wärme und Kälte, Massagegriffen und Vibration sowie apparative Hilfen sind möglich.

Spezielle **krankengymnastische Indikationen** bestehen bei der Mehrzahl von Erkrankungen des Bewegungsapparates und wenn die Möglichkeit reflektorischer Einflussnahme auf innere Organsysteme gegeben ist. Spezielle Behandlungsmethoden existieren für Atemwegserkrankungen (z.B. Sekretmobilisation, Atemtechniken bei Asthma bronchiale), in der Schwangerschaft und im Wochenbett, nach Apoplexie, bei Osteoporose u.a.m. Bei immobilen Patienten gibt es krankengymnastische Methoden zur Pneumonie- und Thromboseprophylaxe, Erhalt von muskulären Funktionen und der Gelenkmobilität. Prävention und Therapie sympathischer Reflexdystrophien sind zwingende Indikationen für Krankengymnastik.

Spezielle **Kontraindikationen** sind akute, überwiegend entzündliche Erkrankungen im Behandlungsbereich. Floride, entzündlich-rheumatologische Krankheitsbilder können durch eine zu große Belastung ungünstig beeinflusst werden. In der Regel soll Krankengymnastik nicht schmerzen. Vorsicht bei ossären Metastasen mit dem Risiko traumatischer Frakturen.

Ganzheitliche Konzepte zum Bewegungslernen bzw. zur Bewegungskontrolle (Krankengymnastik auf neurophysiologischer Grundlage) — II.6

Es wurden verschiedene Behandlungsmethoden entwickelt, welche mit taktilen Reizen, reflektorischer Einflussnahme auf das Bewegungssystem und Bahnung komplexer Bewegungsmuster (sog. Funktionsketten) Funktionen der Mobilität verbesseren sollen, z.B.:

- **PNF** = propriozeptive neuromuskuläre Fazilitation. Ziele sind Stabilisierung von Gelenkstrukturen, Förderung von Kontrolle und Koordination, Kraft und Ausdauer.
- **Entwicklungsneurologische Behandlung nach Bobath**. Indikation bei frühkindlichen-Hirnschädigungen, Zuständen nach Apoplex, Schädelhirntraumen und bei Hirntumoren.
- **Entwicklungskinesiologische Behandlung nach Vojta.** Zur Frühbehandlung sensomotorisch gestörter Kinder mit Entwicklungs- und Koordinationsstörungen.

Manuelle Therapie — II.7

Die Methode stammt aus Elementen der Volksmedizin (z.B. Chiropraktik, Osteopathie).

Die **Indikationen** ergeben sich aus den pathologischen Befunden mit Einschränkungen des sog. **Gelenkspiels:** Passive Beweglichkeit außerhalb der normal angelegten Funktionsbewegungen, z.B. anterior-posterior- und latero-lateral-Verschiebung sowie Rotation und Dehnbarkeit des Gelenkes bei Traktion. Die Genese und das anatomische Substrat solcher **„Blockierungen"** sind noch nicht eindeutig geklärt. Zusammenhänge

K

mit Dysbalancen benachbarter Muskulatur und chronischen viszeralen Erkrankungen sind gut gesichert.
Die Therapie besteht in **Mobilisationen** mit krankengymnastischen Techniken oder in **Manipulationen** ausschließlich durch den Arzt. Hierbei werden durch kurze Stoß- und Zugbewegungen – meist unter hörbarem Knacken – solche Blockierungen gelöst.
Kontraindikationen wie bei Krankengymnastik (s. Lerntext II.5), besonderes Risiko von Traumatisierungen bei ossären Metastasen, schwerer Osteoporose u.a. An der HWS Vorsicht bei Anomalien der A. vertebralis.

2.2 Massage

Grundlagen — II.8

Massagen werden mit verschiedenen Indikationen und Absichten durchgeführt:
- **Sanierung umschriebener, krankhaft veränderter Gewebebereiche**, damit auch Ausschaltung eventueller „Irritationszentren" oder Triggerpunkte (s. Lerntext I.2 b).
- **Reflektorische Einflussnahme** über die Körperdecke auf innere Organsysteme.

Verschiedene Gewebe werden mit unterschiedlichen Techniken behandelt.

! Merke: Von essenzieller Bedeutung ist die **professionelle Befunderhebung**, grundsätzlich werden nicht Krankheiten behandelt, sondern mit diesen in Zusammenhang stehende pathologische Gewebebefunde.

Befunderhebung — II.9

Muskulatur: Die palpierende Untersuchung prüft **Tonus, Elastizität** und **Druckschmerzhaftigkeit,** gelegentlich werden auch Verkürzungen und mangelnde Dehnbarkeit einzelner Muskeln diagnostiziert (manuelle Untersuchungstechniken). An den Ansatzpunkten (periostaler Übergang) werden oft enthesiopathische Befunde erhoben. Häufig liegen in größeren Muskeln eng umschriebene myalgische Bezirke vor (s. Triggerpunkte in Lerntext I.2 b), z.B. für arthrotisch veränderte Gelenke und für viele Viszeralerkrankungen wurden jeweils charakteristische Lokalisationen myalgischer Veränderungen systematisiert (s.a. Dysbalancen bei Lerntext II.4).

„Bindegewebige Zonen": Der Begriff ist historisch bedingt. In der Kutis und Subkutis kommt es zu ödematösen Verquellungen mit indurativen Veränderungen (bindegewebiges Wachstum und später Schrumpfung und Atrophie). Die **von der Körperfaszie abgehobene Kutis und Subkutis** sind im Vergleich zu der Umgebung oder kontralateral **volumenvermehrt** mit **erhöhtem Turgor** und **geringer Verschieblichkeit** in sich selbst, häufig sind diese Gewebe mit der Unterlage fester „verbacken". Bei mechanischer Manipulation (z.B. Kneifen der abgehobenen Hautfalte, „bindegewebiger Strich", s.u.) besteht eine oft sehr auffällige epikritische Hyperalgesie. Die Genese solcher Veränderungen wird im Sinne einer sympathischen Reflexdystrophie bei viszeraler Organerkrankung interpretiert. Segmentale Zusammenhänge mit inneren Organsystemen sind gut gesichert.
Periost: Pathologische Veränderungen bestehen in einer vermehrten (oft sehr ausgeprägten) Druckempfindlichkeit und gelegentlich auch in tastbaren Verquellungen im Vergleich zur Umgebung.

F96 !!

Frage 2.7: Lösung B

Der Begriff des Triggerpunktes wurde bereits erklärt. Zusätzlich wird jetzt ein mögliches Vorkommen auch in anderen Geweben des Bewegungsapparates erwähnt. Knorpel gehört nicht zu diesen Geweben.
Siehe Lerntext I.2 und II.8.

Techniken — II.10

Für die **„klassische Massage"** werden verschiedene Griffe (mit zahlreichen Abwandlungen) differenziert:
- **Streichungen** und **Reibungen** mit Berührungsreizen und Dehnung sowie Lockerung oberflächlicher Gewebeschichten.
- **Knetungen** und **Walkungen** mit mechanischen Wirkungen auf das Unterhautgewebe und vor allem die Muskulatur.
- **Zirkelungen** (z.B. mit der Fingerkuppe) unter zum Teil starkem Druck bei umschriebenen Veränderungen vor allem auch in der Körpertiefe (s.o. Triggerpunkte). Abwandlung in verschiedenen weiterentwickelten „Reflexmassagen".
- **Vibrationen** und **Schüttelungen** dienen der allgemeinen muskulären Entspannung. Vibrationen werden auch apparativ durchgeführt.
- **Dehngriffe** zur Dehnung verkürzter Muskulatur leiten über in den Bereich der Krankengymnastik und manuellen Therapie.

Bei der **Unterwasserdruckstrahlmassage** wird während eines Bades (optimal entspannte Muskulatur) überwiegend im Sinne von Zirkelungen behandelt (0,5–6,0 bar).
Die **Bindegewebsmassage** ist eine besondere Methode zur Behandlung „bindegewebiger Zonen“ (s. o.). Entweder werden Haut und Unterhaut durch flächiges Verschieben und spezielle Knetungen und Walkungen behandelt, oder es werden nach vorgegebenen topographischen Mustern tiefe Traktionen mit einer Fingerkuppe durch diese Gewebe geführt (bindegewebiger Strich).
Lymphdrainage arbeitet mit sehr langsamen, mittel- bis großflächigen kreisenden Streichungen und Zirkelungen bei nur minimalem Druck. Bei Lymphödem soll Lymphe mobilisiert und Einfluss auf die Lymphangiomotorik genommen werden.
Periostmassage benutzt kleinflächige Zirkelungen umschriebener Schmerzhaftigkeiten mit rhythmisch wechselnder Druckbelastung.

H98 !!

Frage 2.8: Lösung E

Zu **(A):** Die **Bindegewebsmassage** ist eine besondere Methode zur Behandlung „bindegewebiger Zonen“ (s.o.). Entweder werden Haut und Unterhaut durch flächiges Verschieben und spezielle Knetungen und Walkungen behandelt, oder es werden nach vorgegebenen topographischen Mustern tiefe Traktionen mit einer Fingerkuppe durch diese Gewebe geführt (bindegewebiger Strich).
Zu **(B):** Bei der **Unterwasserdruckstrahlmassage** wird während eines Bades (optimal entspannte Muskulatur) überwiegend im Sinne von Zirkelungen behandelt (0,5–6,0 bar).
Zu **(C): Lymphdrainage** arbeitet mit sehr langsamen, mittel- bis großflächigen kreisenden Streichungen und Zirkelungen bei nur minimalem Druck. Bei Lymphödem soll Lymphe mobilisiert und Einfluss auf die Lymphangiomotorik genommen werden.
Zu **(D): Vibrationen** und Schüttelungen dienen der allgemeinen muskulären Entspannung. Vibrationen werden auch apparativ durchgeführt.
Zu **(E):** Akute Gelenkergüsse werden in der Regel **weder massiert noch mit Wärme behandelt**.
Siehe Lerntext II.10.

F97 !

Frage 2.9: Lösung B

Zu **(B):** Bei der Lymphdrainage soll mit **sehr vorsichtigen Bewegungen unter geringem Druck** auf das Gewebe nicht nur Lymphe abgeleitet werden, sondern es werden auch reflektorische Wirkungen auf die vegetative Regulation der Mikrozirkulation und der Lymphangiomotorik angestrebt.
Zu **(A), (C)** und **(D):** Die klassische Massage kennt die genannten Begriffe „Knetung“, „Zirkelung“ und „Streichung“. Diese bindegewebigen Striche werden mit Druck auf die Körperoberfläche ausgeführt und können tatsächlich sehr schmerzhaft sein, der Schmerz bedeutet keine Kontraindikation.
Zu **(E):** Entsprechend ausgebildete Masseure/Masseurinnen können ihre eigentliche Therapie mit geschickten Mobilisationen einzelner Gelenke sehr günstig komplettieren.
Siehe Lerntext II.10.

Klinik **II.11**

Zur Differenzialindikation ist abzuwägen, ob einzelne Befunde (vor allem im Bereich der Muskulatur) besser mit Krankengymnastik oder mit Mechanotherapie beeinflusst werden können, bei entsprechender Ausbildung werden beide kombiniert.
In den meisten Fällen ist eine gleichzeitige Behandlung verschiedener Gewebe sinnvoll, bei viszero-peripheren, reflektorischen Zusammenhängen z.B. als **Segmentmassage** (Haut und Unterhaut, Muskulatur und Periost des zugeordneten „Segments“). Muskelmassagen müssen in entspannter Lagerung durchgeführt werden, häufig ist eine Kombination mit **Thermotherapie** sinnvoll.
Spezielle **Kontraindikationen** sind entzündliche Hautveränderungen und Phlebothrombosen, hämorrhagische Diathesen (bzw. eine vergleichbare Pharmakotherapie) je nach Ausprägung (s.a. Lerntext I.4).
In der Regel werden Behandlungsserien mit 6 bis 12 Terminen verordnet, meistens kann nach 6 Behandlungen ein therapeutischer Nutzen abgeschätzt werden.

2.3 Klimatherapie

Grundlagen **II.12**

Klimatherapie versteht sich im Wesentlichen als Reiz- und Reaktionstherapie. Hierbei werden entlastende Schon- und belastende Reizfaktoren unterschieden.

- **Schonfaktoren:** Chemisch reine, allergenarme Luft, ausgeglichene und konstante klimatische Verhältnisse, Fehlen von Schwüle, dem Patienten gewohnte Höhenlage.
- **Reizfaktoren** ergeben sich aus verschiedenen meteorologischen „Wirkungskomplexen“:
  - **thermischer Wirkungskomplex** entsprechend der Lufttemperatur und der Wind-

geschwindigkeit (incl. zirkadianer Änderungen).
- **hygrischer Wirkungskomplex** (absolute Luftfeuchte) mit unterschiedlichen Wirkungen auf die Befeuchtung der Atemwege und die Perspiratio insensibilis.
- **mechanischer Wirkungskomplex** in Abhängigkeit von der Windgeschwindigkeit und von Luftdruckschwankungen.
- **chemischer Wirkungskomplex** mit natürlichen und anthropogenen Verunreinigungen der Luft, atmosphärischem Ozon. Spezielle lokale Verhältnisse z. B. mit ätherischen Ölen und Terpenen in der Waldluft, salzhaltigen Aerosolen an der Meeresküste.
- **aktinischer Wirkungskomplex** von biologischer Bedeutung ist vor allem das ultraviolette Licht von mittlerer Wellenlänge (UVB, 280–315 nm) mit Einflüssen auf die vegetative Regulation und die immunologische Abwehr.

Je nach Ausprägung dieser Reizfaktoren werden Reiz schwache und Reiz starke Klimate unterschieden. Einige Komplexe können modifiziert und dem Patienten individuell angepasst werden (z.B. Kleidung, Aufenthaltsort, Dauer der Exposition, gleichzeitige körperliche Aktivität).
Unter geographischen Gesichtspunkten werden verschiedene Bioklimate beschrieben.

- **Küsten- und Seeklima:** Allergenarme Luft, tages- und jahreszeitlich ausgeglichene thermische Verhältnisse, starke Winde, ausgeprägte UV-Strahlung.
- **Mittelgebirgsklima:** Je nach Lee- oder Luv-Lage und relativer Höhe (im Tal oder nahe der Bergkuppe) sehr unterschiedliche Kleinklimate und Reizstärken, überwiegend Schonfaktoren. Häufig ergeben sich besonders günstige Bedingungen für ein körperliches Training mit mittlerer Belastung (Wanderungen am Berg als sog. Terrainkuren).
- **Hochgebirgsklima:** Der pO_2 sinkt pro 1000 m um 11% ab. Ab 1000 bis 2000 m Höhe kann es anfänglich zu vegetativen Störungen kommen. In den Hochgebirgstälern (klassische Lokalisation entsprechender Kliniken) ausgeglichene thermische Verhältnisse, sehr ausgeprägte UV-Einstrahlung.

H98 **!**

Frage 2.10: Lösung C

Hochgebirgsklima:
Der pO_2 sinkt pro 1000 m um 11% ab. Ab 1000 bis 2000 m Höhe kann es anfänglich zu vegetativen Störungen kommen. In den Hochgebirgstälern herrschen ausgeglichene thermische Verhältnisse und sehr ausgeprägte UV-Einstrahlung.
Zu **(C):** Bei einer ständigen Durchmischung höherer und tieferer Luftschichten ist das Verhältnis zwischen verschiedenen Bestandteilen weitestgehend gleich.
Siehe Lerntext II.12.

F95

Frage 2.11: Lösung E

Thalassotherapie ist die medizinische Behandlung von Patienten an der See und mit Faktoren der See bzw. des Seeklimas. Wichtige Elemente sind die ultraviolette Strahlung (bei richtiger Dosierung z. B. günstige immunologische Wirkungen), stark wechselnde thermische Reize (z. B. zur Förderung einer so genannten Abhärtung) und das kochsalzhaltige Aerosol (günstige Wirkungen bei entzündlichen Erkrankungen der Atemwege). Die allergenarme Luft bedeutet einen wichtigen Schonfaktor bei Patienten mit allergischen Erkrankungen.
Der Selengehalt von Meerwasser hat keine besondere Bedeutung bei der Thalassotherapie.
Siehe Lerntext II.12 und II.13.

Klinik — **II.13**

Indikationen bestehen vor allem für chronisch-entzündliche Atemwegerkrankungen und Infektanfälligkeit, allergische Erkrankungen (z.B. Asthma bronchiale und atopisches Ekzem), leichte psychosomatische Erkrankungen, funktionelle Kreislaufstörungen und Rekonvaleszenz (s. Lerntext I.3).
Therapierelevante Faktoren ergeben sich zunächst einmal durch den Klimawechsel vom Wohn- an den Kurort. Wichtige Methoden der Klimatherapie sind:

- **Freiluftliegekuren**
- Nachtschlaf im Freien (bzw. am offenen Fenster)
- **Luftbäder**
- **Sonnenbäder** (Heliotherapie)
- **Bewegungstherapie im Freien** (Terrainkuren).

Besonders differenzierte Programme sind vor allem im Mittelgebirge möglich.
Thalassotherapie kombiniert Faktoren des Meeresklimas mit Seebädern (Kaltreize und Inhalation von Kochsalz in Brandungsnähe) und körperlicher Aktivität.
Die Ursachen komplexer, **biotroper Wirkungen des Wetters** auf Befindlichkeit und einzelne Erkrankungen des Menschen sind noch nicht ausreichend geklärt. Als biologisch günstig gelten Phasen des Schönwetters nach dem Durchzug frontaler Störungen (Hochdruckeinfluss, wenig Zufuhr von fremden Luftmassen). Als ungünstig

gelten abwandernde Hochdruckgebiete (z.B. Föhn), präfrontale Bereiche mit Warmluftadvektion in der Höhe und der Wetterumschlag (vor allem der Kaltfrontdurchgang) selbst.
Allgemeine **Kontraindikationen** s. Lerntext I.4.

H95 !

Frage 2.12: Lösung B

Mit zunehmender Höhe sinkt der Sauerstoffpartialdruck um etwa 11%/1000 m, gleichzeitig sinkt der absolute Wassergehalt der Luft um ca. 25%, die UV-Strahlung nimmt um 20–30% zu.
Damit kommt es zu erheblichen Umstellungen der Kreislaufregulation, welche bei klinisch bedeutsamer Herzinsuffizienz zur Dekompensation führen können. Die Austrocknung der Atemwege führt zu einer Abnahme ventilatorischer Leistungen der Lunge.
Als akute Umstellung bei größeren Höhen wurde eine Verringerung des Herzzeitvolumens und ein Druckanstieg in der A. pulmonalis mit einer verminderten körperlichen Leistungsfähigkeit beschrieben. Disponierte Patienten neigen zu vermehrten Herzrhythmusstörungen, insbesondere bei körperlicher Belastung. An allgemeiner vegetativer Symptomatik besteht häufig eine Schlaflosigkeit.
Patienten mit dermatologisch/atopischer Erkrankung und exogenem Asthma bronchiale profitieren von der relativen Reinheit der Luft, Patienten mit dermatologischer Erkrankung und Osteoporose von der vermehrten UV-Einstrahlung. Bei Patienten mit Grenzwerthypertonie können in der Regel günstige psychische Wirkungen und Verbesserungen der vegetativen Regulation erwartet werden.
Siehe Lerntext I.4; II.12; II.13.

F93

Frage 2.13: Lösung A

Wirkfaktoren einer Kurbehandlung an der Nordsee sind die verhältnismäßig allergenarme Luft, thermische Reize (Wetter und Seebäder), körperliche Aktivität, Inhalation salzigen Aerosols (mit günstigen Wirkungen auf die Atemwege), UV-Exposition (mit Wirkungen auf die immunologische Abwehr) und das allgemeine Ambiente mit entsprechenden psychischen Wirkungen.
Zu **(A):** Bei rezidivierenden Harnweginfektionen haben sich Klimakuren an der See nicht bewährt. Bei akuten Beschwerden sind von den Naturheilverfahren Wärmebehandlungen und Phytotherapeutika indiziert, eine „Abhärtung“ kann mit Hydrotherapie versucht werden, häufig werden auch Trinkkuren in entsprechenden Badeorten durchgeführt.
Zu **(B):** Asthmakranke profitieren durch die allergenarme Luft, weitere Wirkungen im Sinne einer „vegetativen Umstimmung“ sind vorstellbar.
Zu **(C):** Kaltreize und körperliche Aktivität sind wichtige Elemente in der naturgemäßen Therapie hypotoner Regulationsstörungen.
Zu **(D):** Günstige Wirkungen im Sinne einer „Abhärtung“ sind gut dokumentiert.
Zu **(E):** Bei Neurodermitis werden allgemein „umstimmende“ Elemente (immunologische Funktion, Kreislaufregulation) und Wirkungen des UV-Lichts als günstige Elemente beurteilt.
Siehe Lerntext II.12.

Heliotherapie **II.14**

Die Behandlungen geschehen an der natürlichen Sonne (s. Aktinischer Wirkungskomplex in Lerntext II.12) oder mit künstlichen UV-Strahlern. Letztere emittieren in unterschiedlicher Zusammensetzung UVA- (380–315 nm) und UVB-Strahlen (315–280 nm).
UVA-Strahlung dringt tiefer als **UVB-Strahlung** in die Haut ein und führt zu einer unmittelbaren Pigmentierung (Oxidation von Pigment-Vorstufen). Das Risiko eines Sonnenerythems ist verhältnismäßig gering. UVB führt zu einer nummerischen Vermehrung von Melanozyten und es kommt zu einer Dickenzunahme der Hornschicht (sog. Lichtschwiele).
Von medizinischem Interesse ist vor allem das UVB-Licht, Akuteffekte betreffen die Anregung des Vitamin D-Hormonsystems und die Bildung verschiedener immunologischer Mediatorsubstanzen in der Haut (Sonnenbrand!).
Die wichtigsten Indikationen sind Störungen des Mineralhaushaltes und des Knochenstoffwechsels, chronische Infekterkrankungen bei gestörter immunologischer Abwehr und Störungen der Kreislaufregulation.
Zu den allgemeinen Kontraindikationen s. Lerntext I.4, besonders können akute entzündliche Erkrankungen ungünstig angeregt werden. Bei langjähriger Überdosierung besteht ein erhöhtes Risiko dermatologischer Neoplasien. Epidemiologische Studien weisen auf eine Verminderung der gesamten Erkrankungsrate an bösartigen Tumoren durch physiologisch-dosierte UV-Expositionen hin.

! Merke: Neben dem Mineralhaushalt und dem Knochenstoffwechsel beeinflusst das Vitamin D-Hormonsystem auch die immunologische Abwehr und die Kreislaufregulation.

K

H95 !

Frage 2.14: Lösung E

Heliotherapie ist die Bestrahlung mit natürlichem Sonnenlicht oder mit technischen UV-Strahlern mit einem sonnenähnlichen Spektrum. Das hierin enthaltene UVB-Strahlung regt das Wachstum von Melanozyten und die Bildung von Pigmentstoffen an (sekundäre Pigmentierung). Eine typische fotochemische Reaktion in der Haut ist der Umbau von 7-Dehydrosterol (Provitamin D_3) in Prävitamin D_3. In den Epidermozyten kommt es zu einer Synthese und Freisetzung verschiedener, immunologischer relevanter Zytokine.
Siehe Lerntext II.14.

2.4 Balneologie

Grundlagen — II.15

Im engeren Sinne handelt es sich um die Lehre von den **medizinischen Bädern** (natürliche Heilquellen, mineralische und pflanzliche Badezusätze). Unter dem Begriff werden aber auch weitere Kurmittel (z. B. **Heilgase, Peloide**) abgehandelt sowie häufig auch die gesamte Problematik **kurörtlicher Therapie**. Als Wirkfaktoren einzelner Heilwasser konnten teilweise physiologische, biochemische und immunologische Teilaspekte aufgezeigt werden, überwiegend versteht sich Balneotherapie aber als **Reiztherapie** im Sinne von Lerntext I.2 a mit unspezifischen und teilweise auch spezifischen Reaktionen bzw. Adaptaten. Die weiteren Bedingungen des Kurortes stellen das geeignete Milieu dar, in welchem sich **adaptive Prozesse** entwickeln.
Es werden natürlich fließende sowie künstlich erschlossene Heilquellen unterschieden. Für die Anerkennung als Heilwässer werden minimale Konzentrationen von **Inhaltsstoffen** gefordert, als **Thermen** werden Wässer mit einer Temperatur von über 20 °C an der Quelle bezeichnet. Häufig kommen mehrere Qualitäten gleichzeitig vor (z. B. Eisen-Säuerlinge, Jod-/Kochsalzquellen, Schwefelthermen u. a. m.).

Balneotherapeutika — II.16

Kohlensäurewässer (Säuerlinge): Die geforderte Mindestkonzentration beträgt in Deutschland 1000 mg CO_2/kg Wasser. Der wichtigste Immediateffekt ist eine ausgeprägte Mehrdurchblutung der Haut mit stark angeregter Vasomotion, eine Zunahme des Schlagvolumens bei relativer Hypotonie und Bradykardie („Turnstunde für das Herz", günstige Bedingungen für die koronare Durchblutung). Als anerkannte Indikationen serieller Anwendungen gelten arterielle **Hypertonie** (Stadium I und II nach WHO), periphere **arterielle Verschlusskrankheiten**, funktionelle Störungen der **Mikrozirkulation**, trophisch bedingte Ulzera der Haut, **neurovegetative und psychosomatische Herz- und Kreislaufstörungen**, chronisch **venöse Insuffizienz**, unterstützende Behandlung bei **rheumatischen Erkrankungen** in subakuten und chronischen Stadien. CO_2-Bäder werden unabhängig von ihrem natürlichen Vorkommen auch technisch hergestellt.

Schwefelwässer: Mindestkonzentration 1 mg Sulfidschwefel/kg Wasser. Schwefelbäder gelten als besonders reizintensiv mit der Möglichkeit heftiger **Kurreaktionen**. In der Haut führt Schwefel zu verschiedenen biochemischen Reaktionen (Blockierung von Spurenelementen in Biokatalysatoren, Redoxgleichgewicht, Hemmung der Langerhans-Zellen). Schwefel ist noch Wochen nach einem Bad in der Haut nachweisbar.
Als anerkannte **Indikationen** gelten verschiedene bakterielle Hauterkrankungen, Psoriasis und Neurodermitis, chronisch entzündliche und vegetative Syndrome aus dem **gynäkologischen Formenkreis** und unterstützende Behandlung bei nicht aktiven **rheumatologischen Erkrankungen**. Neben der kurörtlichen Behandlung mit H_2S sind auch chemische Präparationen mit kolloidalem Schwefel wirksam.

Kochsalzwässer und Solen: Mindestkonzentration 1 g Mineralsalze/kg Wasser mit je mindestens 20 mval Na^+ und Cl^-. Für Solen werden mindestens 14 g Kochsalz/kg Wasser gefordert.
Salz- und Solebäder (auch in Meerwasser) haben vegetativ umstimmende und roborierende (stärkende) Wirkungen. Sie dienen als „**Konstitutionsmittel**" bei Kindern mit lymphatischer Diathese. **Inhalationsbehandlungen** werden an der Meeresküste, an Gradierwerken einzelner Kurorte und apparativ durchgeführt, hier zeigen sie eine **sekretolytische** und **-motorische Wirkung**. Bei Psoriasis werden sie zusammen mit UV-Bestrahlung eingesetzt **(Foto-Sole-Therapie**). Sie gelten als verhältnismäßig mildes Reizmittel.
Indikationen: Degenerative und entzündliche (geringe Aktivität) **rheumatische Erkrankungen**, funktionelle Syndrome auch im **gynäkologischen** Bereich, Roborierung bei **Infektanfälligkeit, Psoriasis.**

Radonbäder: Mindestkonzentration 18 nCi Radon/kg Wasser entsprechend einer Aktivitätskonzentration von 666 Bq/kg. Im Bad erfolgt eine **Alphabestrahlung** der äußeren Epidermisschichten. Die Wirkungsmechanismen wer-

den wiederum im Sinne einer Reiz- und Reaktionstherapie gedeutet, z.B. Anregung von Repairmechanismen.
Indikationen: Chronische Erkrankungen aus dem entzündlichen und degenerativen **rheumatischen Formenkreis.**
Peloide: Eine geologisch orientierte Klassifikation differenziert:

- **Badetorfe** (Moore), sie werden an Kurorten mit natürlichem Vorkommen, als künstliche Präparationen (z.B. Extrakte), unabhängig von ihrem lokalen Vorkommen eingesetzt.
- **Heilschlamme**, überwiegend Sedimentierungen unter verschiedenen geologischen Bedingungen, z.B. Schlicke im Wattenmeer.
- **Heilerden**, z.B. Ton, Lehm, „Fango".

Peloide werden als Bäder (überwiegend Moor) und lokale Packungen angewendet. In der Physikalischen Therapie dienen Peloide vor allem als Wärmeträger (s. Lerntext II.23). Biochemische Grundlagen zu den Wirkungsmechanismen sind noch wenig bekannt, für Moor werden z.B. Huminsäuren mit adstringierenden und absorbierenden Wirkungen diskutiert.
Indikationen: Mit Ausnahme hochentzündlicher Zustände sämtliche Indikationen aus dem **rheumatologischen Formenkreis.** Funktionelle und chronisch entzündliche **gynäkologische Erkrankungen.**
Pflanzliche Badezusätze: Die Anwendung entspricht den bekannten Wirkungen jeweiliger Phytotherapeutika. Neben pharmakologischen Wirkungen nach transkutaner Resorption von Inhaltsstoffen werden auch kutanreflektorisch und olfaktorisch vermittelte Wirkungen diskutiert.

- **Sedierende Wirkungen:** Baldrian, Hopfen, Melisse, Lavendel.
- **Dermatologische Wirkungen:** Kamille, Kleie, Schafgarbe, Eichenrinde, Haferstroh.
- **Wirkungen bei Atemwegerkrankungen:** Thymian, Eukalyptus, Koniferen, Kampfer.
- **Wirkungen am Bewegungsapparat:** Heublumen, Wacholder, Rosmarin, Ichthyol.

! Merke: Bei Kohlensäurebädern interessieren vor allem die Kreislaufwirkungen, bei Schwefelbädern die hautreizenden und pro-phlogistischen und bei Solebädern die vegetativ und „konstitutionell" umstimmenden Wirkungen.

F96 !
Frage 2.15: Lösung A

Zu **(A):** Die charakteristische Mehrdurchblutung und vermehrte Vasomotion werden im Lerntext II.16 bereits erwähnt.
Zu **(B):** Hierdurch und bereits auch durch die Tatsache der Immersion nimmt der Blutdruck eher ab.
Zu **(C):** Zu einer vertieften Atmung kommt es nur bei kalten Badetemperaturen.
Zu **(D):** Die Schmerzempfindlichkeit wird in der Regel nicht beeinflusst.
Zu **(E):** Kohlensäurebäder werden bei verhältnismäßig kühlen Wassertemperaturen durchgeführt (ca. 34 °C). Bei einer unphysiologisch langen Badedauer von deutlich mehr als 30 Minuten kann es tatsächlich zu einer leichten Auskühlung kommen.
Siehe Lerntext II.16.

F99 !
Frage 2.16: Lösung A

Aus diesem Unterschied ergibt sich die Möglichkeit, auch Patienten mit Herzinsuffizienz zu behandeln. Die CO_2-Diffusion findet bei trockener Haut in einem geringeren Ausmaß statt, dementsprechend werden auch Kaltrezeptoren weniger angeregt. Blutdruckwerte nehmen unter beiden Bedingungen eher ab, eine atemanregende Wirkung ist zumindest nicht relevant.
Siehe Lerntext II.16.

F97 !
Frage 2.17: Lösung D

Kochsalzwasser und Solewässer gelten als verhältnismäßig unspezifische, milde Reizmittel, in der älteren Balneologie wurden sie auch als Tonika bei lymphatischer Konstitution eingesetzt. Für eine innerliche Anwendung sind sie nicht geeignet.
Siehe Lerntext II.16.

F00 !!
Frage 2.18: Lösung A

Sole gehört zu den natürlichen Heilwässern. Sie ist durch einen Kochsalzgehalt von mindestens 14 g/kg Wasser charakterisiert. Lehm und Fango rechnen zu den Heilerden, Schlick wird bei den Heilschlammen eingeordnet, Torfe bilden die Grundlagen einer Moortherapie.
Siehe Lerntext II.16.

F94 !!
Frage 2.19: Lösung A

Zu **(A):** Soleinhalationen (Kochsalz) haben am Bronchialsystem eine sekretionstimulierende und sekretolytische Wirkung, pH- und konzentrationsabhän-

gig kommt es zu einer Milderung des Hustenreizes und zu einer Anregung der ziliaren Schlagfrequenz.
Zu **(B):** Moorbäder werden überwiegend bei gynäkologischen und weichteilrheumatischen Erkrankungen eingesetzt, häufig bei leicht erhöhter Badetemperatur (38–40 °C).
Zu **(C):** Radiumhaltige Badewässer (Radonbäder) werden vor allem bei degenerativen rheumatologischen Krankheitsbildern eingesetzt und bei entzündlichen rheumatologischen Krankheitsbildern mit nur geringer phlogistischer Aktivität.
Zu **(D):** Trinkkuren mit schwach alkalisierenden Wässern haben vor allem eine gastroenterologische Indikation.
Zu **(E):** Nebelwetterlagen haben keine günstigen Wirkungen bei chronischer Bronchitis.
Siehe Lerntext II.16.

F99 !

Frage 2.20: Lösung C

Bis auf (C) gehören sämtliche Indikationen zur Gruppe chronischer degenerativer bzw. entzündlicher Erkrankungen, welche durch Moor bzw. durch die Wärme eines Moorbades günstig beeinflusst werden können. Bei Uterus myomatosus liegen diese Verhältnisse nicht vor.
Siehe Lerntext II.16.

Trinkkuren **II.17**

Wichtige Heilwässer sind:

- **Sulfatwässer** (überwiegend Na_2SO4 = Glaubersalz und $MgSO_4$ = Bittersalz), sie haben vor allem eine choleretische (die Gallenabsonderung fördernde) und abführende Wirkung. Im humoralpathologischen Erklärungsmodell dienen sie als „ableitende" Therapie (s. Lerntext V.1), anerkannte Indikationen sind heute noch Restbeschwerden nach **Hepatitis** und **Fettleber**, funktionelle Störungen des **Magen-Darm-Traktes**, der **Gallenwege** und des **Pankreas**, **Obstipation, Übergewicht** und **Diabetes mellitus Typ II**. Spezielle **Kontraindikationen** sind Leberzirrhose und aktive entzündliche Lebererkrankungen.
- **Bikarbonatwässer** (z.B. $NaHCO_3$) haben alkalisierende Wirkungen vor allem im Gastrointestinaltrakt und im uropoetischen System. Im ersteren wirken sie **ausgleichend auf Sekretion und Motorik**, im urologischen Bereich wirken vor allem calcium- und magnesiumhaltige Wässer (Calcium-Magnesium-Hydrogenkarbonat-Wässer) **antientzündlich**. Mit ihren alkalisierenden Wirkungen dienen sie zur Prophylaxe bei **Harnsäuresteinen**, bei Calcium-Oxalatsteinen soll der relative Calcium-Anteil möglichst klein sein. Die Indikationen ergeben sich aus den oben genannten Wirkungen.

Klinik **II.18**

Kurörtliche Balneotherapie arbeitet mit zwei bis drei (gelegentlich auch mehr) Badebehandlungen pro Woche, die **Kurdauer** beträgt sinnvollerweise nicht unter vier (allenfalls drei) Wochen (s.a. Kurkrise unter Lerntext I.2 a.). Neben speziellen Kurkliniken halten Kurorte auch Behandlungsmöglichkeiten für ambulante Patienten vor. Dort beschäftigte und niedergelassene Badeärzte haben eine besondere, zusätzliche Ausbildung erfahren.
Die weiteren Bedingungen des Kurortes stellen das geeignete Milieu dar, in welchem **adaptative Prozesse** ungestört ablaufen. Zusätzlich besteht heute ein umfangreiches Angebot begleitender physikalischer, diätetischer, psychologischer und sozialmedizinischer Betreuung sowie entsprechender Lebenshilfe und Edukation (z.B. Verhaltenstraining).
Allgemeine **Indikationen** und **Kontraindikationen** (s. Lerntext I.4). Spezielle Kontraindikationen für Badebehandlungen sind diverse Hauterkrankungen und stark ausgeprägte kardiale und respiratorische Insuffizienz (Anstieg der rechtskardialen Vorlast bei Immersion), für kardiologische Patienten wird eine Belastbarkeit mit 50 (bis 75) Watt vorausgesetzt. Nach Verlassen des Bades besteht eine erhöhte Gefahr **orthostatischer Dysregulation** mit der (sicher sehr seltenen!) Möglichkeit maligner Rhythmusstörungen.

2.5 Hydrotherapie

Grundlagen **II.19**

Hydrotherapie versteht sich heute als ein Behandlungssystem mit sinnvoll dosierten **Warm- und Kaltreizen**. Die größere Bedeutung wird den Kaltreizen zugesprochen, grundsätzlich sollen aber nur gut durchblutete und warme Körperregionen mit Kälte behandelt werden. Wärmebehandlungen werden häufig nur zur Vorbereitung des Kaltreizes eingesetzt.
Zu akuten Wirkungen eines Kaltreizes s. Lerntext II.21. Anschließend kommt es bei richtiger Dosierung zur sog. **Reaktion:** Reaktive Hyperämie der Haut nach anfänglicher Vasokonstriktion mit allgemeiner Entspannung, Wärmegefühl und subjektivem Wohlbefinden. Subjektive Erlebnisinhalte können durch **suggestive Vorgabe** intensiviert werden, gleichzeitig sind sie ein gutes Vehikel zu Kommunikation und Sozialisation innerhalb von Patientengruppen. Häufiger werden auch **konsensuelle Reaktionen** unter einer Hydrotherapie ausgenutzt: z.B. Kreislauf- und andere vegetative Reaktionen an der kontralateralen Extremität, wenn diese selbst nicht unmittelbar behandelt werden darf.

F95 !

Frage 2.21: Lösung C

Ein üblich dosierte – d.h. ein der Konstitution und der individuellen thermischen Adaptation angepasster, hydrotherapeutischer Kaltreiz führt zu einer kurzfristigen peripheren Vasokonstriktion, Tachykardie und vertieften Atemzügen mit verlängerter inspiratorischer Pause. Nach 1 – 2 Minuten entwickelt sich eine reaktive Hyperämie der Haut, eine relative Bradykardie, und es stellt sich ein wohliges Wärmegefühl ein.
Ein typischer Akuteffekt ist der Anstieg systolischer und diastolischer Blutdruckwerte.
Siehe Lerntext II.19.

F93 !

Frage 2.22: Lösung C

Zu **(1):** Eine Gefäßerweiterung bei äußerer Wärmezufuhr gehört zu den alltäglichen Beobachtungen. Es kommt zu einem starken Anstieg der Durchblutung.
Zu **(2)** und **(3):** Wärmebehandlungen einer Extremität sind regelhaft mit konsensuellen (gleichsinnig gerichteten) Reaktionen (vor allem kontralateral) verbunden. Siehe Lerntext II.19.
Zu **(4):** Das periphere Gefäßsystem wird mehr geöffnet, als das Strom/Zeitvolumen gleichzeitig ansteigt. Damit bleibt ein Blutdruckanstieg in der Regel aus, der diastolische Druck sinkt sogar meistens ab. Siehe Lerntext II.21.

Hydrotherapeutische Methoden — II.20

Die wichtigsten sogenannten Anwendungen sind:

- Kalte **Abwaschungen** mit einem stark wasserhaltigen Frotteetuch.
- **Güsse:** Einzelne Körperteile werden mit warmen oder kaltem Wasser abgegossen, wobei dieses die Haut ohne Druck erreichen und in einem breiten Film abfließen soll („Kneipp'scher Mantel").
- **Teil- und Vollbäder:** In speziellen Gefäßen (z.B. Sitz-Badewanne) oder mit den Möglichkeiten des häuslichen Badezimmers.
- **Auflagen, Packungen, Wickel** usw. Meistens werden kalte, feuchte Tücher um das jeweilige Körperteil gewickelt und thermisch isolierend (z.B. in Wolldecke) eingehüllt. Packungen überwiegend mit warmem Material wie z.B. Peloiden (s. Lerntext II.16).
- **Warme Vollbäder** mit pflanzlichen Badezusätzen (s. Lerntext II.16).
- **Temperaturansteigende Teil-** und **Vollbäder** mit langsam ansteigender Wassertemperatur (z.B. von 30 auf 41 °C).
- **Wechselgüsse** bzw. **-bäder** mit Temperaturwechseln zwischen warm und kalt (Einzelheiten s.u.)
- **Wassertreten** als spezielles Element des Kneipp'schen Behandlungsprogrammes: Gehen in knietiefem kaltem Wasser, wobei der Fuß bei jedem Schritt bis über die Wasseroberfläche erhoben wird („Storch im Salat").

Der thermische Bereich für **„warm"** liegt zwischen 36 – 38 °C. (Behandlungszeit bei Bädern 5 – 10 Minuten, bei Güssen 1 – 2 Minuten), für **„kalt"** zwischen 12 und 20 °C (Behandlungszeit bei Bädern und Güssen 10 – 30, selten bis 60 Sekunden). Auflagen, Packungen, Wickel usw. werden gewöhnlich für eine halbe bis mehrere Stunden belassen.
Bei Waschungen und Güssen wird der Kaltreiz **von peripher nach zentral** geführt (z.B. vom Handrücken bis an die Schulterregion), es werden die **Streckseiten vor den Beugeseiten** behandelt (geringere Temperaturempfindlichkeit), und es wird die **rechte (herzferne) vor der linken Körperhälfte** behandelt. Wechselwarme Behandlungen werden grundsätzlich mit dem Kaltreiz abgeschlossen.

F99 !!

Frage 2.23: Lösung B

Mit dem Kneipp-Guss sollen ausschließlich thermische und keine zusätzlichen mechanischem Reize ausgeübt werden. Aus diesem Grunde soll der Wasserstrahl ohne Druck appliziert werden und in einem breiten Film (Kneipp-Mantel) am Körper abfließen. Das eigentlich wirksame Prinzip ist der Kaltreiz, aus diesem Grunde werden wechselwarme Anwendungen immer mit der Anwendung von Kälte abgeschlossen. In der morgendlichen Phase eines physiologischen Anstiegs der Körpertemperatur mit peripherer Vasokonstriktion werden Kaltreize wegen der dann stärker ausgeprägten Empfindlichkeit vorsichtiger dosiert, ebenfalls wegen einer geringeren Empfindlichkeit beginnen Kaltreize an der Körperperipherie und werden langsam in Richtung Stamm ausgedehnt. Bei Behandlungen an der rechten Körperseite sind weniger reflektorische Wirkungen auf die Kreislaufregulation zu erwarten.
Siehe Lerntext II.20.

Wirkungen II.21

Es werden **Akuteffekte einer einmaligen Behandlung** und **Langzeiteffekte einer seriellen Therapie** unterschieden (s. Lerntext I.2 a).

- **Akuteffekte von Kälte:**
  - Schreckerlebnis mit tiefen **Inspirationsbewegungen** (z.B. Pneumonieprophylaxe)
  - Aktivierung des adreno-medullären Systems mit peripherer **Vasokonstriktion, Hypertonie** und lang anhaltender **Bradykardie:** nach wenigen Minuten sog. Reaktion (s. Lerntext II.19).
  - **„Tonisierende" Wirkungen** mit Erfrischung und nachlassenden Druck- und Schmerzgefühlen bei Patienten mit Varikosis und Thrombose mit entsprechenden Beschwerden
  - **Analgesierende Wirkungen** bei schmerzhaften weichteilrheumatologischen Syndromen

Sedierende, vegetativ ausgleichende, Schlaf fordernde Wirkungen bei der Therapie mit kalten Wickeln.

- **Langzeiteffekte von Hydrotherapie:**
  - Vegetative **„Umstimmung"** im Sinne einer Verbesserung und Normalisierung zahlreicher vegetativer Stellgrößen und Regelfunktionen. Am besten untersucht ist das Herz-/Kreislaufsystem.
  - Sog. **Abhärtung** bei chronisch-rezidivierender Infektneigung.
  - Günstige Wirkungen auf die **Befindlichkeit** bei psychischen und psychosomatischen Erkrankungen.
- Akuteffekte von Wärme s. Lerntext II.23, Thermotherapie.
- Zur Wirkung pflanzlicher Balneotherapeutika s. Lerntext II.16, Balneotherapie.

! Merke: In der Hydrotherapie interessieren weniger die Änderungen einer Gewebetemperatur als vielmehr der thermische Reiz warmen oder kalten Wassers.

Klinik II.22

Einmalige Anwendungen finden ihre Indikation entsprechend den oben genannten Akuteffekten. Kurbehandlungen werden über mindestens drei Wochen durchgeführt, an speziellen Kneipp-Kurorten auch in Kombination mit weiteren „Säulen" des Kneipp-Systems: Phyto-, Bewegungs-, Ernährungs- und Ordnungstherapie. Gleichzeitig werden dem Patienten Möglichkeiten der **häuslichen Weiterbehandlung** nahe gebracht.

Die **Dosierung** (Intensität) von Kaltreizen geschieht in Abhängigkeit von individueller Empfindlichkeit und Gewöhnung. Sie kann mehrfach variiert werden:

- **Wassertemperatur**, üblich verwendete Bereiche s. Lerntext II.20.
- **Behandlungsdauer**, in der Regel wird bis zu einem deutlich beginnenden Kälteschmerz behandelt. Häufig muß zu Beginn die notwendige Dosis für das Erreichen einer „Reaktion" ausprobiert werden.
- **Größe der behandelten Körperoberfläche**. „Kleinere" Anwendungen sind z.B. Armwaschungen, -güsse oder -bäder; mittlere Anwendungen sind entsprechende Behandlungen der Arme und gleichzeitig des vorderen Thorax (z.B. als Brustguss), entsprechende Wickel und das Wassertreten; „große" Anwendungen sind z.B. kalte Obergüsse (gesamter Oberkörper), Untergüsse (von den Füßen bis an den unteren Rippenrand) oder Vollgüsse, kalte Sitz- und Vollbäder sowie entsprechende Wickel und Packungen. In der Regel werden zwei bis drei Behandlungen pro Tag durchgeführt, dabei kann die Intensität langsam gesteigert werden, meistens bis zu „großen" Anwendungen in der letzten Kurwoche.

Die **Indikationen** ergeben sich aus den oben bezeichneten Akut- und Langzeiteffekten und aus den grundsätzlichen Ausführungen unter Lerntext I.3. Bei psychiatrisch und psychosomatisch erkrankten Patienten kann häufig ein intensiviertes Körpergefühl mit günstigen Wirkungen auf die allgemeine Befindlichkeit erreicht werden. Spezielle **Kontraindikationen** bestehen bei lokaler Kälteunverträglichkeit (z.B. M. Raynaud), einschleichende probatorische Therapie bei Patienten mit Angina pectoris, Rhythmusstörungen und stark ausgeprägter Hypertonie (s.a. Lerntext I.4.).

F98 **!**

Frage 2.24: Lösung D

Bei sehr intensiven Kaltreizen bestehen Risiken durch einen zusätzlichen Blutdruckanstieg. Sehr intensive Warm- oder Heißreize bedeuten eine große Belastung für das Herz/Kreislaufsystem, prinzipiell muss auch mit Steal-Effekten hinter arteriosklerotisch veränderten Gefäßabschnitten gerechnet werden. Von temperaturansteigenden Armbädern werden günstige reflektorische Wirkungen auf die Thoraxorgane erwartet.

H98 !

Frage 2.25: Lösung E

Ein Wolltuch wäre in diesem Fall ungünstig, da es Verdunstung und Wärmeabgabe behindern würde.

F97 !

Frage 2.26: Lösung D

Zu **(A)**, **(B)**, **(C)** und **(E)**: Die Hitze in der Sauna bedeutet durchaus eine gewisse Belastung für den Herzmuskel und die Kreislaufregulation. Insofern bestehen eine absolute Kontraindikation bei (A) und relative Kontraindikationen bei (B) und (E). Bei den anschließenden Kaltreizen kommt es zu ausgeprägten Blutdruckanstiegen mit der Möglichkeit der Kälteangina (Kontraindikation bei (B)) und Rhythmusstörungen (Kontraindikation bei (C)).
Zu **(D)**: Bei Beschwerdefreiheit nach Herzinfarkt vor einem Jahr werden Saunabesuche von manchen Autoren als Maßnahme einer Rehabilitation sogar empfohlen.
Siehe Lerntext I.4 und II.22.

2.6 Thermotherapie

Grundlagen und Wirkungen **II.23**

Im Gegensatz zu den kurzfristigen thermischen Reizen der Hydrotherapie wird bei den meisten thermotherapeutischen Verfahren eine relevante Erwärmung bzw. Abkühlung von Körpergeweben angestrebt. Die Methode der Wärmezufuhr hat bereits Einfluss auf einige Reaktionen des Organismus:

a) **Oberflächliche, konduktive Wärmezufuhr** mit Wärmeträgern wie Wärmflasche, Fango und Moor, heißen Teilbädern. Die zugeführte Wärme wird mit dem Kreislauf rasch abgeleitet, tiefere Körperregionen werden nicht erwärmt.
Oberflächlich zugeführte Wärme hat überwiegend **reflektorische Wirkungen** wie quergestreift- und glatt-muskuläre Entspannung, Zunahme der Durchblutung und Analgesie in segmental zugeordneten Bereichen. Damit ergeben sich vielfältige Möglichkeiten einer reflektorischen Einflussnahme im Sinne von Lerntext I.2 b. Konsensuelle Reaktionen (s. Lerntext II.19) führen zu vegetativen Reaktionen ohne eine gleichzeitige Erhöhung der Gewebetemperatur. Längerfristige, umfassendere Teil- oder Vollbäder (Überwärmungsbad) führen auch zu einem Anstieg der systemischen Körpertemperaturen. In der Sauna steigt die Körpertemperatur kaum an.
b) **Wärmezufuhr mit Infrarot-Bestrahlung.** Insbesondere das kurzwellige IRA (760–1500 nm) dringt als optische Strahlung geringgradig in die Kutis und Subkutis ein. Damit werden körperoberflächliche Thermorezeptoren weniger intensiv gereizt. Mit selektiven IRA-Strahlern kann bereits eine relevante Wärmemenge auch verhältnismäßig körpertief appliziert werden.
c) **Ultraschallbehandlungen** führen zur Erwärmung auch in der Körpertiefe, besonders an Knochengrenzen.
d) **Hochfrequenztherapie** ermöglicht mit verschiedenen Techniken eine gezielte Erwärmung tiefer gelegener Körpergewebe wie Muskulatur und innerer Organsysteme (s. Lerntext II.29).

Physiologische und pathophysiologische Grundlagen zur Wirkung erhöhter Gewebetemperaturen sind noch weitgehend unbekannt. Im noch physiologischen Bereich (bis ca. 39 °C) ist eine Stimulierung verschiedener immunologischer Funktionen mit potenziell günstigen (zelluläre Reaktionen bei chronisch entzündlichen und bösartigen Erkrankungen) sowie ungünstigen Wirkungen (humorale Reaktionen bei entzündlichem Rheumatismus) bekannt.
Klinisch gesichert ist eine pro-phlogistische Wirkung von Wärme (Anregung chronisch entzündlicher Prozesse). Die Verschieblichkeit und Dehnbarkeit bindegewebiger Strukturen (Thixotropie) werden verbessert (Wärmebehandlungen vor Massagen und Krankengymnastik).
Karzinomgewebe sind häufig thermosensibler als die gesunde Umgebung. Während milde Überwärmungen (z. B. Überwärmungsbäder bis 38–39 °C rektal) versuchen, die „allgemeine Abwehr“ onkologischer Patienten zu verbessern, so versucht die moderne onkologische Hyperthermie mit Gewebetemperaturen bis 42–43 °C (in Narkose), bösartiges Gewebe unmittelbar zu vernichten.

F94 !

Frage 2.27: Lösung C

Luft und Dampf sind verhältnismäßig schlechte Wärmeträger (geringe Wärmekapazität), sodass für die Wärmeleitung (konduktiver Wärmetransport) verhältnismäßig wenig Wärme zur Verfügung steht. Moor und Schlick haben eine große Wärmekapazität, in den zähflüssigen Medien kommt es aber zu einem geringen konvektiven Wärmetransport (Wärmetransport innerhalb des Bademedium). In Wasser werden an der Körperoberfläche des Badenden abgekühlte Volumeneinheiten am ra-

schesten durch neue, wärmere Volumeneinheiten ersetzt.
Siehe Lerntext II.16 und II.23.

H00 !!

Frage 2.28: Lösung E

Auf die unterschiedlich tief eindringende Wärme bei den genannten Methoden wurde bereits aufmerksam gemacht. Oberflächliche Erwärmung dient vor allem zu einer reflektorischen Beeinflussung von Schmerz, eine körpertiefe Erwärmung dient zur Therapie chronisch entzündlicher Prozesse. Dabei müssen diese sorgfältig beobachtet werden, die Dosierung orientiert sich an den Dosisstufen nach Schliephake (siehe Lerntext II.23 und II.29).

Klinik **II.24**

Umfangreiche Indikationen ergeben sich aus den genannten Wirkungen. Im Vordergrund steht die symptomatische Therapie verschiedener **Schmerzsyndrome** mit vor allem konduktiver Wärmezufuhr und reflektorischen Wirkungen auf die Durchblutung und den Muskeltonus. **Konsensuelle Reaktionen** ermöglichen eine Beeinflussung vegetativer Regulationen auch ohne eine lokale Wärmeanwendung. Umschriebene, körpertiefe Überwärmungen dienen der Therapie chronischer Entzündungen wie Sinusitis, Bronchitis, Cholezystitis sowie funktioneller und entzündlicher Erkrankungen im Beckenbereich. Milde systemische Hyperthermie (z.B. Überwärmungsbad) wird mit dem Ziel metabolischer, vegetativer, endokriner sowie immunologischer Einflussnahme angewendet.
Körpertiefe Überwärmungen im elektromagnetischen Feld sind nicht ganz unproblematisch, da zu starke Temperaturanstiege nicht als Schmerz wahrgenommen werden. Es werden deshalb vorgegebene Stromstärken (in Abhängigkeit von Gerätetyp und Elektroden) nicht überschritten oder es werden subjektive Angaben entsprechend den **Dosisstufen nach Schliephake** berücksichtigt (Angaben für die Kurzwellentherapie):

Dosisstufe I
keine subjektive Wärmeempfindung
Dosisstufe II
subjektiv eben spürbare Wärme
Dosisstufe III
deutliches, angenehmes Wärmeempfinden
Dosisstufe IV
kräftige, aber nicht unangenehme Wärmeempfindung.

Die Thermotherapie **entzündlicher Erkrankungen** bedarf sorgfältiger Überwachung (lokale Reaktion, laborchemische Entzündungsparameter und algische Symptomatik). Grundsätzlich besteht die Möglichkeit einer zu starken Anregung der Erkrankung.
Spezielle Kontraindikationen bestehen für akute mikrobielle und immunologische Entzündungen, nicht auszugleichende Störungen der Durchblutung (erhöhter O_2-Bedarf bei mangelhafter Zufuhr mit dem Blut), frische Ödeme und Blutungen. Vorsicht bei gestörter Temperaturempfindung! Es besteht die Gefahr lokaler Wärmeschäden bei gefüllten Hohlorganen mit nicht ausreichendem Wärme-Abtransport (z.B. Gallenblase, Augen). Allgemeine Kontraindikationen s. Lerntext I.4, **spezielle Kontraindikationen der Hochfrequenztherapie** s. Lerntext II.29.

F00 !!

Frage 2.29: Lösung A

Bei der Überwärmungsbehandlung rheumatoider Arthritiden besteht grundsätzlich immer das Risiko einer Anregung des entzündlichen Prozesses, bei einer systemischen Überwärmung des gesamten Organismus ist dieses Risiko besonders groß.
Bei der Kryotherapie werden lokal schmerzdämpfende Wirkungen ausgenutzt, Hilfsmittel sollen Patienten mit bereits schwer deformierten Gelenken tägliche Arbeitsabläufe erleichtern, kurzfristige Aufenthalte in der Kältekammer wirken schmerzdämpfend, sie sind z.B. vor einer anschließenden Krankengymnastik geeignet. Bewegungstherapie unter fachlicher Anleitung (!) ist durchaus in der Lage, eine Progredienz der Erkrankung günstig zu beeinflussen.
Siehe Lerntext I.3 und II.24.

F00 !

Frage 2.30: Lösung C

Geeignete Lagerungen und Kompressionen befallener Körperabschnitte sowie eine sehr vorsichtige Massage der Haut und Subkutis mit kreisenden und zirkelnden Bewegungen unter mäßigem Druck sollen den Abfluss und den Abtransport von Lymphe aus dem behandelten Gewebe befördern. Grifftechniken der „klassischen" Massage sind hierzu weniger geeignet, von einer Überwärmung sind eher ungünstige Wirkungen auf das Ödem zu erwarten.
Inzwischen hat sich herausgestellt, dass „Lymphdrainage" auch bei nicht ödematösen Zuständen der Haut günstige Wirkungen haben kann: typische Beispiele sind Krankheitsbilder aus dem Formenkreis der Sklerodermie und hyperalgische Schmerzsyndrome mit einer besonderen Empfindlichkeit der Haut.
Siehe Lerntext II.10.

Kryotherapie II.25

Für oberflächlich wirkende, intensive Kaltreize (z.B. **Kältespray** in der Sport-Traumalogie, **„Kaltluft"** aus flüssigem Stickstoff in der Rheumatologie) können wieder reflektorische Wirkungen vergleichbar der körperoberflächlichen Thermotherapie angenommen werden. In der Rheumatologie werden solche Anwendungen zur **Analgesie** vor krankengymnastischer Mobilisation bewegungsreduzierter Gelenke benutzt. Mit lang liegenden **Kältepackungen** (z.B. kalte Wickel, Eispackungen, Beutel mit Kryogel) können auch tiefe Gewebe abgekühlt werden. Bei stark abgesenkter oder sistierender Durchblutung bleibt ein thermischer Ausgleich via Zirkulation aus. Damit werden entzündungshemmende und analgesierende Wirkungen auch in tiefergelegenen Körperregionen (z.B. Muskulatur, oberflächlich gelegene Gelenke) möglich.

! Merke: Thermo- und Kryotherapie nur bei intakter kutaner Thermosensibilität!

F99 **!!**

Frage 2.31: Lösung D

Die genannte Regel gilt etwa in 60–70% aller Fälle. Mit Wärme soll degenerativen Prozessen entgegengewirkt und die Durchblutung angeregt werden, mit Kälte sollen entzündliche Prozesse gedämpft werden. Beiden Behandlungen sind reflektorische Wirkungen und hemmende Wirkungen auf die Leitung und das Erleben von Schmerz gemeinsam.

Zu **(A):** Eine lokale Anwendung von Kälteträgern kann über eine Ischämie zu schweren Gewebeschäden führen.

Zu **(B):** Unter den genannten Bedingungen kommt es zu Lufttemperaturen bis –170 °C. Die Behandlungsdauer beträgt zwischen einigen Sekunden bis max. etwa 2 Minuten.

Zu **(C):** Bei der genannten Erkrankung besteht eine pathologisch ausgeprägte Neigung zu einer sogenannten Kälteischämie, lokale Kältebehandlungen sind in der Mehrzahl aller Fälle streng kontraindiziert.

Zu **(D):** Allergische Reaktionen auf Moor können praktisch vernachlässigt werden.

2.7 Elektrotherapie

Grundlagen II.26

Eine übliche Systematik unterscheidet in Abhängigkeit von der benutzten

a) **Wechselstromfrequenz (f) bzw. der Wellenlänge (λ):**

- **Niederfrequente Impulsströme** (von Gleichstrom bis f = 1000 Hz)
- **Mittelfrequente Wechselströme** (f = 1 – 100 kHz)

b) **Hochfrequente Wechselströme:**

- Kurzwelle f = 27 MHz; λ = 11 m
- Dezimeterwelle f = 434 MHz; λ = 69 cm
- Mikrowelle f = 2450 MHz; λ = 12 cm

Nieder- und mittelfrequente Ströme (teilweise auch elektromagnetische Energie in der Hochfrequenztherapie) werden mittels am Körper angelegter **Elektroden** appliziert. Dabei kann die Wirkung an bestimmten Stellen konzentriert werden, indem eine verhältnismäßig kleine (differente) einer größeren (indifferenten) Elektrode gegenübergestellt wird.

Sehr häufig werden **diadynamische Ströme nach Bernard** verwendet (sinusförmig an- und abschwellende Intensitäten mit 50 und 100 Hz auf der Basis einer konstanten galvanischen Vorspannung) und **Reizströme nach Träbert** (Rechteckimpulse von je 2 msec Dauer mit 140 Hz). Bei der **transkutanen elektrischen Nervenstimulation (TENS)**, einer Form der Niederfrequenztherapie (bis ca. 200 HZ), werden sehr kurze Impulse mit verhältnismäßig hoher Spannung benutzt. Häufig wird die differente Elektrode unmittelbar über dem schmerzhaften Areal plaziert.

Gleichströme werden auch mit subaqualer Ankoppelung appliziert: Zwei- und Vierzellenbäder (Unterarme und Unterschenkel) oder hydrogalvanisches Vollbad nach Stanger.

H94 **!**

Frage 2.32: Lösung B

In einem hydroelektrischen Vollbad (J. Stanger, Gerbermeister in Reutlingen um 1900) badet der Patient in einem mit galvanischem Strom durchströmten Wasser. Die Stromstärke wird je nach Akuität der Erkrankung zwischen „sensibel schwellig" (gerade beginnendes Stromgefühl) und einem kräftigen, aber angenehmen Prickeln und leichtem Wärmegefühl eingestellt. Hierbei werden Stromstärken zwischen 200 und 500 mA erreicht. Das

Ein- und Ausschalten des Stromes muss langsam (ein- bzw. ausschleichend) erfolgen. Muskelkontraktionen werden mit galvanischen Strombehandlungen nicht erreicht.
Siehe Lerntext II.26.

F96 !!

Frage 2.33: Lösung A

Transkutane elektrische Nervenstimulation ist eine Form der Niederfrequenztherapie mit Frequenzen zwischen wenigen bis ca. 200 Hz. Hierzu stehen kleine portable Geräte zur Verfügung. Es besteht eine sehr breite Indikation in der Schmerztherapie, auch bei Schmerzen onkologischer Genese.
Die Applikation erfolgt mit äußerlich aufgebrachten Elektroden im schmerzhaften Bereich oder über jeweils relevanten Nerven. Bei der Elektroakupunktur werden ähnliche Ströme über Akupunkturnadeln zugeführt.
Siehe Lerntext II.26 und II.27.

Niederfrequenztherapie — II.27

Galvanische Ströme haben an der Kathode depolarisierende, die nervale und muskuläre Erregbarkeit steigernde Wirkungen **(Katelektrotonus)**, während der **Anelektrotonus** die Erregbarkeit dämpft. Besonders an der Anode besteht eine **analgesierende Wirkung**. Mit **Iontophorese** kann der perkutane Transport ionisierter Medikamente gefördert werden (positiv geladene Moleküle an der Anode, negative an der Kathode).
Bei den **Wechselströmen** können in Abhängigkeit von der verwendeten **Stromstärke**, der **Anstiegsteilheit** sowie der **Impuls-** und **Pausendauer** unterschiedliche physiologische Reaktionen – überwiegend an Nerven- und Muskelzellen – ausgelöst werden. Die oben genannten Ströme (siehe Lerntext II.26 haben vor allem schmerzlindernde, detonisierende und Durchblutung fördernde Wirkungen.
Damit bestehen umfangreiche Indikationen in der **Schmerzbehandlung** und bei **funktionellen Durchblutungsstörungen.** TENS-Geräte können auch in der häuslichen Selbstbehandlung verwendet werden. Spezielle **Kontraindikationen** sind Metallimplantate in der Nähe der Elektroden und Herzschrittmacher, bedeutsamere Hauterkrankungen und offene Wunden im Behandlungsbereich (z.B. in hydrogalvanischen Bädern). Vorsicht ist bei gestörter Sensibilität geboten.

F97

Frage 2.34: Lösung B

Bei der Iontophorese sind ausgewählte Körperregionen Teil eines Stromkreises mit fließendem Gleichstrom. Hierbei kommt es zunächst zu den charakteristischen Wirkungen im Bereich der Kathode und Anode.
Zusätzlich werden den der Haut aufliegenden Elektroden (überwiegend Schwammelektroden) Ionen verschiedener Drogen oder ional geladene Medikamente beigefügt, die unter dem fließenden Strom in die behandelte Haut oder Schleimhaut vermehrt einströmen. An der Anode werden positive Ladungsträger eingebracht (z.B. Acetylcholin, Adrenalin, Bienengift, Histamin, Novocain), an der Kathode werden negative Ladungsträger wie Nikotinsäure und deren Derivate sowie Salicylate eingebracht.
Siehe Lerntext II.26 und II.27.

H97 !

Frage 2.35: Lösung D

Bei (A) und (B) handelt es sich um Behandlungstechniken der Hochfrequenztherapie. Sie haben thermische Wirkungen, Nerven- oder Muskelgewebe werden nicht erregt. Ebenso hat eine lang andauernde Galvanisation mit einschleichender Stromstärke (wie sie für das Stanger-Bad vorgeschrieben ist) keine die Erregung fördernde Wirkungen auf das Membranpotenzial.
Zu einer Erregbarkeitsprüfung eignen sich nur die Verfahren nach (D) und (E) (Reizstromdiagnostik mit mittelfrequentem Wechselstrom). Dabei sind die Impulse des neofaradischen Reizstroms für die Erregung denervierter Muskulatur zu kurz, eine Erregung gelingt nur noch mit ausreichend intensiven und ausreichend langen galvanischen Einzelimpulsen. Der Muskel wird direkt, nicht etwa indirekt (über den motorischen Nerven) gereizt.
Siehe Lerntexte II.26; II.27; II.28; II.29.

Mittelfrequenztherapie — II.28

Es werden Frequenzen benutzt, welche keine unmittelbar polarisierenden Wirkungen an der Zelle mehr aufweisen. Trotzdem kommt es zu Summationseffekten, deren **hyperämisierende** und **analgesierende Wirkungen** ausgenutzt werden können. **Indikationen** bestehen vor allem im Formenkreis degenerativer rheumatologischer Erkrankungen. **Kontraindikationen** wie Niederfrequenztherapie (siehe Lerntext II.27).

F95 !

Frage 2.36: Lösung E

Aufgrund internationaler Vereinbarungen (Vermeidung von Funk- und Fernsehstörungen) sind für die Hochfrequenztherapie (Induktion körpertiefer Wärme = Diathermie) drei Wellenlängen freigegeben worden:

	Wellenlänge	Frequenz
Kurzwelle	11,06 m	27,12 MHz
Dezimeterwelle	69 cm	433,92 MHz
Mikrowelle	12,5 cm	2400,00 MHz

Siehe Lerntext II.23; II.26; II.29

Hochfrequenztherapie **II.29**

Die Verfahren dienen zur körpertiefen Erwärmung. Wirkungen, Indikationen und Klinik s.u. Lerntext II.23 und II.24.
Für die Dosierungen gilt zu berücksichtigen, dass die **normale Kontrolle durch Thermorezeptoren der Haut weitgehend entfällt**. Lokale **Wärmeschäden** sind bei nicht ausreichendem Wärmeabtransport möglich (s. Lerntext II.24).
Spezielle **Kontraindikationen** sind wieder Metallimplantate und Herzschrittmacher, akute Thrombosen, gravider Uterus, s.a. Lerntext II.24.

! Merke: Bei Elektrotherapie sorgfältig auf Kontraindikationen durch Herzschrittmacher und Metallimplantate achten!

3 Ernährungstherapie

Allgemeine Grundlagen **III.1**

Physiologische Chemie der Nahrungsmittel und Physiologie der Verdauung sind Thema des vorklinischen Studiums. Für die industrialisierten Länder Europas und die USA besteht Konsens, dass von der Mehrzahl aller Menschen **zu viele Kalorien** aufgenommen werden. Insbesondere bestehen ein zu hoher **Fett-** und tierischer **Eiweißkonsum** sowie ein zu hoher Anteil bereits **aufgeschlossener Kohlenhydrate**. Bei den modernen landwirtschaftlichen Methoden sind viele Produkte nicht mehr „vollwertig" (z.B. Spurenelemente und Vitamingehalt), bei der industriellen Aufbereitung werden weitere qualitative Verluste hingenommen, und es kommt zu einem Verlust sog. **Ballaststoffe** (zunehmende Nährstoffdichte). Anerkannte, ganz oder z.T. ernährungsabhängige Erkrankungen sind **Übergewicht, Diabetes mellitus, Hyperlipidämie, Fettleber, Hypertonie, Arteriosklerose, Gicht, Karies** sowie zahlreiche Folgeerkrankungen. Naturheilkundliche Überlegungen und Indikationen zur Ernährungstherapie gehen über das Spektrum ausschließlich nutritiv bedingter Erkrankungen hinaus.
Epidemiologische Studien weisen auch auf die Genese **bösartiger Erkrankungen** durch Ernährungsfaktoren hin: Bei hohem Fettverzehr von schlechter Qulität wurden vermehrt Mamma- und Kolon-Karzinome beobachtet (Beeinflussung der hormonellen Regulation bzw. vermehrte Sekretion von Gallesalzen). Bei der Lagerung und Bearbeitung von Nahrungsmitteln können **kanzerogene Produkte** wie Mykotoxine (z.B. Aflatoxin aus Aspergillus flavus), Benzpyrene und Nitrosamine entstehen. Verschiedene Mängel in der Nahrung (z.B. Selen) scheinen die Entstehung bösartigen Wachstums zu fördern.

F95 !!

Frage 3.1: Lösung E

Die biologische Wertigkeit von Nahrungseiweiß kann z.B. am Minimalbedarf (mg/kg Körpergewicht/Tag) gemessen werden und wird durch Gehalt und Relation essenzieller Aminosäuren im Nahrungseiweiß bestimmt.

	mg/kg Körpergewicht/Tag
Vollei	500
Kartoffeln	512
Rindfleisch	547
Milch	568
Fisch	577
Soja	581
Käse	597
Reis	620
Bohnen	685
Mais	699
Erbsen	715

Die biologische Wertigkeit von Kartoffeln ist also unter Berücksichtigung des Nahrungseiweißes besonders hoch. Durch günstige Kombinationen verschiedener Nahrungsmittel können die angegebenen, minimal notwendigen Mengen weiter reduziert werden (z.B. Kartoffel-Ei-Diät bei nierenkranken Patienten).

K

Richtlinien für die Ernährung III.2

Die Deutsche Gesellschaft für Ernährung empfiehlt die Aufnahme von etwa **2000 bzw. 2200 kcal/Tag** mit der Nahrung (erwachsene Frauen bzw. Männer bei üblicher körperlicher Belastung). Die Nahrung soll sich zu etwa 15% aus Eiweiß, 30% aus Fett und 55% aus Kohlehydraten zusammensetzen. Letztere sollen überwiegend in komplexer Form (z.B. als Stärke) aufgenommen werden, der Zuckeranteil soll möglichst gering gehalten werden. Bei der Bilanzierung von Nahrungsmitteln sind folgende **Brennwerte** zu berücksichtigen:

Kohlenhydrate:	4 kcal/g (17,2 kJ/g)
Fett:	9 kcal/g (38,9 kJ/g)
Eiweiß:	4 kcal/g (17,2 kJ/g)

Eine große Problematik bedeuten die sog. **versteckten Fette** (z.B. Fleisch- und Wurstwaren, Milchprodukte). Angestrebt wird ein Verzehr von möglichst ungesättigten bzw. mehrfach **ungesättigten Fettsäuren** (z.B. Sonnenblumenöl, Weizenkeimöl, Olivenöl, Sojaöl, Leinöl; überwiegend gesättigte Fettsäuren in Butter, Kokos- und Palmkernfett).

Fettlösliche Vitamine befinden sich vor allem in Butter, Käse sowie Ölsaaten und Ölkeimen und den daraus kaltgepressten Ölen; **B-Vitamine** in Vollkornerzeugnissen, Gemüse und Milch; **Vitamin C** in Zitrusfrüchten, frischem Obst, Salaten und Kartoffeln. Die wichtigen **Mineralstoffe** befinden sich in Vollkornerzeugnissen, Milch, frischem Obst und Gemüse. Die **Kochsalzzufuhr** soll 6–8 g/Tag nicht übersteigen, bei Hypertonieneigung liegt die obere Grenze bei 3–4 g/Tag.

Vollkost versucht mit einem möglichst breiten Angebot solche Gesichtspunkte und Grundlagen zu berücksichtigen. „Leichte Vollkost" vermeidet schwerer verdaubare Nahrungsmittel (Erfahrungswerte) wie Weißkraut, weiße Bohnen, tierische Fette, gebratene Speisen, Steinobst und Kaffee.

Der Begriff einer **Vollwerternährung** berücksichtigt darüber hinaus weitere qualitative, aber auch geschmackliche, ökologische und teilweise auch ethische (z.B. dritte Welt) Gesichtspunkte, z.B.:

Hohe Wertstufe	Niedrige Wertstufe
frisch	konserviert
reif	industriell verarbeitet
naturbelassen	isoliert
nicht isoliert	raffiniert
nicht chemisch behandelt	chemisch behandelt
in der Umgebung wachsend	strukturell verändert
saisongerecht	

H98 **!**

Frage 3.2: Lösung D

Zu **(A):** Die Stickstoffbilanz soll ausgeglichen sein. Als **Minimalbedarf** unter Ruhebedingungen gelten etwa 0,34 g Protein/kg Körpergewicht. Bei jeglicher Art von Stress muss dieser Betrag gesteigert werden, allgemeine Empfehlungen geben für Erwachsene 0,8 g/kg Körpergewicht an.

Zu **(B):** Die biologische Wertigkeit von **Kartoffeln** (Minimalbedarf 512 mg/kg Körpergewicht/Tag) ist unter Berücksichtigung des Nahrungseiweißes besonders hoch. Durch günstige Kombinationen verschiedener Nahrungsmittel können die angegebenen, minimal notwendigen Mengen weiter reduziert werden (z.B. die dargestellte Kartoffel-Volleidiät für nierenkranke Patienten).

Zu **(D):** Die **höchste Toxizität** haben **Methionin und Tyrosin**. Letztere ist nicht essenziell.

Zu **(E):** Bei der Bilanzierung von Nahrungsmitteln sind folgende **Brennwerte** zu berücksichtigen:

Kohlehydrate:	4 kcal/g (17,2 kJ/g)
Fett:	9 kcal/g (38,9 kJ/g)
Eiweiß:	4 kcal/g (17,2 kJ/g).

Ballaststoffe III.3

Als solche werden organische Bestandteile pflanzlicher Nahrungsmittel bezeichnet, welche von den körpereigenen Enzymen des Gastrointestinaltraktes nicht oder nur partiell abgebaut werden. Überwiegend handelt es sich um Kohlehydrate wie **Zellulose, Hemizellulose** und **Pektin**. Sie geraten unverdaut in den Dickdarm, hier unterliegen sie einer **bakteriellen Zersetzung.** Ähnlich kann vor dem Essen ungenügend erhitzte Stärke (kochen, backen) unverdaut bis in den Dickdarm gelangen und Eigenschaften von Ballaststoffen gewinnen.

Ballaststoffreiche Kost verkürzt die Passagezeit bei gleichzeitig erhöhtem Stuhlgewicht (Wasserbindungsvermögen), und sie erniedrigt den **intraluminären Druck** im Dickdarm. Günstige Einflüsse auf die **bakterielle Besiedlung** werden diskutiert. Epidemiologische und klinische Studien deuten auf eine günstige Beeinflussung plasmatischer Cholesterinspiegel (besonders durch Quellmittel wie Pektin) hin, es werden vermehrt Gallensäuren mit dem Stuhl ausgeschieden, **Kolon-Karzinome** werden wahrscheinlich bei ballaststoffreicher Kost seltener beobachtet. Bei **Adipositas** sind günstige Wirkungen auf das Sättigungsgefühl (z.B. längerer Kauakt) vorhanden, bei **Diabetes mellitus** ist eine die Resorption verzögernde Wirkung günstig zu bewerten.

Westliche Ernährungsgewohnheiten (ausgemahlenes Mehl, Zucker, relativ erhöhter Konsum von Fett und Eiweiß) haben den Verzehr von Ballaststoffen ungünstig gesenkt.

H00 !!

Frage 3.3: Lösung E

Auf die verkürzte Transitzeit (und eine hierdurch bedingte Kanzeroprotektion?) und den geringeren intraluminalen Druck (möglicherweise als Ursache einer selteneren Inzidenz von Colon-Divertikeln) wurde bereits hingewiesen. Im Darm werden Ballaststoffe u. a. in kurzkettige Carbonsäuren fermentiert, diese dienen dem Darmepithel als Energiequelle und sie schaffen mit einer Absenkung des pH günstige Bedingungen für die Darmflora. Zu einer Absenkung des Gesamt- und des LDL-Cholesterin kommt es vor allem über eine gleichzeitige Verringerung des Fett- und des Zuckeranteils in der Nahrung. Lösliche Ballaststoffe (z. B. im Hafer und in Bohnen) binden Gallensäuren im Gastrointestinaltrakt und entziehen diese dem enterohepatischen Kreislauf. Nahrungsmittelallergien z. B. auf Sellerie, Karotten und Fenchel sind nicht auf den Faser-Anteil zu beziehen.
Siehe Lerntext III.3.

F97 !

Frage 3.4: Lösung B

Zu **(A):** Bei der **F. X. Mayr-Kur** (manche Autoren sprechen von einer gastrointestinalen Sanierungsdiät) werden üblicherweise 3 × eine halbe bis eine ganze altbackene Semmel und drei Tassen Milch pro Tag gereicht. Zusätzlich sollten 2–3 Liter **Flüssigkeit** (z. B. pflanzliche Tees oder Wasser) getrunken werden.
Zu **(B):** Diese Aussage ist richtig. Bei manchen Menschen bedeuten küchentechnisch wenig vorbereitete, ballaststoffreiche Nahrungsmittel (z. B. pflanzliche Rohkost) eher eine Belastung (z. B. durch toxische Gärstoffe) als einen Vorteil für die Gesundheit (z. B. für das intestinale Milieu).
Zu **(C):** Mit dieser Behauptung wird manchmal gegen eine vegetarische Kost argumentiert, entsprechende Hinweise liegen aber nicht vor.
Zu **(D):** Das Gegenteil ist der Fall: In der klinischen Diätetik bezeichnet „Vollwert" zum einen das biologisch hochwertige Produkt (z. B. unter Berücksichtigung des Anbaus von Nahrungspflanzen) und zum anderen die schonende, möglichst wenig verändernde Zubereitung.
Zu **(E):** Bei manchen entzündlichen Darmerkrankungen bedeutet Nahrungskarenz tatsächlich eine Entlastung, bei Gastritiden und Magengeschwüren ist Fasten aber eine empirisch belegte Kontraindikation.
Siehe Lerntexte III.2; III.3; III.5.

Spezielle naturheilkundliche Gesichtspunkte — III.4

Neben den bekannten, nutritiven und metabolischen Gesichtspunkten zur Ernährung werden in der Naturheilkunde Zusammenhänge vermutet und zunehmend wissenschaftlich belegt, welche eine Ernährungstherapie auch mit einer **nicht nutritiven Argumentation** begründen.

- **„Die Vergiftung vom Darm":**
  Bei unzureichender enzymatischer Verdauung können sich in tieferen Darmabschnitten bakterielle Zersetzungsprozesse entwickeln (Gärung und Fäulnis), welche zur Bildung **toxischer Substanzen** mit lokaler und systemischer Wirkung führen. Bei starker Ausprägung und gestörter Entgiftungsfunktion der Leber können sich hieraus krankhafte Zustände verschiedener Organsysteme (auch der Leber selbst) entwickeln. Ein extrem ausgeprägtes, wissenschaftlich gut untersuchtes Beispiel sind Spätzustände bei Leberzirrhose mit der Notwendigkeit einer speziellen Diätetik und evtl. auch antibiotischen Therapie des Gastrointestinaltraktes. In diesem Sinne schwache Verdauungs„kräfte" finden sich häufig bei asthenischen Konstitutionen mit gleichzeitigen Störungen der Thermoregulation (fehlende „Naturwärme" bei Kneipp; s. a. Geschichte der Medizin, Vorstellungen zur Pepsis in der antiken Naturphilosophie).
- Ein durch inadäquate Verdauung **gereizter (entzündeter) Darm** kann im Sinne eines **„Irritationszentrums"** (s. Lerntext I.2) ungünstige viszero-periphere Reflexe auslösen. Das bekannteste Beispiel intestinal-kardialer Irritation ist der sog. Roemheld-Komplex, welcher heute mehr im Sinne einer reflektorischen als einer mechanischen Störung (große Magenblase) des Herzens gedeutet wird. Bei der körperlichen Untersuchung sind umschriebene Darmabschnitte oft auffällig druckschmerzhaft.
- Bei der jetzt gut untersuchten Bedeutung des Darmsystems für die **immunologische Abwehr** (bakterielle Besiedlung, erhöhte Permeabilität der Darmschleimhaut für Bakterien und bakterielle Giftstoffe bei krankhaften Veränderungen) kann man sich gut vorstellen, dass immunologische Erkrankungen bei einem gleichzeitig „gereizten" Darm durch diätetische Sanierung des Intestinum günstig beeinflusst werden.

Die Behandlung erfolgt mit zeitlich begrenztem Fasten, **gastrointestinalen Sanierungsdiäten** (z. B. Mayr, s. Lerntext III.5), verschiedener Schonkost, pflanzlichen Verdauungshilfen, schonenden Abführmaßnahmen (z. B. Einläufe, Trinken salinischer Wässer), teilweise werden auch mikrobiologische Präparate zur Beeinflussung der Darmflora eingesetzt.

! Merke: Eine in der Naturheilkunde entwickelte Nosologie vermutet die eigentliche Ursache vieler und sehr unterschiedlicher Erkrankungen in funktionellen und entzündlichen Störungen des Magen-Darm-Trakts.

Spezielle Diäten — **III.5**

Vegetarische Kost: Veganer ernähren sich ausschließlich von pflanzlichen Nahrungsmitteln; die weniger strengen **Vegetarier** verzehren zumindest Milchprodukte, teilweise auch Eier (Lakto- und Ovolaktovegetarier). Bedenken im Sinne einer Mangelernährung drohen vor allem für den Eisenstoffwechsel (überwiegendes Vorkommen im Fleisch, schlechte Resorption aus pflanzlichen Nahrungsmitteln) und für Vitamin B_{12} (fast kein Vorkommen in Pflanzen). Es ist notwendig, solche Kostformen **möglichst vielfältig** zu gestalten. Einseitige Kost beinhaltet vor allem das Risiko von **Mangelzuständen einzelner Aminosäuren**. Besonders anfällig sind Kinder und Jugendliche im Wachstumsalter.
In der Regel werden mit vegetarischer Kost weniger Kalorien (insbesondere Fett), etwa vergleichbare Mengen Natrium und mehr Kalium aufgenommen. Hiermit werden günstigere plasmatische **Lipidkonzentrationen** erklärt sowie niedrigere **Blutdruckwerte** mit entsprechend weniger Folgeerkrankungen der Hypertonie. Im Intestinaltrakt kommt es seltener zu einer **Divertikulose** und zu **Kolon-Karzinom** (Ballaststoffe!); **Cholesterin-Gallensteine** werden seltener beobachtet. Das seltenere Auftreten von **Nierensteinen** wird durch eine Verschiebung des Urin-pH in den alkalischen Bereich erklärt.
Rohkost: Diese kann als eine Variante veganischer Ernährung aufgefasst werden. Wirkungen vermehrter **Ballaststoffe** sind besonders ausgeprägt. U. a. führt die bakterielle Zersetzung zu einer lokalen Azidität mit möglicher günstiger Wirkung auf die Darmflora. Im Übrigen ist Rohkost besonders **basenvalent**.
Rohkost wird nicht von allen Patienten vertragen (s. Lerntext III.4, konstitutionelle Gesichtspunkte, intestinale Gärung). Häufiger werden Kuren im Sinne einer **„Umstimmungstherapie"** bei chronischen Erkrankungen durchgeführt. Typische **Indikationen** sind Übergewicht, Gicht, Fettstoffwechselstörungen, allergische Erkrankungen, essenzielle Hypertonie, verschiedene Hauterkrankungen, bei Verträglichkeit auch Erkrankungen aus dem entzündlichen rheumatischen Formenkreis.
Bei günstiger Kombination der Nahrungsmittel kann ein ausreichendes Eiweißangebot gewährleistet werden. Es werden aber auch **proteinsubstituierte Rohkostkuren** durchgeführt mit z.B. Kartoffeln (100 g enthalten 2 g Eiweiß) oder Molke (3,6 g Eiweiß/100 ml). Eventuelle Nachteile sind eine erhöhte **allergene Potenz** ungekochter Nahrungsmittel.
Gastrointestinale Sanierungsdiäten (s. a. therapeutisches Fasten): Das pathophysiologische Konzept geht von der Vorstellung aus, dass Störungen des Verdauungssystems (z. B. mikrobielle Besiedlung) und lokale Reizungen („Entzündungen") der Darmschleimhaut verschiedene lokale Beschwerden (z. B. Dyspepsie, Blähbauch, Schmerz) und systemische Erkrankungen unterhalten können (s. u. Lerntext III.4). Mit verschiedenen Formen einer **Schonkost** wird dem Verdauungssystem Gelegenheit zu einer Regeneration gegeben.
Die bekannteste und umfangreich praktizierte Form ist die **Semmel-Milch-Diät nach F. X. Mayr**. Dabei werden halb getrocknete („altbackene") Semmeln in kleinsten Portionen sehr langsam gegessen (z. B. 3 x täglich 1/2 – 1 Semmel in jeweils 20 – 30 Minuten), zusätzlich wird eine Tasse Milch mit einem kleinen Kaffeelöffel „gegessen". Hierbei wird die gesamte Aufmerksamkeit auf den Essvorgang konzentriert (z. B. Einspeicheln der Nahrung), der Prozess bedarf einer gewissen Einführung und Motivation des Patienten. Mit 2 – 3 Semmeln und der genannten Menge Milch pro Tag wird bei dieser Art Nahrungsaufnahme ein ausreichendes Sättigungsgefühl erreicht.
Adjuvant werden darmentleerende Maßnahmen durchgeführt (Karlsbader Salz, Einlaufbehandlungen) sowie spezielle Darmmassagen und lokale Wärmeanwendungen. Die Kurdauer beträgt 3 – 4 Wochen, anschließend wird auf eine leicht verdaubare Voll- oder Vollwertkost übergeleitet.

F96 **!**

Frage 3.5: Lösung A

Die Semmel-Milch-Diät des österreichischen Arztes F. X. Mayr dient, als extreme Form einer Schonkost, zur Sanierung bei funktionellen und/oder trophischen Störungen des Gastrointestinaltraktes. Eine etwas ritualisierte Nahrungsaufnahme macht den Prozess einer Ernährung noch einmal bewusst. Damit gewinnt diese Ernährungsform auch ein pädagogisches bzw. edukatorisches Gewicht.
Siehe Lerntext III.5.

F97 !

Frage 3.6: Lösung C

Über den Oxalsäuregehalt einiger Nahrungsmittel s. die Tabelle, der Oxalsäuregehalt im Weißbrot ist unbedeutend.

Rote Beete, gekocht:	110 mg/100 g
Rhabarber, Kompott:	540 mg/100 g
Spinat:	570 mg/100 g
Kakao, Pulver:	630 mg/100 g

Therapeutisches Fasten (Heilfasten) — III.6

Die Extremform ist das **totale Fasten** mit ausschließlich Flüssigkeitszufuhr. Die **Nulldiät** beinhaltet auch eine Vitamin- und Elektrolytsubstitution. Heute werden überwiegend Fastenformen mit Zugaben von Eiweiß, Kohlenhydraten und Mikronährstoffen in verschiedenen Verhältnissen (z.B. Buchinger-Fasten, VLCD: Very Low Caloric Diet) angewendet.
Der überwiegende Energiegewinn geschieht aus körpereigenen Fettdepots, im Plasma kommt es zu einem **Anstieg an freien Fettsäuren und Ketonkörpern**. Zur Versorgung des Gehirnstoffwechsels mit Glukose werden zu Beginn des Fastens ca. 75 g Protein pro Tag zur Neoglukogenese herangezogen. Nach wenigen Tagen sinkt dieser Anteil auf ca. 20 g täglich ab, nachdem sich das Gehirn an die Ketonkörper als Brennstoff adaptiert hat.
Vor allem mit der anfänglichen Eiweißkatabolie wird in den ersten Fastentagen vermehrt Wasser ausgeschieden (anfänglich hoher Gewichtsverlust), anschließend ist mit einem **täglichen Gewichtsverlust von ca. 400 g** zu rechnen, hauptsächlich auf Kosten der Fettdepots. Die Ausscheidung von **Harnsäure** durch die Niere ist eingeschränkt, fast regelmäßig kommt es zu einer vorübergehenden und meist asymptomatischen Hyperurikämie. Auch deswegen werden tägliche **Trinkmengen von 2–3 Litern** gefordert. Der Blut-pH bleibt trotz zunehmender Säureproduktion dank effizienter Puffersysteme stabil. Nach allgemeinem Konsens erfahrener Ärzte soll totales Fasten nur unter stationären Bedingungen durchgeführt werden.
Heutzutage wird therapeutisches Fasten hauptsächlich zur **Korrektur von Risikofaktoren** eingesetzt: Adipositas, Hyperlipidämie, Diabetes mellitus Typ II und Hypertonie. Naturheilkundige Ärzte stellen sich vor (nach der Interpretation klinischer Beobachtungen, aber ohne endgültig befriedigende, z.B. histologische Belege hierfür), dass vor allem **„Stoffwechselschlacken"** abgebaut werden. Damit sollen Transportwege innerhalb des Organismus (z.B. Diffusion von Sauerstoff und Nährstoffen aus der Kapillare bis an die verarbeitende Zelle) erleichtert werden.

Fasten bedeutet aber auch einen erheblichen **„Reiz"** für zahlreiche vegetative, endokrine und metabolische Funktionen und Regelvorgänge. In diesem Sinne wird Fasten auch als unspezifische Reiztherapie interpretiert. In letzter Zeit wurden auch **immunsuppressive Wirkungen** des Fastens im Sinne einer Entzündungshemmung nachgewiesen.
Ursprünge des Fastens liegen im religiösen und kultischen Bereich. Es kommt zu einer **erhöhten Empfindsamkeit** und Sensibilität, zu einer Anregung **seelischer Aktivität** und **Reagibilität** (Fasten als Vorbereitung zu einem meditativen Leben), häufig auch zu einer **Aufhellung der Stimmungslage**. Diese seelischen Veränderungen können therapeutisch genutzt werden.
Vor dem Hintergrund dieser Ergebnisse erscheinen folgende Indikationen und Kontraindikationen erfahrener Fastenärzte plausibel:

Indikationen:
- Übergewicht, Diabetes mellitus Typ II, Hypertonie, nutritive Fettleber und Fettleberhepatitis.
- Atheromatose, koronare Herzerkrankung, periphere arterielle Durchblutungsstörungen, venös-variköser Symptomenkomplex, Herzinsuffizienz des Übergewichtigen.
- Degenerative und entzündliche rheumatische Erkrankungen.
- Chronische Kopfschmerzen und Migräne, Glaukom.
- Dermatologische Erkrankungen wie Neurodermitis und Psoriasis.
- Chronische Erkrankungen des Gastrointestinaltraktes, Parodontitis.
- Allergische Erkrankungen.
- Funktionelle Sterilität.

Kontraindikationen:
- Konsumierende bösartige und infektiologische Erkrankungen, Rekonvaleszenz nach schweren Erkrankungen, Kachexie.
- Floride Ulcera ventriculi et duodeni, aggressive Hepatitiden, Leberzirrhose.
- Schwere koronare Herzerkrankung.
- Manifeste Hyperthyreose.
- Zerebrovaskuläre Insuffizienz im hohen Lebensalter.
- Kinder unter 12 Jahren ohne Begleitung Erwachsener.
- Psychiatrische Erkrankungen.
- Schwangerschaft.
- Vorsicht bei gleichzeitiger medikamentöser Therapie mit Steroiden, nicht steroidalen Antirheumatika, Antihypertonika, Antikoagulanzien, Lithium, Psychopharmaka und Hormonpräparaten.

Fastenbehandlungen können bei **ärztlicher Überwachung** über mehrere Monate komplikationslos durchgeführt werden. Ein übliches sta-

K

tionäres Heilverfahren als zentrale Therapie bei den oben genannten Erkrankungen einschl. des sog. metabolischen Syndroms dauert 4–6 Wochen. Häufig dienen einige Fastentage aber auch als Vorbereitung anderer diätetischer Behandlungsprogramme. **„Zeitweiser Nahrungsverzicht"** wird bei akuten, kurzfristigen (z.B. fieberhaften) Erkrankungen praktiziert.
Bei **kohlenhydratergänztem Fasten** werden täglich ca. 250 kcal als Obst- und Gemüsesaft sowie Brühe gegeben (Methode Buchinger, geringer ausgeprägte Ketoazidose). Beim proteinsubstituierten Fasten wird typischerweise Molke (Kurmolke) mit besonders günstig zusammengesetzten Eiweißstoffen und Mineralien gereicht.

H00 !

Frage 3.7: Lösung C

(A), (B) und (E) sind im Lerntext III.6 als konsumierende Erkrankungen aufgeführt und als Kontraindikation des Heilfastens begründet worden. Frauen mit Risikoschwangerschaften sollten in jeder Weise geschont werden. Bei orthopädischen Krankeitsbildern – insbesondere mit einer Symptomatik von „Fülle" (s. Lerntext V.1) – bilden eine sehr dankbare Indikation, Erklärungsmodelle beschäftigen sich mit einer Verbesserung lokaler trophischer Verhältnisse.
Siehe Lerntext III.6.

H97 !

Frage 3.8: Lösung D

Über das „bewährt" im Vergleich zu anderen diätetischen Programmen könnte man bei manchen Indikationen diskutieren, aus edukatorischen Überlegungen wird oft eine Reduktionskost bevorzugt. Bei ernsthaften Lebererkrankungen ist Fasten auf jeden Fall kontrainidiziert, manche Befunde deuten darauf hin, dass der Stoffwechsel im Fasten die Leber belastet.
Siehe Lerntext III.6.

4 Phytotherapie

Phytopharmaka — IV.1

Phytopharmaka bezeichnen Medikamente, welche aus **Heilpflanzen** oder Teilen von diesen hergestellt worden sind. Diese können in toto verabreicht werden (z.B. roh oder als getrocknete Droge) oder es werden mit verschiedenen Verfahren wichtige **Inhaltsstoffe** extrahiert. Grundlegendes Prinzip ist, möglichst viele Wirkstoffe gleichzeitig zu gewinnen (die „ganze" Pflanze in einer etwas ideologisierten Terminologie); hochgereinigte Aufbereitungen mit im Extremfall nur noch einer wirksamen Substanz oder synthetisch hergestellte Äquivalente sind keine Phytopharmaka im Sinne der obigen, allgemein akzeptierten Definition (z.B. Kokain aus dem Cocablatt, Digitoxin und Digoxin aus rotem bzw. wolligem Fingerhut, Atropin aus der Tollkirsche, Reserpin aus Rauwolfia).
In der Regel werden für Heilpflanzen mehrere wirksame Inhaltsstoffe (**Effektoren**) gleichzeitig angenommen bzw. nachgewiesen. Sog. Begleitstoffe (**Koeffektoren**) wirken z.B. stabilisierend oder resorptionsfördernd. Nach individuell unterschiedlichen Bedingungen eines Kranken (z.B. „Konstitution", Art und Akuität der Erkrankung) können Effektoren und Koeffektoren auch verschieden stark wirken und sich gegenseitig in ihrer Wirkung beeinflussen. Im Extremfall liegen Inhaltsstoffe mit sogar gegensätzlichen Wirkungen vor, welche in Abhängigkeit von anderen Bedingungen (z.B. physiologische Ausgangswerte) gegensätzliche Reaktionen auslösen. Z. B. wirkt Valeriana officinalis in niedrigen Dosen beruhigend, in hohen Dosen anregend; Bitterstoffe stimulieren in niedriger Dosis die Magensaftsekretion, welche durch hohe Dosen gehemmt wird.
Damit wird die Problematik von „hochgereinigten" Inhaltsstoffen oder Monosubstanzen deutlich (z.B. eine Dosis Koffein vs. Kaffee mit der gleichen Menge „Wirksubstanz"). Für manche Heilpflanze mit dokumentierter klinischer Wirkung sind die wirksamen Inhaltsstoffe noch gar nicht genau bekannt (z.B. Johanniskraut, Baldrian).
Neben der **Zubereitung** ist von gewisser Bedeutung auch die Art der **Applikation:** z.B. können verschiedene Inhaltsstoffe bei parenteraler oder oraler Medikation in quantitativ unterschiedlichen Verhältnissen zueinander aufgenommen werden. Im Gegensatz zu einer Therapie mit chemisch definierten Monosubstanzen können unterschiedliche Resorptionsverhältnisse also nicht einfach durch entsprechende Änderungen der Dosis ausgeglichen werden.

Wissenschaftliche Grundlagen — IV.2

Die klinische Anwendung erfolgte zunächst aufgrund langjähriger **Tradition** (z.B. Dioscurides, 1. Jhd. n. Chr.; Galen 129–199 n. Chr.; Kräuterbücher des ausgehenden Mittelalters). Die ursprüngliche **Arzneimittelfindung** mit den entsprechenden Indikationen ist historisch nicht eindeutig geklärt. Diskutiert werden empirische Vorgehensweisen, theoretische Konzepte wie die Signaturenlehre (z.B. Schöllkraut mit gelben Blüten und Milchsaft bei Galleerkrankungen, Walnuss bei Erkrankungen des Gehirns), manche Volksmedizinen beanspruchen aber auch Intuition oder „göttliche Eingebung" ihrer Autoren (z.B. Hildegard-Medizin; H. v. Bingen, gest. 1179). Inzwischen sind viele dieser alten Indikationen wissenschaftlich überprüft worden (mit unterschiedlichen Ergebnissen), und es wurden neue Indikationen herausgearbeitet.

Bei der tradierten Anwendung ergeben sich Schwierigkeiten insofern, als ältere **nosologische Systematiken** und Vorstellungen zur Pathophysiologie mit modernen Konzepten kaum verglichen werden können, oft bleibt es undeutlich, welche klinische Indikation in der alten Literatur exakt vorgelegen hat. Z. B. wurden Erkrankungen immer auch vor dem Hintergrund der individuellen „Konstitution" eines Patienten gesehen und diese Konstitution bei der Therapie mitberücksichtigt (s. Lerntext V.1: Konstitutionsmedizin). Insofern kann zwischen einer an Krankheit orientierten, **„nosotropen"** und einer an Personen (Patienten) orientierten, **personotropen Therapie** unterschieden werden. Moderne naturwissenschaftliche Pharmakotherapie arbeitet überwiegend nosotrop, unter diesem Gesichtspunkt wird Phytotherapie jetzt zunehmend auch Teil der sog. Schulmedizin. Als personotrope Therapie beansprucht Phytotherapie für sich aber auch Möglichkeiten einer **präventiven Behandlung** bei anlagemäßigen Schwächen, Anfälligkeiten und frühen Stadien einer somatischen Erkrankung (z.B. Beeinflussung einzelner Stoffwechselvorgänge, „vegetative Umstimmung", „allgemeine Abwehr" bei chronischer Infektneigung, „endokrine Stimulation" bei leichten hormonellen Dysbalancen). Damit soll das Risiko einer eventuellen Erkrankung reduziert werden.

Sollten z.B. bei der Therapie von Infektionskrankheiten vor Kenntnis der mikrobiellen Erreger die allgemeinen gesundheitlichen Bedingungen beeinflusst werden (das sog. Terrain oder die Konstitution eines Patienten), so wird heute vor allem der pathologische Erreger – auch mit Phytopharmaka – zu treffen versucht. Eine naturheilkundlich orientierte Phytotherapie hat aber Behandlungsversuche auch des „Terrains" nicht ganz aufgegeben.

Eine **wissenschaftliche Aufbereitung** (u.a. zur amtlichen Zulassung für den Verkehr mit Arzneimitteln) erfolgte im Zeitraum von 1978–1994 durch die Kommission E am ehemaligen Bundesgesundheitsamt, wobei neben kontrollierten klinischen Studien auch das wissenschaftlich aufbereitete Erfahrungsmaterial berücksichtigt wurde (z.B. Erfahrungsberichte in angesehenen Zeitschriften, Darstellungen in angesehenen Übersichtsartikeln, Hand- und Lehrbüchern). Unter Berücksichtigung dieser besonderen wissenschaftlichen Beurteilungen gehören Phytopharmaka im rechtlichen Sinne gemeinsam mit den Arzneimitteln der homöopathischen und der antroposophischen Medizin zu den **„Arzneimitteln der besonderen Therapierichtungen"**.

Neue Phytopharmaka unterscheiden sich zulassungstechnisch jedoch nicht von den chemisch definierten Arzneimitteln. Hier werden die gleichen wissenschaftlichen Nachweise für die pharmakologischen und toxikologischen Eigenschaften, Pharmakokinetik, Bioverfügbarkeit, Wirksamkeit und Verträglichkeit gefordert.

Zubereitung IV.3

Für die Herstellung von Phytopharmaka werden die ganze Pflanze (planta tota), die Blüte (flos), das Blatt (folium), die Wurzel (radix), die Frucht (fructus) und/oder der Samen (semen) genutzt. Es sind verschiedene Formen der Zubereitung möglich. Aus frischen Pflanzen werden **Presssäfte** hergestellt. Alle anderen Zubereitungen werden aus der getrockneten Pflanze (**Droge**) hergestellt. Bei **Extrakten** werden je nach Lösungsmittel unterschiedliche Inhaltsstoffe gewonnen (z.B. mehr in Wasser oder mehr in Alkohol lösliche Substanzen). Hochkonzentrierte **Trockenextrakte** sind heute die Basis der bekanntesten Phytopharmaka.

Beispiele der Zubereitung sind u.a.:

- **Frischpflanzen, Pflanzensäfte**
- **Drogen** als Pulver, Tabletten, Dragées oder verkapselt.
- **Teedrogen** (feiner geschnittene Drogen)
  Dekokte (Abkochungen)
  Infuse (Aufgüsse)
  Mazerate (Kaltwasserauszüge).
- **Tinkturen** = Drogenauszüge in Weinessig oder alkoholischer Lösung.
- **Fluidextrakte** = Drogenauszüge, bei denen ein Teil des Lösungsmittels verdampft wird.
- **Trockenextrakte** = Drogenauszüge mit organischem Lösungsmittel, welches anschließend vollständig entfernt wird (z.B. Sprüh- oder Gefriertrocknung).

Mit mehrstufigen Herstellungsverfahren können Stofffraktionen aus Pflanzen angereichert werden, welche mit den Substanzspektren der gesamten Pflanze nur noch wenig gemeinsam haben (gereinigte Extrakte und Spezialextrakte).

Damit wird deutlich, dass für einzelne Phytopharmaka aus der gleichen Arzneipflanze erheblich unterschiedliche quantitative und qualitative Ergebnisse möglich sind. Verantwortungsbewußte Phytotherapie hat sich also sehr mit der Zusammensetzung einzelner Zubereitungen zu beschäftigen. Häufig orientiert sie sich dabei an sog. Leitsubstanzen der Heilpflanze, die jedoch nicht immer für die klinische Wirksamkeit von Bedeutung sein müssen. Ein häufiger Mangel zweitklassiger Präparationen besteht darin, dass wirksamkeitsmitbestimmende Inhaltsstoffe im Vergleich zu gut geprüften und renommierten Präparaten erheblich **unterdosiert** sind. Therapeutische Systeme mit Pflanzeninhaltsstoffen nach anderer Aufbereitung (z. B. Homöopathie, antroposophische Medizin, Spagyrik) werden nicht als Phytotherapie gewertet.

! Merke: Mit unterschiedlichen Zubereitungen variieren die Inhaltsstoffe und die Leitsubstanzen pflanzlicher Heilmittel.

H00 !!

Frage 4.1: Lösung A

Ätherische Öle werden durch Wasserdampfdestillation aus Pflanzen gewonnen, im Unterschied zu fetten Ölen hinterlassen sie keine Fettflecken. In unterschiedlichem Ausmaß haben sie keimhemmende, entschäumende, durchblutungsfördernde, sekretolytische und krampflösende Wirkungen. Anis-, Eukalyptus- und Koniferenöle werden besonders bei Erkältungskrankheiten eingesetzt, Anis auch als Verdauungshilfe. Lavendel hat ausgleichende und beruhigende Wirkungen. Siehe Lerntext IV.4.
Aus Rizinus wird ein fettes Öl gewonnen, es dient als Gleitlaxans mit leichter Reizwirkung bei Obstipation.

H98 !!

Frage 4.2: Lösung B

Beispiele der Zubereitung zum Ziele der Herstellung von Phytopharmaka sind u. a.:

- Dekokte: Abkochungen mit Wasser
- Infuse: Aufgüsse mit kochendem Wasser
- Mazerate: Kaltwasserauszüge
- Fluidextrakte: Drogenauszüge, bei denen ein Teil des Lösungsmittel verdampft wird. Siehe Lerntext IV.3.

Zu **(B):** Die homöopatische Urtinktur wird unmittelbar aus der frisch geernteten Pflanze hergestellt. Siehe Lerntext VI.1.

Atemwegserkrankungen — **IV.4**

Eine symptomatische Verbesserung von Erkältungen und chronischer Bronchitis durch pflanzliche (Kombinations-) Präparate konnte durch etliche Studien gesichert werden. Zu den folgenden Arzneipflanzen bzw. deren Wirkprinzipien liegen experimentell gesicherte Erkenntnisse vor:
Mukolaginosa enthalten größere Mengen von Schleim in Form von Polysacchariden. Diese sollen sich wie ein Pflaster über Schleimhautläsionen der Atemwege legen, sodass damit die bloßliegenden Nervenenden abgedeckt werden und dadurch sowohl Hustenreiz als auch Halsschmerzen gelindert werden. Weiterhin wird spekuliert, dass nach enteraler Resorption auch Menge und Art des von den Bronchialdrüsen gebildeten Schleimes verändert werden soll. Besonders Zustände mit trockenem, unproduktiven und schmerzhaften Reizhusten werden durch Schleimdrogen günstig beeinflusst.
Für Atemwegserkrankungen anerkannte Schleimdrogen sind insbesondere **Spitzwegerichkraut, Malvenblüten** und **-blätter, Eibischblätter** und **-wurzel** und **Huflattichblätter** (letztere sind wegen karzinogener Inhaltsstoffe in Kritik gekommen). Flüssige Zubereitungen (insb. Tee) sind wegen des umfassenderen Kontakts zu den Schleimhäuten vorzuziehen.
Ätherisch-Öl-Drogen wie **Eukalyptusblätter, Fichtennadeln** bzw. **Fichtenspitzen, Kiefernnadeln** bzw. **Kiefernsprossen, Thymiankraut, Anisfrüchte, Fenchelfrüchte, Minze** und **Pfefferminze** (bzw. aus diesen gewonnene ätherische Öle) wirken sekretionsfördernd bzw. durch Anregung vorwiegend der serösen Bronchialdrüsen sekretolytisch, darüber hinaus antibakteriell (insbes. Thymian). Ätherisch-Öl-Drogen werden äußerlich (medizinische Bäder, Einreibungen, Inhalationen) oder innerlich (vor allem flüssige Zubereitungen) angewendet bei allen Formen von Erkältungskrankheiten. Bei Schnupfen wirken besonders Pfefferminze, Minze und Eukalyptus abschwellend und halten die Nasenwege offen.
Wegen der Gefahr eines **reflektorischen Atemstillstandes** (Kratschmer-Reflex) dürfen diese jedoch bei Säuglingen und Kleinkindern im Bereich des Mundes und der Nase nicht oder nur in sehr geringer Konzentration zur Anwendung gebracht werden.
Bei den **Saponindrogen** (z. B. **Schlüsselblume**) ist nicht geklärt, ob diese in vivo tatsächlich eine Änderung der Oberflächenspannung von Bronchialschleim bewirken. Möglicherweise spielt gerade bei der Schlüsselblume wie bei den Bitterstoffen eine **Reflexexpektoration** durch Reizung von Vagusästen im Magenbereich eine entscheidendere Rolle.

Weiterhin ist die **entzündungshemmende Wirkung** der **Kamille** bei Erkältungskrankheiten zur innerlichen oder inhalativen Anwendung belegt. **Linden-** und **Holunderblüten** sind wegen ihrer klinisch nachgewiesenen **diaphoretischen Wirkung** Bestandteil vieler bewährter Grippetees. Eine symptomatische Besserung kann eventuell über reflektorische Anregungen der Bronchialdrüsen erklärt werden. Eine Schwitzkur wirkt besonders bei beginnendem Fieber sehr wohltuend und verhindert einen zu hohen Temperaturanstieg.

! Merke: Für die Therapie von Atemwegserkrankungen stehen Phytopharmaka mit die Sekretion fördernden, sekretolytischen, abschwellenden, die Schleimhaut schützenden, desinfizierenden und hustendämpfenden Wirkungen zur Verfügung.

H00 **!!**

Frage 4.3: Lösung D

Unter (A) bis (C) und (E) werden sog. Reflexexpektoranzien aufgeführt, überwiegend werden eine von der magenschleimhaut reflektorisch verstärkte Sekretolyse und eine Anregung des mukoziliären Transportes diskutiert. Siehe Lerntext IV.4.
Johanniskraut enthält zwar einige Bitterstoffe mit pikantem Geschmack, es wird aber nicht als Hustenmittel eingesetzt, sondern als Mittel gegen leicht bis mittelschwere Depressionen und psychovegetative Beschwerden.

F97 **!!**

Frage 4.4: Lösung B

Zu **(B):** Senföl gehört nicht zu den ätherischen Ölen. Wegen sehr starker Haut- und Schleimhaut reizender Wirkungen wird es nur äußerlich angewendet, Brustwickel mit Senfmehl werden z.B. bei chronischen bronchitischen oder pleuritischen Erkrankungen eingesetzt.
Siehe Lerntext IV.4.

F00 **!!**

Frage 4.5: Lösung B

„Ableitungen" über den Darm sind als symptomatische Therapie bei akuter Erkältungskrankheit mit der Symptomatik starker Kongestionen im Bereich des Kopfes durchaus sinnvoll, Einlaufbehandlungen erscheinen dann aber sehr viel besser geeignet als eine orale Medikation mit Abführmitteln. Ähnlich können heiße Fußbäder – auch mit Senfmehl – Erleichterung verschaffen. Heiße Kopfdämpfe sind vor allem bei chronisch-infektiösen Prozessen indiziert, bei akuten Erkrankungen beinhalten sie das Risiko einer Anregung des Prozesses. Möglichkeiten einer Prophylaxe mit Echinacea-Extrakten sind noch nicht sehr gut belegt, nach Ausbruch der Erkrankung kann eine Therapie mit Reizkörpern das Krankheitsbild verstärken. Nasenspülungen mit einer Salzlösung (nicht mit Leitungswasser!) haben sich als präventive Maßnahme bei chronischer Infektanfälligkeit gut bewährt. Sennesblätter werden bei akuter Obstipation eingesetzt.
Siehe Lerntext IV.5.

H98 **!**

Frage 4.6: Lösung D

Capsaicin wird als äußerlich wirksames Schmerzmittel mit reflektorischen Wirkungen in die Körpertiefe eingesetzt. Günstige Wirkungen bei Bronchiektasen wurden durch keine ausreichend renommierte Studie belegt.

Magen- und Darm-Erkrankungen — IV.5

Amara (Bittermittel) lösen durch Reizung von Mund-, Rachen- und Magenrezeptoren eine Sekretion sämtlicher **Verdauungssäfte** in Magen, Galle und Pankreas aus. Sie werden daher bei Appetitmangel und dyspeptischen Zuständen angewendet. Durch die vollständigere Zerlegung und Resorption von Nahrungsbestandteilen wird pathologischen Gär- und Fäulnisprozessen das Substrat entzogen, sodass sie auch indirekt blähungsvorbeugend wirken.
Amara werden in bittere, scharfe und aromatische unterteilt. Zu den ersteren zählen **Wermutkraut, Enzianwurzel** und **Tausendgüldenkraut; Ingwer** ist ein scharfes Amarum; zu den Aromatika zählen u.a. **Angelikawurzel, Schafgarbe, Condurangorinde, Benediktenkraut**.
Karminativa wirken verdauungsfördernd. Für Karminativa (Digestiva) ist am isolierten Darmmuskel eine krampflösende Wirkung durch die ätherischen Öle nachgewiesen. Ob allerdings diese in vivo ausschlaggebend ist, ober ob wie bei den o.g. Amara eine vollständigere Verdauung erfolgt, oder ob durch eine Verringerung der Oberflächenspannung eine entschäumende Wirkung zu einem leichteren Abgang von Blähungen führt, ist derzeit nicht geklärt. Die Wirksamkeit magensaftresistenter Kapseln mit hochdosiertem Pfefferminzöl ist sogar bei ausgeprägtem Reizdarm-Syndrom belegt.
Karminativa im eigentlichen Sinne sind insbesondere **Kümmel, Fenchel, Anis** sowie **Pfefferminze**. Pfefferminze wirkt jedoch auch antiemetisch und wird bei akuten Magenverstimmungen eingesetzt. Der Hauptwirkstoff Menthol der

Pfefferminze und seine Metaboliten reichern sich hochgradig im enterohepatischen Kreislauf an, was die Wirksamkeit bei Gallenwegsdyskinesien erklärt.

Digestiva im weiteren Sinne (zur Behandlung funktioneller Störungen des Gastrointestinaltrakts) mit anderen Wirkmechanismen sind neben o.g. Bitterstoffen: **Schafgarbe, Pomeranzenschale, Boldoblätter, Kardamom, Mariendistel, Schöllkraut, Chinarinde, Zimtrinde, Gelbwurz, Artischockenblätter, Wacholderbeeren, Melissenblätter, Rosmarinblätter, Löwenzahn** und **Kamille**.

Bei **entzündlichen Veränderungen** im Bereich des Magens (Gastritis, Vorbeugung gegen Ulkusrezidiv) wird nach wie vor die **Kamille** eingesetzt, ebenfalls entzündungshemmend wirkt **Süßholzwurzel**. Als spezifisches **Antiemetikum** ist **Ingwer** bei der Reisekrankheit wirksam, jedoch nicht bei Schwangerschaftserbrechen.

Bei akuter **Obstipation** werden stimulierende pflanzliche Drogen eingesetzt. Wirksamkeitsbestimmende Inhaltsstoffe sind die **Anthranoide** (früher nannte man die Gruppe Anthrachinondrogen): **Sennesblätter** und **-früchte, Aloe, Faulbaumrinde, Kreuzdornbeeren** und **medizinischer Rhabarber**). Wegen ihrer unerwünschten Wirkungen (Förderung der Darmträgheit, Kaliumverlust, Pseudomelanosis coli) und mutagenen Eigenschaften wird heute die Anwendungsdauer begrenzt.

Zur langfristigen Behandlung kommen pflanzliche **Ballaststoffe** (Leinsamen) und **Quellstoffe** (Apfelpektin, Flohsamen) zum Einsatz. Diese können das bis zu 20fache Wasservolumen unter Bildung eines Gels binden. Daher muss nach Einnahme für eine entsprechende Trinkmenge gesorgt werden. Das Gel passiert den Darm, bindet dabei Cholesterin, Zucker und Gallensäuren (wirkt somit für diese und weitere Stoffe resorptionsvermindernd bzw. -verzögernd); daher werden diese Quellstoffe auch bei Hyperlipoproteinämien und bei leichten Formen von Diabetes mellitus eingesetzt. Im Colon spalten Bakterien die Polysaccharidketten, wobei das Gel zerfällt und Wasser freigesetzt wird. Die abführende Wirkung ist somit ähnlich wie bei einem Einlauf. Auch bei jahrelangem Dauergebrauch sind keinerlei unerwünschte Nebenwirkungen bekannt geworden. **Quellmittel** wie **Indischer Flohsamen** können umgekehrt durch die absorbierenden Eigenschaften auch bei **Diarrhöe** eingesetzt werden. Auch die in der Phytotherapie vorrangig genannten **Heidelbeerblätter** enthalten neben ihren adstringierenden Gerbstoffen Pektine. Weitere (eher schwach wirksame) Antidiarrhoika sind **Kaffeekohle, Frauenmantelkraut, Eichenrinde** und **Tormentillwurzel.**

Lebertherapeutika wie hochangereicherte Extrakte der **Mariendistel** sind trotz umfangreicher experimenteller Absicherung (genau wie chemische Lebertherapeutika) für das Indikationsgebiet „ethanolische Lebererkrankungen" umstritten. Wegen fehlender Nebenwirkungen scheinen Extrakte aus der Mariendistel gegenüber chemischen Alternativen jedoch vorteilhaft. Anerkannt hingegen ist die Anwendung bei Knollenblätterpilz-Intoxikationen. Weitere Gallenwegstherapeutika sind **javanische Gelbwurz, Artischocke** und **Löwenzahn**. Die o.g. Bitterstoffe und Digestiva wirken auch **cholagog** (galletreibend) und/oder **choleretisch** (Gallesekretion fördernd). Der genaue klinisch relevante Wirkmechanismus ist überwiegend noch nicht geklärt.

! Merke: Für die Therapie von Magen- und Darm-Erkrankungen stehen Phytopharmaka mit anregenden Wirkungen auf die Verdauungsfunktionen, mit karminativen, mit digestiven, mit entzündungshemmenden, mit antidiarrhoischen und mit abführenden Wirkungen zur Verfügung.

F00 !

Frage 4.7: Lösung D

In der Phytotherapie werden einfache Bittermittel (Amara pura, z.B. Enzian und Tausendgüldenkraut), ätherische Bittermittel (Amara aromatica, z.B. Pomeranzenschale, Wermutkraut), adstringierende Bittermittel (Amara adstringentia, z.B. Chinarinde) und Bittermittel mit Scharfstoffen (Amara acria, neben Ingwer auch Galant) unterschieden. Sie werden als Tonika eingesetzt, typische Indikationen sind Appetitlosigkeit und Verdauungsstörungen.

Siehe Lerntext IV.5.

H96 !

Frage 4.8: Lösung E

Präparate aus Faulbaumrinde gehören zusammen mit Präparaten aus Rhabarberwurzel, Cascararinde, Sennesfrüchten und -blätter sowie aus verschiedenen Aloe-Pflanzen (verschiedene Arten der Zubereitung) zu den so genannten Anthranoiddrogen. Es handelt sich um stimulierende Laxanzien mit Anregungen auf die Motorik und die intestinale Sekretion von Elektrolyten und Wasser. Hieraus ergeben sich die eventuellen unerwünschten Wirkungen

mit kolikartigen Schmerzen bei Überempfindlichkeit und Hypokaliämie bei extremem Laxanzienabusus. Typische Quellstoffe sind Agar-Agar, Flohsamen und Flohsamenschalen sowie Karaya. Ballaststoffe sind Leinsamen und Weizenkleie.
Siehe Lerntext IV.4; IV.5; IV.6.

F94 !!

Frage 4.9: Lösung D

Verschiedene Flavone aus der Mariendistel haben stabilisierende Wirkungen auf die Leberzellmembran. Hierdurch werden Leberzellen vor verschiedenen Lebergiften (z. B. Phalloidin des Knollenblätterpilzes) geschützt.
Als klinische Indikationen einer Phytotherapie mit Mariendistel gelten dyspeptische Beschwerden (choleretische Wirkungen), toxische Lebererkrankungen und eine unterstützende Behandlung der chronisch-entzündlichen Lebererkrankung und Leberzirrhose.
Siehe Lerntext IV.5.

F98 !

Frage 4.10: Lösung D

Für Anis sind in vitro spasmolytische und antibakterielle Wirkungen nachgewiesen. Pfefferminzöl hat am Darmtrakt überwiegend spasmolytische Wirkungen. Kümmel wirkt vor allem karminativ mit günstigen Wirkungen auf die Flatulenz. Kamille wirkt am Magen-Darmtrakt spasmolytisch und antiphlogistisch. Maiglöckchen werden wegen ihrer Digitalisglykoside bei leichten Formen der Herzinsuffizienz eingesetzt.

F98 !

Frage 4.11: Lösung C

Amara (Bittermittel) lösen durch Reizung von Mund-, Rachen- und Magenrezeptoren eine Sekretion sämtlicher Verdauungssäfte in Magen, Galle und Pankreas aus. Sie werden daher bei **Appetitmangel** und **dyspeptischen Zuständen** angewendet.
Amara werden in bittere, scharfe und aromatische unterteilt. Zu den ersteren zählen **Wermutkraut, Enzianwurzel** und **Tausendgüldenkraut, Ingwer** ist ein scharfes Amarum; zu den Aromatika zählen u. a. **Angelikawurzel, Schafgarbe, Condurangorinde** und **Benediktenkraut**.
Digestiva im weiteren Sinne (zur Behandlung funktioneller Störungen des Gastrointestinaltrakts) mit anderen Wirkmechanismen sind neben o. g. Bitterstoffen:
Schafgarbe, Pomeranzenschale, Boldoblätter, Kardamom, Mariendistel, Schöllkraut, Chinarinde, Zimtrinde, Gelbwurz, Curcuma, Artischockenblätter, Wacholderbeeren, Melissenblätter, Rosmarinblätter, Löwenzahn und Kamille.
Siehe auch Lerntext IV.5.
Zu **(C): Johanniskraut** ist eine primär antidepressiv wirksame Heilpflanze.

F99 !

Frage 4.12: Lösung D

Ipecacuanha wird als Brechmittel eingesetzt, über die Magenschleimhaut fördert es reflektorisch die Bronchialsekretion, damit dient es auch als Expektoranz.
Leinsamen gehört als Abführmittel in die Gruppe von Ballaststoffen, Flohsamen ist ein Quellmittel, Sennesblätter und Faulbaumrinde hemmen die Resorption von Elektrolyten und Wasser im Dickdarm.
Siehe Lerntext IV.5.

Herz und Gefäßsystem — IV.6

Digitaloiddrogen wie **Adoniskraut, Oleander, Maiglöckchen und Scilla** enthalten Herzglykosidgemische, die sich nur bezüglich der Kinetik von den üblichen Reinglykosiden unterscheiden. Wegen der nur durch biologische Verfahren einstellbaren Wirkstärke ist die hochdosierte Anwendung bei Herzinsuffizienz heute weitgehend obsolet, als Indikationen wurden in den damaligen Monographien des BGA (jetzt Bundesinstitut für Arzneimittel und Medizinprodukte) Herzbeschwerden mit nervöser Begleitsymptomatik angegeben (s. Lerntext IV.2). Für einige Kombinationspräparate gilt eine kreislaufstabilisierende Wirksamkeit als nachgewiesen, die möglicherweise auch auf andere Inhaltsstoffe als Flavonoide zurückzuführen ist.
Bestandteile des **Weißdorn** (Blätter, Blüten, Beeren) werden als das Herz stärkende Mittel bei Herzinsuffizienz eingesetzt. Für einige standardisierte Extrakt-Zubereitungen wurde die Wirksamkeit bei Herzinsuffizienz NYHA II belegt, die sich vor allem in einer Zunahme der körperlichen Leistungsfähigkeit mittels Ergometrie nachweisen lässt. Pharmakologisch ist eine positiv inotrope und vasodilatierende Wirkung nachgewiesen, die vor allem auf Flavonoide und oligomere Procyanidine zurückgeführt wird.
Knoblauch wird als vorbeugendes Mittel gegen **Arteriosklerose** eingesetzt. Für hochdosierte Knoblauchtrockenpulverpräparate (ca. 2 g pro Tag) konnte eine Senkung der Triglyceride bei Patienten mit **Hyperlipoproteinämie** nachgewiesen werden. Möglicherweise spielt eine thrombozytenaggregationshemmende und fibrinolytische Wirkung ebenfalls eine Rolle. Beim Vergleich verschiedener Zubereitungen kommt es auf den Gehalt an **Allicin** oder **Alliin** an, da diese bzw. deren Metabolite als wirksamkeits-

bestimmend gelten. Bei der genannten Dosierung sind Geruchsbelästigungen durch Ausscheidung von Metaboliten durch Atmung und Haut nicht zu vermeiden.
Ginkgo biloba wird vor allem als hochkonzentrierter Spezialextrakt 50:1 (bei dem also nur 2% der in der Pflanze enthaltenen Stoffe verwendet werden) in der Therapie demenzieller Syndrome, der peripheren arteriellen Verschluss-Krankheit und bei Schwindel sowie Tinnitus vaskulärer und involutiver Genese eingesetzt. Ginkgo biloba verbessert den cerebralen Energiestoffwechsel, es sind günstige Wirkungen auf Neurotransmittersysteme sowie Radikalfängereigenschaften nachgewiesen worden. Angesichts fehlender relevanter Nebenwirkungen wird das Mittel vor allem bei leichteren Durchblutungsstörungen den chemisch definierten Alternativen vorgezogen.
Samen der **Rosskastanie** enthält vor allem das antiödematös wirksame (gefäßabdichtende) Flavonoid **Aescin**. Zur Erreichung klinisch nachweisbarer Effekte bei Patienten mit chronisch **venöser Insuffizienz** scheinen hohe orale Dosierungen notwendig, welche zur besseren Verträglichkeit in Form spezieller galenischer Extraktzubereitungen (magensaftresistent bzw. retardiert) angeboten werden. Die Wirksamkeit der äußerlichen Anwendung ist nicht überzeugend belegt. Weitere Venenmittel sind der cumarinhaltige **Steinklee** und **Mäusedorn**.

! Merke: Bei Herz-/Kreislauferkrankungen stehen Phytopharmaka zur Therapie von leichten Formen der Herzinsuffizienz, von zentralen und peripheren Durchblutungsstörungen, von Störungen des Lipidstoffwechsels und von Beschwerden bei venöser Insuffizienz und postthrombotischem Syndrom zur Verfügung.

F96 !

Frage 4.13: Lösung E

Alliin und das hieraus gebildete Allicin gelten als die wichtigsten wirksamen Inhaltsstoffe des Knoblauch, es handelt sich um schwefelhaltige Verbindungen. Einzelne Wirkungen werden im Lerntext IV.6 genannt. Die traditionelle Anwendung betrifft die Prävention von Arteriosklerose, Störungen von Blutfettwerten und Verdauungsbeschwerden.

H95 !

Frage 4.14: Lösung B

Die damalige Kommission E des Bundesgesundheitsamtes (jetzt Bundesinstitut für Arzneimittel und Medizinprodukte) hat aufgrund der vorhandenen Literatur und Grundlagenforschung u.a. folgende Indikationen für Ginkgo-biloba-Präparate zugelassen:
Zur symptomatischen Behandlung von hirnorganisch bedingten Leistungsstörungen im Rahmen eines therapeutischen Gesamtkonzeptes bei demenziellen Syndromen mit der Leitsymptomatik: Gedächtnisstörungen, Konzentrationsstörungen, depressive Verstimmungen, Schwindel, Ohrensausen, Kopfschmerzen.
Weitere Indikationen betreffen die periphere arterielle Verschlusskrankheit und Schwindel sowie Tinnitus vaskulärer und involutiver Genese.
Siehe Lerntext IV.6.

H96 !

Frage 4.15: Lösung A

Die wirksamen Bestandteile des aus dem Samen gewonnenen Extraktes sind Triterpenglykoside des Aescin, diese haben gefäßabdichtende, antiödematöse Wirkungen. Die wichtigsten Indikationen betreffen subjektive Beschwerden bei varikösem Symptomenkomplex wie z.B. Spannungs- und Schweregefühl, Schmerzhaftigkeiten und Juckreiz. Traditionelle Anwendung auch als „Konstitutionsmittel" bei Hämorrhoidalbeschwerden und kongestiver Prostatahypertrophie.
Siehe Lerntext IV.6.

F98

Frage 4.16: Lösung B

Leitsubstanzen zur Prüfung der pharmazeutischen Qualität von Weißdorn sind die Flavonoide und oligomeren Procyanide. Digitaloide sind von keiner Bedeutung, damit bestehen auch nicht die bekannten Kontraindikationen gegen diese Stoffgruppe.
Siehe Lerntext IV.6.

Niere und ableitende Harnwege — IV.7

Eine Reihe von Arzneipflanzen wirkt anregend auf die Nierenfunktion. Da hierbei vor allem ein vermehrtes Harnvolumen bei unveränderter Elektrolyausscheidung erreicht wird (d.h. ein „dünnerer Urin") wird zur Abgrenzung gegenüber den chemisch definierten Diuretika (Saluretika) der Begriff **Aquaretika** benutzt. Die vermehrte Ausscheidung wird als so genannte Durchspülungstherapie mit vermehrter Trinkmenge (2–3 l pro Tag) bei entzündlich-infektiösen Erkrankungen der ableitenden Harnwege

und zur Vorbeugung von Steinbildung eingesetzt. Eine Durchspülungstherapie ist wegen Dekompensationsgefahr **kontraindiziert bei schwerer Herz- und Niereninsuffizienz**.
Früher wurden allerdings angesichts fehlender chemischer Alternativen Aquaretika auch zur Ausschwemmung von nieren- oder herzbedingten Ödemen eingesetzt. Die aquaretische Wirkung von **Birkenblätter, Orthosiphon** und **Hauhechel** wird wahrscheinlich über Flavonoide vermittelt. **Petersilienblätter** enthalten daneben das nierenreizende Apiol, aus diesem Grunde sollen sie nur kurmäßig über höchstens einige Wochen angewendet werden. **Schachtelhalm** (Syn. Zinnkraut) wirkt vermutlich über die reichlich enthaltene Kieselsäure, die Wirkprinzipien des **Brennesselkrautes** sind noch nicht geklärt.
Bärentraubenblätter sind als **Harndesinfizienz** Bestandteil zahlreicher Nieren- und Blasentees. Der Inhaltsstoff Arbutin wird zu Hydrochinon metabolisiert, welches in vitro im alkalischen Milieu deutlich bakteriostatisch wirkt. Obwohl eine gute Wirksamkeit von entsprechenden Nieren- und Blasentees belegt ist, könnte diese eher auf die Durchspülungs-Effekte der beteiligten Aquaretika zurückzuführen sein, da bei den meisten Rezepturen die Bärentraubenblätter wegen schlechten Geschmacks und schlechter Magenverträglichkeit stark unterdosiert erscheinen und überdies die Notwendigkeit einer Alkalisierung des Harns in vivo völlig ungeklärt und umstritten ist. Neuerdings ist wegen mutagener Eigenschaften der Metaboliten des Hydrochinon die bislang positive Monographie des BGA zurückgezogen werden.

F97 **!**

Frage 4.17: Lösung C

Zu **(C):** Die Blätter der Bärentraube enthalten Hydrochinonderivate, aus den Ausscheidungsprodukten wird im alkalischen Harn **Hydrochinon** freigesetzt, das **bakteriostatisch** wirkt.
Zu **(A):** Baldrian ist ein bewährtes Beruhigungs- und schlafförderndes Mittel.
Zu **(B):** Eschscholtzienkraut (Kalifornischer Mohn) wird zur Behandlung von Schlafstörungen und nervöser Übererregbarkeit eingesetzt.
Zu **(D):** Johanniskraut ist ein inzwischen gut untersuchtes Antidepressivum.
Zu **(E):** Faulbaumrinde ist ein seit langem bewährtes Abführmittel.
Siehe Lerntext IV.5; IV.7; IV.11.

Benigne Prostatahypertrophie — IV.8

Klinische Studien geben Hinweise auf eine symptomlindernde Wirkung (Besserung des Flow und Senkung des Restharns) von **Sägepalmenfrüchten, Kürbissamen** und **Brennesselwurzeln**. Die Wirkung wird durch entzündungshemmende sowie durch den Sexualhormonstoffwechsel beeinflussende Mechanismen erklärt. Durch die Behandlung mit Phytopharmaka dürfen aber niemals die notwendige Kontrolle und die bei Entartung erforderlichen operativen Maßnahmen aus den Augen verloren werden.

F99 **!**

Frage 4.18: Lösung B

Verschiedene klinische Studien weisen für den Gebrauch der Zwergsägepalme auf eine klinische Besserung irritativer und obstruktiver Symptome bei Prostatopathie hin, die klinische Relevanz dieser Befunde wird unterschiedlich beurteilt.
Die Traubensilberkerze wird bei gynäkologischen Beschwerden (Klimakterium neurovegetative und psychische Störungen bei der Menstruation) eingesetzt. Mariendistel wird mit unterschiedlichen Indikationen in der Hepatologie angewendet, Mönchspfeffer dient zur Therapie prämenstrueller Beschwerden zur Einreibung und Mastodynie. Blätter des Lebensbaums werden zur Einreibung bei rheumatischen Erkrankungen und Erkrankungen der Weichteile eingesetzt.

Erkrankungen des Endokriniums — IV.9

Mönchspfeffer wurde früher bei allen möglichen Hormondysbalancen und Regelstörungen der Frau angewendet. Heute geht man aufgrund pharmakologischer und klinischer Ergebnisse von einer **prolaktinsenkenden Wirkung** aus, die um so deutlicher ausgeprägt ist, je mehr eine Hyperprolaktinämie besteht.
Wolfstrappkraut soll antigonadotrop, prolaktinsenkend und antithyreotrop wirken und wird bei leichter **Schilddrüsenüberfunktion** und **Mastodynie** eingesetzt.

H94 **!**

Frage 4.19: Lösung B

Vitex agnus-castus (Mönchspfeffer) besitzt Prolaktin senkende Effekte, vor allem bei Patientinnen mit Hyperprolaktinämie. Daher kann ein Behandlungsversuch bei Mastodynie oder bei prämenstruellem Syndrom sinnvoll sein (siehe Lerntext IV.9).
Mariendistel wird in der Hepatologie angewendet, Senegawurzel und Rettich bei Erkrankungen der Atemwege. Wacholder dient als Harndesinfizienz und Digestivum.

Immunsystem **IV.10**

Pflanzliche Immunstimulantien bzw. Immunmodulatoren wie **Roter Sonnenhut** (Echinacea purpurea), **Taigawurzel, Ginseng** und **Mistel** können vor allem bei parenteraler Gabe, schwächer auch bei hochdosierter oraler Gabe **Immunparameter** beeinflussen, beispielsweise die T-Helferzellzahlen erhöhen. Leider stehen klinische Studien aus, welche die Senkung der Infektionshäufigkeit belegen. Es ist daher verständlich, dass insbesondere die Frage der Anwendungsdauer umstritten ist. Bei beginnenden Atemwegsinfekten gibt es einzelne Studien, die eine Verminderung von Erkrankungsdauer und -schwere zeigen.

F00 !

Frage 4.20: Lösung E

Möglichkeiten einer Immunstimulation bzw. -modulation mit Phytotherapeutika sind noch nicht endgültig abgeklärt. Präparate aus der Weide haben antiphlogistische und eher immunsuppressive Wirkungen, als Immunstimulanz sind sie noch nicht eingesetzt worden.

Erkrankungen des Nervensystems **IV.11**

Pflanzliche Sedativa wie **Baldrian, Hopfen, Melisse** und **Passionsblume** werden als **Beruhigungsmittel** und als (Ein-)**Schlafmittel** gerne angewendet, da keinerlei Abhängigkeitsgefahr und keine relevanten Nebenwirkungen zu befürchten sind. Im Gegensatz zu chemisch definierten Sedativa tritt auch bei Überdosierung kein narkotischer Effekt ein; es wird also lediglich die Schlafbereitschaft gefördert. Hieraus ergibt sich eine Indikation bei Unruhezuständen und/oder nervös bedingten Einschlafstörungen.
Johanniskraut wirkt besonders anregend und stimmungsaufhellend, es wird daher bei leichten bis mittelschweren depressiven Verstimmungen angewendet. In neueren Studien konnte die antidepressive Wirkung sogar im Vergleich zu chemisch definierten Antidepressiva bestätigt werden. Als Nebenwirkung wird lediglich über eine mögliche Photosensibilierung diskutiert.

! Merke: Für die Therapie von Erkrankungen des Nervensystems stehen pflanzliche Sedativa, Anxiolytika und Antidepressiva zur Verfügung. Ginkgo biloba – Präparate werden als Antidementiva eingesetzt.

F95 !

Frage 4.21: Lösung B

Mehrere kontrollierte Therapiestudien, unter Berücksichtigung der modernen wissenschaftlichen Anforderungen, haben den antidepressiven Effekt von Johanniskraut eindeutig belegt. In der Regel ist mit einem Erfolg bei 70–80% der Behandelten zu rechnen, für eine endgültige Beurteilung sind aber Behandlungszeiträume von 4–6 Wochen notwendig. Wichtig ist, dass Johanniskraut ausreichend hoch dosiert wird.
Siehe Lerntext IV.11.

H97 !

Frage 4.22: Lösung B

Hopfen, Melisse, Baldrian und Kava-Kava sind typische Beruhigungsmittel mit schlaffördernder Wirkung. Bei Kava-Kava werden auch Wirkungen im Sinne einer Anxiolyse beschrieben.
Die Ringelblume (Calendula) wird wegen ihrer wundheilungs- und granulationsfördernden, entzündungshemmenden Wirkung bei entzündlichen Hauterkrankungen benutzt.
Siehe Lerntexte IV.11 und IV.12.

F98

Frage 4.23: Lösung B

Es handelt sich um das am besten wirksame Phytotherapeutikum für diese Indikationen, sehr seltene Nebenwirkungen äußern sich als Magen-Darm-Beschwerden oder in allergischen Hautreaktionen.

Hauterkrankungen **IV.12**

Die **Ringelblume** wird äußerlich zur Förderung der **Wundheilung** eingesetzt.
Eichenrinde wird äußerlich als Zusatz zu Bädern und Wickeln wegen der adstringierenden Wirkungen ihrer Gerbstoffe vor allem bei **nässenden Ekzemen** eingesetzt. **Kamillenblüten** werden wegen der entzündungshemmenden Wirkung vor allem bei **entzündlichen Hauterkrankungen** in Form entsprechender Zubereitungen zur äußerlichen Anwendung gebracht. Hamamelis-Destillat wirkt entzündungshemmend und adstringierend bei äußerlicher Anwendung.
Zur äußerlichen Wundheilung werden ferner verwendet: **Sonnenhut, Steinklee, Beinwell** und **Bockshorn**. Zur innerlichen Anwendung bei Neurodermitis werden neuerdings γ-Linolensäure-haltige Öle der **Nachtkerze** empfohlen.

Stumpfe Traumen IV.13

Bergwohlverleih (Arnica montana) kommt wegen seiner ausgeprägten entzündungshemmenden Wirkung der Sesquiterpenlactone in Form von Salben oder Gels bei stumpfen Traumen und **Sportverletzungen** zum Einsatz. Eine Tinktur darf wegen Gefahr von Gewebsnekrosen und nachfolgender Allergisierung nur verdünnt (mit Wasser 1:10) zur Anwendung gebracht werden. Ebenso darf **Arnika** nicht mit offenen Wunden in Berührung gebracht werden.

H97 !

Frage 4.24: Lösung C

Arnika wird wegen seiner antiphlogistischen und antiödematösen Wirkung bei stumpfen Traumen, Hämatomen und Sportverletzungen eingesetzt. Eichenrinde wird in der Dermatologie als Adstringens benutzt. Bärentraubenblättertee dient zur Therapie entzündlicher Erkrankungen der ableitenden Harnwege. Präparate aus dem Roten Sonnenhut werden zur unterstützenden Behandlung bei rezidivierenden Infekten im Bereich der Atemwege und der ableitenden Harnwege eingesetzt. Mönchspfeffer dient zur Behandlung prämenstrueller Beschwerden und von Mastodynie.

Stütz- und Bewegungsapparat IV.14

Der Wirkstoff des **spanischen Pfeffers** Capsaicin wirkt bei äußerlicher Anwendung stark reizend bzw. durchblutungsfördernd. Dabei bewirkt das Capsaicin eine Freisetzung des Entzündungsmediators Substanz P aus den terminalen Vesikeln der schmerzleitenden C-Fasern. Bei wiederholter Anwendung wird wegen Verarmung an Substanz P die Reaktion erheblich schwächer. Nach der Anwendung wird eine analgetische Wirkung im Oberflächenbereich erreicht, darüber hinaus sind reflektorische Wirkungen auf tiefer gelegene Strukturen wahrscheinlich. Insgesamt werden Capsaicin-Salben bei verschiedenen rheumatischen Erkrankungen eingesetzt.
Rosmarinöl wirkt ähnlich wie andere ätherische Öle (**Eukalyptusöl, Fichtennadelöl, Kiefernnadelöl**, Terpentinöl) leicht hautreizend und hyperämisierend. Auch die durch **Kampfer-, Heublumen**kompressen, **Senf**breiumschläge erzeugte Hyperämisierung wirkt über reflektorische Mechanismen schmerzlindernd und muskelentspannend.
Innerlich werden nieren- und darmanregende Arzneipflanzen als sog. Antidyskratica („Säftereinigungsmittel") eingesetzt: **Brennessel** und **Birkenblätter** wurden laut Monographie zur „unterstützenden Behandlung rheumatischer Beschwerden" zugelassen.
Zubereitungen der südafrikanischen **Teufelskrallenwurzel** wirken nach innerlicher Anwendung entzündungshemmend und analgetisch.

F98 !

Frage 4.25: Lösung B

Senf gehört zu den sogenannten Rubefacienta, Wirksubstanz ist das Senföl. Typischerweise werden gemahlene Senfkörner verwendet, es werden Senf-Pflaster, -Wickel und -Bäder durchgeführt.

F98

Frage 4.26: Lösung C

Eine kühlende Behandlung bei Distorsionen ist häufig sinnvoll. Heublumen werden in gedämpfter Form, aber als heiße Auflage bei degenerativen rheumatischen Beschwerden eingesetzt.

Unerwünschte Wirkungen IV.15

Allgemein gilt, dass in der modernen Phytotherapie vor allem Arzneipflanzen verwendet werden, die eine **große therapeutische Breite** und ein **günstiges Nebenwirkungsprofil** besitzen (d.h. es sind keine oder nur wenig bedrohliche Nebenwirkungen bekannt). Angesichts des häufig geringen Indikationsanspruches könnten schwere Risiken allerdings auch nicht akzeptiert werden.
Trotz der zahlreichen Inhaltsstoffe einer Arzneipflanze, von denen viele als Reinsubstanzen eine Sensibilisierungspotenz haben dürften, ist bei der praktischen externen oder oralen Anwendung eine **Sensibilisierung** oder **Allergisierung** äußerst selten. Die bekannten Fälle von Allergisierung sind am ehesten bei Personen festgestellt worden, die bei der Ernte, Lagerung usw. intensiv mit frischer Arzneipflanze äußerlich bzw. mit Drogenstaub inhalativ in Berührung kommen. Auch durch Fehlgebrauch wie beispielsweise die unverdünnte Anwendung von Arnikatinktur sollen Allergisierungen häufig verursacht werden, während bei den im Handel befindlichen Arnikasalben und -gels nur in Einzelfällen Allergisierungen auf Arnika selbst zurückgeführt werden konnten.
Bei **parenteraler Verabreichung** besteht jedoch grundsätzlich ein Risiko der **anaphylaktischen Reaktion** deren mitunter tödliche Folgen in der Nutzen-Risiko-Bewertung so schwer wiegen, dass man zunehmend die parenterale Gabe als obsolet einstuft, zumal ein Vorteil gegenüber oraler Gabe bei chronischen Erkrankungen nicht gesehen wird.
Bei den zahllosen Inhaltsstoffen einer Pflanze verwundert es nicht, wenn einige durch **mutagene Eigenschaften** im Ames-Test auffallen

(Prüfung auf Rückmutation von Bakterien-Mutanten in vitro). Schließlich entwickelt der pflanzliche Organismus ja sogar gezielt Wirkprinzipien gegen Mikroorganismen. Ein Teil der mutagenen Substanzen ist allerdings auch im Säugetierzelltest positiv, einige sind sogar am Tiermodell kanzerogen. Allerdings ist beispielsweise beim **Huflattich** der Anteil kanzerogener Pyrrolizidinalkaloide im ppm-Bereich, sodass sich das mit der Reinsubstanz erzielte Ergebnis mit einem Gesamtauszug nicht reproduzieren ließe. Im Gesamtauszug einer Pflanze sind mit hoher Wahrscheinlichkeit gleichzeitig auch antikanzerogene Substanzen enthalten, sodass eine Bewertung nicht zu kritisch erfolgen sollte (auch unter dem Gesichtspunkt, dass wir ähnliche Stoffe mit dem Gemüse der Ernährung in quantitativ erheblich höheren Mengen einnehmen).
Neben den pflanzenspezifischen **Kontraindikationen** ist allgemein zu beachten, dass bei akuten und schweren Erkrankungen infolge der sanften protrahiert einsetzenden Wirkung von Phytopharmaka diese gegenüber akut wirkenden chemischen Alternativen im Nachteil sind. Aus Vorsichtsgründen wurden bei vielen Monographien der früheren Kommission E stärkere Schweregrade einer Erkrankung unter „Gegenindikationen" genannt, um die ungenügende Wirkung bei stärker ausgeprägter Erkrankung besonders hervorzuheben.

! Merke: Die Rate und der Schweregrad unerwünschter Wirkungen von Phytopharmaka sind gering. Neben chemischen Wirkungen sind sicher auch psychische Wirkungen für den Behandlungserfolg bedeutsam.

H97

Frage 4.27: Lösung A

Bei der Anwendung von „Erkältungsmitteln" mit Menthol besteht bei Säuglingen oder Kleinkindern (ca. bis zum 2. Lebensjahr) die Gefahr eines Atemstillstandes. Entsprechende Inhalationen oder die Applikation von Salben im Bereich des Gesichtes sind daher kontraindiziert.
Bei Patienten mit myokardialer Insuffizienz hat Weißdorn positiv inotrope und peripher vasodilatatorische Wirkungen. Eine klinisch relevante Sinustachykardie als unerwünschte Wirkung ist in den bisherigen, z.T. sehr sorgfältig durchgeführten Studien nicht festgestellt worden. Ebenso sind relevante cholestatische Wirkungen der bekannten und häufig benutzten pflanzlichen Choleretika bisher nicht beschrieben worden. Aus grundsätzlichen theoretischen Überlegungen (Stimulation autoimmunologischer Reaktionen) soll bei Patienten mit immunologischen Systemerkrankungen (z.B. Tuberkulose, Leukosen, Multiple Sklerose, Kollagenosen u.a.) nicht mit Echinacea behandelt werden. Thrombozytopenien gehören aber nicht zu den gut dokumentierten und relevanten Nebenwirkungen. Für Präparate aus Ginkgo biloba wurden als seltene Nebenwirkungen leichte Magenbeschwerden, Kopfschmerzen und allergische Hautreaktionen beschrieben. Eine Diarrhö stellt mit Sicherheit keine relevante Nebenwirkung dar.
Siehe Lerntext IV.4 und IV.15.

Tab. 4.1 Die am häufigsten gefragten Phytotherapeutika im Überblick

Phytotherapeutikum	Indikationen oder Wirkprinzip
Anis	Karminavitum (verdauungsfördernd und entblähend)
Arnika	Anwendung äußerlich bei stumpfen Traumen
Baldrian	Beruhigungs- und Schlafmittel
Bärentraubenblatter	Harndesinfizienz
Capsaicin (spanischer Pfeffer)	Anwendung bei rheumatischen Beschwerden (analgetisch und entzündungshemmend durch Hyperämisierung der Haut)
Echinacea (roter Sonnenhut)	Immunstimulans; äußerlich zur Wundheilung
Eibischwurzel	Einsatz als Mukolaginosum bei Atemwegserkrankungen
Eichenrinde	Antidiarrhoikum, auch äußerliche Anwendung bei Hautentzündungen
Eukalyptus	Expektorans (ätherisches Öl)
Faulbaumrinde	Laxans
Flohsamen	Laxans (Quellmittel)
Gingko biloba	Anwendung bei zentralen und peripheren Durchblutungsstörngen
Hopfen	Beruhigungs- und Schlafmittel
Ingwer	Antiemetikum bei Reisekrankheit
Johanniskraut	Antidepressivum bei leichten bis mittelschweren Depressionen
Kavakava	Anxiolytikum

Knoblauch (wirksame Inhaltsstoffe: Allicin, Alliin)	Arteriosklerose
Leinsamen	Laxans (Ballaststoffe)
Mariendistel	Leberschutz z.B. bei Knollenblätterpilzvergiftung
Mönchspfeffer	Mastodynie/prämenstruelles Syndrom; hat prolaktinsenkende Wirkung
Nachtkerze	innerliche Anwendung bei Neurodermitis
Pfefferminze	Karminativum, Antiemetikum; bei Gallenwegsdyskinesie und bei Atemwegserkrankungen
Ringelblume	äußerliche Anwendung bei Wunden und Entzündungen der Haut und Schleimhaut
Rosskastanie (enthält Aescin, ein Flavonoid)	Venöse Insuffizienz
Schöllkraut	Gallenbeschwerden
Senf	Schmerzlinderung und Muskelentspannung bei rheumatischen Erkrankungen durch Hyperämisierung (Reizung) der Haut
Sennesblätter und -früchte	Laxans
Weißdorn	Herzinsuffizienz
Zwergsägepalme	Prostatabeschwerden

5 Weitere Verfahren

5.1 Konstitutionsmedizin

Grundlagen V.1

Konstitutionsmedizin versucht, neben dem aktuellen nosologischen Befund und der unmittelbaren Ursache einer Erkrankung (z.B. bakterielle Erreger) **individuelle Besonderheiten einzelner Patienten** zu erkennen, welche das „Terrain" der Erkrankung ausmachen und die weitere Therapie mitbestimmen sollen. Hierbei wurde mit vielfältigen Systematiken experimentiert, dabei werden somatische (Körperbau), trophische (Zustand einzelner Gewebe), nosologische (spezielle Krankheitsbereitschaften), physiologische (z.B. physiologische Ausgangswerte und Reaktionsdynamiken) sowie psychologische Gesichtspunkte berücksichtigt. Die meisten erschließen sich mehr einem intuitiven Zugang des interessierten und erfahrenen Arztes, als dass sie mit objektiven Messungen dargestellt werden können.

Das bekannteste, am Körperbau orientierte System ist die Kretschmer-Einteilung in **athletischen, pyknischen** und **leptosomen Habitus**. In der Pädiatrie spielt noch der an Habitus, Trophik und Nosologie orientierte Begriff eines Status lymphaticus und einer **lymphatischen Diathese** eine gewisse Rolle. In der Pneumologie kann z.B. das Gegensatzpaar „blue bloater" und „pink puffer" auch unter konstitutionsmedizinischen Gesichtspunkten analysiert werden.

In die europäische Naturheilkunde wurden vor allem Begriffe aus der **Humoralpathologie** – später auch aus ethnomedizinischen Systemen – übernommen (s. Geschichte der Medizin). Es wird z.B. zwischen „kalten" (schwarz-galligen) und „heißen" („hitzigen", gelb-galligen, „cholerischen") Konstitutionen differenziert.

Eine gängige Systematik differenziert zwischen **Leere-** und **Füllsyndromen** (gewisse Parallelen zum Yin und Yang in der traditionellen chinesischen Medizin). Danach wären z.B. der pink puffer und der „weiße" Hochdruck eher „leer" und der blue bloater sowie der rote (essenzielle) Hochdruck eher „voll". Bei arthrotischen Erkrankungen sprächen kühle Gelenke mit eher schlaffer benachbarter Muskulatur und wenig periartikulärem Gewebe (u.a.?) eher für leere, während höhere Temperaturen, straffe Muskulatur und reichlich pannikulotisches periartikuläres Gewebe als Zeichen von Fülle interpretiert würden. Der leptosome Konstitutionstyp wäre insgesamt eher kühl und leer (asthenisch), der pyknosome eher warm und überwiegend voll (sehr stark vereinfacht!).

Ähnliche Unterscheidungen werden für bestimmte Erkrankungen gemacht. Danach gehören z.B. bakterielle und immunologische Erkrankungen zu den heißen nosologischen Entitäten (auch der kalte tuberkulöse Abszess), während degenerative Erkrankungen (-ose) und bösartiges Wachstum als kalt eingeordnet werden. Das Alter mit seinen überwiegend degenerativen Erkrankungen wäre dann eher als „kalt" einzuordnen.

! Merke: Konstitution und Diathese sind wichtige Begriffe für die Entwicklung einer eigenen Nosologie in der Naturheilkunde.

Anwendung V.2

Aus solchen anthropologischen und nosologischen Systematiken ergeben sich Anregungen für eine weiter differenzierende, ergänzende Therapie. Makrobiotische Diätetik (aber auch überlieferte humoralpathologische und andere Ernährungsprogramme) differenzieren z. B. zwischen „warmer" (wärmender) und „kalter" Kost. Einzelne Gewürze (z. B. Gelbwurz, Ingwer) werden speziell wegen ihrer „wärmenden" Wirkung gegeben. „Kalte" Erkrankungen werden eher mit Wärme behandelt (obwohl mit Kaltreizen auch körpereigene „Wärmekräfte" angeregt werden sollen). „Kalte" Konstitutionen werden mit Reizkörpertherapie (z. B. auch Eigenblutbehandlungen) angeregt. Körperliche Aktivität (mit jetzt gut untersuchten immunologischen Wirkungen!) gilt als „warm". „Füllige" arthrotische Gelenke werden mit Blutegeln behandelt („ableitende Therapie"), füllige Gesamtkonstitutionen lässt man fasten, sie werden zur Ader gelassen (z. B. bei Hypertonie) und es wird über den Darm „abgeleitet" (s. Lerntext II.17).

F97 !

Frage 5.1: Lösung D

Die Eigenblutbehandlung war bis in die 50er Jahre eine weitgehend anerkannte Therapie zur Verbesserung konstitutioneller Besonderheiten und der vegetativen, endokrinen sowie immunologische Regulation. Zu den sog. ausleitenden Therapien, bei denen Körpersäfte und -gifte vermehrt zur Ausscheidung gebracht werden sollen, gehören z. B. das Abführen, Einlaufbehandlungen, das Auslösen von Erbrechen und im gewissen Sinne auch der Aderlass.
Siehe Lerntext V.1.

H96

Frage 5.2: Lösung C

Allgemein anerkannte Indikationen für den **Aderlass** bestehen heute noch bei Hämochromatose, Polycythaemia vera, Porphyria cutanea tarda und als supportive Behandlung bei Cor pulmonale mit einer gleichzeitigen Polyglobulie. Zunehmend werden Aderlässe in Zusammenhang mit einer Hämodilution zur Verbesserung von Fließeigenschaften des Blutes durchgeführt. In der sog. Konstitutionsmedizin ergeben sich Indikationen aus der Phänomenologie einer „Fülle" oder Plethora einzelner Patienten. Z. T. sehr dilettantische Behandlungen mit entschieden zu weit gestellten Indikationen in der ausklingenden Humoralmedizin haben die Methode in Verruf gebracht. Die grundsätzliche Kontraindikation bei allen Zuständen mit Dehydratation leuchtet unmittelbar ein.

H96 !

Frage 5.3: Lösung B

Das in dem Kantharidenpflaster wirksame Material wird aus dem Käfer Lytta vesicatoria (der spanischen Fliege) gewonnen. Es gehört zur Gruppe der Vesikantien. Nach mehreren Stunden kommt es zu entzündlichen Veränderungen in der Haut bis zur Ausbildung mit Transsudat gefüllter Blasen. Analgetische und antiphlogistische Wirkungen werden wahrscheinlich reflektorisch vermittelt. Ältere Vorstellungen zur Wirksamkeit hatten sich mit Überlegungen zu einer „Ableitung" von Giftstoffen beschäftigt.

F95

Frage 5.4: Lösung D

Nach ursprünglichen, humoralmedizinischen Vorstellungen sollten mit Schröpfköpfen, Kantharidenpflaster, Aderlass und Blutegelbehandlungen „Giftstoffe" (z. B. als materia peccans) „ausgeleitet" werden. B. Aschner (1883–1960) hat sich um diese Behandlungsmethode noch einmal besonders verdient gemacht.
Heute sieht das naturwissenschaftliche Erklärungsmodell mehr neurobiologische Grundlagen mit reflektorischer Einflußnahme über Irritationen der Haut. An der klinischen Wirksamkeit solcher Behandlungen kann nicht gezweifelt werden.
Akupunktur arbeitet ursprünglich mehr mit der Vorstellung „energetischer" Einflussnahme, in letzter Zeit werden von einigen Schulen aber ebenfalls neurobiologisch vermittelte Wirkungen beansprucht.

H95

Frage 5.5: Lösung B

Behandlungen mit Hirudo medicinalis („Blutegel") werden mit langer Tradition bei varikösen Erkrankungen eingesetzt. Als wirksame Substanz gilt das Protein Hirudin mit gerinnungshemmenden und antithrombotischen Eigenschaften. Gelegentlich kommt es zu lokalen entzündlichen Reaktionen, welche bei diabetischer Mikroangiopathie ungünstige Verläufe nehmen könnten.

Ordnungstherapie V.3

Der Begriff ist historisch gewachsen als 5. „Säule" des Kneipp'schen Behandlungssystems (Sebastian Kneipp: „So sollt ihr leben!", 1897). Neben allgemeinen Regeln zur täglichen Lebensführung (fast sämtliche Gesichtspunkte naturheilkundlich orientierter Hygiene) interessierte sich Kneipp (als katholischer Pfarrer!) wohl als erster typischer Vertreter moderner Naturheilkunde auch für **seelische Bedingungen und psychosomatische Gesundheit** seiner Klienten. Inzwischen wurden außerhalb der eigentlichen

Naturheilkunde zahlreiche Methoden psychosomatischer und somato-psychischer Einflussnahmen entwickelt, welche besonders auch von naturheilkundlich interessierten Ärzten eingesetzt werden (s. a. Lerntext I.2 d). Körperorientierte Psychotherapie bezieht über die verbale Kommunikation hinausgehend das eigene Körpererleben in den gesamten Therapieprozess mit ein. Das Angebot auch einer körperlichen Behandlung erleichtert häufig den Zugang zu psychosomatischen Patienten. Indikationen bestehen bei zahlreichen psychosomatischen Erkrankungen mit Organsymptomen, neurotischen und psychotischen Erkrankungen einschliesslich sog. Borderline-Syndrome.

Autogenes Training: Durch stufenweise erlernbare Übungen können bestimmte Körperfunktionen und Spannungen selbst beeinflusst werden (konzentrative Selbstentspannung).

Atemtherapie nach Middendorf: Über Gestaltung und Erleben der Atmung Zugang zu vegetativen Regelvorgängen und psychischen Fehlhaltungen.

Feldenkrais-Methode: Ähnlich wie Atemtherapie, Zugang jetzt über körperliche Bewegung.

Konzentrative Bewegungstherapie: Ähnlich Feldenkrais und Rolfing, Arbeiten in der Gruppe.

Funktionelle Entspannung nach Fuchs: Kombination von Methoden der Atem- und Bewegungstherapie.

Weitere Verfahren: z. B. Eutonie nach Glaser, Progressive Muskelentspannung nach Jacobson. Künstlerische Therapien wie Malen, Plastizieren, Musik.

! Merke: Allgemeine Regeln und Erfahrungen der Naturheilkunde werden als persönliche Hygiene und als persönlicher Lebensstil wichtiges Element einer persönlichen „Ordnung".

6 Homöopathie

Grundlagen — VI.1

Die wichtigsten Impulse zu dieser Behandlungsmethode (Anfänge bereits in der antiken Medizin) kamen zu Beginn der Neuzeit von **Samuel Hahnemann** (1755 – 1843). Seine ursprüngliche Idee war, dass definierte Krankheiten durch Mittel (z. B. Heilpflanzen) behandelt werden, welche bei gesunden Versuchspersonen gleiche oder ähnliche Symptome auslösen (sog. **Simile-Prinzip:** „eine Arznei, welche ein ähnliches Leiden erregen kann als sie heilen soll"). Das theoretische Erklärungsmodell entspricht zu dieser Zeit dem einer nosotrop orientierten **Reiz-** und **Reaktionstherapie** (s. Lerntext I.2 a), bei welcher histiotrope, organotrope und personotrope Wirkungen unterschieden werden (Hahnemann, 1796). Das jeweils geeignete Medikament (in der Homöopathie formuliert man: „Arznei") wird durch Eigenversuche gesunder Versuchspersonen gefunden. Neben diesen homöopathischen **Arzneimittelprüfungen** werden Ergebnisse aus der Pharmakologie und Toxikologie einzelner Grundsubstanzen berücksichtigt sowie Beobachtungen aus der bisherigen Anwendung bei Patienten. Als deren Summe ergeben sich die sog. Arzneimittelbilder.

Eine erweiterte Systematik berücksichtigt über die nosologisch orientierten Symptome hinausgehend auch individuelle Besonderheiten jedes einzelnen Patienten (sog. Modalitäten). In umfangreichen Repertorien werden einzelne Symptome und Modalitäten zusammengestellt und einzelnen homöopathischen Arzneimitteln zugeordnet.

Homöopathische Arzneimittelfindung beruht also auf einer naturwissenschaftlich verstehbaren, empirischen Grundlage. Sie unterscheidet sich grundsätzlich von der Mittelsuche nach der sog. Signaturenlehre (s. Geschichte der Medizin). Bis hierher steht Homöopathie in keinem grundsätzlichen Gegensatz zu moderner „Schulmedizin".

Erst 1811 publiziert Hahnemann Vorschriften zur Verarbeitung seiner Arzneimittel als alkoholische Verdünnungen nach der Zentesimalskala, 1818 die Verreibung mit Milchzucker. Bei diesem Herstellungsprozess werden Anteile der Urtinktur bzw. der Ursubstanz in einem vorgegebenen Verhältnis verdünnt. Aus der neu gewonnenen **Dilution** bzw. **Trituration** werden entnommene Volumenanteile im gleichen Verhältnis wiederum weiter verdünnt. Bei jeder Verdünnungsstufe erfolgen verschieden geartete mechanische Bearbeitungen (Schüttelungen), welche die Wirksamkeit der Arznei verstärken (potenzieren) sollen. Bei den Dezimalpotenzen erfolgen jeweilige Verdünnungen im Verhältnis 1 : 10 (D1, D2, D3 usw.), bei den Centesimalpotenzen erfolgen Verdünnungsstufen im Verhältnis 1 : 100 (C1, C2, C3 usw.), bei den LM-Potenzen beträgt jede Verdünnungsstufe 1 : 50 000.

Naturwissenschaftliche Einwände bestehen spätestens ab der Verdünnungs-(Potenzierungs-)stufe D23, nachdem mit großer Wahrschein-

K

lichkeit keine Anteile der Urtinktur bzw. -substanz mehr vorhanden sind (Loschmidt-Zahl). Allgemein überzeugende Studien zur unterschiedlichen Wirksamkeit einzelner Potenzierungen liegen nicht vor. Kontrollierte klinische Therapiestudien zur grundsätzlichen Wirksamkeit homöopathischer Präparate liegen mit unterschiedlichen Ergebnissen vor. Neuere Metaanalysen weisen eher auf die klinische Wirksamkeit homöopathischer Therapie hin bei allerdings nur gering unterschiedlichen klinischen Ergebnissen im Vergleich zu Kontrollgruppen.

! Merke: Bei einer sehr großen Verbreitung und Akzeptanz in der Ärzteschaft und der Bevölkerung steht ein naturwissenschaftliches Erklärungsmodell der Homöopathie noch aus.

H98 !!

Frage 6.1: Lösung C

Das D weist auf einen Herstellungsprozess hin, bei welchem Ursubstanz und spätere Verdünnungen im Verhältnis 1 : 10 (D = Dezimalpotenz) weiterverdünnt werden.
Arzneien in dieser hohen Verdünnung (D31) sollen sich nach Meinung der meisten Homöopathen mehr an Besonderheiten des einzelnen Patienten wenden als an typische Erscheinungen einer Krankheit.
Naturwissenschaftliche Einwände bestehen spätestens ab der Verdünnungs-(Potenzierungs-)stufe D23, nachdem mit großer Wahrscheinlichkeit keine Anteile der Urtinktur bzw. -substanz mehr vorhanden sind (Loschmidt-Zahl). Homöopathische Ärzte begründen die trotzdem beanspruchten Wirksamkeit solcher Arzneien mit Heilmittel-„kräften" oder -„energien", welche durch den Herstellungsprozess „potenziert" worden sind.

F00

Frage 6.2: Lösung E

Dem großen Angebot homöopathischer Arzneien und den vielfältigen, z.T. auch widersprüchlichen Hypothesen zu den Wirkungsmechanismen steht eine verhältnismäßig einheitliche Applikation gegenüber: Arzneien werden überwiegend oral oder per injectionem zugeführt. S. Lerntext VI.1.

F98

Frage 6.3: Lösung B

Nosoden sind Arzneimittel aus krankhaften Absonderungen oder Sekreten, ihre Anwendung ist kein Thema der klassischen Homöopathie.

Klinik — VI.2

Im Wesentlichen werden zwei bedeutende Schulen unterschieden:

- **Organotrope** bzw. **nosotrope Behandlungen** erfolgen krankheits- und symptomorientiert. Damit ist die Therapie standardisierbar und kann auch von homöopathisch nicht ausgebildeten Ärzten angewendet werden. In der Regel werden niedrige Potenzstufen (bis etwa D6, seltener bis D12) benutzt. Unterschiedliche Meinungen bestehen zur Präferenz von Einzelsubstanzen oder von sog. Komplexmitteln, welche mehrere Substanzen in oft unterschiedlichen Potenzierungsstufen enthalten.
- Bei der **personotropen Therapie** werden unabhängig von der aktuellen Erkrankung überwiegend individuelle Symptome und Modalitäten des Patienten ausgewertet. Die oft mehrstündige homöopathische Anamnese sieht eine sorgfältige Repertorisation vor (heute z.T. auch schon computerisiert), das gefundene Heilmittel wird in der Regel in hohen Potenzierungsstufen gegeben (z.B. D100, D200 oder als LM-Potenzen).

F97

Frage 6.4: Lösung D

Zu **(1)**: Bei der extremen Verdünnung einer D30-Rezeptur ist eine allergisierende Wirkung mit der Ausbildung eines Exanthems nicht mehr vorstellbar.
Zu **(2)**: D4 von Bienengift bedeutet eine Verdünnung auf 1 : 10 000, bei der starken allergenen Potenz ist eine anaphylaktische Reaktion noch denkbar, wenn auch wenig wahrscheinlich.
Zu **(3)**: Bei einer Verdünnung von Johanniskraut-Urtinktur auf 1 : 10 ist die bekannte Photosensibilisierung prinzipiell möglich.

Anästhesiologie, Intensivmedizin

1 Grundlagen der Anästhesiologie

1.1 Vorbereitung zur Anästhesie

Ziele und Inhalte der anästhesiologischen Untersuchung (sog. Prämedikationsvisite) — I.1

Ziele
- Erkennen und Bewerten patientenbezogener operativer Risiken für den geplanten Eingriff.
- Erarbeitung geeigneter Strategien zur Risikominimierung durch entsprechende Vorbereitung, geeignetes intraoperatives Monitoring und postoperative Betreuung.

Inhalte
- **Anamnese** bezüglich anästhesierelevanter Erkrankungen: kardiopulmonale, hepatische, renale Erkrankungen, Stoffwechselstörungen, Medikamenteneinnahme, Allergien, Narkosezwischenfälle bei früheren Operationen und in der Familie.
- **Klinische Untersuchung** mit Beachtung spezieller anästhesiologischer Probleme (z. B. Intubationshindernisse wie unzureichende Mundöffnung, eingeschränkte Reklination, Anatomie der Wirbelsäule vor geplanter Spinalanästhesie).
- Verordnung und Beurteilung von **Laborbefunden** (Routine: Blutbild, Elektrolyte, Gerinnung, Blutzucker).
- Bei Patienten über 40 Jahren **EKG**, über 60 Jahren **Röntgen-Thoraxaufnahme** (sonst nur bei klinischem Verdacht auf eine Herz- oder Lungenerkrankung).
- Zusatzuntersuchungen abhängig von den Vorerkrankungen (s. u.).

Narkoserisiko — I.2

Die narkosebedingte Gesamtmortalität liegt mit **0,008 – 0,009 %** niedrig. Risikoevaluierung ist mit verschiedenen Scores wie dem ASA (American Society of Anaesthesiologists)-Score oder der Mannheimer Risikocheckliste möglich. Bei der ASA-Klassifikation in fünf Gruppen geht nur der allgemeine präoperative Zustand des Patienten ein, die Mannheimer Risikocheckliste bezieht außerdem Art und Länge des Eingriffs sowie Veränderungen der lebenswichtigen Organsysteme mit ein.
Häufigste Ursachen für letale Narkosezwischenfälle sind:
- **Hypoxämie** (bis $^2/_3$ aller Zwischenfälle), z. B. Fehlintubation, Verlegung oder Diskonnektion des Tubus, technische Fehler am Beatmungsgerät.
- **Herz-Kreislaufversagen**, z. B. durch Hypovolämie, Sepsis, Medikamente, Herzinsuffizienz, Anaphylaxie.
- **Überdosierung, Verwechslung** von Medikamenten.

Vorbereitung des Patienten bei spezifischen Vorerkrankungen — I.3

- **Herz- und Gefäßerkrankungen:**
  - **KHK, Herzinfarkt:** Innerhalb der ersten drei Monate nach einem Infarkt liegt das Risiko für einen letalen Reinfarkt bei 27 %, keine elektiven Eingriffe! Bei Notfalleingriffen höchste Gefährdung am 2. – 4. Tag. Echokardiographie und Belastungs-EKG bei KHK, perioperativ: ST-Segmentanalyse.
  - **Herzinsuffizienz:** Echokardiographie; präoperative Rekompensation (z. B. mit Diuretika, ACE-Hemmern) anstreben.
  - **Vitien:** Echokardiographie, Endokarditisprophylaxe.
  - **Hypertonie:** präoperative Einstellung erforderlich (perioperative Kreislaufinstabilität bei unbehandelten Hypertonikern).
  - **Arrhythmien:** Alle hämodynamisch wirksamen Arrhythmien müssen präoperativ therapiert werden (medikamentös, Elektrokardioversion), evtl. Langzeit-EKG.
- **Pulmonale Erkrankungen:**
  Lungenfunktionsprüfung: Entdeckung und Quantifizierung einer Obstruktion, Hinweis auf restriktive Erkrankungen (Spirometrie nicht ausreichend, ggf. Body-Plethysmographie). Blutgasanalyse: Globalinsuffizienz ($PaCO_2\uparrow$ *und* $PaO_2\downarrow$) oder Partialinsuffizienz ($PaCO_2$ normal bis $\downarrow$, $PaO_2\downarrow$).
  Vorbereitung: Nikotinkarenz, Atemgymnastik, IPPB-Beatmung, Behandlung von Infekten (keine Elektiveingriffe bei bestehendem Infekt), Bronchodilatatoren.
- **Endokrine Erkrankungen:**
  - **Diabetes mellitus:** Allen Diabetikern (insulinpflichtig, Therapie mit oralen Antidiabetika, diätetisch eingestellt) droht die perioperative Blutzucker (BZ)-Entgleisung. Diabetesbedingte Schäden, z. B. an Gefäßen (AVK, KHK, Hypertonie) und Nerven (diab. Neuropathie), müssen berücksichtigt werden. Pathologisch sind Nüchternblutzucker (NBZ) > 125 mg%. Vorbereitung: Blutzuckertagesprofil, präoperativer NBZ, Operation möglichst frühmorgens. Bei Insulintherapie wegen des Nüchternheitsgebots z. B. morgens die Hälfte der üblichen Dosis + Glukoseinfusion, engmaschige BZ-Kontrolle, bei Bedarf Altinsulingabe.
  - **Hyperthyreose:** Präoperativ muss vor elektiven Eingriffen Euthyreose erreicht

werden (Thyreostatika)! Eine manifeste Hyperthyreose erhöht das Narkoserisiko erheblich, bei Notfalleingriffen Thyreostatika + evtl. β-Blocker.

- **Nierenerkrankungen:**
  Serum-Kreatinin und Serum-Harnstoff, 24 h-Diurese, Flüssigkeitsbilanz.
- **Lebererkrankungen:**
  Schädigungsparameter: Transaminasen, γ-GT, direktes Bilirubin. Funktionsparameter: Cholinesterase, Gerinnungsfaktoren (Quick, AT3), Serumalbumin. Cholestase: AP, indirektes Bilirubin.

Ziele bei der Auswahl des Anästhesieverfahrens I.4

Die Entscheidung zwischen den verschiedenen Formen der Allgemeinanästhesie oder Regional-/Lokalanästhesie wird durch viele Faktoren beeinflusst:

- Wunsch des Patienten (soweit möglich).
- Lokalisation, Art und Dauer des Eingriffs.
- Schaffung optimaler Operationsbedingungen.
- Beachtung spezieller Kontraindikationen (z. B. keine rückenmarknahe Regionalanästhesie unter Antikoagulation).

Aufklärungsgespräch I.5

Vor einem elektiven Eingriff muss die Aufklärung über die Anästhesie ausreichend lange vorher (am Tag vor der Operation) erfolgen, die schriftliche Einwilligung des Patienten (bzw. bei Kindern und nicht einwilligungsfähigen Erwachsenen der gesetzlichen Vertreter) muss eingeholt werden. Das gewählte Anästhesieverfahren mit typischen Risiken wird besprochen:

- Allgemeinanästhesie: z. B. Aspiration, Zahn- und Kehlkopfschäden, anaphylaktische Reaktionen.
- Regionalanästhesie: z. B. Nervenschäden, postpunktioneller Kopfschmerz, Blutdruckabfälle.
- Spezielle perioperative Maßnahmen sind aufzuklären:
  Einhaltung der Nüchternheit (mindestens 6 h präop.), besondere Gefäßzugänge (arteriell, zentralvenös), Intensivtherapie (Nachbeatmung) und Transfusion (Eigenblutspende muss angeboten werden, falls die Wahrscheinlichkeit einer Transfusion > 5 % liegt).
  Wichtig ist das Gespräch, um gezielt auf die Ängste der Patienten einzugehen und sie abzubauen. Dies wird durch die Verordnung einer anxiolytischen Prämedikation unterstützt.

Medikamentöse Prämedikation I.6

Hauptziel: Sedierung und Anxiolyse (bei präoperativ bestehendem Schmerz: Analgesie). Applikation: bevorzugt oral, auch i. m., i. v., rektal und nasal (Kinder). Nach Gabe der Prämedikation muss der Patient beobachtet werden und ist nicht mehr geschäftsfähig. Zur Prämedikation zählen auch die präoperativ vom Patienten eingenommenen Dauermedikationen. Über die Weiterverordnung oder evtl. das Absetzen wird individuell entschieden.

Substanzklasse	Eigenschaften/ Anwendung
Benzodiazepine: z. B. Diazepam, Midazolam, Flunitrazepam	am häufigsten verwendet, sedierend, antikonvulsiv, anxiolytisch, hypnotisch, retrograde Amnesie
Neuroleptika: z. B. Promethazin, Droperidol	seltener verwendet, gering sedierend, nicht anxiolytisch, antiemetisch, Phenothiazine: antihistaminerg, cave: Spätdyskinesie
Anticholinergika: z. B. Atropin	heute kaum verwendet, Sekretionshemmung, Dämpfung einer Reflexbradykardie
Opioide: z. B. Pethidin, Piritramid	bei präoperativen Schmerzen, cave: Blutdruckabfall bei Pethidingabe, Atemdepression bei allen Opioiden
Antihistaminika: H_1-Blocker z. B. Dimentiden und H_2-Blocker z. B. Ranitidin	bei Allergieanamnese: kombinierter Einsatz von H_1- und H_2-Blockern. Auch in der Routine zum Anheben des Magensaft-pH (H_2-Blocker) und damit zur Prophylaxe der Säureaspiration
Sekretionshemmer (ohne anticholinerge Wirkung): Glycolpyrrolat	falls verminderte Sekretion der Speicheldrüsen erwünscht ist
Barbiturate: z. B. Phenobarbital	in Deutschland nicht üblich. Die Narkoseeinleitung mit rektalem Methohexital bei Kleinkindern ist keine Prämedikation!

H96

Frage 1.1: Lösung E

Droperidol ist ein Butyrophenon-Neuroleptikum, diese Substanzen haben keine anxiolytische Wirkung. Durch Verwendung von Thalamonal (Droperidol + Fentanyl) zur Prämedikation wurden die Patienten zwar äußerlich ruhig, litten aber auf Befragen unter starken Ängsten. Promethazin wirkt als Phenothiazin-Neuroleptikum sedierend. Scopolamin und Atropin sind Parasympatholytika, sie hemmen u.a. auch die Speicheldrüsensekretion. Morphin ist ein stark wirkendes Opioidanalgetikum (μ-Rezeptor-Agonist).
Siehe auch Lerntext I.6.

1.2 Allgemeinanästhesie

Intravenöse Anästhetika I.7

- **Barbiturate:**
Kurz wirksame Thio- (Thiopental) und Oxybarbiturate (Methohexital) werden als Einleitungshypnotika eingesetzt. Sie wirken an der Barbituratbindungsstelle am GABA-Rezeptor (GABA-erge Dämpfung der Formatio reticularis). Dosis: Thiopental 3 – 5 mg/kgKG, Methohexital 1 – 2 mg/kgKG. Wirkung: rein hypnotisch, antikonvulsiv, keine Analgesie, erhebliche Kreislaufdepression (negativ inotrop), hohe Plasmaproteinbindung. Kurze Wirkung (5 min) durch Umverteilung, lange Halbwertszeit (9 h) wegen langsamen hepatischen Abbaus (Wirkungsverlängerung bei Leberzirrhose). Nebenwirkungen: Wirkungsverstärkung durch zentral dämpfende Pharmaka und Alkohol, Atemdepression (dosisabhängig), Histaminliberation, allergische Reaktionen. Enzyminduktion (mikrosomale Enzyme), beschleunigter Abbau anderer Pharmaka. Exzitationsphänomene (Tremor, Muskelzittern) sind möglich, in subanästhetischer Dosis Hyperalgesie. Wegen stark alkalischer Lösung Schmerz bei der Injektion, bei paravenöser Injektion Gewebsnekrosen, bei versehentlich intraarterieller Injektion ist der Verlust der Extremität möglich. Kontraindikation: akute intermittierende Porphyrie und Porphyria variegata, Asthma.
- **Etomidat:**
Imidazolderivat, GABA-Antagonist, Dämpfung der Formatio reticularis. Dosis: 0,2 – 0,3 mg/kg KG. Wirkdauer 3 – 5 min. Wirkung: rein hypnotisch, keine Analgesie, häufig Myokloni, geringe Kreislauf- und Atemdepression, Erniedrigung der Krampfschwelle. Bei längerer Gabe kommt es zur Nebennierenrindendepression, deshalb wird Etomidat nur als Einleitungshypnotikum verwendet. Abbau: hepatisch. Nebenwirkungen: Sehr selten sind Allergien; Venenreizung und Injektionsschmerz sind möglich (galenisch durch Zubereitung in einer Fettemulsion vermieden).
- **Propofol:**
Phenolderivat. Wirkung: rein hypnotisch, zur Einleitung und Aufrechterhaltung der Anästhesie geeignet, keine analgetische Wirkung, antiemetisch. Dosis 1 – 2 mg/kg KG. Wirkdauer: 4 min. Rasche hepatische Metabolisierung. Nebenwirkung: Ausgeprägte Kreislaufdepression, Atemdepression, Injektionsschmerz.
- **Ketamin:**
Phenzyklidinderivat. Erhältlich als razemisches Gemisch aus S(+)- und R(–)-Ketamin, sowie seit kurzem als reines S(+)-Ketamin. Nicht-kompetitive Hemmung des NMDA (N-methyl-D-Asparat)-Rezeptors. Sehr gute analgetische Wirkung und Amnesie kennzeichnen die sog. „dissoziative Anästhesie" durch Ketamin. Dosis: 0,5 (Notfallmedizin)– 2 mg/kg KG. Bewusstseinsverlust ca. 30 s. nach Injektion, dann Auftreten eines horizontalen Nystagmus. Bei vollständiger Wirkung bleiben die Bulbi in Mittelstellung. Wirkdauer: 10 – 15 min, Ketamin wird in der Leber metabolisiert. Durch einen zentralen und peripheren sympathomimetischen Effekt ist Ketamin als einziges Anästhetikum nicht kreislaufdepressiv, sondern kann Tachykardien und Hypertonie auslösen; es ist das ideale Einleitungsanästhetikum bei Patienten im Schock und wegen der bronchodilatatorischen Wirkung bei Asthmapatienten. Die Atemdepression ist gering, die Schutzreflexe sind meist erhalten (kein sicherer Schutz vor Aspiration). Die psychotomimetische Komponente mit lebhaften Traumerlebnissen (teilweise Alpträume) kann durch die Kombination mit einem Benzodiazepin (sog. Tranquanalgesie) gemildert werden und ist beim S(+)-Ketamin geringer. Weiter sind Hirndrucksteigerung (bei Patienten in Spontanatmung) und Hypersalivation typisch. Selten Senkung der Krampfschwelle.
- **Opioide:**
Man kennt verschiedene Opioidrezeptoren (μ, δ, κ, σ) im Rückenmark, Hypothalamus, Striatum und im limbischen System. In der Anästhesie werden reine μ-Agonisten (Fentanyl, Sufentanil, Alfentanil, Remifentanil) eingesetzt. Wirkungen: spinale und supraspinale Analgesie, Euphorie, Dysphorie, Müdigkeit, Miosis. Nebenwirkungen: Übelkeit, Erbrechen, Atemdepression, Einschränkung

der Magen/Darm-Motilität, Muskelrigidität. Opioide sind nur gering kreislaufdepressiv. Sie werden hepatisch metabolisiert und renal ausgeschieden. Wirkdauer: Remifentanil ca. 8 min, Alfentanil ca. 15 min, Sufentanil ca. 25 min, Fentanyl ca. 30 min. Fentanyl ist ca. 100-mal, Alfentanil ca. 30- bis 40-mal und Sufentanil ca. 1000-mal stärker wirksam als Morphin.

- **Neuroleptika:**
  Das Butyrophenon-Neuroleptikum Droperidol wird als Bestandteil der sog. Neuroleptanästhesie (kombiniert mit Fentanyl und N_2O/O_2) verwendet. Dosis: bis 0,5 mg/kg KG. Gering hypnotische und sedierende Wirkung. Nebenwirkungen: Gefahr der neuroleptikainduzierten Spätdyskinesie; kardial: Reizleitungsstörungen; durch α-blockierende Wirkung: Blutdruckabfall.
- **Benzodiazepine:**
  Midazolam (Dosis: 0,1 – 0,2 mg/kg KG) kann wie auch Flunitrazepam oder Diazepam zur Narkoseeinleitung verwendet werden, der Wirkungseintritt ist allerdings deutlich langsamer (Minuten) und die hypnotische Wirkung schwächer als bei den anderen Einleitungshypnotika.

H00

Frage 1.2: Lösung D

Die Eignung eines Opioids für die Anästhesie (balancierte Anästhesie oder total intravenöse Anästhesie – TIVA) ist durch seine Wirkstärke (analgetische Potenz) und sein pharmakokinetisches Profil bestimmt. Einfach ausgedrückt, muss das Opioid stark wirksam sein (hohe Affinität zum μ-Opioidrezeptor), wenig unerwünschte Nebenwirkungen (reiner μ-Agonist) und eine kurze Wirkdauer haben und nicht kumulieren. Die in der Anästhesie verwendeten Opioide Fentanyl, Sufentanil, Alfentanil und Remifentanil erfüllen diese Anforderungen im Allgemeinen. Alle übrigen parenteral applizierbaren Opioide wie Tramadol, Pethidin, Nalbuphin, Morphin, Buprenorphin, Pentazocin und Piritramid sind entweder zu schwach wirksam (Tramadol, Nalbuphin, Pethidin, Morphin), partielle Antagonisten (Buprenorphin, Nalbuphin, Pentazocin) oder zu lange wirksam (Buprenorphin, Piritramid). Sie werden als Analgetika eingesetzt.

F00 !

Frage 1.3: Lösung B

Alle intravenösen Hypnotika mit Ausnahme von Ketamin sind mehr oder weniger ausgeprägt kreislaufdepressiv: Barbiturate (z. B. Thiopental (A)) und Propofol am ausgeprägtesten, Etomidate und Benzodiazepine (z. B. Midazolam) geringgradig; dasselbe gilt für Opioide (Fentanyl, Morphin, Alfentanil). Alle Relaxanzien einschließlich Succinylcholin/Suxamethonium senken den Blutdruck (D). Ketamin ist zentral sympathomimetisch wirksam und das einzige Blutdruck steigernde Anästhetikum. Damit ist es für schlecht eingestellte oder unbehandelte Hypertoniker nicht zu empfehlen (B). Atropin steigert zwar die Herzfrequenz und damit das Herzzeitvolumen, steigert aber nicht signifikant den Blutdruck (keine Wirkung auf die Gefäße) (E).

Inhalationsanästhetika I.8

Verwendet werden die Gase N_2O und Xenon sowie Dämpfe von Halothan, Enfluran, Isofluran, Sevofluran und Desfluran.
Inhalationsanästhetika supprimieren konzentrationsabhängig das Zerebrum (Membranwirkung + Rezeptorwirkung) und die Herz-, Kreislauf-, und Atemfunktion; sie sind gering muskelrelaxierend und steigern den intrakraniellen Druck. Mit Ausnahme von N_2O sind sie Triggersubstanzen für die maligne Hyperthermie. Substanzen mit niedrigem (< 1) Blut/Gas-Verteilungskoeffizienten (BGVK) sind gut wasserlöslich, schwächer und schneller wirksam („fast wash in, fast wash out"), diejenigen mit hohem (> 1) BGVK sind hydrophob, stärker und langsamer wirksam („slow wash in, slow wash out").

BGVK/MAC (Vol% [in 100% O_2])

hoch	mittel	niedrig
Halothan: 2,3/0,8	Enfluran: 1,9/1,7	N_2O: 0,47/105
	Isofluran: 1,4/1,2	Sevofluran: 0,59/2
		Desfluran: 0,42/6

Die Wirkstärke korreliert mit der Fettlöslichkeit. Als Maß für die klinische Wirkstärke gilt die **MAC (minimale alveoläre Konzentration)**, definiert als die alveoläre Konzentration des Anästhetikums, bei der 50% der Patienten beim Hautschnitt keine Abwehrreaktion mehr zeigen. Sie kann bei 100% O_2 oder bei 70% N_2O angegeben werden und kann durch pathophysiologische Einflüsse verändert werden: erniedrigt durch Alter, Hypothermie, Hypoxie, Hypotonie, Schwangerschaft, Kombination mit anderen Anästhetika. Erhöht beispielsweise bei Fieber, Hyperthyreose.

- **Xenon:**
  Zur Zeit wegen hoher Kosten und aufwendiger Rückgewinnungstechnik keine Routineanwendung möglich.

- **N_2O (Lachgas):**
  1 MAC = theoretisch 105 Vol%, schwach anästhetisch wirksam, gut analgetisch, niedriger BGVK, keine Metabolisierung, keine Muskelrelaxation, emetisch, Hemmung von Vitamin B_{12} (Knochenmarksdepression). Bei Senkung der N_2O-Konzentration im Atemgas (Narkoseausleitung) schnelle Rückdiffusion aus dem Blut in die Alveolen mit „Diffusionshypoxie", deshalb bei Ausleitung immer 100% O_2. Geringe kardiovaskuläre Depression, der pulmonale Gefäßwiderstand steigt, ebenso der intrakranielle Druck. Schnelle Diffusion in luftgefüllte Kompartimente mit Druckerhöhung. Kontraindikationen: Pneumothorax, Ileus, Pneumozele etc., Neurochirurgie, Eingriff am Mittelohr, Vit. B_{12}-Mangel.
- **Halothan:**
  1 MAC = 0,8 Vol% in 100% O_2 und 0,3 Vol% bei 70% N_2O. Stark anästhetisch, schwach analgetisch und muskelrelaxierend, hoher BGVK, hohe Metabolisierung (10%). Hepatotoxizität („Halothanhepatitis", nicht bei Kindern), Wiederholungsnarkosen vermeiden. Proarrhythmisch durch Sensibilisierung gegen Katecholamine, bronchodilatatorisch (Mittel der Wahl beim Asthmatiker). Gut zur Maskeneinleitung geeignet (Geruch).
- **Enfluran:**
  1 MAC = 1,7 Vol% in 100% O_2 und 0,6 Vol% bei 70% N_2O. Stark anästhetisch, schwach analgetisch und muskelrelaxierend, mittlerer BGVK, Metabolisierung 1–2%: Fluoridionen, Nephrotoxizität. Geringe kardiovaskuläre Depression, Erniedrigung der Krampfschwelle. Kontraindikation: Niereninsuffizienz, Epilepsie.
- **Isofluran:**
  1 MAC = 1,2 Vol% in O_2 und 0,5 Vol% bei 70% N_2O. Stark anästhetisch, schwach analgetisch, gut muskelrelaxierend, mittlerer BGVK, Metabolisierung < 0,1%. Geringe Kreislaufdepression, stechender Geruch.
- **Sevofluran:**
  1 MAC = 2 Vol% in 100% O_2 und 0,7 Vol% bei 70% N_2O. Niedriger BGVK, schneller Wirkungseintritt, angenehmer Geruch, geeignet zur Maskeneinleitung. Metabolisierungsrate 1–2%: Fluoridionen, Nephrotoxizität, geringe kardiovaskuläre Depression. Kontraindikation: Niereninsuffizienz.
- **Desfluran:**
  1 MAC = 6 Vol% in 100% O_2, niedriger BGVK, schneller Wirkungseintritt. Praktisch keine Metabolisierung, geringe kardiovaskuläre Depression.

Nicht-depolarisierende Muskelrelaxanzien (NDMR) I.9

Sie hemmen die neuromuskuläre Übertragung durch kompetitive Hemmung am (nikotinischen) Azetylcholinrezeptor (AR) ohne Auslösung eines Aktionspotenzials. Man unterscheidet Steroid-NDMR (Pancuronium, Vecuronium, Rocuronium), Benzylisochinolin-NDMR (Atracurium, Cis-Atracurium, Mivacurium) und Toxiferinderivate (Alcuronium). Die Nebenwirkungen der Steroid-NDMR ergeben sich durch die Wirkung an muskarinischen AR postganglionärer, parasympathischer Synapsen (Vagolyse), die Benzylisochinolin- und Toxiferin-NDMR setzen Histamin frei. Die Wirkung aller NDMR kann über eine Erhöhung der Azetylcholinkonzentration (durch Gabe von Cholinesterase-Hemmstoffen wie Neostigmin) antagonisiert werden.

- **Pancuronium:**
  Lang wirksam (45–60 min), Dosis: 0,1–0,15 mg/kg KG, Abbau in der Leber, Ausscheidung renal und biliär. Vagolytische Wirkung: Tachykardie, Blutdruckanstieg (selten), geringe Histaminfreisetzung.
- **Vecuronium:**
  Mittellang wirksam (20–30 min), Dosis: 0,1 mg/kg KG, geringe Metabolisierung, Elimination hauptsächlich biliär, geringer renal. Kaum Vagolyse und Histaminfreisetzung.
- **Rocuronium:**
  Mittellang wirksam (15–20 min), Elimination biliär und renal. Praktisch keine Metabolisierung, keine Vagolyse und Histaminfreisetzung. Schnellste Anschlagzeit aller NDMR (ca. 75–90 s).
- **Atracurium:**
  Mittellang wirksam (20–40 min), Dosis: 0,3–0,5 mg/kg KG, organunabhängige Elimination durch spontanen Zerfall (Hofmann-Elimination) und Abbau durch Pseudocholinesterasen. Histaminliberation (langsame Injektion), das Zerfallsprodukt Laudanosin erniedrigt die Krampfschwelle. Geeignet bei Niereninsuffizienz, nicht anwenden bei Epilepsie.
- **Cis-Atracurium:**
  Aus dem Razemat Atracurium getrenntes reines Stereoisomer. Mittellang wirksam (35–45 min), geringere Dosis: 0,15 mg/kg KG, kaum Histaminliberation, geringe Laudanosin-Bildung.
- **Mivacurium:**
  Kurz wirksam (10–20 min), Dosis: 0,1–0,3 mg/kg KG. Abbau durch Pseudocholinesterase, kaum Histaminfreisetzung. Anschlagszeit etwa 90 s (bei 0,3 mg/KG zur Intubation).

K

- **Alcuronium:** Mittellang bis lang wirksam (15–35 min), Dosis: 0,15 mg/kg KG, geringe Metabolisierung, vorwiegend renale Elimination, deutliche Histaminfreisetzung.

Depolarisierende Muskelrelaxanzien (DMR) — I.10

Sie blockieren die neuromuskuläre Übertragung als Liganden am AR mit initialer Depolarisation (erklärt die Muskelfaszikulation beim Wirkungseintritt). Abbau durch Pseudocholinesterasen. Einzig verwendete Substanz: **Succinylcholin** (Suxamethonium). Wirkdauer 3–5 min, Anschlagszeit ca. 45 s. Dosis: 1 mg/kg KG. Vorteile: für die Notfallintubation ideal geeignet, organunabhängige Elimination. Nachteile: Bei Nachinjektion Gefahr des „Dualblocks" (Blockade ohne weitere Depolarisation, durch Cholinesterasehemmer teilweise aufhebbar), ausgeprägte cholinerege Ganglienwirkung (Bradykardie, Ersatzrhythmen, ventrikuläre Arrhythmien, Blutdruckabfall, vermehrt Speichelfluss und Bronchialsekretion, gesteigerter Tonus im Magen-Darm-Trakt), ausgeprägte Histaminliberation, Triggersubstanz für die maligne Hyperthermie (MH), Erhöhung des Augeninnendrucks, Kaliumfreisetzung, Muskelfaszikulation und Muskelkater (vermeidbar durch eine NDMR-„Präcurarisierung"). Kontraindikationen: perforierende Augenverletzungen, Verbrennungskrankheit (Kaliumfreisetzung), Hyperkaliämie, Cholinesterasemangel und atypische Cholinesterase, länger bestehende Paresen, neurologische Erkrankungen mit Disposition zur MH (z. B. Myopathien).

F97

Frage 1.4: Lösung C

Muskelfaszikulationen treten bei depolarisierenden Muskelrelaxanzien (MR) wie Succinylcholin durch die initiale Anlagerung am Azetylcholinrezeptor (AR) mit generalisierter Depolarisation auf. Bei wiederholter Nachinjektion von Succinylcholin ist ein zusätzlicher kompetitiver Mechanismus beschrieben (Dual- oder Phase-2-Block), der zur Wirkungsverlängerung führt. Depolarisierende MR sind Liganden am AR, die den Rezeptor blockieren bis die Substanz abgebaut wird. Cholinesterasehemmer erhöhen die Azetylcholinkonzentration, wodurch nur die Wirkung von nicht-depolarisierenden (kompetitiven) MR verkürzt werden kann. Die Depolarisation (Na^+-Einstrom in die Zelle, K^+-Ausstrom) geht mit erhöhten Serumkaliumwerten einher. Durch Verwendung eines Nervenstimulators mit vier Einzelreizungen (train-of-four) kann der Depolarisationsblock (vier gleiche Reizantworten mit geringer Amplitude) vom Nicht-Depolarisationsblock (Reizantwort wird mit jedem Reiz geringer) unterschieden werden.
Siehe auch Lerntexte I.9 und I.10.

H00 !

Frage 1.5: Lösung C

Hypersalivation, Bradyarrhythmie, Erhöhung des intragastralen Drucks und Triggerung der malignen Hyperthermie sind typische unerwünschte Effekte von Succinylcholin. Weitere Nebenwirkungen dieser Art wären Muskelfaszikulationen mit nachfolgendem Muskelkater, Histaminfreisetzung mit Bronchospastik, „Flush" und Kreislaufdepression, sowie **Erhöhung** des intraokulären Drucks (weshalb Succinylcholin nicht bei perforierenden Augenverletzungen eingesetzt werden sollte).

Elemente eines Narkosegerätes — I.11

- Anschlüsse zur Gasversorgung durch zentrale Gasversorgung oder Gasflaschen (Farbkodierung in Deutschland: grau: N_2O, gelb: Druckluft, blau: O_2).
- Druckreduzierer für die einzelnen Gase.
- Gasdosiereinheit (z. B. Rotameter, Mischventile), geeicht.
- Dosiereinheit für die volatilen Anästhetika (Verdampfer, Injektorsysteme), spezifisch für jedes Anästhetikum.
- O_2-Bypass zur Umgehung von Gasdosiereinheit, Verdampfern und Injektoren zur O_2-Gabe mit hohem Flow im Notfall.
- Atemschläuche zur Konnektion mit dem Patienten.
- Ggf. Steuerventile zur Lenkung des Gasflusses (z. B. Plättchenventile im Kreissystem).
- Ggf. CO_2-Absorber bei halbgeschlossenen und geschlossenen Systemen. Absorberkalk ist mit einem Farbindikator versehen, der die Erschöpfung des Kalks anzeigt. CO_2 wird exotherm unter Bildung von H_2O absorbiert.
- Evtl. Befeuchtersysteme („künstliche Nasen") zur Atemgaserwärmung und -befeuchtung.

Narkosebeatmungssysteme — I.12

- **Offenes System:** keine Kontrolle über In- und Expiration (Gasfluss, Konzentration), keine Rückatmung. Bsp.: Schimmelbuschmaske, heute nicht mehr verwendet.
- **Halboffenes System:** Kontrolle über Konzentrationen und Volumina des Inspirationsgases, keine Rückatmung, Exspirationsgas

entweicht vom Patienten in eine Narkosegasabsaugung oder die Umwelt. Vorteile: rasche Änderungen der inspiratorischen Gasgemische möglich, kein CO_2-Absorber nötig. Nachteile: hoher Gasverbrauch (Frischgasflow = Atemminutenvolumen), Austrocknung der Atemwege. Bsp.: Servo 900 C (Siemens-Elema), Kuhn-System, Ayre-T-Stück.

- **Halbgeschlossenes System:** Kontrolle über Konzentrationen und Volumina des Inspirations- und Exspirationsgases. Partielle Rückatmung des Exspirationsgases mit CO_2-Absorption über Atemkalk im sog. Kreissystem. Frischgasflow < Atemminutenvolumen. Vorteil: Befeuchtung der Atemgase, niedriger Gasverbrauch. Nachteile: langsame Änderung der Anästhetikakonzentrationen im Inspirationsgas. Bsp.: Sulla 808 V (Dräger). Mit besonders dichten Kreissystemen und Sicherheitsmaßnahmen bezüglich der inspiratorischen O_2-Konzentration können die sog. „low-flow-Anästhesie" oder die „minimal-flow-Anästhesie" mit Frischgasflüssen von 1 bzw. 0,5 l/min durchgeführt werden. Bsp.: Cicero (Dräger).
- **Geschlossenes System:** Komplette Rückatmung, nur die vom Körper und System aufgenommene Gasmenge wird ersetzt. Hoher technischer Aufwand, einziges Gerät: Physioflex (Dräger).

Prinzipien der endotrachealen Intubation – I.13

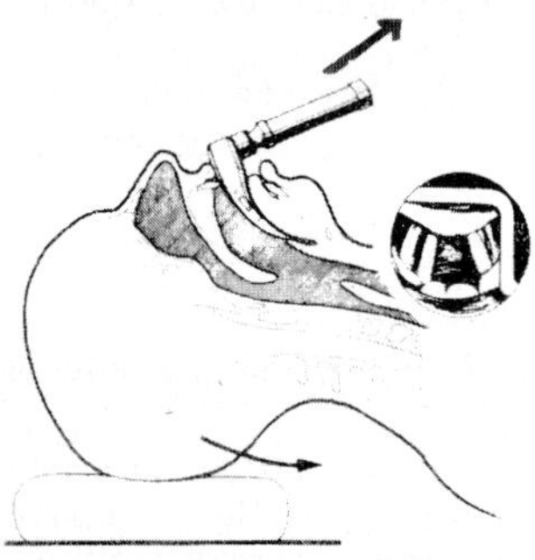

Nach Einsetzen des Laryngoskops:
- *Wegdrängen der Zunge nach links,*
- *Eingehen bis zum Zungengrund vor die Epiglottis,*
- *Anheben des Laryngoskops zum Aufrichten der Epiglottis,*
- *es stellt sich das abgebildete laryngoskopische Bild dar,*
- *orales Einführen des Endotrachealtubus durch die Stimmritze bis die Blockungsmanschette die Stimmritze passiert hat.*

Bei der endotrachealen Intubation werden die Atemwege durch einen Schlauch mit einer aufblasbaren Manschette (Cuff), der in die Trachea gelegt wird, gesichert. Sie kann oral, nasal oder via Tracheostoma erfolgen, nach Narkoseeinleitung und unter Relaxation wie auch bei wachen, spontan atmenden Patienten. Standardverfahren ist die **orotracheale Intubation**. Eine Sonderform der orotrachealen Intubation ist die Einlage eines Doppellumentubus zur seitengetrennten Beatmung, z. B. in der Thoraxchirurgie. Die **nasotracheale Intubation** wird bei bestimmten Indikationen eingesetzt: Beispielsweise in der Anästhesie bei kieferchirurgischen Eingriffen und in der Intensivmedizin zur Langzeitbeatmung (Vorteile: bessere Toleranz durch den Patienten, Schonung der Mundhöhle, geringere Dislokationsgefahr. Nachteile: Sinusitis, höhere Traumatisierung der Nase, Blutung, Schleimhautschäden, technisch schwieriger). Im Unterschied zur orotrachealen Intubation wird der Tubus durch die Nase in den Pharynx geführt und unter laryngoskopischer Sicht mithilfe einer Magillzange durch die Stimmritze in die Trachea eingebracht.

Komplikationen der endotrachealen Intubation:
- Vagale oder sympathische Stimulation bei der direkten Larnygoskopie (Bradykardie, Asystolie, Blutdruckanstieg, Tachykardie).
- Fehlintubation (ösophageal), bei Nichterkennen: Hypoxie!
- Einseitige Intubation (wegen des flacheren Abgangswinkels des rechten Hauptbronchus meist rechtsseitig) mit Hypoxie und Atelektase.
- Trauma der Atemwege: Verletzung von Lippen, Zähnen, Zunge, Gaumen, Stimmbändern, Aryknorpeln, Ösophagus (Perforation).
- Aspiration (saurer Magensaft, Blut, Fremdkörper) wegen der fehlenden Schutzreflexe bei der Intubation in Narkose.
- Durch die Reklination bei Schädigung der Halswirbelsäule Rückenmarkschäden möglich.
- Druckulzera/-nekrosen der Trachealschleimhaut durch den Tubuscuff.
- Verlegung des Tubus durch Sekret, Abknickung, Herniation des Cuffballons.

Intubation in besonderen Situationen — I.14

- **Schwierige oder unmögliche Intubation:** Vor der Gabe eines Muskelrelaxans zur Intubation muss sicher sein, dass der Patient mit der Maske beatmet werden kann. Ist die Intubation nicht möglich, wird mit der Maske (100% O_2) beatmet, die Narkose vertieft. Gelingt ein erneuter Intubationsversuch unter geänderten Bedingungen (dünnerer Tubus, andere Kopfposition) nicht, wird die Maskenbeatmung fortgesetzt, die Narkose beendet und abgewartet, bis der Patient erwacht. Danach können evtl. alternative Techniken angewendet oder der Eingriff in Regionalanästhesie durchgeführt werden. Ist nach Narkoseeinleitung weder die Intubation noch die Maskenbeatmung möglich („cannot intubate, cannot ventilate"), bleibt als Ausweg nur die sofortige Koniotomie. Eine Vorhersage ermöglicht die sog. Mallampati-Klassifikation (Klasse IV: Uvula und Gaumenbögen bei Inspektion der Mundhöhle nicht sichtbar = schwierige/unmögliche Intubation wahrscheinlich).

- **Alternative Techniken:**
  - Blind nasale Intubation: nur beim spontan atmenden Patienten möglich. Der Tubus wird nach Lokalanästhesie der Nase ohne Laryngoskopie unter Kontrolle des Atemgeräuschs in die Trachea vorgeschoben. Der Tubus kann durch Veränderung der Kopfposition dirigiert werden. Verletzungsgefahr!
  - Verwendung spezieller Intubationslaryngoskope (Bullard, McCoy, Instrumentarium nach Bumm).
  - Fiberbronchoskopische Intubation in Lokalanästhesie unter Spontanatmung. Der Tubus wird auf das Bronchoskop aufgezogen und das Instrument nasal oder auch oral über den Kehlkopf in die Trachea vorgeschoben. Dann erfolgt die Narkoseeinleitung und der Tubus wird über das Bronchoskop in die Trachea geschoben. Besonders geeignet bei bekannt schwieriger oder unmöglicher Intubation (Kieferanomalien, Morbus Bechterew), bei HWS-Verletzungen.
  - Retrograde Intubation. Nach Punktion des Lig. cricothyreoideum Vorschieben eines Führungsdrahts nach oral, Fassen desselben mit einer Magill-Zange, Einführen des Tubus über den Draht bis unter den Kehlkopf, Entfernen des Drahts.
- **Intubation beim Patienten mit hohem Aspirationsrisiko** (z. B. Ileus):
  Es gibt keine absolut sichere Anästhesietechnik; zur Minimierung des Aspirationsrisikos sind folgende Vorgehensweisen möglich:
  - Oberkörperhochlagerung (30°) zur Vermeidung einer passiven Regurgitation. Absaugung des Magens mittels großlumiger Magensonde (Ileus), vor Narkoseeinleitung Zurückziehen in den Ösophagus um ein „Bahnen" des Erbrechens zu verhindern. Kein Atropin (senkt den Tonus des Ösophagussphinkters), „Crash-induction" (schnell aufeinanderfolgende Injektion von Einleitungshypnotikum und Succinylcholin) mit Sellick-Manöver (Krikoiddruck; der Ösophagus wird dadurch gegen die Wirbelsäule gepresst und komprimiert), keine Maskenbeatmung. Nach Intubation sofortiges Aufblocken des Cuffballons in der Trachea.
  - Alternativ kann in Trendelenburglagerung (Kopftieflage) intubiert werden, hier wird durch die Schwerkraft eine passive Aspiration vermieden. Die Intubation ist allerdings erschwert und aktive Aspiration trotzdem möglich.
  - Die Wachintubation in Lokalanästhesie bei erhaltenen Schutzreflexen ist eine Alternative.

H00

Frage 1.6: Lösung A

Anhaltende Intubationsschäden wie Granulome der Stimmbänder sind nach kurzfristiger Intubation (wie im Rahmen von Operationen) selten, treten jedoch bei nicht tracheotomierten Langzeitbeatmeten relativ häufig auf. Subglottische und supraglottische Granulome sind nicht möglich (Lokalisation am Stimmband), die Beschreibungen als „unteres" und „oberes" Drittel der Stimmlippe sind anatomisch nicht korrekt (angebracht wäre dorsal und ventral). Endotracheale Tuben liegen meist auf Höhe der Processus vocales der Aryknorpel in der Stimmlippe und können dort durch Druckschädigung mit konsekutiver Durchblutungsstörung der Schleimhaut Granulome verursachen.

Narkoseverlauf — **I.15**

Die Narkose lässt sich in drei Phasen einteilen: **Einleitung, Aufrechterhaltung** und **Ausleitung.** Sie lässt sich gut mit einem Flug vergleichen, wobei auch bei der Narkose Einleitung (Start) und Ausleitung (Landung) die kritischsten Phasen sind.

- **Einleitung:**
  - Identifikation, Nüchternheit? Zahnprothesen etc.? Intubationssitus? Vorbereitung und Überprüfung des Instrumentariums.
  - Monitoring (EKG, RR, Pulsoxymeter, etc.), venöser Zugang, Infusion.
  - Präoxygenierung mit 100% O_2 (= Auswaschen von N_2) für etwa 3 min.
  - Präcurarisierung (Gabe einer kleinen Dosis NDMR).
  - Opioid (z. B. Fentanyl) i. v.
  - Einleitungshypnotikum (z. B. Etomidat, Barbiturat, Propofol oder Ketamin) i. v.

- Nach Bewusstseinsverlust (Erlöschen des Lidreflexes) Maskenbeatmung, ist diese möglich: Succinylcholin oder NDMR i.v. zur Relaxation.
- Intubation der Trachea bei Erschlaffen der Muskulatur. Platzierung des Tubus, sodass der Cuffballon gerade unter den Stimmbändern verschwindet.
- Blockung des Cuffs, Beatmung zur Lagekontrolle (Auskultation), Fixierung des Tubus, Fortführung der Beatmung, Vertiefung und Aufrechterhaltung der Narkose.

- **Aufrechterhaltung:**
  Meist als Kombinationsanästhesie aus i.v.-Anästhetika (Opioide, Propofol, Droperidol), Inhalationsanästhetika (N_2O + Halothan, Enfluran, Isofluran, Desfluran oder Sevofluran) und Muskelrelaxanzien (NDMR) = „balancierte Anästhesie". Anpassung der Dosis an Allgemeinzustand, spezielle Vorerkrankungen, Art und Länge des geplanten Eingriffs.
- **Ausleitung:**
  Unter Berücksichtigung der Pharmakologie der einzelnen Substanzen wird zum Ende der Operation die Zufuhr der i.v.-Anästhetika reduziert oder gestoppt bzw. die Konzentration der Inhalationsanästhetika verringert. Der genaue Zeitpunkt ergibt sich individuell und hängt von Patient, Operateur, Operation, Anästhesist und Narkoseverfahren ab. Am Ende des Eingriffs wird mit 100% O_2 beatmet, um eine Diffusionshypoxie durch N_2O zu vermeiden. Ist die Spontanatmung wiederhergestellt, wird assistiert beatmet, bis sie suffizient ist. Extubation entweder wach mit vollständigen Schutzreflexen oder in Spontanatmung in Narkose. Bei Extubation während eines Exzitationsstadiums droht ein Laryngospasmus.
  Nach Extubation O_2-Gabe und Verlegung des Patienten in den Aufwachraum. Narkotika- und Relaxantienüberhänge sind möglich, Opioidwirkungen werden durch Naloxon, Relaxanswirkungen durch Cholinesterasehemmer (z.B. Neostigmin) antagonisiert. Cave: zentrales anticholinerges Syndrom (ZAS) durch Anästhetika (geschätzt 15–20% aller Patienten). Symptome des peripheren anticholinergen Syndroms (Tachykardie, warme, trockene Haut und Schleimhäute) kombinieren sich mit zentralen Symptomen (Unruhe, Agitiertheit, Desorientierung, aber auch Bewusstseinstrübung bis zum Koma). Diagnose und Therapie: Physostigmin 2 mg i.v.

Das immer wieder zitierte **Guedel-Schema** zur Beurteilung der Narkosetiefe bezieht sich nur auf die Ethernarkose! Es ist bei modernen Kombinationsnarkosen nicht anwendbar (z.B. Beeinflussung der Pupillengröße durch Opioide).
Guedel-Schema:

Stadium	**Symptome**
Stadium I	Amnesie.
Stadium II	Exzitation (Blutdruckanstieg, Reflexsteigerung, weite Pupillen).
Stadium III	Chirurgisches Toleranzstadium. Unterteilt in Planum I–IV. In Stadium II und III sind Eingriffe möglich.
Stadium IV	Asphyxie, Kreislaufdepression (Vergiftung).

Monitoring während der Narkose — I.16

Monitoring ermöglicht das frühe Erkennen ernster Komplikationen, ersetzt aber keineswegs die Aufmerksamkeit und Routine des Anästhesisten. Im Folgenden sind die Monitoringtechniken in der Reihenfolge ihrer Wertigkeit zur Erkennung lebensbedrohlicher Störungen aufgelistet:

- **Pulsoxymetrie:** Durch kontinuierliche Messung der Sauerstoffsättigung wird die gefährlichste Komplikation, die Hypoxie, frühzeitig erkannt. Die Darstellung der Pulskurve zeigt die Herzfrequenz.
- **Stethoskop:** Beurteilung der Ventilation (besonders nach Intubation) und der Herztöne.
- **Blutdruckmessung:** Von Hand, besser oszillometrisch. Während kritischer Phasen alle 1–3 min, bei unkompliziertem Verlauf alle 5 min. Evtl. kontinuierliche invasive Messung über arteriellen Katheter. Der mittlere arterielle Druck (Minimum: 50 mmHg) ist der entscheidende Parameter zur Beurteilung eines suffizienten Kreislaufs.
- **EKG:** Aussagekraft relativ gering: Erkennen und Unterscheidung von Arrhythmien, bei entsprechender Ableitung (V_5) Analyse der ST-Strecke.
- **Kapnographie:** Messung der endexspiratorischen CO_2-Konzentration. Nicht invasiv. Überwachung des Atemminutenvolumen (AMV): Normoventilation bei Werten zwischen 4,5 und 5,5 Vol%. Erkennen von pulmonaler Embolie (Abfall des endexspiratorischen CO_2) und Fehlintubation (keine Anzeige).
- **Invasives hämodynamisches Monitoring** (Zentraler Venendruck, Pulmonalarteriendruck, Herzzeitvolumen): bei spezieller Indikation (Risikopatienten, große Eingriffe).
- **Messung der inspiratorischen O_2- und Anästhetikakonzentration** sowie des exspiratorischen AMV sind nach MedGV (medizinische Geräteverordnung) vorgeschrieben.

- **Relaxometrie:** periphere Nervenstimulation in 4fach-Reizung (train of four), Beurteilung der Reizantwort zur Überprüfung der Muskelrelaxation. Wichtig bei Patienten mit neuromuskulären Erkrankungen.
- **Temperaturmessung:** rektal, ösophageal.
- **Blutgasanalyse, Laboruntersuchungen:** Bei längeren Eingriffen sollten großzügig Blutgase und Säure-Basen-Status bestimmt werden, ebenso gezielt Laborwerte (Blutbild, Elektrolyte, Blutzucker, Gerinnung).

H00

Frage 1.7: Lösung E

Ein Kapnometer misst in erster Linie die *endexspiratorische CO_2-Konzentration ($ETCO_2$).* Damit muss die Messeinheit im *Exspirationsteil* des Beatmungsgeräts angebracht sein. Die Bezeichnung „zwischen Inspirationsschlauch und CO_2-Adsorber" ist irreführend und ungenau – der Messfühler muss zwar in der beschriebenen Position angebracht sein, da der CO_2-Adsorber im Exspirationsteil des Beatmungsgeräts liegt, allerdings könnte bei Anbringung im Inspirationsteil keine Messung erfolgen **(A)**. Es werden Konzentrationen (Vol %) oder Partialdrucke (mmHg/kPa) von CO_2 im endexspiratorischen Gasgemisch (bestehend aus O_2, CO_2, H_2O, N_2 und Anästhetika wie N_2O, Desfluran, Sevofluran, Isofluran, Enfluran, Halothan) gemessen – die endinspiratorische CO_2-Konzentration liegt nach Passage des rückgeatmeten Gases über den CO_2-Adsorber bei 0 (B), (D). Die Totraumventilation kann mit keiner der üblichen Messmethoden in der Beatmungsüberwachung erfasst werden, der Anteil des Totraums am Tidalvolumen ist bei anatomisch/durch den Tubus vorgegebenem Totraum vom eingestellten Tidalvolumen abhängig (C). Wegen der hohen Diffusionskapazität von CO_2 entspricht der alveoläre CO_2-Partialdruck (der gut mit dem endexspiratorischen CO_2-Wert aus der Kapnometrie korreliert) etwa dem CO_2-Partialdruck im arteriellen Blut (Normwerte: 35–40 mmHg). Der Wert der Kapnometrie liegt in der Überwachung der Beatmung: Abfall des CO_2 bei Diskonnektion des Tubus mit Apnoe, Hyperventilation und fulminanter Lungenembolie, Anstieg des CO_2 bei Hypoventilation und maligner Hyperthermie. Nach der Intubation ist der Nachweis von CO_2 in der Exspirationsluft über mehrere Atemzüge eins der wenigen *sicheren* Zeichen der korrekten endotrachealen Tubuslage.

F00

Frage 1.8: Lösung D

Aufgrund des S-förmigen Verlaufs der Sauerstoffbindungskurve ist eine einfache Formel zur Beziehung zwischen PaO_2 und SaO_2 nicht möglich. Bei PaO_2-Werten über 60 mmHg (entsprechend einer SaO_2 von 90%) resultieren im oberen, flachen Verlauf der Kurve nur noch geringe Anstiege der SaO_2. Eine SaO_2 von 90% (entsprechend einem PaO_2 von 60 mmHg) entspricht dem oberen Umschlagspunkt der Sauerstoffbindungskurve; bei einer SaO_2 von 50% liegt der PaO_2 bei ca. 30 mmHg.

Komplikationen der Allgemeinanästhesie — I.17

- **Hypoxie:**
  Gefährlichste Komplikation, kann durch Pulsoxymetrie frühzeitig erkannt werden.
  Ursachen:
  - **Aspiration** (z. B. während der Narkoseeinleitung bei Patienten mit Ileus). Therapie: Absaugung, keine Spülung, Erhöhung der O_2-Konzentration, Bronchodilatatoren bei Bronchospasmus. Möglichst sofortige Bronchoskopie mit gezielter Absaugung und pH-Messung des Aspirats, Intensivüberwachung, Röntgen-Thoraxaufnahme.
  - **Laryngospamus:** Atemwegsverschluss durch Spasmus der Taschenbänder und der aryepiglottischen Falte bei Manipulationen an den Luftwegen in zu flacher Narkose. Therapie: Vertiefung der Narkose, Beenden der Manipulation, Maskenbeatmung mit 100% O_2, Esmarch-Handgriff, evtl. 0,5 mg/kg KG Succinylcholin i. v.; falls erfolglos: Koniotomie.
  - **Bronchospasmus:** Therapie: Vertiefen der Narkose (z. B. mit Ketamin), evtl. Unterbrechung der Operation, Beatmung mit 100% O_2, β_2-Mimetika, Theophyllin, Steroide i. v.
  - **Spannungspneumothorax: Therapie:** Sofortige Entlastung durch Pleurapunktion mit nachfolgender Drainage, gleichzeitig Beatmung mit 100% O_2.
  - **Anästhetikaüberhang** (volatile Anästhetika, Opioide, NDMR): **Therapie:** Freimachen und Freihalten der Atemwege, Beatmung mit Maske, evtl. Reintubation. Eine Antagonisierung ist möglich, aber: „time is nontoxic", d. h. die geduldige Nachbeatmung ist die sicherste Methode.
  - **Sonstige:** Unbemerkte Diskonnektion des Tubus vom Beatmungsgerät, unbemerkte Extubation, Beatmung mit hypoxischem Atemgasgemisch oder Verlegung des Tubus sind durch Alarmeinrichtungen seltener geworden.

- **Apnoe bei atypischer Cholinesterase (ChE):** Die atypische ChE kann Succinylcholin nicht abbauen. Man unterscheidet homozygote und heterozygote Formen mit unterschiedlich ausgeprägter Enzymaktivität. Nachweis durch Bestimmung der Dibucainhemmbaren ChE (Dibucainzahl). Klinik: Verlängerte Succinylcholinwirkung mit Apnoe. Durch Relaxometrie ist die Unterscheidung zwischen DMR- und NDMR-Wirkung möglich. **Therapie:** Nachbeatmung, nur in Extremfällen Gabe von ChE (gepooltes Plasmapräparat, hohes Infektionsrisiko). Ausstellen eines Notfallausweises.
- **Anaphylaktische Reaktionen:**
  Ausgelöst durch: Plasmaexpander, Kontrastmittel, Antibiotika, Blutprodukte, seltener Anästhetika (z.B. Barbiturate) etc.
  Mechanismus: Mediatorenfreisetzung durch Antigen-Antikörper-Reaktion, Vasodilatation, Störung der Kapillarpermeabilität, Mikrozirkulationsstörung.
  Symptome:
  Schweregrad anaphylaktischer Reaktionen

1°		Hautreaktionen (Flush, Urtikaria)
2°	+	pulmonale Symptome (Bronchospasmus. Lungenödem, Glottisödem)
3°	+	Schocksymptomatik (Tachykardie, Blutdruckabfall)
4°		Herz-Kreislauf-Atemstillstand, kardiopulmonale Reanimation (CPR)

  Therapie: Sofortiges Beenden der Antigenzufuhr. Schocklagerung, O_2-Gabe, schnelle i.v.-Infusion über großlumige Venenkanüle, hochdosiert Steroide, Adrenalin, bei Bronchospamus auch Theophyllin; bei Schweregrad 4: Intubation und Beatmung, CPR.
- **Lagerungsschäden:**
  Häufigkeit, z.B. Schäden am Plexus brachialis, 0,02–0,06%! Druck, Zug, unphysiologische Lagerung an Extremitäten vermeiden, Abpolsterung von exponierten Stellen (Sulcus n. ulnaris, Fibulaköpfchen).
  Maligne Hyperthermie:
  Die MH ist eine lebensbedrohliche, akute pharmakogenetische Erkrankung, die während oder nach einer Allgemeinanästhesie auftreten kann. Sie wird durch sog. „Triggersubstanzen" ausgelöst. Die Vererbung der Prädisposition erfolgt autosomal-dominant mit einer Inzidenz von etwa 1:10000–30000. Als Triggersubstanzen gelten: alle Inhalationsanästhetika außer N_2O und alle DMR.
  Pathogenese: Anstieg der myoplasmatischen Kalziumkonzentration, verstärkte Energieproduktion in der Zelle mit Kontraktion der Filamente, dadurch Erhöhung von O_2-Verbrauch und CO_2-Produktion, Azidose, Hyperthermie, Hypertonie, Arrhythmie, Tachykardie. Frühsymptom: Masseterspamus unter Succinylcholin.
  Symptomatik der fulminanten MH-Krise:
  - Sinustachykardie
  - Endexspiratorischer CO_2-Anstieg
  - Metabolische Azidose
  - Muskelrigor
  - Fleckige Rötung der Haut
  - Abfall der Sauerstoffsättigung
  - Masseterspamus
  - Komplexe Arrhythmien
  - Zyanose und Hypoxämie
  - Hypotension
  - Elektrolytveränderungen
  - Rhabdomyolyse
  - Hyperthermie.

  Die Zyanose mit Tachykardie bei einem korrekt beatmeten Patienten ist pathognomonisch.
  Therapie: Beendigung der Zufuhr der Triggersubstanzen, Übergang auf i.v.-Anästhesie, schnellstmögliche Beendigung der Operation, Beatmung mit 100% O_2, Hyperventilation, Durchspülen des Narkosekreissystems mit O_2. Pharmakotherapie: Dantrolen 2,5 mg/kg KG i.v.-Infusion, Kühlung, forcierte Diurese, Ausgleich der Azidose, evtl. β-Blocker und Lidocain als antiarrhythmische Therapie. Hohe Letalität (behandelt etwa 10%), Ausstellen eines Notfallausweises, Untersuchung der Verwandten auf Disposition. Bei bekannter Disposition: triggerfreie Anästhesie (keine DMR, keine volatilen Anästhetika).
- **Hyperkaliämie:**
  Nach Gabe von Succinylcholin bei Patienten mit folgenden Erkrankungen: Verbrennungskrankheit, lange Immobilisation, neurologischen und muskulären Erkrankungen (längerdauernde Paresen, z.B. bei Apoplex, Querschnittssyndrom, Muskeldystrophie), maligne Hyperthermie. Symptome: Arrhythmien, Herzstillstand. Therapie: Reanimation, NaCl-Infusion, Calcium i.v., Ausgleich einer Azidose, Insulin + Glucose i.v., evtl. Hämodialyse oder -filtration.

K

1.3 Regionalanästhesie

Medikamente zur Regionalanästhesie — I.18

Lokalanästhetika (LA) bewirken eine reversible Blockade der Erregungsausbreitung an Nerven durch Beeinflussung der Membranen (Hemmung des schnellen Natriumeinstroms). In Abhängigkeit von der verwendeten Konzentration werden Fasern unterschiedlicher Dicke (A-, B-, C-Fasern = motorische, sensible und sympathische Fasern) blockiert, man spricht vom sog. Differenzialblock. Die höchsten Konzentrationen sind für die motorischen Fasern nötig, die niedrigsten für die sympathischen, die also auch am schnellsten blockiert werden. Man unterscheidet LA nach ihrer Struktur:

- **Ester-LA** (Procain, Chloroprocain, Tetracain), Abbau: hydrolytische Spaltung durch Cholinesterase.
- **Amid-LA** (Mepivacain, Lidocain, Prilocain, Bupivacain, Ropivacain), Abbau: hepatisch. Die einzelnen LA unterscheiden sich in Wirkstärke (benötigte Dosis und Konzentration), Wirkungseintritt (abhängig u.a. vom Anteil freier LA-Base, somit Wirkungsabschwächung bei saurem Gewebe-pH), Wirkdauer (Abbau), Toxizität (Plasmaspiegel, Maximaldosis). Der Zusatz von Vasopressoren wie Adrenalin verlängert die Wirkung (geringere Resorption) und reduziert die Toxizität. Bei jeder Blockade vergeht eine bestimmte Zeit bis das LA an den Nerven fixiert ist (Anschlagszeit), danach verändert sich die Ausdehnung der Blockade nicht mehr.

Formen und Techniken der Regionalanästhesie — I.19

- lokale **Infiltrationsanästhesie:** z.B. Feldblock um eine Wunde herum.
- **Leitungsanästhesien:** Blockade einzelner Nerven (z.B. N. ischiadicus).
- **Plexusanästhesien:**
  obere Extremität: alle Zugänge (axillär, supra- und infraklavikulär) zum Plexus brachialis.
  untere Extremität: alle Zugänge zum Plexus lumbosacralis: inguinal (sog. 3-in-1-Block), dorsal (sog. Psoaskompartmentblock).
- **i.v.-Regionalanästhesie** (Injektion von LA nach vorheriger Esmarch-Blutleere in eine Handrückenvene).
- **rückenmarknahe Regionalanästhesie:** Spinalanästhesie, Periduralanästhesie (thorakal, lumbal oder kaudal) oder kombinierte Spinal-Periduralanästhesie. Bei der Spinalanästhesie wird sowohl die Dura mater als auch die Arachnoidea unterhalb von L2 durchstochen und die LA-Lösung in den Liquorraum (subarachnoideal) injiziert. Es genügen geringe Dosen von LA zur Blockade (max. 4 ml der üblichen LA-Lösungen). Bei der Periduralanästhesie muss der Periduralraum mit hohen Volumina der LA-Lösung aufgefüllt werden, eine Steuerung der Ausbreitung ist über das injizierte Volumen möglich. Man benötigt etwa 1 – 1,5 ml/Segment. Die Spinalanästhesie kann mit LA-Lösungen durchgeführt werden, die bezogen auf das spezifische Gewicht des Liquors isobar, hyperbar oder hypobar (kaum verwendet) sind. Bei Verwendung hyperbarer Lösungen kann die Ausbreitung der Blockade durch die Schwerkraft (Lagerung) beeinflusst werden; die Kopftieflage während der Anschlagszeit führt zu einer weit kranialen Ausbreitung der Spinalanästhesie.

Komplikationen der Regionalanästhesie — I.20

- Allergie: Echte Allergien auf LA sind sehr selten. Beim Abbau von Ester-LA entsteht Paraaminobenzoesäure, die bei Patienten mit Paragruppenallergie zu allergischen Reaktionen führen kann.
- Nervenläsionen: selten. Verursacht durch direktes Trauma oder intraneurale Injektion; durch Verwendung von Nervenstimulatoren seltener geworden.
- Komplikationen rückenmarknaher Anästhesien: vasovagale Reaktion bei der Punktion (sofortiger Blutdruckabfall und Bradykardie). Blutdruckabfall durch Sympathikolyse und Bradykardie (Blockade der Nn. accelerantes, Th 2 – 4) bei hoher kranialer Ausbreitung ca. 5 – 10 min nach Punktion. Besonders gefährlich: totale Spinalanästhesie (versehentliche subarachnoidale Injektion bei geplanter Periduralanästhesie mit 4 – 5fach höherer Dosis). Infektionen (sehr selten) z.B. bei Peridural- und Spinalkathetern. Liquorunterdrucksyndrom mit lageabhängigem Kopfschmerz nach Durapunktion mit großkalibriger Kanüle, Harnverhalt.
- Akzidentelle intravasale Injektion, systemische Toxizität: initial zentrale Erregung: Unruhe, metallischer Geschmack, Sprachstörung, Erbrechen, Krämpfe, dann zentrale Depression: Atemstillstand, Bewusstlosigkeit, Arrhythmien, schwere Kreislaufdepression. Therapie: O_2-Gabe, Intubation, Beatmung, Antikonvulsiva (Diazepam, Thiopental), Vasopressoren, Atropin.
- Bei rückenmarknaher Opioidgabe: Pruritus, späte (selten: frühe) Atemdepression, Harnverhalten.

H00 !

Frage 1.9: Lösung A

Die Symptome einer Intoxikation mit Lokalanästhetika (LA) sind dosisabhängig zentrale Erregung (Unruhe, Krämpfe, metallischer Geschmack, Tinnitus) und nachfolgend zentrale Depression (Benommenheit, Taubheitsgefühl der Zunge, Sprachstörung, Bewusstseinstrübung bis zur Bewusstlosigkeit, nachfolgender Herz-Kreislauf-Atemstillstand). Karpopedalspasmen sind ein Symptom muskulärer Übererregbarkeit bei Erniedrigung der ionisierten Kalziumfraktion im Plasma bei Hyperventilation, z.B. im Rahmen der Hyperventilationstetanie.

Kontraindikationen für eine Regionalanästhesie — I.21

- Fehlende Einwilligung oder Kooperationsfähigkeit des Patienten
- Infektion im Bereich der Einstichstelle (saurer Gewebe-pH, weniger LA-Base, Wirkungsabschwächung)
- Allergie
- Bei rückenmarknahen Regionalanästhesien zusätzlich: Gerinnungsstörung (Gefahr: epidurales Hämatom), unbehandelte Hypovolämie, Schock, kardiale und pulmonale Dekompensation, Sepsis.
  Anatomische Veränderungen (z.B. Skoliose) oder Voroperationen sind nur relative Kontraindikationen.

F00

Frage 1.10: Lösung E

Die Lösung dieser Frage ist nicht ganz eindeutig. Pruritus, Harnverhalt und die seltene, spät (nach Stunden) auftretende, dosisabhängige Atemdepression durch rostrales Aufsteigen der epidural gegebenen Opioiddosis mit Beeinträchtigung des Atemzentrums sind eindeutige, typische Komplikationen der postoperativen epiduralen Opioidanalgesie (vgl. (A), (C) und (D)). Hypertensive Krisen treten nie auf, die Blutdrücke sinken eher. Eine unmittelbar einsetzende Atemdepression ist sehr selten (bei versehentlicher intravasaler Lage des Katheters, grober Fehldosierung oder abnormer Empfindlichkeit auf Opioide) (B).

1.4 Unmittelbar postoperative Versorgung

Postoperative Versorgung im Aufwachraum und auf Intensivstationen — I.22

In der unmittelbar postoperativen Phase muss der Patient fachgerecht in einer Aufwacheinheit von Fachpersonal überwacht werden. Dauer und Intensität der Überwachung richten sich nach Eingriffsart und Zustand des Patienten (Vorerkrankungen, Alter, Vitalfunktionen etc.). Die Verlegung auf eine allgemeine Pflegestation erfolgt nach Übergabe durch den Anästhesisten an das Pflegepersonal der übernehmenden Station. Ambulante Patienten können in Begleitung der Angehörigen nach Sicherstellung der häuslichen Versorgung bei stabilem Zustand entlassen werden.

Typische postoperative Komplikationen sind respiratorische Insuffizienz (atemmechanische und Gasaustauschstörungen), kardiozirkulatorische Probleme (Hypo- und Hypertonie, Arrhythmie, Herzinsuffizienz, Angina pectoris), Anästhetikaüberhang, Erbrechen, zentral anticholinerges Syndrom.

Analgesie:

Systemisch: Opioide (z.B. Piritramid, Pethidin) i.m., i.v., als PCA (patientenkontrollierte Analgesie), auch epidural oder intrathekal (Morphin, Fentanyl, Sufentanil). Non-Opiode: Metamizol (langsame i.v.-Infusion), Paracetamol (rektal).

Regional: Katheter-Epidural-Analgesie, Katheter-Plexus-Analgesie (beispielsweise Plexus brachialis).

Kriterien für die Verlegung aus dem Aufwachraum:

- Zerebral: wacher, orientierter Patient, suffizient analgesiert.
- Vitalfunktionen stabil: Herzfrequenz, Blutdruck, Atemfrequenz, Atemzugvolumen, O_2-Sättigung.
- Keine operativen Komplikationen: keine Blutung, Wunddrainagen, Verbände, Lagerung etc. in Ordnung.

Treten Komplikationen auf, oder sind die Vitalfunktionen nicht zu stabilisieren, muss der Patient auf die Intensivstation verlegt oder chirurgisch revidiert werden. Nach lang dauernden Eingriffen oder bestimmten Operationen (große, neurochirurgische Eingriffe, Zweihöhleneingriffe etc.) wird der Patient primär auf eine Intensivstation gebracht.

1.5 Flüssigkeits- und Volumentherapie

Grundsätze zur perioperativen Volumensubstitution — I.23

Präoperativ bestehende Volumenverluste müssen ausgeglichen werden. Der Erhaltungsbedarf eines Erwachsenen beträgt 2 ml/kg KG/h einer Vollelektrolytlösung (d.h. einer Lösung, deren Natrium-Gehalt dem des Serums entspricht). Zusätzliche Verluste (z.B. Ileus, Erbrechen, Diarrhoe, Fieber) müssen entsprechend ersetzt werden. Monitoren sind Klinik (trockene Schleimhäute, „stehende Hautfalten“, Durst), Diurese (Oligurie), periphere Venenfüllung, kapilläre Wiederauffüllzeit am Nagelbett, Tachykardie, Hypotonie, erhöhter Hämatokrit, Azidose und zentraler Venendruck.
Intraoperative Verluste werden je nach Schwere des Operationstraumas und Blutverlusts mit 4–10 ml/kg KG/h zusätzlich zum Erhaltungsbedarf ersetzt. Postoperativ erhalten die Patienten den Erhaltungsbedarf sowie den Ausgleich zusätzlicher Verluste (Wundsekrete, Drainagen etc.).

Volumenersatzlösungen bei Blutungen — I.24

Bei Blutungen muss Volumen ersetzt werden, die Indikation zur Transfusion wird in Abhängigkeit von den Grunderkrankungen bei Normovolämie u.U. erst bei Hämatokritwerten um 20% gestellt.
Kristalloide Lösungen:
z.B. Ringer-Lactat-Lösung. Sie sind billig, die intravasale Verweildauer ist kurz und der Volumeneffekt damit gering.
Kolloidale Lösungen:
Gelatine, Hydroxyethylstärke (HAES), Dextrane, Humanalbumin (keine Indikation für initialen Volumenersatz!). Verlängerte intravasale Verweildauer (Gelatine < Dextrane, HAES) von bis zu 4 h, guter Volumeneffekt abhängig von Konzentration und Molekülgröße. Dextrane sind wegen häufiger, schwerer anaphylaktischer Reaktionen (auch nach Vorgabe von monomolekularem Dextran) nicht das Mittel der ersten Wahl. Gerinnungs- und Nierenfunktionsstörungen sowie Juckreiz sind Nebenwirkungen von HAES.

Therapie mit Blutkomponenten — I.25

Eine Transfusion von Blut und Blutkomponenten hat spezifische Risiken:
- **Infektionen:** Das vom Patienten gefürchtete Risiko, eine HIV-Infektion, ist mit einem Risiko von $1:10^6$ die seltenste Komplikation. Relevant ist die Übertragung von Hepatitiden mit einem Risiko von etwa 1 : 2800 (Blutkonserven sind auf Hepatitis A, B und C getestet) oder der Zytomegalie.
- Die schwersten Transfusionskomplikationen sind **anaphylaktische Reaktionen** (Fremdeiweiß) und **hämolytische Transfusionsreaktionen** durch Blutgruppeninkompatibilität, meist im ABO-System (häufigste Ursache: blutgruppenungleiche Transfusion durch Verwechslung des Patienten! Daher: Bedside-Test mit Testseren und Patientenblut zur Identifikation der Blutgruppe und Vergleich mit der Konservenblutgruppe unmittelbar vor der Transfusion am Patientenbett).
  Therapie: Stoppen der Transfusion, Schocktherapie, intensivmedizinische Behandlung, Asservierung von Konserve und Patientenblut zur Klärung der Reaktion.
- **Febrile Transfusionsreaktionen** meist durch Anti-Leukozyten-Antikörper (relativ harmlos) oder nach bakterieller Kontamination der Konserve.

Kreuzprobe: Vor jeder Transfusion wird bei der Kreuzprobe Patientenserum mit Spendererythrozyten (Major-Test) und Patientenerythrozyten mit Spenderserum (Minor-Test) geprüft. Die Kreuzprobe dauert – für alle ungeduldigen Anästhesisten viel zu lange – etwa 40 min! Im absoluten Notfall kann ungekreuztes Blut der Gruppe 0 neg. gegeben werden.
Komponententherapie: Vollblutkonserven werden heute praktisch nicht mehr verwendet. Die Blutspende wird in die Komponenten Erythrozytenkonzentrat (EK) und Frischplasma („Fresh Frozen Plasma“, FFP) sowie Thrombozytenkonzentrat getrennt. Weiter sind aus gepooltem Plasma einzelne Gerinnungsfaktoren erhältlich (z.B.: Fibrinogen, AT3), die nur unter strenger Indikation gegeben werden.
Transfusionsindikation: Wird immer enger gestellt. Als absolute Indikation gilt ein Hämatokrit (HK) von < 20% beim Gesunden (Zeugen Jehovas haben in Einzelfällen HK-Werte von 10% überlebt), wobei bei der individuellen Entscheidung jedes Anzeichen einer Unterversorgung der Organe mit O_2 eine Indikation zur Transfusion darstellt. Bei Transfusion von mehr als 4 EK muß 1 FFP pro 2 EK zur Therapie der Verlustkoagulopathie transfundiert werden.

Fremdblut sparende Methoden — I.26

- Präoperative Eigenblutspende: Herstellung von Eigen-EK und Eigen-FFP. Vor elektiven Eingriffen. Die Eigen-EK sind 49 Tage haltbar, das FFP 1 Jahr. Kontraindikationen: Anämie mit HK < 30%, manifeste respiratorische

und kardiale Insuffizienz, Infektionen, schwere Gerinnungsstörungen.
- Präoperative Hämodilution: unmittelbar präoperative Abnahme einer Eigenblutkonserve und Ersatz durch kolloidale Lösungen. Nach Blutverlust Retransfusion.
- Maschinelle Autotransfusion: Absaugung, Aufbereitung (Waschen) und Retransfusion des bei der OP anfallenden Bluts. Kontraindikation: bakterielle Kontamination, Tumoroperationen.

2 Grundlagen der intensivmedizinischen Behandlung

2.1 Behandlung, Überwachung, Pflege des Patienten

Ursachen und Mechanismen respiratorischer Insuffizienz — II.1

- **Akut:**
  - Verlegung und Schädigung der Atemwege: Aspiration, Sekretverhalt, Schwellung, Kompression, Laryngospasmus.
  - Bewusstseinsstörungen: z.B. Intoxikationen, Anästhesieüberhang, zerebrale Erkrankungen. Symptome: Hypoventilation bis zur Apnoe, Aspiration.
  - Akute pulmonale und kardiale Erkrankungen: Lungenödem, Pneumonie, Pleuraerguss, Lungenembolie.
  - Trauma und postoperative Ateminsuffizienz: Thoraxtrauma mit Pneumathorax, Lungenkontusion, Rippenserienfraktur (schmerzbedingte Hypoventilation), Oberbaucheingriffe mit schmerzbedingter Hypoventilation, Atelektasen, verminderter Hustenstoß.
- **Chronisch:**
  - Metabolische Erkrankungen mit erhöhtem O_2-Verbrauch: Sepsis, Hyperthyreose.
  - Neuromuskuläre Erkrankungen: Guillain-Barré-Syndrom, myasthenische Krise.
  - Chronische obstruktive Lungenerkrankungen: Asthma bronchiale, Empyhsembronchitis.
  - Chronische restriktive Lungenerkrankungen: z.B. Lungenfibrose.

Therapieprinzipien bei respiratorischer Insuffizienz — II.2

Kausal:
- Freimachen und -halten der Atemwege: stabile Seitenlagerung, evtl. Überstrecken des Kopfes, Absaugung von Sekreten, Fremdkörperentfernung, gegebenenfalls Oropharyngealtubus (Guedel).
- Entlastung eines Pneumothorax, Hämatothorax oder Pleuraergusses.
- Analgesie: z.B. bei Rippenfrakturen, Oberbaucheingriffen. Systemisch: Opioide (z.B. Piritramid) + Nonopioide (Metamizol, Paracetamol, NSAR). Regional: beispielsweise Interkostalblockade, Katheter-Periduralanalgesie.
- Infektbehandlung: Antibiotika, Temperatursenkung.
- Antiobstruktive Therapie: Theophyllin, β_2-Mimetika, Steroide.
- Rekompensation einer Herzinsuffizienz: Diuretika, ACE-Hemmer, Digitalis, Dopamin.

Symptomatisch:
- O_2-Gabe per Maske, Erhöhung der FiO_2 (inspiratorische O_2-Konzentration).
- Atemtherapie: IPPB (Intermittent Positive Pressure Breathing), Hustentraining etc.
- Inhalationstherapie: Sekretverflüssigung.
- Physiotherapie: Mobilisation, Lagerungsdrainage, Vibrationsmassage.
- Intubation und Beatmung.

Indikationen zur Beatmung — II.3

- **Sicherung der Atemwege:**
  Bei Bewusstlosigkeit jeder Ursache (Glasgow-Coma-Scale: < 7), fehlenden Schutzreflexen, Blutungen, Verletzungen, Schwellungen, Operationen im Bereich der Atemwege.
- **Respiratorische Insuffizienz:**
  Partialinsuffizienz (Hypoxie, $pO_2 < 50$ mmHg bei Normokapnie), Globalinsuffizienz (Hypoxie und Hyperkapnie, d.h. $pO_2 < 50$ mmHg und $pCO_2 > 55$ mmHg) und Erschöpfung der Atemmuskulatur jeder Ursache.
- **Extrapulmonale Ursachen:**
  Linksherzinsuffizienz mit Lungenödem, alle Schockformen (hypovolämisch, kardiogen, neurogen, anaphylaktisch, septisch) auch bei noch nicht bestehender respiratorischer Insuffizienz, Organversagen (Niere, Leber, Herz, ZNS) und Multiorganversagen.

Kontrollierte Beatmungsverfahren — II.4

Sie werden bei Patienten eingesetzt, deren Spontanatmung ausgefallen (zentrale Apnoe, Relaxation etc.) oder nicht erwünscht ist (ARDS, seitengetrennte Beatmung). Ein **PEEP** (**P**ositive **E**nd**e**xspiratory **P**ressure) verhindert durch das Aufrechterhalten eines positiven Atemwegsdrucks am Ende der Exspiration ein Kollabieren der Alveolen und erhöht die funktionelle Residualkapazität (FRC). Er kann bei allen Beatmungsformen eingesetzt werden.

CMV (**C**ontrolled **M**andatory **V**entilation) = **IPPV** (**I**ntermittent **P**ositive **P**ressure **V**entilation): wird im Allgemeinen volumengesteuert (Einstellung von Atemminutenvolumen und Atemfrequenz) eingesetzt.

Varianten:

IRV (**I**nversed **R**atio **V**entilation). Es handelt sich um eine CMV, bei der das Inspirations-/Exspirationsverhältnis (I:E-Verhältnis) invers zum physiologischen (1 : 2) ist: z. B. 2 : 1.

PCV (**P**ressure **C**ontrolled **V**entilation): druckgesteuerte CMV (Einstellung von Atemfrequenz und zu erreichendem Druckniveau).

Neue Verfahren: „Pressure-release-ventilation (PRV)". Hierbei wird das Zugvolumen durch Nachlassen eines vom Respirator gehaltenen Drucks („pressure-release") erzeugt.

F00

Frage 2.1: Lösung B

Die respiratorische Hauptwirkung einer PEEP-Beatmung ist die Rekrutierung bis dato nicht belüfteter Alveolaren („recruitment") (1). Damit wird die funktionelle Residualkapazität (der Teil der gesamten Residualkapazität, der zur Vitalkapazität hinzugezogen werden kann) erhöht (3).

Da die maschinelle Beatmung nicht mehr vom Druck 0 mmHg aus startet, sondern vom endexspiratorisch erhöhten Druck, ist der Spitzendruck (und damit der mittlere Beatmungsdruck) natürlich höher. Typischer hämodynamischer Nebeneffekt ist die Senkung des Herzzeitvolumens; durch Erhöhung des intrathorakalen Drucks resultiert eine Senkung der thorako-abdominalen Druckdifferenz und Abfall des (passiven) venösen Rückstroms zum rechten Herzen. Diese Vorlastsenkung führt zur Senkung des Schlagvolumens und damit des Herzzeitvolumens.

Assistierte Beatmungsverfahren — II.5

Die Spontanatmung wird in unterschiedlichem Maß erhalten und unterstützt. Im Folgenden werden die Beatmungsformen in der Reihenfolge besprochen, wie sie im Verlauf einer Entwöhnung vom Respirator eingesetzt werden. Die Eigenleistung des Patienten nimmt sukzessive zu, als letztes werden reine Spontanatmungsverfahren aufgeführt:

BIPAP (**B**iphasic **P**ositive **A**irway **P**ressure): Es wird ein Atemzugvolumen (Tidalvolumen) durch den Wechsel zwischen zwei PEEP-Niveaus generiert. Die Frequenz des Wechsels entspricht der Beatmungsfrequenz. BIPAP ist eigentlich eine kontrollierte Beatmungsform, wobei aber der Patient zu jedem Zeitpunkt der Beatmung (bei In- und Exspiration) spontan atmen kann.

IMV (**I**ntermittent **M**andatory **V**entilation): Das Beatmungsgerät gibt eine bestimmte Anzahl von Atemzügen vor, in den Pausen dazwischen kann der Patient selbst atmen. Da die Atemzüge vom Gerät ohne Rücksicht auf die gerade erfolgte Atemaktion des Patienten abgegeben werden, wird dieses Verfahren heute kaum noch eingesetzt.

SIMV (**S**ynchronized **I**ntermittent **M**andatory **V**entilation): Die maschinellen Atemzüge werden im vorgegebenen Rahmen vom Patienten über einen sog. „Trigger" gesteuert, wodurch sich der Patient besser an das Gerät adaptiert.

SIMV + ASB: Die Spontanatmung kann zusätzlich druck- oder flowunterstützt werden (ASB, s. u.).

ASB (**A**ssisted **S**pontaneous **B**reathing): Es handelt sich um eine reine assistierte Spontanatmung (druck- oder flowunterstützt). Löst der Patient keinen Atemzug aus, resultiert eine Apnoe.

MMV (**M**inimum **M**andatory **V**entilation): Bei diesem besonderen Spontanatmungsverfahren kann der Patient völlig alleine atmen; sinkt sein AMV unter eine eingestellte Grenze innerhalb eines definierten Zeitraums, springt die maschinelle Beatmung an, um das AMV sicherzustellen und schaltet danach wieder ab.

CPAP (**C**ontinous **P**ositive **A**irway **P**ressure): Reine Spontanatmung, wobei der während der Inspiration normalerweise negative Atemwegsdruck vom Gerät positiv gehalten wird. CPAP-Atmung wird auch bei nicht intubierten Patienten über Masken eingesetzt (Atemtherapie, bei Schlafapnoesyndrom).

PPS (**P**roportional **P**ressure **S**upport): Weiterentwicklung der ASB mit interaktiver Anpassung der Druckunterstützung an die Spontanatmung des Patienten.

H98

Frage 2.2: Lösung D

Der Ausdruck „maschinell assistierende Beatmung" ist unpräzise. Das Spektrum assistierter Beatmung umfasst alle Beatmungsformen außer der kontrollierten maschinellen Beatmung (CMV) und der reinen Spontanatmung. In dieser Gruppe sind so unterschiedliche Beatmungsformen wie assistierte Spontanatmung (ASB) oder synchronisierte intermittierende maschinelle Beatmung (SIMV) zusammengefasst. Eindeutig falsch sind Lösung (A), da nach einer maschinellen Beatmung gefragt wurde, und Lösung (B), da die Erzeugung eines Unterdrucks vom Respirator nie eine Inspiration, sondern eine Exspiration einleiten würde. Die tiefe Sedierung und Muskelrelaxation verhindert die zur assistierenden Beatmung notwendige Spontanatmung des Patienten; die Erzeugung eines Überdrucks durch den Patienten ist durch Husten und Pressen möglich, aber sicher nicht Bestandteil eines Beatmungsverfahrens und daher unerwünscht.
Obwohl die Bestimmung der Atemfrequenz je nach assistierender Beatmungsform nur sehr eingeschränkt ermöglicht wird, ist Lösung (D) als richtig zu betrachten.

Nebenwirkungen der Beatmung — II.6

- **Kreislaufdepression:** Durch die Überdruckbeatmung wird die physiologische Druckdifferenz zwischen Thorax (negativ) und Abdomen (positiv), die den venösen Rückstrom zum rechten Herzen fördert, umgekehrt. Es resultiert eine Vorlastsenkung, die zum Absinken des Herzzeitvolumens (HZV) führt. Die Perfusion von Leber, Nieren und Darm kann dadurch bis zum Organversagen eingeschränkt sein.
- **Lungenschädigung:** mechanische Gewebsschädigung durch hohe Beatmungsdrucke (sog. Barotrauma), deshalb Begrenzung auf max. 35 mmHg. Durch hohe Tidalvolumina (sog. Volutrauma) ist ebenfalls eine Schädigung möglich. Beide Schädigungsformen verursachen einen irreversiblen fibrotischen Umbau der Lunge. Die wichtigste akut auftretende Komplikation ist der (Spannungs-) Pneumothorax.
- **Pulmonale Infektion:** Aufhebung physiologischer Atemwegverhältnisse (z.B. Klimatisierung, mucoziliäre Clearance) durch die Intubation sowie die durch parenterale Ernährung und Säurehemmung eingeschränkte gastrale Barriere fördern die Keimaszension und Entstehung pulmonaler Infekte (sog. Beatmungspneumonien).
- **Muskelatrophie:** Durch die Übernahme der Atemarbeit durch den Respirator kann es bei Langzeitbeatmung zur Muskelatrophie der Atem- und Atemhilfsmuskulatur kommen.
- **O_2-Toxizität:** Inspiratorische O_2-Konzentrationen über 50% über mehrere Tage können durch die Bildung freier O_2-Radikale zur toxischen Lungengewebsschädigung führen.
- **Erhöhung des intrakraniellen Drucks** (ICP) durch PEEP und Hypoventilation; zur Senkung des ICP wird therapeutisch die Hyperventilation auf P_aCO_2-Werte von 25–30 mmHg eingesetzt. Ein weiterer Abfall des P_aCO_2 unter 25 mmHg muss wegen der zu starken Drosselung der Hirndurchblutung vermieden werden.

F00

Frage 2.3: Lösung C

Unter jeder Form der Überdruckbeatmung (kontrolliert, assistiert, maschinell, manuell) ist der Spannungspneumothorax eine lebensbedrohliche Situation, die eine sofortige Entlastung durch Thoraxdrainage oder -punktion erfordert (C). Durch den Ventilmechanismus wird bei der Beatmung die Mediastinalverschiebung und der Kollaps der Lunge verstärkt; am ausgeprägtesten bei der Beatmung mit hohen PEEP-Werten oder manueller Blähung der Lunge mit hohen Drücken ((A) und (B)). Kann die Spontanatmung bis zum Legen der Thoraxdrainage erhalten werden, verschlechtert sich die Situation nicht ganz so dramatisch, aber auch hier ist die assistierte Beatmung zu vermeiden (E). Natürlich sinkt durch Mediastinalverschiebung und erhöhten intrathorakalen Druck bei Spannungspneumothorax die Vorlast und damit das Herzzeitvolumen; die kausale Therapie ist die Entlastung, und die Digitalisierung ist (wie auch bei allen Formen der akuten Linksherzinsuffizienz) zur Therapie ungeeignet (D).

Enterale und parenterale Ernährung — II.7

A: Enterale Sondenernährung

- **Indikationen:**
  Falls möglich, sollte immer so früh wie möglich die enterale Ernährung angestrebt werden.
- **Zusammensetzung:**
  Zucker, Proteine, Lipide mit Elektrolyten und Vitaminen je nach Indikation
- **Applikationswege:**
  nasogastrale, -duodenale oder -jejunale Ernährungssonden, perkutane endoskopisch kontrollierte Gastrostomie (PEG)

- **Vorteile:**
  - keine intravasalen Katheter nötig
  - physiologische Applikation, Erhaltung der normalen Darmfunktion
  - Aufrechterhaltung eines physiologischen Milieus im Magen mit Verhinderung der Keimaszension
  - beste Stressulkusprophylaxe
- **Nachteile:**
  - evtl. schwierige Initialphase mit Erbrechen, Regurgitation, Diarrhoe (bei hoher Osmolarität, großen Bolusgaben)
  - für Dauerernährung invasive Verfahren wie PEG erforderlich

B: Parenterale Ernährung

- **Indikationen:**
  - enterale Zufuhr nicht möglich (z.B. nach Operationen)
  - enterale Zufuhr nicht erwünscht (z.B. Nahrungskarenz bei Pankreatitis)
- **Zusammensetzung:**
  - immer normokalorisch (d.h. beim 75 kg schweren Erwachsenen 2000–2500 kcal/24 h)
  - Glukose (1000 ml Glucose 40% = 1600 kcal)
  - Lipide (1000 ml 10%ige Lipidlösung = 1100 kcal)
  - 1–1,5 g Aminosäuren/kg KG/24 h
  - Elektrolyte (Kalium, Natrium, Magnesium, Spurenelemente) sowie wasser- und fettlösliche Vitamine
- **Applikationswege:**
  über perkutane zentralvenöse Katheter oder bei Langzeiternährung über implantierte Portsysteme
- **Vorteile:**
  - normo- bis hochkalorische Ernährung einfach
  - Unabhängigkeit von intakter Magen-Darm-Funktion
- **Nachteile:**
  - Infektionsrisiko, zunehmend mit Liegedauer der Katheter
  - zentralvenöser Zugang erforderlich, Thromboserisiko
  - medikamentöse Stressulkusprophylaxe notwendig
  - häufige Laborkontrollen
  - Keimaszension, Beatmungspneumonien häufiger

Bildgebende Diagnostik II.8

Wichtigste und ohne Transport durchführbare diagnostische Maßnahmen sind:

Diagnostische Maßnahme:	Aussage über:
Thoraxröntgenaufnahmen	Tubuslage, Herzgröße, Lungenstauung, Infiltrate, Pneumo-, Hämatothorax, Pleuraerguss, Mediastinum, Drainagenlage
Abdominalsonographie	freie Flüssigkeit, intraabdomineller Abszess, Veränderungen an Nieren, Leber, Milz und Gallenblase, Peristaltik
Echokardiographie	Perikarderguss, Kontraktilität, Größe der Herzhöhlen, Klappenfunktion, Narben, Aneurysmen, Hyperthrophie, Rechtsherzbelastung
Abdomenübersichtsaufnahmen	Ileus, Perforation (freie Luft), Drainagenlage

Zusätzliche aufwendige Verfahren bei bestimmten Fragestellungen:
Computertomographie (CT): Schädel (Verdacht auf Hämatom, Ischämie, Fraktur), Thorax (beim ARDS), Abdomen (z.B. Pankreatitis).
Kernspintomographie (NMR): z.B. Meningitis, Enzephalitis, Stammhirnprozesse.

H97

Frage 2.4: Lösung D

Hypokaliämie (mit intrazellulärem K^+-Mangel) erhöht die Spontanaktivität von Vorhöfen und Ventrikeln, Tachyarrhythmien sind möglich. Die proarrhythmische Digitaliswirkung (intrazelluläre Ca^{2+}-Konzentration steigt) ist verstärkt, die Toleranz gegenüber Herzglykosiden ist vermindert. Hypokaliämie verursacht allgemein eine Schwäche der Skelettmuskulatur (Adynamie, erhöhte Empfindlichkeit gegenüber Muskelrelaxanzien) und eine Tonusminderung der glatten Muskulatur (bis zum paralytischen Ileus). Schwere Hypokaliämien sind entweder durch β-adrenerg wirkende Substanzen verursacht (Adrenalin, β_2-Mimetika wie Terbutalin etc.) oder durch gastrointestinale oder renale Kaliumverluste, die mit erhöhter Freisetzung β-adrenerg wirkender Substanzen einhergehen. Alle β-adrenerg wirkenden Substanzen wirken den Insulineffekten entgegen: Zucker wird nicht nach intrazellulär transportiert, die Serumglukosewerte steigen, die Glukosetoleranz ist herabgesetzt.

2.2 Spezielle Aspekte der operativen und nicht operativen Intensivmedizin

Akutes Abdomen II.9

Definition: Akute, lebensbedrohliche Erkrankungen, die vom Abdomen ausgeht oder deren Symptome ins Abdomen projiziert werden.
Klinik: Schmerzen, gestörte Magen-Darm-Passage, Abwehrspannung, Peritonismus, Schock. Zur Differenzialdiagnose gehören auch internistische Erkrankungen, wie der akute Myokardinfarkt, Pneumonien und Stoffwechselerkrankungen (akute intermittierende Porphyrie, Urämie und Hyperglykämie).
Therapie: keine enterale Zufuhr, Legen einer Magensonde. Stabilisierung der Vitalfunktionen: Schaffung venöser Zugänge einschließlich eines zentralvenösen Katheters, Infusionstherapie mit Ausgleich von Elektrolytverlusten (Kalium), Korrektur von Störungen im Säure-Basen-Haushalt nach Blutgasanalyse. Analgesie, O_2-Gabe, Sicherung der Atemwege, evtl. Intubation (alle Vorsichtsmaßnahmen bei der Narkoseeinleitung nicht nüchterner Patienten!) und Beatmung. Operation bei gegebener Indikation erst nach erfolgter Stabilisierung.

Akutes Lungenversagen, Acute Respiratory Distress Syndrome (ARDS) II.10

Akutes Lungenversagen ist gekennzeichnet durch die Aktivierung körpereigener Mediatorsysteme mit diffuser alveolärer Schädigung, Mikrothrombosen, Stase in den Kapillaren und Aggregation von Entzündungszellen. Die Folgen sind: arterielle Hypoxämie, pulmonalarterielle Hypertonie, radiologische Zeichen des Lungenödems und starres Lungengewebe mit geringer Compliance. Die Verläufe sind bei unterschiedlichen Ursachen uniform: primäre Lungenerkrankungen (Pneumonie, Aspiration, Lungenkontusion), protrahierter Schock jeder Ursache, Intoxikationen, Polytrauma, Sepsissyndrom, Multiorgandysfunktion (MODF), Massivtransfusion. Endpunkt ist die irreversible Lungenfibrose.
Klinik: Ausgeprägte respiratorische Insuffizienz mit Hypoxämie und Hyperkapnie, Tachypnoe. Zunahme des pulmonalen Shunts mit massiver Veränderung der Ventilations-/Perfusionsverhältnisse, Abnahme der Compliance, „Capillary leak" mit interstitiellem und alveolärem Ödem. Radiologisch beidseitige, fleckige Infiltrate („weiße Lunge").

Kausale Therapie: Versuch, die Grunderkrankung zu beheben.
Symptomatische Therapie: Beatmung mit differenzierten Beatmungsmustern (druckkontrollierte Beatmung mit PEEP, evtl. IRV) um die Spitzendrücke möglichst unter 35 mbar zu halten (Barotrauma) und die Atemzugvolumina klein zu halten (Volutrauma), auch unter Tolerieren höherer P_aCO_2-Werte (sog. „permissive Hyperkapnie"). Absaugen (auch bronchoskopisch) von Bronchialsekret, Lagerungsdrainage, Beatmung in Bauchlage, evtl. Einsatz kinetischer (drehbarer) Betten. Gezielte Antibiotikatherapie. Sorgfältige Bilanzierung, eher negative Flüssigkeitsbilanz anstreben, Monitoring mit Pulmonaliskatheter zur Optimierung der Therapie. Möglichst enterale Ernährung. Bei therapieresistenter progedienter Hypoxämie und Erfüllung der (strengen) Auswahlkriterien evtl. extrakorporale Membranoxygenierung (ECMO) in spezialisierten Zentren. Therapie der begleitenden Multiorgandysfunktion (z.B. Niere, Herz/Kreislauf, Leber). Aktuelle Konzepte beinhalten die Rekrutierung (Wiedereröffnung) verschlossener Alveolarbezirke durch spezielle Beatmungsmanöver („Open the lung and keep it open") und die Verhinderung des Alveolerkollapses durch endobronchiale Gabe von Surfactant.

Myokardinfarkt II.11

- **Diagnose:**
  Typische Klinik mit lageunabhängigem retrosternalem Druckgefühl, möglicher Ausstrahlung in Hals, Arme, Rücken und Oberbauch, keiner Besserung auf Nitroglyceringabe, vegetativer Begleitsymptomatik mit Übelkeit, Erbrechen, Bradykardie, Schwitzen. Im **EKG** sehr früh „Erstickungs-T", dann ST-Hebung im Akutstadium. Später R-Verlust und Ausbildung eines terminal negativen T. Bei Veränderungen in Ableitung I, II, aVL, V1 –V4: Vorderwandinfarkt; bei Veränderungen in Abl. II, III, aVF: Hinterwandinfarkt. **Enzymdiagnostik:** als frühester Parameter wird der Troponin T-Test positiv, dann Anstieg von CK, CK-MB, GOT innerhalb von 4–5 h. LDH-Anstieg erst im Verlauf.
- **Therapie:**
  Innerhalb der ersten 6 h nach Infarktereignis kann die thrombolytische Therapie mit Gewebsplasminogenaktivator (t-PA), Streptokinase oder Urokinase eingesetzt werden. Bei Kontraindikationen gegen die Thrombolyse und Versagen der konventionellen Therapie ist die **Akut-PTCA** (perkutane transluminale Koronarangioplastie) möglich.

Standardtherapie (zusätzlich zur Thrombolyse/PTCA):
- Analgesie (bevorzugt mit Morphin i.v.),
- O_2-Gabe,
- Antikoagulation mit Heparin i.v. unter Kontrolle der PTT,
- Thrombozytenaggregationshemmung mit Acetylsalicylsäure,
- Nitroglycerin parenteral,
- β-Blocker (beim Fehlen von Kontraindikationen: z.B. chronisch obstruktive Lungenerkrankung, schwere AVK, Herzfrequenz < 50/min, AV-Block II° und III°) p.o.,
- ACE-Hemmer (frühzeitig, beeinflusst die Entwicklung einer Herzinsuffizienz) p.o.,
- Anxiolyse mit Benzodiazepinen p.o.,
- Bettruhe.

Bei Linksdekompensation Diuretika (z.B. Furosemid), Katecholamine (Dobutamin, Dopamin), Phosphodiesterasehemmer, Flüssigkeitsrestriktion, O_2-Gabe; beim kardiogenen Schock Intubation, Beatmung, gegebenenfalls intraaortale Ballongegenpulsation.

Monitoring: Arrhythmieüberwachung (cave: Reperfusionsarrhythmien nach Thrombolyse), Pulsoxymetrie, evtl. zentraler Venendruck und Pulmonalarterienkatheter.

Sepsis und Sepsissyndrom (Systemic Inflammatory Response Syndrome, SIRS) — II.12

- **Definition** der Sepsis:
  Gesamtheit der lebensbedrohlichen Krankheitserscheinungen und pathophysiologischen Veränderungen als Folge der Wirkung pathogener Keime und ihrer Produkte, die aus einem Infektionsherd in den Blutstrom eindringen, große biologische Kaskadensysteme und spezielle Zellsysteme aktivieren und die Bildung und Freisetzung humoraler und zellulärer Mediatoren auslösen.
  Die Sepsis ist also als mediatorvermitteltes Krankheitsbild zu sehen, an dessen Ende die Multiorgandysfunktion (MODF) und das Multiorganversagen (MOF) stehen. Typischerweise betroffene Organe sind Niere, Lunge, Leber, Darm, Herz/Kreislaufsystem und ZNS.
- **Klinische Kriterien:**
  - Fieber > 38,8 °C oder Hypothermie < 35,5 °C,
  - Tachypnoe > 24/min oder Hypokapnie (P_aCO_2 < 32 mmHg),
  - Tachykardie > 100/min,
  - Leukozyten > 15 000/mm^3 oder < 5000/mm^3,
  - Nachweis von mindestens einem der Indikatoren einer inadäquaten Organperfusion oder einer Organfunktionsstörung wie Bewusstseinsstörung, Hypoxämie (P_aO_2 < 75 mmHg unter Raumluft), Laktatanstieg > 1,6 mmol/l, Diurese < 30 ml/h, Abfall des systolischen arteriellen Blutdrucks unter 100 mmHg.

  Ein sehr ähnliches Krankheitsbild kann auch ohne primär mikrobielle Infektion entstehen. Die Aktivierung der Mediatorsysteme kann durch Traumen, Intoxikationen, Schock jeder Ursache oder Massivtransfusion induziert werden, man spricht vom **Sepsissyndrom** (**S**ystemic **I**nflammatory **R**esponse **S**yndrome, **SIRS**).
- **Therapie:**
  Sepsis: Chirurgische Sanierung des Infektionsherdes, Entfernen infizierter intravasaler Katheter. Antibiotische (auch antimykotische) Therapie, z.B. mit Cephalosporinen (3. Generation) oder Penicillinen + Metronidazol + Aminoglykosid; Reservemittel sind Gyrasehemmer (z.B. Ofloxacin) oder Carbapeneme (z.B. Imipenem). Allgemeine Intensivtherapie mit Prophylaxe und Therapie von MODF und MOF: Sicherstellung der Oxygenierung durch O_2-Gabe, Intubation und Beatmung. Optimieren der Organperfusion durch Infusionstherapie (kolloidale und kristalloide Lösungen) und gegebenenfalls Transfusion, Korrektur von Säure-Basen- und Elektrolytstörungen sowie Gabe vasoaktiver und positiv inotroper Katecholamine (Noradrenalin, Dopamin, Dopexamin, Dobutamin, Adrenalin). Invasives Monitoring mit arterieller Druckmessung, zentralem Venenkatheter, Pulmonaliskatheter. Beim Nierenversagen extrakorporaler Nierenersatz (z.B. kontinuierliche veno-venöse Hämofiltration, CVVHF). Möglichst enterale Ernährung, Stressulkusprophylaxe. Niedrigdosiertes Heparin i.v. zur Prophylaxe einer disseminierten intravasalen Gerinnung (DIC); bei manifester Verlust- oder Verbrauchskoagulopathie Gabe von FFP, Gerinnungsfaktoren (z.B. AT 3) und Thrombozytenkonzentraten. Die Wirksamkeit spezieller Therapien (Immunglobuline, monoklonale Antikörper, Mediatorenblocker, Mediatorenelimination) ist nicht belegt.
  SIRS: Frühe Osteosynthesen bei Polytraumen nach Abschluss der Stabilisierungsphase und Giftelimination bei Intoxikationen sind Möglichkeiten zur kausalen Therapie. Die allgemeine Intensivtherapie ist dieselbe wie bei der Sepsis.

Verbrennung/Verbrühung **II.13**

- **Tiefenausdehnung und Symptome:**
  I°: Erythem, Schmerzen, Schädigung des Stratum corneum.
  II° Blasenbildung, starke Schmerzen, Nekrose der gesamten Epidermis und obersten Koriumschicht.
  III°: Nekrose aller Hautschichten.
  IV°: Verkohlung, Zerstörung von tiefergelegenen Organen (Muskulatur, Knochen etc.)
- **Flächenausdehnung:**
  Neuner-Regel nach Wallace zur Abschätzung der verbrannten Körperoberfläche (VKOF):

Körperregion	*Erwachsene*	*Säuglinge*
Kopf	9%	18%
1 Arm	9%	9%
1 Bein	18%	14%
Rumpfvorderseite	18%	18%
Rumpfhinterseite	18%	18%

- **Therapie:**
  Nach präklinischer Versorgung mit Kaltwasserbehandlung (cave: Hypothermie! Daher normales Leitungswasser, max. 10 min lang kühlen), Analgesie und Infusionstherapie sind folgende Punkte wichtig:
  - Infusionstherapie mit kristalloiden Lösungen nach der Baxter-Formel:
    % VKOF × 4 = ml Elektrolytlösung/24 h (max. berechnet für 50% VKOF),
  - bei > 30% VKOF zentraler Venenkatheter,
  - Analgesie mit Ketamin oder Fentanyl i. v.,
  - bei Verdacht auf zusätzliches Inhalationstrauma und Verbrennungen im Gesicht und Halsbereich frühe Indikation zur Intubation und Beatmung und inhalative Steroidgabe.
  - Vermeidung einer Hypothermie,
  - Stressulkusprophylaxe,
  - Tetanusprophylaxe,
  - Laborkontrollen: Blutzucker, Hämoglobin, Hämatokrit, Elektrolyte, Kreatinin, Harnstoff, Gesamteiweiß täglich,
  - bei Abfall des kolloidosmotischen Drucks unter 15 mmHg im weiteren Verlauf: Substitution mit künstlichen Kolloiden (HAES, Gelatine) und natürlichen Kolloiden (FFP, Humanalbumin),
  - intensive bakteriologische Untersuchung aller Verbrennungswunden, Blutkulturen,
  - Nekrosektomie, lokale Therapie (z.B. Silbersulfadiazin, Polyvidon-Jod),
  - ab dem 3. Tag enteraler und parenteraler Ernähungsaufbau,
  - außer am 1. Tag ist die Verbrennungskrankheit eine Kontraindikation für Succinylcholin zur Intubation (Kalium-Liberation).

H96

Frage 2.5: Lösung B

Veränderungen der Serum-Eisenwerte manifestieren sich nur in größeren Zeiträumen. Schwankungen der Glucosewerte sind bei Traumapatienten (z.B. Verbrennung) sehr häufig (Postaggressionsstoffwechsel mit Hyperglykämie), der Eiweißverlust (wichtigste Fraktion: Albumin) bei großflächigen Verbrennungen (Exsudation) ist hoch, tägliche Kontrollen sind sinnvoll. Verbrennungspatienten sind durch prärenales (Hypovolämie) und renales („Crush-Niere") Nierenversagen gefährdet, tägliche Kontrollen von Kreatinin und Harnstoff sind erforderlich. Außer bei klinischem Verdacht gibt es keinen Grund für tägliche Bestimmung der Transaminasen.
Siehe auch Lerntext II.13.

Wirbelsäulenverletzungen **II.14**

In der Stabilisierungsphase nach der präklinischen Versorgung können Wirbelsäulenverletzungen meist nicht primär operativ versorgt werden, und die Stabilisierung der Vitalfunktionen steht im Vordergrund. Bei neurologischer Funktionsstörung muss initial reponiert und frühestmöglich operativ stabilisiert werden. Bis dahin müssen die Patienten in der Intensivstation entsprechend stabil gelagert und bei instabilen BWK-Frakturen gegebenenfalls durch Gesamtextension des Körpers (Crutchfield-Klammer am Kopf, Extension an beiden Oberschenkeln) stabilisiert werden. Die präklinisch begonnene medikamentöse Therapie bei Rückenmarkschädigung mit Methylprednisolon nach dem Bracken-Schema wird in der Intensivstation fortgesetzt.

Notfallmedizin

1 Akute Störungen der Atmung

Ätiologie von Atemstörungen — I.1

Obstruktive Ventilationsstörungen (Verlegung der Atemwege):
Lokalisation:

vom Mund bis zu den Segmentbronchien	von den Segmentbronchien bis zur Aleveole
– Zurückfallen der Zunge	– Asthma bronchiale
– Bolusaspiration (z. B. Speisen, Gebißteile) – Schwellung von Lippe, Zunge, Larynx, Trachealschleimhaut (z. B. Quincke-Ödem, Insektenstich, thermische oder chemische Läsion, Laryngotracheobronchitis, Epiglottitis)	– exogen allergische Alveolitis
– Bronchialkarzinom	

Restriktive Ventilationsstörungen
- Pneumo-, Sero- und Hämatothorax
- Lungenödem
- Pneumonie
- Aspiration
- Thoraxtrauma mit Lungenkontusion
- Pneumokoniosen

Perfusionsstörungen
- Lungenembolie (auch Fett- und Fruchtwasserembolie).

Neurogene Atemstörungen
Lokalisation:

Gehirn (Schädigung der Atemzentren, Hirndruckerhöhung durch Hirnödem oder Blutung mit Einklemmung)	**Rückenmark**
– Schädel-Hirn-Trauma (SHT)	– Akute idiopathische demyelinisierende Polyneuritis (AIDP, Guillain-Barré-Syndrom)
– Schlaganfall	– neuromuskuläre Erkrankungen (z. B. Myasthenia gravis)
– Enzephalitis, Meningitis	– zervikales Querschnittsyndrom
– Intoxikation	– Poliomyelitis

Klinik von Atemstörungen — I.2

- **Leitsymptome:**
  - **Dyspnoe** (subjektive Atemnot).
  - **Orthopnoe** (Luftnot des aufrecht sitzenden Patienten unter Einsatz der Atemhilfsmuskulatur).
  - **Zyanose** (nicht bei schwerer Anämie mit Hb < 5 g/l, CO- und Zyanidintoxikation).
  - **Hypoventilation** (oberflächliche Atmung, vermindertes Atemzugvolumen).
  - **Tachypnoe** (Atemfrequenz > 30).
  - **Bradypnoe** (Atemfrequenz < 10), z. B. bei Opioidintoxikation.
- **Befunde:**
  - **Inspektion:** zur Beurteilung eingeschränkter Atemexkursion, Speichelfluss (Epiglottitis), Verlegung der Atemwege, Einflussstauung und Zyanose (nach Trauma: Mediastinalemphysem!), inverser/paradoxer Atmung, Prellmarken, Nasenflügeln.
  - **Palpation:** Prüfung der Thoraxstabilität, Krepitation bei Rippenfrakturen, Knistern bei Hautemphysem.
  - **Perkussion:** Dämpfung bei Hämatothorax, hypersonorer Klopfschall bei Pneumothorax.
  - **Auskultation:** inspiratorischer Stridor bei Verlegung der oberen Luftwege, einseitig abgeschwächtes Atemgeräusch bei Pneumothorax, verlängertes Exspirium bei verschärftem Atemgeräusch und trockene Rasselgeräusche (RG) bei Asthma bronchiale, feuchte RG bei Pneumonie und Linksdekompensation. Cave: erstes Zeichen der Linksdekompensation ist ein verschärftes Atemgeräusch vor dem Auftreten feuchter RG.
- **Apparative Diagnostik:**

Pulsoxymetrie, Blutgasanalyse, Röntgenaufnahme des Thorax.

Häufig geprüft:
Differenzialdiagnose Epiglottitis – Laryngotracheobronchitis beim Kleinkind

Symptom	Epiglottitis	Laryngotracheobronchitis (Pseudokrupp)
hohes Fieber	praktisch immer	selten > 39 °C
Speichelfluß	+++	–
inspiratorischer Stridor	+	+
bellender Husten	–	++
Schluckstörung	++	–
kloßige Sprache	++	–
Ursache	bakteriell (Hämophilus influenzae)	viral, Schadstoffe

K

Die Epiglottitis ist ein echter Notfall; die häufig nötige Intubation der schwerkranken Kinder sollte, wenn möglich, unter idealen Bedingungen von einem erfahrenen Team durchgeführt werden. Keine Intubationsversuche vom Unerfahrenen!

Therapie von Atemstörungen — I.3

- **Allgemeinmaßnahmen:**
  - **Lagerung:** bei Dyspnoe sitzende oder halbsitzende Lagerung (besserer Einsatz der Atemhilfsmuskulatur, Senkung der Vorlast). Bei Thoraxtrauma Seitenlagerung auf die traumatisierte Seite (geringere Schmerzen, keine Verschleppung von Aspirat oder Blut zur gesunden Seite).
  - **O_2-Insufflation** (bevorzugt über Maske).
- **Sicherung der Atemwege:**
  Freimachen und Freihalten der Atemwege: Esmarch-Handgriff, mechanische Entfernung von Fremdkörpern, Absaugen, bei Bolusaspiration im Extremfall Heimlich-Manöver, Einlage eines oropharyngealen (Guedel- oder Safartubus) oder nasopharyngealen Tubus (Wendl-Tubus). Nur durch die endotracheale Intubation ist ein wirksamer Aspirationsschutz gewährleistet. Die Notfallintubation wird wie im Abschnitt Anästhesiologie, Lerntext I.14 beschrieben ausgeführt. Ist die endotracheale Intubation wegen eines Hindernisses (Epiglottitis, Tumor etc.) nicht möglich, bleibt als ultima ratio die **Notfallkoniotomie**. Hier wird anders als bei der Tracheotomie (2. oder 3. Ringknorpel) das gut tastbare Ligamentum cricothyreoideum zwischen Schild- und Ringknorpel inzidiert und ein entsprechend dünner Endotrachealtubus (bzw. eine spezielle Notkoniotomiekanüle) eingeführt. Beim Fehlen entsprechender Ausrüstung ist auch die Punktion mit einer großlumigen (> 2 mm) Venenpunktionskanüle und nachfolgender O_2-Insufflation möglich.
- **Aufrechterhalten des Gasaustausches:**
  Außer bei hohem Aspirationsrisiko ist vor der Intubation eine Maskenbeatmung mit O_2 zur Verbesserung der Oxygenierung durchzuführen. Beim intubierten Patienten ist eine Spontanatmung möglichst zu vermeiden. Der Patient wird entweder mit Beatmungsbeutel (ausgerüstet mit Ambu- oder Rubenventil, PEEP-Ventil, O_2-Reservoirbeutel) oder den üblichen Notfallrespiratoren (z.B. Medumat, Oxylog) beatmet. Mit diesen Respiratoren kann meist ausschließlich volumenkontrolliert beatmet werden.

Grundeinstellung bei Notfallbeatmung

Parameter	Erwachsene	Kinder (10–15 kg KG)	Kinder (> 15 kg KG)
FiO_2	1,0 (100 Vol.%),	1,0	1,0
Atemminutenvolumen	100 ml/kg KG	200 ml/kg KG	160 ml/kg KG
Atemzugvolumen	10 ml/kg KG	10 ml/kg KG	8 ml/kg KG
Atemfrequenz	10–12	20–30	20
PEEP	nach Bedarf	nach Bedarf	nach Bedarf
Spitzendruck	< 35 mbar halten	< 30 mbar	< 30 mbar

Wichtigstes Monitoring:
- Auskulation (seitengleiche Beatmung?),
- Inspektion (Zyanose?),
- Pulsoxymetrie.

- **Medikamentöse Therapie:**
  Antiobstruktive Therapie:

Gruppe	Applikation	Medikament	Indikation
β_2-Mimetika	inhalativ	Fenoterol	Asthma bronchiale
β_2-Mimetika	parenteral	Reproterol, Terbutalin	Asthma bronchiale
Theophyllin	parenteral, bei Kindern auch rektal	Theophyllin	Asthma bronchiale
Glukosteroide	inhalativ	Dexamethason, Budesonid	Reizgasinhalation
Glukosteroide	parenteral, bei Kindern auch rektal	Prednisolon, Methylprednisolon	Asthma bronchiale, Pseudokrupp
Sympathikomimetika	parenteral	Adrenalin	ultima ratio beim Status asthmaticus
Anästhetika	parenteral	Ketamin	ultima ratio beim Status asthmaticus

Kardiale Dekompensation:
- Diuretika (akut: Vorlastsenkung: verzögert: Verringerung des Plasmavolumens)
- Nitrate (Vorlast- und Nachlastsenkung; cave: starker Abfall des mittleren arteriellen Blutdrucks).
- Sympathikomimetika: β_1-mimetische, positiv inotrope Wirkung: Dobutamin, Dopamin.

Bei starker Dekompensation und Störungen der Organperfusion (Schock) ist parallel zur medikamentösen Therapie die Intubation und Beatmung zur Behandlung des Lungenödems unumgänglich und sinnvoll.

- **Chirurgische Maßnahmen:**

Diagnose:	Therapie:
Spannungspneumothorax	Sofortige Punktion des Thorax zur Entlastung, Legen einer Thoraxdrainage
Pneumothorax	Legen einer Thoraxdrainage
Sero-/Hämatothorax	Legen einer Thoraxdrainage
ausgedehntes Hautemphysem	Entlastung durch multiple kleine Hautinzisionen, bei Pneumothorax Legen einer Thoraxdrainage
Mediastinalemphysem	kollare Mediastinostomie

F97

Frage 1.1: Lösung A

Rippenserienfrakturen führen zur Hypoventilation und Tachypnoe wegen der schmerzbedingten Einschränkung der Atemexkursion. Metabolische Alkalose (kompensatorisch), Überdosierung von Sedativa, Hirnödem und apoplektischer Insult (Schädigung der Atemzentren) führen zur Verminderung des Atemminutenvolumens (Hypoventilation) bei niedriger Atemfrequenz (Bradypnoe).
Siehe auch Lerntext V.2.

F98

Frage 1.2: Lösung D

Eine respiratorische Störung (hier: alveoläre Diffusionsstörung) mit repiratorischer Azidose (d. h. CO_2-Retention) ist sowohl beim Erwachsenen als auch beim Neugeborenen **nur durch Beatmung** zu behandeln. Dadurch kann CO_2 abgeatmet, die O_2-Versorgung gewährleistet und die Azidose korrigiert werden. Eine metabolische Korrektur der Azidose durch Pufferung mit THAM oder Natriumbikarbonat und die O_2-Gabe sind keine kausalen Therapien. Die Situation kann sich sogar verschlechtern; der im Rahmen des Azidoseausgleichs gesteigerte Atemantrieb (Hyperkapnie) kann durch Sauerstoffgabe vermindert werden, wodurch sich die CO_2-Retention noch verstärkt. Es gibt praktisch keine Indikationen für zentral wirksame Atemanaleptika.

F97

Frage 1.3: Lösung C

Die kontrollierte Beatmung ist beim erschöpften Patienten im Status asthmaticus bei zunehmender Vigilanzstörung indiziert (allerdings liegen dann oft höhere pCO_2-Werte als 60 mmHg vor). Die vorsichtige Sedierung zur Stressabschirmung ist nicht kontraindiziert, ebensowenig die adäquate Infusionstherapie (Sekretolyse, Kreislaufstabilisierung). Endotracheales Absaugen nur bei starker Verschleimung, die Spastik kann durch den Reiz verschlimmert werden. Absolut kontraindiziert sind β-Rezeptoren-Blocker, die zur Bronchokonstriktion führen (indiziert wäre ein β_2-Rezeptoren-Agonist wie Salbutamol).
Siehe auch Lerntext I.3.

F00 **!**

Frage 1.4: Lösung A

Typische, aber nicht regelhaft auftretende Symptome einer Lungenembolie sind Tachykardie, Husten, Thoraxschmerz (atemabhängig) und gestaute Halsvenen (als Zeichen der Rechtsherzbelastung). Weitere Symptome sind Angst, Zyanose, Tachy- und Dyspnoe. Als EKG-Veränderungen beobachtet man Tachykardie (80%), neu aufgetretener Rechtsschenkelblock, SI/QIII-Typ (selten) und Rechtsherzbelastungszeichen.
Die paradoxe Atmung (Einziehen des Thorax bei der Inspiration) ist beim instabilen Thorax nach Thoraxtrauma zu beobachten (A).

K

2 Akute Herz-Kreislauf-Sörungen

Herzrhythmusstörungen — II.1

- **Bradykarde Rhythmusstörungen** (Herzfrequenz < 60/min)
  Sie sind nur bei kardialer Schädigung (Myokardinfarkt, Kardiomyopathie, KHK etc.) hämodynamisch wirksam und im Allgemeinen erst bei einer Herzfrequenz < 40/min symptomatisch. **Klinische Symptomatik:** Schwindel, Synkope, Dyspnoe, Zyanose, Blässe, Kaltschweißigkeit, Blutdruckabfall, Angina pectoris, Adams-Stokes-Anfall.
  Ursachen:
  - Reizbildungsstörungen (Sick-Sinus-Syndrom, Sinusbradykardie),
  - Reizleitungsstörungen (SA-Block, AV-Block III° mit Kammerersatzrhythmus, Bradyarrhythmie bei Vorhofflimmern und langsamer Überleitung).

  Therapie:
  - O_2-Gabe,
  - Atropin oder Ipratropiumbromid, Orciprenalin, bei starkem Blutdruckabfall Adrenalin,
  - passagerer transkutaner oder transvenöser Schrittmacher,
  - Intensivüberwachung.
- **Tachykarde Rhythmusstörungen** (Herzfrequenz > 100/min)
  Sie sind Ausruck einer myokardialen Schädigung (s. o.); Vorhofflimmern und -flattern besonders bei Mitralvitien und Herzinsuffizienz. **Klinische Symptomatik:** Palpitationen, Schwindel, Benommenheit, Blässe, flacher Puls, Herzrasen, Angst, Angina pectoris, Blutdruckabfall.

Ursachen	Therapie
– Sinustachykardie	– β-Blocker (z. B. Metoprolol, Sotatol)
– supraventrikuläre Tachykardie	– Calciumantagonisten (z. B. Verapamil) – bei Wolff-Parkinson-White (WPW)-Syndrom: Ajmalin
– Vorhofflattern (cave: 1 : 1-Überleitung)	– schnelle Digitalisierung – Calciumantagonisten (z. B. Verapamil) **oder** – β-Blocker (z. B. Sotalol) – Elektrokardioversion
– Vorhofflimmern	– schnelle Digitalisierung – Calciumantagonisten (z. B. Verapamil) **oder** – β-Blocker (z. B. Sotalol) – Elektrokardioversion bei neu aufgetretenem Vorhofflimmern, sonst erst nach Ausschluss intraatrialer Thromben
– Kammerflattern	– Defibrillation – Reanimation – Lidocain – Ajmalin (Reservemedikament)
– Kammerflimmern	– Defibrillation – Reanimation – Lidocain – Ajmalin (Reservemedikament)

Hypertensive Krise/hypertensiver Notfall — II.2

Definition:
Hypertensive Krise: Krisenhafter Blutdruckanstieg > 230/130 mmHg **ohne** Organschädigung bei vorbestehender Hypertonie (Blutdruckmessung an beiden Armen!)
Hypertensiver Notfall: kritischer Blutdruckanstieg **mit** vitaler Gefährdung durch Organschädigung. Rasche Therapie nötig.

- Symptome:
  - neurologisch (Kopfschmerz, Tinnitus, Übelkeit, Sehstörungen, Schwindel, Schlaganfall, Krämpfe),
  - kardiovaskulär (Angina pectoris, Dyspnoe, Lungenödem, Tachykardie),
- Therapie:
  - O_2-Gabe,
  - Oberkörperhochlagerung,
  - Antihypertensiva:
    - Nitrendipin oder Nifedipin sublingual,
    - bei Schwangeren Dihydralazin i. v., i. m.,

- Urapidil i.v.
- evtl. zusätzlich Schleifendiuretika (z.B. Furosemid),
- Nitroglycerin sublingual oder i.v.

- allgemeine Intensivtherapie mit Behandlung von Hypo- oder Hyperthermie, Infusionstherapie, Katecholamintherapie,
- spezielle Intensivtherapie (z.B. Thrombolyse, PTCA etc.).

Kardiopulmonale Reanimation (CPR) — **II.3**

- **Diagnose des Herz-Kreislauf-Atem-Stillstands:**
  - Bewusstlosigkeit (Ansprechen, Schmerzreiz),
  - Atemstillstand (Atemexkursion? Luftstrom aus Mund oder Nase?).
  - Pulslosigkeit (Palpation der großen Arterien: Karotispuls?).
- **Beginn der CPR nach der ABC-Regel:**
  A **A**temwege freimachen und freihalten (s.u. Lerntext I.3).
  B **B**eatmung: Mund-zu-Nase, Mund-zu-Mund, Maskenbeatmung oder zügige Intubation.
  Beatmung mit 100 Vol% O_2, Atemfrequenz 10–12/min, Beginn mit zwei Beatmungen mit hohem Atemzugvolumen.
  C **C**irculation: Wiederherstellen eines Basiskreislaufs durch Herzdruckmassage mit einer Frequenz von 80–100 min. Druckpunkt zwei Querfinger oberhalb des Xiphoids. Bei Mund-zu-Nase-, Mund-zu-Mund- und Maskenbeatmung im Verhältnis 1:5 zur Herzdruckmassage interponieren, beim intubierten Patienten durchgehendes Arbeiten.
  D **D**rogen (Pharmakotherapie):
  - Adrenalin (über Tubus: 3 mg in 10 ml NaCl 0,9% tief endotracheal; i.v. 1 mg, Wiederholung alle 3–5 min)
  - Atropin 3 mg i.v.
  - Blindpufferung mit Natriumbikarbonat (1 mval/kg KG i.v.) nur nach 10–15 min CPR.

  E **E**lektrotherapie (nach EKG-Monitoring):
  - bei Kammerflatteren und Kammerflimmern: Defibrillation mit 200–360 Joule in Folge bis zur Rhythmisierung.
- **Erfolgskontrolle:** fortlaufend durch Karotispulskontrolle, EKG, Wiedereinsetzen der Spontanatmung, Wiedererlangen des Bewusstseins.
- **Stabilisierungsphase:**
  Nach primär erfolgreicher Reanimation im Notarztwagen und in der Intensivstation:
  - weiterführende Diagnostik (komplettes EKG, Labor mit Herzenzymen und Blutgasanalysen, gegebenenfalls Echokardiographie, zentraler Venenkatheter, evtl. Pulmonaliskatheter).

Lungenembolie (LE) — **II.4**

- **Ursachen:**
  Meist tiefe Becken/Bein-Venenthrombosen beim Vorliegen thrombosefördernder Zustände.

Virchow-Trias:

Symptom:	Ursache:
verlangsamte Blutströmung	Immobilisation, Trauma, Schock jeder Art
Gerinnungsstörung mit Imbalance zwischen Aktivatoren und Inhibitoren	AT III-Mangel, Protein-C- und S-Mangel
Gefäßwand-veränderungen	Varikosis, Trauma

- **Symptome:**
  Etwa 3/4 aller LE werden klinisch nicht erkannt, es gibt kein typisches Syndrom.
  Verdächtig sind folgende Symptome: plötzlich auftretender atemabhängiger Thoraxschmerz, Husten, Dyspnoe, Tachypnoe, Angst, Zyanose, Einflussstauung, Tachykardie, Schock bis hin zum Kreislaufstillstand.
- **Diagnostik:**
  - EKG: Tachykardie, Rechtsdrehung des Lagetyps, neu aufgetretener Rechtsschenkelblock, Arrhythmien, S_I/Q_{III}-Typ (selten!)
  - Echokardiographie: Dilatation des rechten Ventrikels (bei normalem bis kleinerem linken Ventrikel), Erweiterung der Pulmonalarterie.
  - Röntgen-Thorax: Transparenzzunahme, Zwerchfellhochstand und Westermark-Zeichen (sog. Hilusamputation) der betroffenen Seite. Lungeninfarkt im Verlauf (1–2 Tage).
  - Perfusionsszintigraphie: Ausschluss einer LE bei normalem Szintigramm.
  - Pulmonalisangiographie: zuverlässigste und aussagekräftigste Methode. Bei Nachweis einer massiven LE kann eine Katheterfragmentation des Embolus erfolgen.
  - zentraler Venendruck (ZVD): geringe Aussagekraft, da Anstieg des ZVD erst bei 50%iger Verengung der pulmonalen Strombahn.

K

- Blutgasanalyse: P_aCO_2 sinkt bei kleinerer LE wegen kompensatorischer Hyperventilation, bei massiver LE Anstieg des P_aCO_2 (wegen Perfussionstörungen geringere CO_2-Elimination); Hypoxie (Abfall des P_aCO_2).
- Kapnographie: Beim beatmeten Patienten sinkt das endexspiratorische CO_2 bei massiver LE schnell und drastisch ab.

- **Therapie:**
  - O_2-Gabe, gegebenenfalls Intubation und Beatmung, halbsitzende Lagerung, Analgosedierung
  - Infusionstherapie und Katecholamingabe zur Kreislaufstabilisierung, am besten unter Monitoring durch Pulmonalarterienkatheter.
  - Volle Antikoagulation mit Heparin i.v.
  - Thrombolyse mit Streptokinase, r-TPA oder Urokinase.
  - Katheterfragmentation des Embolus.
  - Ultima ratio: pulmonale Embolektomie (unter extrakorporaler Zirkulation).

F00 !

Frage 2.1: Lösung B

Bei der Asystolie gibt es nur ein Medikament: Adrenalin 1 mg i.v. bzw. 3 mg endobronchial (Tubus) repetitiv. Antiarrhythmika wie Ajmalin, Lidocain, Digitalis würden die Situation noch verschlimmern, da sie die Reizbildung und -weiterleitung negativ beeinflussen. Ein Antikoagulans wie Heparin ist hier natürlich ebenfalls sinnlos.

H99

Frage 2.2: Lösung B

Würde das Sternum bei der Herzmassage 10–12 cm eingedrückt werden, wären erhebliche Verletzungen der Brustkorborgane die Folge. Die normale Eindrücktiefe liegt bei etwa 5 cm, wobei diese bei jedem Patienten in Abhängigkeit von der Thoraxcompliance variiert. Zur optimalen und Kraft sparenden Herzdruckmassage soll mit ausgestreckten Armen aus dem Oberkörper heraus gearbeitet werden. Ein Zeitverhältnis zwischen Eindrück- und Entlastungsphase herauszuarbeiten ist schwierig, sollte jedoch etwa 1:1 betragen. Die Diagnose des Herzstillstands erfolgt nur klinisch und erfordert den sofortigen Beginn der Wiederbelebungsmaßnahmen; eine Bestätigung durch das EKG vor Beginn der Reanimation ist Unsinn. Die Frequenz der Herzdruckmassage sollte 80–100/min. betragen.

Schock: Definition und allgemeine Pathophysiologie — II.5

- **Definition:**
  Syndrom der ungenügenden nutritiven Perfusion der Vitalorgane mit nachfolgender Zellhypoxie, Ansammlung toxischer Metaboliten, Zellstoffwechselstörungen und schließlich struktureller Veränderung der betroffenen Organe und Gewebe.
- **Ursachen:**
  Missverhältnis zwischen O_2-Versorgung und O_2-Bedarf durch Abnahme des Herzzeitvolumens (HZV), Verteilungsstörung des Blutflusses oder Störung der O_2-Aufnahme und -Verwertung der Zellen.
- **Pathophysiologie:**
  Gemeinsame Endstrecke aller Schockformen ist die Störung der Mikrozirkulation. Klinisch ist bei Therapieresistenz der Endpunkt aller Schockformen das Multiorganversagen (MOV). Die Initialphase ist durch die sympathikoadrenerge Gegenregulation des Körpers gekennzeichnet. Zum Aufrechterhalten eines ausreichenden systemarteriellen Perfusionsdrucks kommt es im Bereich der Endstrombahn zur präkapillären und postkapillären Vasokonstriktion. Sekundär führt eine präkapilläre Vasodilatation bei persistierender postkapillärer Konstriktion zur Strömungsverlangsamung (Stase), Thrombozyten- und Erythrozytenaggregation, Azidose, Verminderung des arteriovenösen Druckgradienten und Permeabilitätsstörung der Membranen. Durch die Flüssigkeitssequestration (Viskositätszunahme) und die zunehmende Azidose wird die Mikrozirkulation weiter verschlechtert. Der Endzustand dieser zunehmenden Minderversorgung der Zelle mit Substraten und O_2 ist die irreversible Zellschädigung. Ab diesem Punkt ist auch bei einer adäquaten kausalen Therapie der Schockursache der Zustand nicht mehr reversibel.
- **Klinik:**
  - Zentralisation mit verminderter Kapillarfüllung,
  - Tachykardie,
  - Blutdruckabfall, bzw. initial Verringerung der Blutdruckamplitude,
  - Oligurie,
  - Unruhe, Verwirrtheit.

Einzelne Schockformen II.6

- **Hypovolämischer Schock:**
Ursachen: Verluste von Blut, Plasma oder Wasser.
Symptomatik:
  - Zentralisation mit verminderter Kapillarfüllung
  - Tachykardie
  - Blutdruckabfall, bzw. initial Verringerung der Blutdruckamplitude
  - Oligurie
  - Unruhe, Verwirrtheit
  - Kaltschweißigkeit und Blässe.

Therapie: Schocklagerung (Trendelenburg-Lagerung), O_2-Gabe, frühzeitige Intubation und Beatmung, aggressive Infusionstherapie mit kolloidalen und kristalloiden Lösungen über großlumige periphervenöse Zugänge. Blutstillung bei äußeren Verletzungen, suffiziente Analgesie bevorzugt mit Ketamin (einziges nicht kreislaufdepressives Anästhetikum).
- **Anaphylaktischer Schock:**
Ursachen: allergische Sofortreaktion (Antigen-Antikörper) mit massiver Mediatorfreisetzung (z.B. Histamin, Serotonin) und Komplementaktivierung bei Allergenexposition (Medikamente, Insektenstiche, Lebensmittel etc.). Die Folgen sind Vasodilatation, Störung der Kapillarpermeabilität, Mikrozirkulationsstörung.
Symptome:
Unterteilung der anaphylaktischen Reaktion in vier Schweregrade.

1°		Hautreaktionen (Flush, Urtikaria)
2°	+	pulmonale Symptome (Bronchospasmus, Lungenödem, evtl. Glottisödem)
3°	+	Schocksymptomatik (Tachykardie, Blutdruckabfall)
4°		Herz-Kreislauf-Atemstillstand, kardiopulmonale Reanimation

Therapie: sofortige Beendigung der Antigenzufuhr. Schocklagerung, O_2-Gabe, gegebenenfalls Intubation und Beatmung. Schnelle i.v.-Infusion mit kristalloiden und kolloidalen Lösungen über großlumige Venenkanüle, hochdosiert Steroide, Adrenalin, bei Bronchospasmus auch Theophyllin.
- **Kardiogener Schock:**
Ursachen: Myokardinfarkt, Arrhythmien, Vitien, Myokarditis, Perikarditis, Perikarderguss, Kardiomyopathie. Bei allen Erkrankungen ist die Pumpleistung verringert und das HZV vermindert.
Symptome:
  - Zentralisation mit verminderter Kapillarfüllung,
  - Tachykardie oder Bradykardie,
  - Blutdruckabfall, bzw. initial Verringerung der Blutdruckamplitude,
  - Oligurie,
  - Unruhe, Verwirrtheit,
  - Kaltschweißigkeit, Blässe, Zyanose,
  - Einflussstauung, Dyspnoe.

Therapie: Lagerung mit erhöhtem Oberkörper und abgesenkten Beinen, O_2-Gabe, gegebenenfalls Intubation und Beatmung; Katecholamintherapie (Dobutamin, Dopamin), Vorlastsenkung (Nitroglycerin), Diuretika bei manifester Linksdekompensation.
- **Septischer Schock:**
Ursachen: Sepsis und SIRS (s.u. Intensivmedizin, Lerntext II.12).
Symptome:
Initial hyperdyname Phase mit erhöhtem HZV, Tachykardie, Vasodilatation (sog. „warmer Schock"):
  - weite Blutdruckamplitude,
  - rosige, warme und trockene Haut,
  - Oligurie,
  - Unruhe, Verwirrtheit,
  - Fieber

Später Dekompensation, hypodyname Phase mit Zentralisation, Abfall des HZV, Vasokonstriktion:
  - Blutdruckabfall,
  - kalte, blasse Haut,
  - Zyanose,
  - Temperaturabfall,

Therapie: Sicherstellung der Oxygenierung durch O_2-Gabe, Intubation und Beatmung. Optimieren der Organperfusion durch Infusionstherapie (kolloidale und kristalloide Lösungen), Katecholamingabe (Noradrenalin, Dopamin, Dobutamin, Adrenalin).
- **Neurogener Schock** (selten):
Ursachen: Querschnittslähmungen (besonders hohe Läsion), akzidentell hohe Spinalanästhesie. Danach wird traumatisch oder pharmakologisch die sympathische Innervation von Herz und Gefäßen unterbrochen.
Symptome:
  - Bradykardie und Blutdruckabfall,
  - Zentralisation mit verminderter Kapillarfüllung,
  - Oligurie,
  - Unruhe, Verwirrtheit,
  - Kaltschweißigkeit, Blässe, Zyanose,
  - Dyspnoe.

K

Therapie: Schocklagerung (Trendelenburg-Lagerung), O_2-Gabe, Intubation und Beatmung. Aggressive Infusionstherapie mit kolloidalen und kristalloiden Lösungen über großlumige periphervenöse Zugänge: Katecholamintherapie (Adrenalin, Etilefrin, Noradrenalin).

- **Sonstige Schockformen:**
  Toxischer Schock:
  „Toxic-Shock-Syndrome" durch Ektotoxine von Staphylococcus aureus mit Blutdruckabfall, Fieber, Erbrechen, Durchfällen, Exanthem. Therapiert wird wie beim septischem Schock.
- **Endokriner und metabolischer Schock:**
  Bei Coma diabeticum, Thyreotoxikose, Leber- und Nierenversagen, akuter Nebenniereninsuffizienz.
  Auch bei Intoxikationen kann ein Schockzustand auftreten, die Therapie orientiert sich an den Wirkungen der eingenommenen Substanz.

H96

Frage 2.3: Lösung B

Bei jeder Schockform ist eine metabolische Azidose (erniedrigter BE, pH < 7,35) und Anstieg des Serum-Laktats Ausdruck des Missverhältnisses zwischen O_2-Angebot und O_2-Verbrauch im Gewebe. Zur respiratorischen Kompensation muss vermehrt CO_2 abgeatmet werden, die Atemfrequenz steigt. Im hypovolämischen Schock kommt es zur Kreislaufzentralisation (Versorgung lebenswichtiger Organe), dies führt zu einem erhöhten peripheren Gefäßwiderstand. Der zentralvenöse Druck (ZVD) ist ein Maß für den Füllungszustand des venösen Systems, bei akut erniedrigtem Blutvolumen (Hypovolämie) sinkt der ZVD.
Siehe auch Lerntexte II.5 und II.6.

Pharmakotherapie: Sympathikomimetika — II.7

Rezeptorvermittelte Wirkungen

α_1	Vasokonstriktion
α_2	Vasokonstriktion
β_1	positiv inotrop und chronotrop
β_2	Vasodilatation, Bronchodilatation
D (Dopamin)	Steigerung der Nierenperfusion

	Wirkungsweise (Rezeptoren)	Indikation
Adrenalin	α- und β-adrenerg	Reanimation, anaphylaktischer und kardiogener Schock, Status asthmaticus.
Dopamin	dosisabhängig: niedrigdosiert dopaminerg (D), mittlere Dosis: D + β_1-adrenerg, hochdosiert: D + β_1- + α_1-adrenerg.	kardiogener Schock, Linksherzinsuffizienz, Verbesserung der Nierenperfusion.
Dobutamin	β_1- und schwach β_2-adrenerg	Linksherzinsuffizienz, kardiogener Schock.
Noradrenalin	rein α-adrenerg	bei sonst nicht beherrschbarem Schock, besonders septischer und neurogener Schock.
Etilefrin	rein α-adrenerg	neurogener Schock
Orciprenalin	β_1- und β_2-adrenerg	schwere Bradykardie

Pharmakotherapie: Pharmaka zur Therapie von Rhythmusstörungen **II.8**

Bei jeder Therapie von Rhythmusstörungen sind die proarrhythmogenen und negativ inotropen Wirkungen der Antiarrhythmika zu beachten.

Antiarrhythmikum	Indikation	Besonderheiten
Amiodaron	ventrikuläre Tachykardie	geringste negativ inotrope Wirkung
Ajmalin	ventrikuläre Tachykardie, WPW-Syndrom	
Atropin	schwere Bradykardie	anticholinerge Nebenwirkungen
Digoxin	supraventrikuläre Tachykardie, Vorhofflimmern und -flattern	
Lidocain	ventrikuläre Tachykardie,	
Metoprolol, Sotalol	supraventrikuläre Tachykardie, Vorhofflimmern und -flattern	Anw. bei Hyperthyreose, Blutdrucksenkung!
Magnesium	Torsade des pointes	
Verapamil	supraventrikuläre Tachykardie, Vorhofflimmern und -flattern	keine Kombination mit β-Blockern, Blutdrucksenkung!

F94

Frage 2.4: Lösung A

Die einzige Indikation für Lidocain ist die Behandlung hochgradiger, hämodynamisch wirksamer ventrikulärer Extrasystolien. Bei der Asystolie ist es natürlich unwirksam (geeignete Therapie: Adrenalin) ebenso beim kardiogenen Schock, wo die (bei allen Antiarrhythmika vorhandene) negativ inotrope Wirkung schädlich wäre (Therapie: Katecholamine). Das Lungenödem ist die Folge einer Linksherzinsuffizienz, die nicht antiarrhythmisch, sondern durch Vorlastsenkung (Nitrate, Diuretika) und Katecholamine behandelt wird. Medikamentöse Notfalltherapie des Vorhofflimmerns mit schneller Überleitung durch Digitalis und Verapamil.

Siehe Lerntexte II.7 und II.8.

Pharmakotherapie: Antihypertensiva **II.9**

Medikament	Wirkung	Indikation
Furosemid	Schleifendiuretikum, Vorlastsenkung, Verringerung des Plasmavolumens	Hypertonie, hypertensive Krise, akute Linksherzinsuffizienz, Niereninsuffizienz
Nifedipin	Calciumantagonist, Vasodilatator	hypertensive Krise, Hypertonie, KHK (nicht bei Postinfarktangina)
Nitroglycerin	über NO vermittelte Vasodilatation, Vorlastsenkung	Angina pectoris, Myokardinfarkt, akute Linksherzinsuffizienz, hypertensive Krise
Urapidil	α_1-Antagonist, zentrale Blutdrucksenkung über Serotoninantagonismus	hypertensive Krise
Dihydralazin	α_1- und α_2-Antagonist	hypertensive Krise, besonders in der Schwangerschaft

3 Akute Funktionsstörungen des Zentralnervensystems

Schädel-Hirn-Trauma (SHT): Einteilung und klinische Symptomatik — III.1

Bei den häufigen Schädelprellungen mit z.T. stark blutenden Platzwunden liegt keine Hirnverletzung vor. Diese kann präklinisch erst beim Vorliegen einer Bewusstlosigkeit diagnostiziert werden. Neben der Einteilung nach dem Schweregrad ist die Unterscheidung zwischen offenem und geschlossenem SHT wichtig. Das offene SHT ist durch Eröffnung der Dura mater mit Liquorrhoe gekennzeichnet.

Klinische Schweregradeinteilung:

	leichtes SHT	mittelschweres SHT	schweres SHT
alte Nomenklatur	**Commotio cerebri**	**Contusio cerebri**	
Bewusstlosigkeit	bis 15 min	bis 1 h	> 1 h
Bewusstseinsstörung (Amnesie)	bis 1 h	bis 24 h	> 24 h
Neurologische Ausfälle	selten, immer reversibel	selten, oft reversibel	oft, meist nur partiell reversibel
Vegetative Störungen	selten	oft	immer
Hirnödem	keines	gelegentlich	meist
Subjektive Beschwerden	Rückbildung innerhalb von 3–4 Tagen	oft Rückbildung, Dauerbeschwerden möglich	meist Dauerbeschwerden

Heutige Einteilung nach GCS (s. Tab. 3.1).
Bei schweren SHT liegt meist eine Erhöhung des Hirndrucks (ICP) durch ein Hirnödem und/oder eine intrakranielle Blutung vor. Durch Hypoxie und Hyperkapnie wird diese noch verstärkt.

Symptome:
- Unruhe, Verwirrtheit, Erbrechen,
- Bewusstseinsstörung, Bewusstlosigkeit,
- fehlende Schutzreflexe, weite reaktionslose Pupillen,
- respiratorische Inzsuffizienz, Kreislaufdepression,

Bei den **intrakraniellen Blutungen** unterscheidet man epidurale, subdurale und intrazerebrale Hämatome.
Zur Bewertung der Schwere eines SHT hat sich die Glasgow Coma Scale (GCS) bewährt, die bei jedem SHT am Unfallort vom Notarzt initial und im Verlauf erhoben werden muss.

Tab. 3.**1** Glasgow Coma Scale (GCS)

Zu bewertende Reaktion	Beobachtet	Punktzahl
Augen öffnen	spontan	4
	auf Ansprache	3
	auf Schmerzreiz	2
	keine Reaktion	1
Beste sprachliche Antwort	voll orientiert	5
	unvollständig orientiert	4
	verworren	3
	unverständlich	2
	keine	1
Beste motorische Reaktion	adäquat	6
	gezielte Abwehr	5
	ungezielte Abwehr	4
	Beugesynergismen	3
	Strecksynergismen	2
	keine	1

- leichtes SHT: GCS 13–15 Punkte
- mittelschweres SHT: GCS 9–12 Punkte
- schweres SHT: GCS 3–8 Punkte

Apparative Diagnostik beim SHT III.2

- Computertomographie des Kopfes: wichtigste und beste (schnellste) apparative diagnostische Maßnahme.
- Konventionelle Röntgenaufnahme des Schädels und der HWS: geringe Aussage über Hirnschädigung.
- Transkranielle Dopplersonographie: aufwendig; Aussage über die Hirnperfusion möglich.

Präklinische Therapie beim schweren SHT III.3

Sicherung der Vitalfunktionen, Stabilisierung der Halswirbelsäule (z. B. mit Stiff-neck-Krawatte)	Beurteilung der Bewusstseinslage und des Verletzungsmusters, Wundversorgung und Transport	medikamentöse Therapie
Vermeiden von Hypotonie und Hypoxämie	neurologischer Befund im Protokoll mit Zeitangabe (besonders GCS, motorische Funktion)	bei leichtem SHT 1 periphervenöser Zugang, bei schwerem und mittelschwerem SHT 2
mittleren arteriellen Druck bei 90 mmHg halten	keine Prüfung auf Meningismus	Volumentherapie mit isotonen kristalloiden Lösungen und Kolloiden
bei GCS < 9 orotracheale Intubation und Beatmung (Normoventilation)	bei perforierenden Verletzungen Fremdkörper belassen. Offene Verletzungen feucht und steril abdecken. Spritzende Kopfschwartenblutungen durch Kompression oder Abklemmen stillen	Analgosedierung mit Hypnotika (zur Einleitung), Opioiden und kurzwirksamen Benzodiazepinen
Intubation in leichter Reklination mit Fixierung durch Helfer	bis zum Ausschluss einer HWS-Verletzung Immobilisation, bei stabilem Kreislauf Oberkörperhochlagerung um 30°	bei Hypotonie trotz Volumengabe vasoaktive Substanzen (z. B. Dopamin)
beim nicht intubierten Patienten O_2-Gabe (6 l/min über Maske, 3 l/min über Nasensonde)	Wahl des Transportmittels zum schnellsten und schonendsten Transport in die nächste geeignete Klinik. Vital bedrohliche Begleitverletzungen müssen im nächsten geeigneten Krankenhaus versorgt werden, die neurochirurgische Versorgung erfolgt sekundär.	keine routinemäßige Gabe von Mannitol, nur bei Verdacht auf ICP-Steigerung (0,3 – 1,5 g/kg KG über 15 min)
Pulsoxymetrie	bei isoliertem mittelschwerem gedeckten SHT vorzugsweise Versorgung in neurochirurgischer Klinik, bei isoliertem schweren, gedeckten und allen offenen SHT immer Versorgung in neurochirurgischer Klinik.	keine medikamentöse Blutdrucksenkung bei Hypertonie

Intensivmedizinische Therapie des erhöhten Hirndrucks III.4

Allgemein: erweitertes hämodynamisches Monitoring. Monitoring des intrakraniellen Drucks (ICP) bei intraoperativ eingelegter Drucksonde. Übliche Therapie kardiovaskulärer und renaler Störungen. Bei der Beatmung erhöhen hohe PEEP-Niveaus den ICP durch die Verringerung des venösen Rückströms und sind deswegen nicht unkritisch anzuwenden; bei entsprechenderIndikation (ARDS) müssen auch PEEP-Werte bis 15 cm H_2O eingesetzt werden. Großzügige Indikation zu frühzeitiger Tracheotomie. Einlage einer Magensonde und Anheben des pH-Werts > 3,5 (z. B. durch Sucralfat) bis mit der enteralen Ernährung (möglichst innerhalb von 24 – 48 h) begonnen werden kann. Kontrollen der Gerinnung sowie des Säure-Basen-und Elektrolythaushalts.

Speziell: Maßnahmen zur Senkung des Hirndrucks. Das von der starren Kalotte umgebene

Schädelinnere enthält drei Kompartimente: Gehirn, Blut und Liquor. Nimmt das Volumen eines oder mehrerer Kompartimente zu, resultiert eine Zunahme des ICP. Drucksenkung ist nur durch Reduktion des Volumens der einzelnen Kompartimente möglich.

- **Verhinderung von Hypoxie, Drosselung der Hirndurchblutung:** Endotracheale Intubation, Beatmung mit Hyperventilation (P_aCO_2 25 – 30 mmHg).
- **Erhöhung des venösen Rückstroms:** Oberkörperhochlagerung auf 30°.
- **Wasserentzug aus dem Hirngewebe:** Osmodiuretika wie Mannitol (1 g/kg KG i.v. über 15 min, danach 0,25 – 0,7 g/kg KG i.v. alle 4 h) oder Glycerol (0,5 – 1 g/kg KG p.o./per Magensonde alle 3 – 4 h). Evtl. diuretische Therapie mit Schleifendiuretika (z.B. Furosemid 0,5 mg/kg KG i.v.)
- **Vermeiden von Pressen, dadurch Vermeiden einer venösen Abflussbehinderung:**

Analgetika:	z.B. Fentanyl (i.v. Infusion mit 0,5 – 2 mg/h),
Sedativa:	z.B. Midazolam (5 – 10 mg i.v.),
Muskelrelaxation:	z.B. Pancuronium (8 – 10 mg i.v.), Atracurium (30 – 50 mg i.v.), Endotracheale (oder i.v.) Lidocaingabe (100 mg) vor Absaugung.

- **Chirurgische Dekompression:** Entfernen von Raumforderungen, dekompressive Kraniektomie.
- **Liquordrainage:** z.B. über intraventrikulären Katheter.
- **Drosselung des Hirnstoffwechsels und der Durchblutung:** Hypothermie, Barbituratnarkose mit Thiopental 3 mg/kg KG i.v.-Bolus, dann 10 – 20 mg/kg KG i.v. für 1 h.

F95

Frage 3.1: Lösung B

Mit Bewusstseinstrübung, Pupillenerweiterung auf der traumatisierten Seite, kontralateraler Parese und dem Spätsymptom Einklemmung sind typische Symptome des akuten epiduralen Hämatoms beschrieben. Eine Stauungspapille entwickelt sich erst bei länger bestehendem Hirndruck und nicht in der Akutphase.
Siehe Lerntext III.2 und III.5.

H96

Frage 3.2: Lösung D

Eine Hyperventilation auf P_aCO_2-Werte um 20 mmHg verursacht eine extreme Vasokonstriktion der Hirn versorgenden Gefäße mit zerebraler Ischämie und ist zu vermeiden. Durch Senkung des P_aCO_2 auf Werte um 30 mmHg wird eine Drosselung des zerebralen Blutflusses erreicht, d.h. bei vorgegebener Größe des Verteilungsraums (Kalotte) resultiert eine Senkung des zerebralen Blutvolumens und damit des Hirndrucks ohne Ischämie.

Zerebrovaskuläre Erkrankungen — III.5

- **Schlaganfall:**
  Definition: Plötzlich auftretende neurologische Funktionsstörung – in der Regel eine Halbseitenlähmung, neuropsychologische Ausfälle und/oder Hirnnervensymptome – mit oder ohne Bewusstseinsverlust oder Kopfschmerzen.

Ursachen	Häufigkeit	Ätiologie
zerebrale Ischämie (Hirninfarkt)	62%	Arteriosklerotische oder kardiale Embolie
Hirnblutung	16%	Hypertonie, Angiopathie
Subarachnoidalblutung (SAB)	12%	Aneurysmaruptur
Sinusthrombosen	5%	
Sonstige	5%	Trauma, Einblutung in Hirntumoren

- **Hirninfarkt:**
  Klinik: Abhängig von der Lokalisation

Tab. 3.2 Lokalisation und Symptomatik von Hirninfarkten

Karotisstromgebiet	Vertebrobasilärer Kreislauf
Hemisymptomatik	Pupillenstörungen, Augenmuskelparesen
initial bewusstseinsklar	Bewusstseinstrübung
eventuell Aphasie	Schwindel, Erbrechen

Nach dem Verlauf kann man flüchtige Ischämien (transitorische ischämische Attacke, Amaurosis-fugax-Attacke), progredienten und kompletten Hirninfarkt unterscheiden.

Therapie: Thrombolyse (r-TPA) nur bei Therapiebeginn innerhalb von 3 h möglich, daher rasche Klinikeinweisung. Freihalten und Sicherung der Atemwege, O_2-Gabe, evtl. Intubation und Beatmung. Blutdruckstabilisierung (Mindestblutdruck 140 – 160 mmHg/70 – 90 mmHg), Infusionstherapie auch mit Plasmaexpandern, Blutdrucksenkung erst bei Werten > 220 mmHg systolisch.

Hirnblutung:

Klinik: – Bewusstseinstrübung,
– evtl. Hemisymptomatik,
– Hirndruckzeichen.

Therapie: Freihalten und Sicherung der Atemwege, O_2-Gabe, gegebenenfalls Intubation und Beatmung; Blutdruckstabilisierung.

Subarachnoidalblutung (SAB):

Klinik: – akuter, vernichtender Kopfschmerz,
– Bewusstseinsstörung, evtl. Krampfanfälle,
– Erbrechen,
– Meningismus,
– Pyramidenbahnzeichen, fokal neurologisches Defizit,
– respiratorische Insuffizienz,
– Kreislaufdepression.

Therapie: Freihalten und Sicherung der Atemwege, O_2-Gabe, gegebenenfalls Intubation und Beatmung; Blutdruckstabilisierung.

- **Epilepsie:**

Notfallmedizinisch sind in erster Linie Grand-mal-Anfälle von Bedeutung. Ein sich selbst terminierender Grand-mal-Anfall bedarf außer dem Schutz des Patienten vor Verletzungen keiner weiteren Maßnahmen.

Typisch und obligat ist der Bewusstseinsverlust: nach Initialschrei stürzt der Patient und zeigt generalisierte tonisch-klonische Muskelaktivität. Häufig: Zungenbiss, Einnässen, Einkoten, postiktaler Dämmerzustand.

Status epilepticus:

Man spricht vom Status, wenn der Pat. > 30 min krampft oder zwischen den Krampfanfällen das Bewusstsein nicht wiedererlangt.

Therapie: Benzodiazepine (Diazepam, Clonazepam, Midezolam), Phenytoin, bei Therapieresistenz Barbiturate (Phenobarbital), ggf. Barbituratnarkose (Thiopental) mit Intubation und Beatmung. Reservemedikament: Lidocain i. v.

F98

Frage 3.3: Lösung A

Die TIA ist definiert als akut auftretende, zeitlich begrenzte (in 24 h komplett zurückgebildete) neurologische Symptomatik. Es treten vertebrobasiläre Symptome (Dreh- oder Schwankschwindel, Gangunsicherheit, Doppelbilder, Sprach- und Schluckstörungen, Hörstörungen, Gesichtsfeldausfälle, flüchtige Sensibilitätsstörungen oder Paresen) oder beim Befall der Karotisstrombahn sensible und motorische Ausfälle auf. Eine retrograde Amnesie wird nicht beobachtet. Die transitorische globale Amnesie ist ein von der TIA unabhängiges Krankheitsbild.

F00 !

Frage 3.4: Lösung B

Beim generalisierten Krampfanfall (Grand-mal) ist der Bewusstseinsverlust obligat; durch die unkontrollierte elektrische Entladung und ihre Ausbreitung über das Gehirn kommt es zu tonisch-klonischen Muskelzuckungen, Zungenbiss sowie Urin- und Kotabgang. Häufig wird beim Anfallsbeginn ein Initialschrei beobachtet. Gelegentlich beobachtet man subkonjunktivale Einblutungen, typische Pupillenveränderungen existieren nicht.

H00

Frage 3.5: Lösung E

Die klassische Symptomatik des Grand-mal-Anfalls (generalisierter, tonisch-klonischer Krampfanfall) besteht aus Initialschrei, Hinstürzen des Patienten, Bewusstlosigkeit, tonisch-klonischer Muskelaktivität mit Zungenbiss, vegetativer Überaktivität mit Urin- und Kotabgang, sowie Hypersalivation und postiktalem Dämmerzustand. Ein postiktaler Meningismus ist möglich, aber selten.

4 Stoffwechselkomata

Komaformen beim Diabetes mellitus — IV.1

- **Hypoglykämie:** Serumblutzucker (BZ)-Abfall unter 50 mg/dl.
  Ursachen: Überdosierung von Insulin oder oralen Antidiabetika, starke körperliche Belastung, verminderte Nahrungszufuhr, Alkoholabusus.
  Klinik: plötzlich auftretender Heißhunger, Unruhe, psychische Auffälligkeiten, Seh- und Sprachstörungen, Tremor, Kaltschweißigkeit, Blässe, Tachykardie, zunehmende Bewusstseinstrübung bis zur Bewusstlosigkeit, evtl. Krampfanfälle, Paresen.
  Therapie: Sofortige intravenöse Glukosezufuhr (z. B. 20–40 ml Glukose 40 % i. v., dann langsame Infusion mit Glukose 5 %), Blutzuckertest.
  Bei jeder Bewusstlosigkeit Hypoglykämie ausschließen!
- **Hyperglykämie:**
  Ursachen: Erstmanifestation eines Diabetes mellitus; beim Diabetiker: interkurrente Infekte, Trauma (Operation, Unfall), Schwangerschaft, falsche Medikamentendosis, Interaktionen mit anderen Pharmaka.
  Klinik: Polyurie, Polydipsie, Adynamie, Bewusstseinstrübung bis zur Bewusstlosigkeit. Tachykardie, Tachypnoe, Hypotonie, Exsikkose, akutes Abdomen.
  Man kann **zwei Verlaufsformen** unterscheiden:

K

hyperosmolares Koma	ketoazidotisches Koma
meist ältere Typ-II-Diabetiker	meist jüngere Typ-I-Diabetiker
Entwicklung über Tage	schneller Beginn (Stunden)
BZ oft > 1000 mg/dl	BZ oft < 600 mg/dl
ausgeprägtes Volumendefizit	geringes Volumendefizit Ketoazidose (Foetor), Hyperventilation

Therapie: Nach Freimachen und Freihalten der Atemwege und O_2-Gabe in erster Linie Flüssigkeitsersatz mit 1–2 l kristalloider Lösung/h i.v., da die Hypovolämie das größte Problem darstellt.

Hepatisches Koma — IV.2

Ursachen: Leberversagen bei fulminanter Hepatitis oder Intoxikationen (Knollenblätterpilz, Paracetamol, Tetrachlorkohlenstoff). Bei Leberzirrhose: im Rahmen von Ösophagusvarizenblutungen, Diätfehlern, bei Zustand nach Shunt-Operation.
Klinik: Foetor hepaticus, Bewusstseinsstörung, evtl. Krämpfe, Aszites, Blutung, Nierenversagen.
Therapie: Freimachen und Freihalten der Atemwege, O_2-Gabe, evtl. Antiepileptika, Infusionstherapie.

Urämisches Koma — IV.3

Ursachen: akutes Nierenversagen oder Endpunkt einer chronischen Niereninsuffizienz.
Klinik: Foetor uraemicus, Bewusstseinstrübung bis zum Koma, Adynamie. Bei Lungenödem: Dyspnoe, Tachypnoe, Tachykardie, Hypertonie, später Hypotonie, evtl. Arrhythmien.
Therapie: Freimachen und Freihalten der Atemwege, O_2-Gabe, bei Lungenödem Oberkörperhochlagerung, Diuretika, Nitrate; venöser Zugang mit minimaler Flüssigkeitszufuhr. Transport in Klinik mit Dialysemöglichkeit.

Hyperthyreotes Koma — IV.4

Ursachen: meist Jodexposition bei vorbestehender Hyperthyreose, Infekte, Autoimmunprozesse.
Klinik: Tachykardie, Arrhythmien, Erbrechen, Diarrhoe, Fieber, Hypertonie, Schwitzen; später Kreislaufdepression (relative Nebenniereninsuffizienz), Unruhe, Verwirrtheit, Koma, Schock.
Therapie: Sicherung der Atemwege, O_2-Gabe, falls nötig Intubation und Beatmung. Präklinisch: Volumensubstitution, evtl. Kortikosteroide.

Hypothyreotes Koma — IV.5

Ursachen: Verschlechterung einer bestehenden Hypothyreose (Operation, Trauma, Stress).
Klinik: Bradykardie, Hypotonie, Hypothermie, Myxödem, respiratorische Insuffizienz mit Bradypnoe und Hypoventilation, Bewusstseinstrübung bis zum Koma.
Therapie: Freimachen und Freihalten der Atemwege, falls nötig Intubation und Beatmung; Volumengabe, Steroide, Katecholamine.

Akute Nebenniereninsuffizienz (Addison-Krise) — IV.6

Ursachen: Verschlechterung bei vorbestehender Nebenniereninsuffizienz durch Stress, Operation, Infekt, Trauma oder abruptes Absetzen einer Steroiddauermedikation.
Klinik: Hypotonie, Erbrechen, Adynamie, Hypothermie, Schock, Bewusstseinstrübung bis zum Koma.
Therapie: Freimachen und Freihalten der Atemwege, falls nötig Intubation und Beatmung; Volumengabe, Steroide, Katecholamine.

F00

Frage 4.1: Lösung A

Zur Beurteilung des Coma diabeticum ist die Differenzierung in ketoazidotisches und hyperosmolares Koma wichtig. Dazu benötigen Sie die Blutglukosewerte (exzessiv erhöht beim hyperosmolaren und moderat erhöht bis normal beim ketoazidotischen Koma) (E). Weiterhin brauchen Sie eine Blutgasanalyse (bevorzugt arteriell), die bei Ketoazidose einen deutlich erniedrigten pH-Wert (meist < 7,2), einen stark erniedrigten Base-Excess (meist < –6) und eine kompensatorische (Hyperventilation) Erniedrigung des P_aCO_2 (meist < 30 mmHg) zeigt. Natürlich kann man die Serumosmolarität (normal ca. 300 mosmol/l) bestimmen, die durch die hohen Glukosespiegel und die starke Dehydratation (Natriumkonzentration steigt) deutlich (> 320 mosmol/l) erhöht ist (C). Da es bei der Insulintherapie (1–2 IE/h Altinsulin i.v.) und der massiven Infusionstherapie (Dehydratation) beim hyperosmolaren Koma und durch den Azidoseausgleich beim ketoazdotischen Koma zu erheblichen Schwankungen im Serumkaliumspiegel kommt, ist die Bestimmung desselben unerlässlich. Eine Bestimmung von Ammoniak im Serum ist nur beim Coma hepaticum sinnvoll.

F98

Frage 4.2: Lösung E

Bei der Phalloides-(Knollenblätterpilz-)Vergiftung kommt es nach gastrointestinaler Phase (Erbrechen, Diarrhoe, Koliken) und scheinbarer Erholung am 3.–4. Tag zum akuten Leberversagen. Nach Wiederholungsnarkosen mit Halothan beim Erwachsenen (unklarer Pathomechanismus, sehr selten), bei schwersten Verlaufsformen von Virushepatitiden und bei Paracetamol-Intoxikation (Einnahme > 8 g beim Erwachsenen) ist ein akutes Leberversagen möglich. Bei fehlender Leberanamnese kann durch Eiweißzufuhr kein Leberversagen verursacht werden. Bei vorbestehender Leberinsuffizienz wird durch die Eiweißzufuhr zwar schnell ein Coma hepaticum, aber kein akutes Leberversagen verursacht.

5 Spezielle Notfallsituationen

Versorgung von polytraumatisierten Patienten — V.1

- **Definition des Polytraumas:**

Verletzung von zwei oder mehreren Körperregionen oder Extremitäten, von denen mindestens eine oder die Kombination mehrerer lebensbedrohlich ist. Beispiel: Unterschenkelfraktur + Oberarmfraktur + Bauchtrauma mit Milzruptur (= vital bedrohlich).
Durch das Trauma entstehen vielfältige Schäden an verschiedenen Organsystemen, die eventuell primär nicht erkannt werden.

- **Klinik:**
  - Schock,
  - sichtbare Verletzungszeichen.
- **Therapie:**
  - Schocklagerung, Immobilisierung der Halswirbelsäule.
  - Freimachen und Freihalten der Atemwege, O_2-Gabe, frühzeitige Indikation zur Intubation und Beatmung auch bei noch nicht aufgetretener respiratorischer Insuffizienz. Zur Narkoseeinleitung bevorzugt Etomidate oder Ketamin. Analgosedierung mit Ketamin (nur beim beatmeten Patienten) oder Fentanyl und Midazolam.
  - Aggressive Volumentherapie (kolloidale und kristalloide Lösungen) über mindestens zwei großlumige periphere Venenzugänge.

    Parallel zur Basistherapie orientierende Untersuchung zur Evaluierung der Verletzungen, Festlegen der Behandlungspriorität, Dokumentation des neurologischen Status (GCS). Sofortiges Eingreifen erforderlich bei:
    - Spannungspneumothorax (Thoraxdrainage),
    - Mediastinalemphysem (kollare Mediastinotomie).

  Danach:
  - Weitestgehend achsengerechte Reposition frakturierter Extremitäten,
  - Immobilisation bei Wirbelsäulenverletzungen (Vakuummatratze),
  - sterile Wundabdeckung
  - kontinuierliches Monitoring (Pulsoxymetrie, Blutdruck, Herzfrequenz).

    Transport mit geeignetem Rettungsmittel (z. B. Hubschrauber bei Wirbelsäulenverletzten) in die nächstgelegene geeignete Klinik. Bei großem Blutverlust und verzögerter Rettung (z. B. eingeklemmte Patienten) Blut abnehmen und zur Kreuzprobe vorab in die Klinik bringen lassen.

Rippenserienfraktur — V.2

Bei Frakturen von drei oder mehr Rippen (Rippenserienfraktur) sind die Patienten durch folgende Probleme gefährdet:
- Lungenparenchymschädigung (Lungenkontusion),
- Pneumothorax,
- Hämatothorax,
- Instabilität der Thoraxwand mit paradoxer Atmung,
- Hautemphysem,
- schmerzbedingte Einschränkung der Atemexkursionen,
- Pleuraerguss.

- **Klinik:**

  Dyspnoe, Tachypnoe, Thoraxkompressionsschmerz, Zyanose, paradoxe Atmung.
- **Therapie:**
  - **Analgesie**, am besten durch Regionalanästhesie wie Interkostalblockade, Intrapleuralanästhesie, Katheterperiduralanästhesie in der Klinik oder systemisch durch Metamizol, NSAR, Opioide.
  - O_2-Gabe, bei isolierter Rippenserienfraktur selten Indikation zur frühen Intubation und Beatmung.
  - Intensives respiratorisches Monitoring (Pulsoxymetrie).
  - Halbsitzende Lagerung mit Drehung auf die verletzte Seite.

K

Spannungspneumothorax V.3

Bei offener Thoraxverletzung oder Verletzung des Bronchialbaums oder des Lungenparenchyms strömt Luft in die Pleurahöhle bei der Inspiration. Durch einen Ventilmechanismus wird der Ausstrom verhindert. Durch die ständige (und rasche) Zunahme des Pneumothorax kommt es zur Kompression des Lungengewebes und Mediastinalverschiebung. Lebensbedrohlich, besonders rasche Zunahme bei Beatmung.

- **Klinik:**
  Dyspnoe! Aufgehobene Atemexkursion, hypersonorer Klopfschall und abgeschwächtes Atemgeräusch der betroffenen Thoraxhälfte; Unruhe, Zyanose, Tachykardie, Blutdruckabfall bis zum Kreislaufstillstand; obere Einflussstauung.
- **Therapie:**
  Oberkörperhochlagerung, O_2-Gabe, sofortige Entlastung durch Punktion mit großlumiger Kanüle; Einstich entweder im 2./3. Interkostalraum (ICR) in der Medioklavikularlinie oder im 3./4. bzw. 4./5. ICR in der mittleren Axillarlinie. Danach Legen einer Thoraxdrainage mit Anschluss einer Saugung oder eines Tiegel-Ventils.

Vergiftungen V.4

- **Allgemeines:**
  Ursachen: Suizidversuche ca. 80%, akzidentelle Vergiftungen ca. 15%, Unfälle ca. 5%.
  Die präklinische Therapie von Vergiftungen beschränkt sich meist auf die symptomatische Therapie. Für die Antidote gibt es präklinisch praktisch keine Indikation (jedoch häufiges Prüfungsthema!). Typisches Beispiel für die Schwierigkeiten bei der präklinischen Antidottherapie ist eine Zyanidvergiftung: Das Antidot wäre der Methämoglobinbildner Dimethylaminophenol (DMAP). Bei den meisten Ereignissen, bei denen Zyanid freigesetzt wird entsteht auch CO. Die Gabe eines Methämoglobinbildners bei einer CO-Intoxikation bringt den Patienten um!
  Wichtig sind Eigenschutz, Asservierung der Gifte sowie Feststellung der Menge und des Zeitpunkts der Intoxikation.
  Symptomatische Therapie:
  - Stabilisierung und Aufrechterhaltung der Vitalfunktionen
  - Primäre Giftelimination: provoziertes Erbrechen nur bei bewusstseinsklaren Patienten (Kontraindikation: Ingestion von Säuren, Laugen, Schaumbildnern, Kohlenwasserstoffen), Magenspülung, Giftadsorption (Aktivkohle), forcierte Diarrhoe, z.B. mit Glaubersalz (Na_2SO_4)
  - in der Klinik Maßnahmen zur beschleunigten Giftelimination: Hämodialyse und Hämoperfusion (nur von begrenztem Wert und für wenige Substanzen geeignet), forcierte Diurese und die Unterbrechung des enterohepatischen Kreislaufs mit Cholestyramin.
- **Antidote:**

Vergiftung durch:	Antidot:
Schwermetalle	Chelatbildner (Dimercaprol, EDTA, D-Penicillamin, Deferoxamin, Fe-III-hexacyanoferrat-II)
Blausäure (Zyanide)	Methämoglobinbildner (Amylnitrit, DMAP), Natriumthiosulfat, Hydroxycobalamin (Vit. B_{12})
Alkylphosphate	Atropin, Obidoxim (Enzymreaktivator)
Paracetamol	Acetylcystein
Benzodiazepine	Flumazenil
Opioide	Naloxon, Levallorphan
Methämoglobinbildner	Thionin, Methylenblau
Dicumarol	Vitamin K
Methanol	Ethanol
Digitalis	Digitalis-(Fab-)Antikörper
Fluorid	Calcium
Schlangen- und Spinnenbisse	spezifische Antiseren

- **Ethanol:**
Aufnahme oral , letal: Blutkonzentrationen von 3–5 ‰.

Klinische Stadien	Therapie
I: Exzitation: Euphorie, Enthemmung, Lallen, Mydriasis	Freimachen und -halten der Atemwege, O_2-Gabe. Gegebenenfalls provoziertes Erbrechen, z. B. durch Apomorphin. Bei Kindern Magenspülung. Infusionstherapie, Haloperidol und Diazepam zur Sedierung.
II: Hypnose: Bewusstseinstrübung, Pupillen eng bis mittelweit, Hypalgesie	Freimachen und -halten der Atemwege, O_2-Gabe. Infusionstherapie, evtl. Haloperidol. Schutz vor weiterer Auskühlung.
III: Narkose: Bewusstlosigkeit, Analgesie, Hypoglykämie, Blutdruckabfall, Hypothermie	zusätzlich Glukosegabe, Physostigmin i. v.
IV: Asphyxie: Koma, Herz-Kreislauf-Atemstillstand, Hypothermie	Intubation und Beatmung, Volumenersatz mit kolloidalen Lösungen.

- **Methanol:**
Aufnahme oral, letal: 0,5–1 ‰ (30–100 ml). Toxizität durch metabolische Azidose (Abbau: Methanol → Formaldehyd → Ameisensäure).
Klinik: Kopfschmerzen, Unruhe, Sehstörungen, Abdominalschmerz, Krämpfe, Koma.
Therapie: Freimachen und -halten der Atemwege, O_2-Gabe, Infusionstherapie, Azidoseausgleich. In der Klinik Ethanolinfusion bis zum Erreichen eines Blutspiegels von 1 ‰ zur Hemmung des Abbaus; Hämodialyse, Gabe von Folsäure. Bei großer Ingestionsmenge (schnelle Resorption) sofortige Magenspülung am Notfallort.
- **Digitalis:**
Klinik: Herzrhythmusstörungen, gastrointestinale Symptome, Müdigkeit, Muskelschwäche, Sehstörungen, Verwirrtheit.
Therapie: Magenspülung, Kohlegabe, forcierte Diarrhoe. Bei schwerer Intoxikation Gabe von Digitalisantikörper; Antiarrhythmika, falls erforderlich passagerer Schrittmacher. In der Klinik: evtl. Hämoperfusion, Elektrolytausgleich, Cholestyramingabe (bei Digitoxin).
- **Antidepressiva:**
Klinik: anticholinerges Syndrom, Erregung, Halluzinationen, Bewusstseinstrübung bis zum Koma, Arrhythmien, Krämpfe.
Therapie: O_2-Gabe, Intubation und Beatmung, Magenspülung, forcierte Diarrhoe und Diurese, Schocktherapie, Physostigmin (2–4 mg langsam i. v.), evtl. Hämoperfusion, Plasmapherese.
- **Barbiturate:**
Klinik: Atemlähmung, Azidose, Bewusstseinsstörung bis zum Koma, Schock, Hyporeflexie, Hypothermie, Hautblasen.
Therapie: O_2-Gabe, Intubation und Beatmung, Magenspülung, forcierte Diarrhoe und Diurese, Schocktherapie.
- **Betablocker:**
Klinik: AV-Blockierung I°–III°, Bradykardie, Hypotonie, Bronchospastik, Sedierung. Erregungszustand mit Erbrechen, Krämpfen, Halluzinationen möglich.
Therapie: Magenspülung, Atropin, Dopamininfusion, falls erforderlich passagerer Schrittmacher.
- **Neuroleptika:**
Klinik: extrapyramidale motorische Symptome, Arrhythmien, Schock, Bewusstseinstrübung bis zum Koma.
Therapie: Magenspülung, antiarrhythmische Therapie, Schocktherapie, Biperiden i. v.; Cave: paradoxe Hypotonie durch Adrenalingabe (α-Blockade durch Neuroleptika, Überwiegen der vasodilatatorischen β_2-Wirkung).
- **Reizgase** (z. B. Ammoniak, Chlor, Nitrosegase, Ozon, Phosgen):
Klinik: Husten, Laryngospasmus, Bronchospasmus, Reizung der Konjunktiven, toxisches Lungenödem, Atemstillstand; häufig Latenz von bis zu 48 h nach Exposition.
Therapie: Überwachung, O_2-Gabe, in schweren Fällen Intubation und Beatmung, Dexamethasoninhalation (2 Hübe alle 3 Minuten).

K

- **Pilzvergiftungen:**

	Ursache (Beispiel)	Klinik	Therapie
Pantherina-Syndrom	**Fliegenpilz**, Pantherpilz	Mydriasis, Schwindel, Benommenheit, Muskelzuckungen, Halluzinationen, Psychose	symptomatische Therapie
Muskarin-Syndrom	Röhrling, Trichterling	Miosis, Speichel- und Tränenfluss, Diarrhoe, Schwitzen, Bradykardie, Bronchospasmus	symptomatische Therapie, Atropin i. v.
Gastroenteritisches Syndrom	Riesenrötling, Kartoffelbovist	Übelkeit, Erbrechen, Diarrhoe, Koliken, keine zentralen Symptome	symptomatische Therapie, Antiemetika
Phalloidin-Syndrom	**Knollenblätterpilz**	gastrointestinale Phase (Erbrechen, Koliken, Tenesmen), dann scheinbare Besserung nach 18 – 24 h, ab dem 3. – 4. Tag akutes Leberversagen (Ikterus, hämorrhagische Diathese, Koma)	symptomatische Therapie, Penicillin G und Silybinin i. v., Hämoperfusion, Lebertransplantation

- **Alkylphosphate** (irreversible Cholinesterasehemmer = Parasympathomimetika):
  Klinik: Ataxie, Atemlähmung, Bradykardie, Bronchospasmus, Krämpfe, Miosis, Lungenödem, Muskellähmung, abdominelle Spasmen, Herz-Kreislauf-Atemstillstand.
  Therapie: Intubation und Beatmung, Atropin (Parasympatholytikum) in hoher Dosis: bis zu 250 mg i. v. nach Wirkung (Erreichen einer Mydriasis); evtl. Obidoxim. Eigenschutz! Kein Hautkontakt! Magenspülung, Kohlegabe.
- **CO-Vergiftung:**
  Klinik: ab 15 – 30 % COHb Dyspnoe, Schwindel, Kopfschmerz, Unwohlsein, ab 40 % COHb Atemstorungen, hellrote Haut, Koordinationsstörungen. Bei COHb > 50 % Herz-Kreislauf-Atemstillstand, Bewusstlosigkeit. Keine Zyanose! Eigenschutz!
  Therapie: O_2-Gabe, falls erforderlich Intubation und Beatmung mit 100 Vol% O_2, falls möglich hyperbare Oxygenierung, Azidoseausgleich.
- **CO_2-Erstickung:**
  häufig in Silos, Weinkellern etc.; Eigenschutz!
  Klinik: bei 3 – 10 Vol% Dyspnoe, Kopfschmerzen, Schwindel; bei 10 – 15 Vol% Bewusstlosigkeit, Schock, Krämpfe, Zyanose, Mydriasis.
  Therapie: O_2-Gabe, Intubation und Beatmung.
- **Blausäure:**
  Klinik: Erstickungsgefühl, Krämpfe, Bittermandelgeruch; schneller Exitus.
  Therapie: Intubation und Beatmung mit 100 Vol% O_2, liegt kein Verdacht auf CO-Intoxikation vor: DMAP (250 mg i. v.) und Natriumthiosulfat (100 mg/kg KG i. v.), Infusionstherapie.

F00

Frage 5.1: Lösung D

Methanol wird rasch resorbiert, weshalb eine sofortige Magenspülung sinnvoll ist (B). Es wird zu 20 % renal und pulmonal ausgeschieden und zu 80 % metabolisiert (D). Beim Abbau entsteht Ameisensäure (Formiat), hierdurch wird eine metabolische Azidose induziert (A). Ethanol konkurriert um das abbauende Enzym Alkoholdehydrogenase mit 10fach höherer Affinität, weshalb durch Ethanolinfusion der Abbau zu Formiat verlangsamt werden kann (C). Durch die Hämodialyse können Methanol und seine Metabolite gut eliminiert und gleichzeitig die Azidose korrigiert werden; daher ist sie bei schweren Verläufen indiziert (E) (die Hämoperfusion über Aktivkohle ist nicht effektiv!).

H00 !

Frage 5.2: Lösung E

Auffällig hellrote Hautfarbe gilt als typisches Symptom der CO- (Kohlenmonoxid-) Vergiftung. Bei schweren Barbituratvergiftungen werden gelegentlich fleckförmige, rötliche Hautveränderungen beobachtet; für Alkylphosphat- (z. B. Parathion-), CO_2- und Aminophenol (Methämoglobinbildner)-Vergiftungen sind keine typischen Hautveränderungen beschrieben.

H00 !

Frage 5.3: Lösung A

Miosis ist ein typisches Symptom der Opioidintoxikation und einer Intoxikation mit sonstigen Substanzen, die eine Miosis verursachen, wie Parasympathomimetika (Cholinesterasehemmer wie Alkylphosphate) und Sympathikolytika (β-Blocker). Bei Kammerflimmern, Elektrounfall und Ertrinkungsunfall ist wegen der Hypoxie eher eine Mydriasis zu erwarten. MDMA-Intoxikationen wie auch Kokainintoxikationen gehen mit zentral sympathomimetischen Effekten und damit mit einer Mydriasis einher.

H99

Frage 5.4: Lösung C

Primär intrazelluläre Hypoxie ist nur bei Störungen der Atmungskette möglich; diese können nur durch Intoxikationen mit Stoffen, die wie Zyanid an der Atmungskette angreifen, verursacht werden. Alle systemischen Störungen des O_2-Transports wie Blutverlust (A), Gasaustauschstörungen (B), Perfusionsstörungen (D) und anaphylaktischer Schock (E) sind nicht primär intrazellulär lokalisiert.

Therapie chronischer Schmerzen

0 Definition

Definition Schmerz — 0.1

Schmerz ist eine unangenehme Sinnes- und Gefühlswahrnehmung, die mit einer wirklichen oder möglichen Gewebeschädigung einhergeht. Schmerzen müssen demnach nicht notwendigerweise eine organische Ursache haben. Schmerzen, die *weniger als 6 Monate* bestehen, werden definitionsgemäß als **akut** bezeichnet. **Chronische Schmerzen** dauern *länger als 6 Monate* an.

Diese rein zeitliche Definition wird heute immer mehr dahingehend verlassen, dass ein Patient, der an chronischen Schmerzen leidet, nach folgenden Gesichtspunkten beschrieben wird:

1. **Zeitliche Aspekte**
   - *Auftretenshäufigkeit* (einmal täglich, mehrmals täglich, dauernd)
   - *Dauer* (bis zu mehreren Stunden, mehrere Tage, länger als eine Woche)
   - *Intensitätswechsel* (häufig, gelegentlich, nie)
2. **Räumliche Aspekte**
   Schmerzbild: monolokulär, bilokulär, multilokulär
3. **Medikamenteneinnahmeverhalten**
   - *Medikamenteneinnahme* (unregelmäßig, regelmäßig)
   - *Art der Medikamente* (Nicht-Opioide-Analgetika, Opioide-Analgetika)
   - *Anzahl der Entzugsbehandlungen* (keine, eine, mehr als eine)
4. **Patientenkarriere**
   - *Wechsel des Arztes*
   - *Schmerzbedingte Krankenhausaufenthalte* (einmal, zwei- oder dreimal, mehr als drei)
   - *Schmerzbedingte Operationen* (einmal, zwei- oder dreimal, mehr als drei)
   - *Schmerzbedingte Rehabilitationsmaßnahmen* (keine, bis zweimal, mehr als zwei)

Aufgrund dieser Merkmale lässt sich der Grad der Chronifizierung erkennen.

Man fand in den letzten Jahren gewisse Risikofaktoren von Patienten, die an der Chronifizierung beteiligt sind:

1. *früher durchgemachte Krankheitsereignisse*
2. *starke körperliche Belastungen am Arbeitsplatz*
3. *diffuses Schmerzbild*
4. *depressive, ängstliche Persönlichkeit*
5. *Vermeidungsverhalten, nicht verbale Ausdrucksformen, Durchhaltestrategien und Ignorieren.*

H93

Frage 0.1: Lösung D

Zu **(1):** Die schmerzauslösende Ursache tritt immer stärker in den Hintergrund. Andere schmerzerhaltende Bedingungen („**sekundärer Krankheitsgewinn**“) chronifizieren den Schmerz.

Zu **(2):** Selbstverständlich können fortschreitende Krankheitsprozesse ursächlich eine Schmerzverstärkung und eine Chronifizierung bewirken.

Zu **(3):** Ein Zusammenhang zwischen ernährungsbedingter Abnahme der endogenen Opioide im ZNS und Chronifizierung von zunächst akuten Schmerzen ist nicht bekannt.

Zu **(4):** Pathologische Arzt-Patient-Interaktion, überwiegend somatisch ausgerichtetes Krankheitsverständnis von Arzt und Patient und ärztliches Handeln in Diagnostik und Therapie können Faktoren bei der Chronifizierung von Schmerzen darstellen.

Siehe auch Lerntext 0.1.

Nomenklatur gängiger Schmerzbegriffe — 0.2

1. **Allodynie:**
   Schmerzauslösung durch Reize, die normalerweise keine Schmerzen verursachen.
2. **Dysästhesie:**
   Unangenehme und abnorme Empfindungen auf Reize. Die Allodynie ist eine schmerzhafte Dysästhesie.
3. **Analgesie:**
   Keine Schmerzwahrnehmung trotz schmerzhaftem Reiz.
4. **Anaesthesia dolorosa:**
   Schmerzwahrnehmung in einem sonst gefühllosen Gebiet.
5. **Hyper-** und **Hypopathie:**
   Begriff für überschießende oder mangelhafte Reaktionen auf schmerzhafte wie auch nicht schmerzhafte Reize.
6. **Hyper-** und **Hypalgesie:**
   Begriff für überschießende oder mangelhafte Schmerzempfindungen auf schmerzhafte Reize.
7. **Kausalgie:**
   Die Kausalgie ist gekennzeichnet durch Allodynie und Hyperpathie mit brennendem Schmerzcharakter aufgrund einer Nervenschädigung.

Siehe auch Lerntext IV.11.

K

1 Physiologie und Pathophysiologie

Einteilung nach pathogenetischen Gesichtspunkten — I.1

Schmerzreize werden zunächst durch afferente Fasern des peripheren Nervensystems über die Hinterwurzel in die Hinterhörner des zentralen Nervensystems geleitet. Nach Umschaltung auf das zweite Neuron im Hinterhorn kreuzen Schmerzreize in der Commissura anterior zur Gegenseite und gelangen hier über den **Tractus spinothalamicus** nach kranial in den **Nucleus ventralis posterolateralis des Thalamus**. Vom Thalamus führt das dritte Neuron zum **sensorischen Kortex** in der Postzentralwindung des parietalen Lappens.
Auf der gesamten Wegstrecke kann es zu Störungen kommen, sodass sich die im Folgenden (vgl. Lerntexte I.2–I.6) beschriebene Einteilung der Schmerzentstehung nach anatomischen und pathogenetischen Kriterien bewährt hat.

H93

Frage 1.1: Lösung B

Zu **(B):** Neben Erregungen durch Schmerzrezeptoren leitet das **Vorderseitenstrangsystem Temperatur-** und grobe **Druck- und Berührungsreize** zentralwärts.
Siehe auch Lerntext I.1.
Zu **(A):** Der **Tractus spinocerebellaris posterior** gehört mit dem **Tractus spinocerebellaris anterior** zum Seitenstrang: er leitet **propriozeptive** Erregungen aus der Columna thoracica derselben Seite, kreuzt in der Medulla oblongata zur Gegenseite und zieht zur Kleinhirnrinde.
Zu **(C):** Die **Pyramidenbahn** ist ein absteigendes System und vermittelt **Willkürmotorik.**
Zu **(D):** In der **Formatio reticularis** der Medulla oblongata und den **bulbären Abschnitten der Pons** liegen Strukturen, die zusammengefasst als **medulläres bzw. rhombenzephales Kreislaufzentrum** bezeichnet werden. Dieses Zentrum steuert u.a. den sogenannten Ruhetonus der Gefäße über sympathische und parasympathische Bahnen.
Zu **(E):** Das **Centrum ciliospinale** ist das **vegetative Zentrum** im Rückenmark (C8-Th2). Bei Verletzungen in diesem Bereich tritt das so genannte Horner-Zeichen auf.

H96 **!**

Frage 1.2: Lösung E

Zu **(E):** Das Cerebellum gehört nicht zum nozizeptiven System. Es kontrolliert die Afferenzen für die Orientierung des Körpers im Raum (Gleichgewicht).
Zu **(A):** Das **limbische System** ist für die emotionale Verarbeitung von Schmerzreizen verantwortlich. Sowohl dys- wie euphorische Reaktionen werden von diesem Areal gesteuert.
Zu **(B):** Die **Formatio reticularis des Hirnstammes** aktiviert Inter- und Motoneurone im Rückenmark. Sie steuert dadurch die Reflexaktivierbarkeit und den Muskeltonus. Zentrale Muskelrelaxantien (z.B. Baclofen) entfalten über die Formatio reticularis ihre Wirkung.
Zu **(C):** Der **Thalamus** ist der Ort der Entstehung der Schmerzempfindung. Hier entfalten Opioide u.a. ihre analgetische Wirkung durch Besetzung der Opioidrezeptoren an den thalamischen Kernen, die hier in besonders hoher Anzahl vorhanden sind.
Zu **(D):** Das **periaquäduktale Grau und die Raphe-Kerne** hemmen durch deszendierende Bahnen die Erregungsüberleitung von nozizeptiven Afferenzen aus der Peripherie.

Nozizeptorschmerz — I.2

Nozizeptoren sind freie Nervenendigungen, die in fast allen Organen vorkommen. Nozizeptoren der Haut sprechen besonders auf mechanische und thermische Reize an. **Viszerale** Nozizeptoren können z.B. durch Kontrakturen der Hohlorgane oder Ischämien erregt werden. Normalerweise werden nur starke Reize, die z.B. eine Überforderung eines Gelenkes nach sich ziehen, als „Schmerzalarm" umgesetzt, es sei denn, es ist zu einer sogenannten Sensibilisierung gekommen. Traumatische, entzündliche oder immunologische Faktoren können Schmerz und Entzündungsmediatoren wie *Prostaglandine, Histamin, Bradykinin, Interleukin-I oder Säurekationen* freisetzen. Hierdurch kann die Reizschwelle der Nozizeptoren soweit absinken, dass keine oder minimale Reize Schmerzen verursachen können. Diesen Vorgang nennt man **Sensibilisierung**.
Bei entzündlichen Veränderungen kann es darüber hinaus zur **Rekrutierung** von unter physiologischen Bedingungen stummen nozizeptiven afferenten Neuronen kommen.
Nozizeptoren können Neuropeptide wie *Substanz P oder Calcitonin Gene Related Peptide* freisetzen, die in der Peripherie zu Vasodilatation, Steigerung der Gefäßpermeabilität und zellulären Reaktionen führen. Diese neurosekretorische Reaktion wird auch als **neurogene Entzündung** bezeichnet.

Peripher wirksame Analgetika wirken u.a. über die Beeinflussung o.g. Mediatoren. Am besten untersucht ist die *Hemmung der Prostaglandinsynthese* durch **Acetylsalicylsäure**. Wahrscheinlich hemmen die peripheren Analgetika auch direkt die neurale Erregungsbildung am Nozizeptor.

H93 **!**

Frage 1.3: Lösung C

Zu **(C):** Calcium spielt z.B. bei der Muskelaktivität eine Rolle.
Zu **(A):** Die **Substanz P** ist u.a. in afferenten Schmerzfasern und im Gehirn enthalten und wird durch Aktivierung der Fasern freigesetzt.
Zu **(B):** **Prostaglandine** „sensibilisieren" die Schmerzfasern und bewirken dadurch eine Senkung der Reizschwelle von Nozizeptoren.
Zu **(D):** **Bradykinin** ist ein schmerzinduzierender Entzündungsmediator.
Zu **(E):** **Kationen** (positiv geladene Teilchen z.B.: H^+) gelten als chemischer Schmerzreiz.
Siehe auch Lerntext I.2.

H98 H94 **!**

Frage 1.4: Lösung B

Zu **(1)** Die **Sensibilisierung** von Nozizeptoren meint das Absinken der Reizschwelle der Nozizeptoren z.B. durch Entzündungsmediatoren wie die Prostaglandine. Dieser Mechanismus wird vor allem für die Entstehung der **primären Hyperalgesie** verantwortlich gemacht. Als primäre Hyperalgesie bezeichnet man die verstärkte Schmerzwahrnehmung auf mechanische oder thermische Reize, die auch normalerweise einen Schmerzreiz darstellen (siehe auch Lerntext 0.2).
Zu **(2):** Als **sekundäre Hyperalgesie** bezeichnet man eine erhöhte Schmerzempfindlichkeit auf normalerweise nicht schmerzhafte mechanische, nicht aber auf thermische Reize. Dabei spielt eine periphere Sensibilisierung des nozizeptiven Systems keine Rolle. Es kommt zu einer **zentralen Sensibilisierung** der schmerzleitenden Neurone z.B. im Hinterhorn und zu einer Unterfunktion der zentralnervösen Hemmungssysteme.
Zu **(3):** Eine erhöhte Nervenleitgeschwindigkeit der nozizeptiven Afferenzen ist kein Mechanismus für eine Hyperalgesie. Rein theoretisch würde der Schmerzreiz zwar schneller zentralwärts geleitet, warum dieser jedoch verstärkt wahrgenommen werden soll, begründet der genannte Mechanismus nicht.
Zu **(4):** Schmerzhemmungen aus den Head'schen Zonen existieren nicht.
Zu **(5):** Verstärkte synaptische Übertragungsmechanismen an der motorischen Endplatte spielen bei der Hyperalgesie keine Rolle.
Durch Hemmung der Cholinesterase z.B. durch Succinylcholin wird die Transmittereinwirkung von Acetylcholin verlängert. Dieser verstärkte synaptische Übertragungsmechanismus führt subsynaptisch zu einer Depolarisation und folglich zur so genannten depolarisierenden Muskelrelaxation.

Neuropathischer Schmerz — I.3

Neuropathische Schmerzen entstehen durch direkte Schädigung des peripheren Nerven. Kompression, Nervendurchtrennung und metabolische Faktoren (Diabetes, Alkohol etc.) sind die wichtigsten schädigenden Faktoren.
Bei länger andauernder Schädigung kommt es zu abnormalen und **ektopen Erregungen** der betroffenen Nervenfasern. Dabei bleibt die Störung nicht am Ort der Schädigung, sondern breitet sich langsam zur Peripherie und zum Rückenmark aus. Bei dieser **axonalen Signalausbreitung** wirken elektrische wie auch nicht elektrische Phänomene mit. Der nicht elektrische axonale Transport arbeitet mit einer Geschwindigkeit zwischen 1 und 400 mm/Tag. So verändert sich die Proteinsynthese und -verteilung innerhalb des Neurons.

F00 H97 H95 **!!**

Frage 1.5: Lösung A

Aus pathophysiologischer Sicht unterscheidet man: **Nozizeptorschmerz, neuropathischer Schmerz, Schmerzen durch Fehlsteuerung** und **zentraler Schmerz**.
Zu **(B), (C), (D)** und **(E):** Der **neuropathische Schmerz** ist durch eine **direkte Schädigung am peripheren Neuron** charakterisiert. Mögliche schädigende Faktoren sind unter den Antworten (B) bis (E) aufgelistet. Diese führen zu abnormalen und ektopen Erregungen der betroffenen Neurone (s. Lerntext I.3).
Zu **(A): Prostaglandine sensibilisieren Nozizeptoren** von afferenten Nervenfasern. Dadurch kann die Reizschwelle der Nozizeptoren absinken, sodass keine oder minimale Reize ausreichen, Schmerzen zu verursachen. Dieser Vorgang der „Sensibilisierung" zählt neben der „Rekrutierung" von unter physiologischen Bedinungen stummen afferenten Nozizeptoren zu den Mechanismen, die durch Veränderungen am Nozizeptor Schmerzen bedingen können (s. Lerntext I.2).

Schmerzen durch Fehlregulation **I.4**

Nozizeptoren können auch durch Fehlregulationen umgebender Gewebe erregt werden, z.B. durch **abnormale Muskelkontraktion, vaskuläre Störungen oder sympathische Fehlsteuerung**. Lokale schmerzhafte **Tonuserhöhungen** nennt man **Myogelosen**, sie sind elektromyographisch (EMG) stumm. Wahrscheinlich werden diese durch lokale chemische Reize ausgelöst und unterliegen keinen neuronalen Befehlen. Andere Verspannungen gehen mit einem deutlich erhöhten EMG-Signal einher und sind abhängig von einer zentral nervösen Kontrolle.
Zwischen Muskeltonus und Schmerz kann es zu einem so genannten **Circulus vitiosus** kommen: *Erregung der alpha-Motoneurone lässt den Muskeltonus ansteigen, wodurch die Nozizeptoren des Muskels, der Sehnenansätze und Gelenke aktiviert werden. Afferente Schmerzfasern können über einen Fremdreflex auf Rückenmarkebene zu einer weiteren Erregungssteigerung oder -fortsetzung des alpha-Motoneurons führen.*
Diese Hypothese wird für viele Rückenschmerzen oder Spannungskopfschmerzen verantwortlich gemacht.
Eine **Fehlregulation des sympathischen Nervensystems** soll bei der sympathischen Reflexdystrophie (M. Sudeck) und bei der Kausalgie die entscheidende pathogenetische Rolle spielen. Dabei soll sich durch chronische Erregung afferenter Neurone (z.B. nach Trauma) die Verarbeitung auf Rückenmarkebene ändern und zu einer Fehlregulation des efferenten sympathischen Nervensystems führen. Dies zeigt sich vor allem auf vasomotorischer (Gefäßweite) und sudomotorischer (Schweißsekretion) Ebene.

F98 F94 !!

Frage 1.6: Lösung C

Brennschmerzen nach Nervenverletzung (1) und die sympathische Reflexdystrophie (Sudeck-Atrophie, (4)) sind Beispiele für eine Fehlfunktion des efferenten Nervensystems (s. auch Lerntext I.4). Postoperative Schmerzen (3) oder die Trigeminusneuralgie (2) gehören nicht zu den efferenten sympathischen Fehlfunktionen, sondern sind Störungen afferenter Neurone.

Zentraler Schmerz **I.5**

Die beschriebenen zentralen Schmerzkerne und -bahnen haben alle eine somatotope Gliederung (s. Lerntext I.1). Deshalb können Reizungen und Läsionen dieser Strukturen zu sensiblen Erscheinungen und unter bestimmten Umständen auch zu Schmerzen führen.
Zu den zentralen Schmerzen zählen:

1. *Prozesse im Bereich des Rückenmarks*
2. *Prozesse im Bereich des Hirnstamms*
3. *Thalamusläsionen*
4. *Schmerzen durch Multiple Sklerose*
5. *epileptischer Schmerz*
6. *Trigeminusneuralgie*
7. *Phantomschmerz*

Die letzten beiden Punkte stellen Krankheitsbilder dar, deren Ätiologie nur unvollständig geklärt ist. Sicherlich kommen zu zentralen schmerzauslösenden Faktoren noch periphere Auslöser hinzu.

F99 F95

Frage 1.7: Lösung A

Zu **(1)** und **(4):** Schmerzhafte Impulse werden über **Aδ-Fasern** geleitet und als stechender Sofortschmerz wahrgenommen. Über **C-Fasern** wird der so genannte, häufig als brennend wahrgenommene 2. Schmerz zentralwärts geleitet.
Zu **(2): Aα-Fasern** sind Bestandteil des efferenten, **motorischen** α-Motoneurons aus der Vorderwurzel.
Zu **(3): Aβ-Fasern** vermitteln zentralwärts **Druck-** und **Berührungs**impulse.
Zu **(5): Aγ -Fasern** führen als Bestandteil efferenter Bahnen zu den **Muskelspindeln**.

Deafferenzierungsschmerz **I.6**

Die pathophysiologischen Entstehungsmechanismen des **Deafferenzierungsschmerzes** (z.B. *Phantomschmerz*) sind auf mehreren Ebenen zu suchen:
Peripher kommt es nach Durchtrennung zu mechanischen Läsionen und nach Degeneration der Nervenendigungen zu *ektopen Impulsen* (können einschießende Schmerzattacken auslösen), zu *pathologisch erhöhter Reizempfindlichkeit* der Afferenzen sowie zu einer *veränderten sympathischen Aktivität.*
Auf **spinaler Ebene** kommt es zu einer *Erniedrigung der Reizschwelle* der Hinterhornneurone. **Supraspinal** kommt es im Bereich des Thalamus und der kortikalen Projektion zu einer *Änderung der Schmerzperzeption.* Schon nach Wochen können sich diese zentralen Veränderungen verselbstständigen, sodass periphere oder spinale Therapieansätze keinen Einfluss auf den Schmerz mehr haben.

Schmerzverarbeitung I.7

Somato-viszerales Konvergenzmodell:
Die Hinterhornzelle soll zwischen verschiedenen afferenten Impulsen aus Haut, Muskeln und Viszera, die im gleichen Rückenmarksegment umgeschaltet werden (*Head'sche Zone*), nicht ausreichend unterscheiden können. Dies hat zur Folge, dass z.B. viszerale nozizeptive Reize im Bereich der entsprechenden segmentalen Zuordnung der Haut als schmerzhaft empfunden werden.
Segmentale Hemmungsmechanismen:
Afferente Reize bewirken auf segmentaler Rückenmarkebene nicht nur erregende Vorgänge, sondern auch eine Schmerzhemmung. Diese wird durch Rückenmarkneurone bewirkt. Als inhibitorische Transmitter dienen endogene Opioide, GABA (Gamma-Amino-Buttersäure) und Glyzin.
Supraspinale Schmerzhemmung:
Vom periaquäduktalen Grau des Hirnstamms verlaufen hemmende aufsteigende Neurone zum Thalamus und zum Cortex und hemmende absteigende Bahnen auf segmentaler Ebene. Inhibitorische Transmitter sind endogene Opioide, Serotonin und Noradrenalin.

H96 H95

Frage 1.8: Lösung C

Zu **(C): Glutamat** zählt neben Substanz P und CGRP (Calcitonin Gene Related Peptide) zu den Transmittern, die die auf segmentaler Ebene über afferente Aδ- und C-Fasern ankommenden Schmerzimpulse auf exzitatorische Neurone zentralwärts weiterschalten. Sie sind also als Transmitter an der Schmerzweiterleitung beteiligt.
Zu **(A):** Körpereigene Opiate nennt man **Endorphine**. Diese wirken über bestimmte Opiatrezeptoren. Neben ihrer Affinität zum Rezeptor bestimmt die Dichte der Rezeptoren die Wirkung auf bestimmte zerebrale Regionen.
Zu **(B): Glyzin** wirkt vor allem auf segmentaler Ebene schmerzinhibitorisch.
Zu **(D): 5-Hydroxytryptamin** (= Serotonin) wirkt sowohl hemmend auf aufsteigende Schmerzbahnen als auch aktivierend auf die deszendierenden schmerzhemmenden Bahnen. Letzteres kann auch Noradrenalin, was besonders bei der relativen Schmerzlosigkeit unter extremen Stress zum Ausdruck kommt.
Zu **(E): GABA** (Gamma Amino Butter Acid) hemmt die Übertragung synaptischer Erregung aus nozizeptiven afferenten Bahnen. Außerdem spielt diese Substanz bei der Kontrolle emotionalen und affektiven Verhaltens im Bereich des limbischen Systems eine wichtige Rolle.
Siehe auch Lerntext I.7.

2 Schmerzdiagnostik

Anamnese und Befund II.1

Die Anamnese unterscheidet sich bei Schmerzpatienten in der Gewichtung folgender Teile: *Sozialer Bereich* (Beruf, Arbeitsfähigkeit), *psychischer Anteil, psychosoziale Begleitumstände.* Die Schmerzwahrnehmung soll *örtlich, zeitlich, qualitativ und quantitativ* erfasst werden.
Hieraus lassen sich schon wichtige Schlüsse über die Genese des Schmerzes ziehen: degenerativ bedingte Schmerzen sind selten in Ruhe schmerzhaft und verstärken sich unter Belastung; entzündliche Schmerzen haben häufig einen Ruhe- und Nachtschmerz. Auch bezüglich der Differenzierung von organisch bedingten zu vorwiegend nicht organisch bedingten Schmerzen lassen sich wichtige Erkenntnisse bereits aus der Anamnese gewinnen.

H95

Frage 2.1: Lösung D

Zur Schmerzdiagnose gehören neben der Schmerzqualität die Schmerzlokalisation, -intensität, -verlauf und -dauer. Aus diesen können Rückschlüsse auf die Pathogenese gezogen werden (s. Lerntext II.1).
Brennende Schmerzen weisen auf eine Schädigung des sympathischen Nervensystems hin.
Zu **(1): Kausalgie** ist ein brennender Schmerz, der durch einen Reiz ausgelöst wird, der normalerweise keinen Schmerz auslöst. Kausalgie ist eine Form der Allodynie (s. Lerntext 0.2).
Zu **(2): Migräne** ist ein bohrender, drückender, halbseitiger Kopfschmerz.
Zu **(3): Angina pectoris** (Brustschmerz) kann als ein ziehender, wie auch drückender und teilweise brennender Schmerz empfunden werden.
Zu **(4):** Die **Trigeminusneuralgie** ist ein stechend ziehender Schmerz im Ausbreitungsgebiet des N. trigeminus.
Zu **(5):** Die **sympathische Reflexdystrophie** (früher Morbus Sudeck) ist das klassische Beispiel für eine Kausalgie. In der englischen Literatur wird die sympathische Reflexdystrophie als komplexes regionales Schmerzsyndrom bezeichnet.

Schmerzmessung und Dokumentation — II.2

Eine befriedigende Methode zur Schmerzmessung gibt es bis heute nicht.
In der klinischen Praxis haben sich die **antwortabhängigen Verfahren** bewährt:

- *Nummerische Kategorienskala*: Die Skala ist in zehn Teile aufgeteilt. 0 bedeutet kein Schmerz, 10 bedeutet maximal vorstellbarer Schmerz.
- *Verbale Kategorienskala*: kein Schmerz, schwacher, starker, sehr starker, extrem starker Schmerz.
- *Visuelle Analogskala*: kein Schmerz-unerträglicher Schmerz; zwischen beiden Extremen markiert der Patient seinen empfundenen Schmerz auf einer nicht skalierten Achse.

Evozierte Potenziale: Bei den evozierten Potenzialen wird *schmerzinduzierte Hirnaktivität* mithilfe des Elektroenzephalogramms gemessen.
Zur Dokumentation gibt es etliche Schmerzfragebögen, Schmerztagebücher und standardisierte Untersuchungsverfahren, die sich sowohl als Statusdokumentation bei Behandlungsbeginn als auch zur Dokumentation des Verlaufs einer Behandlung durch den Arzt und/oder Patienten eignen.

H99 H97

Frage 2.2: Lösung B

Zu **(B):** Die obere Grenze der **VAS** stellt den für den Patienten maximal vorstellbaren Schmerz dar. Also reicht die Skala immer auch für schwere Schmerzen aus, da der Patient individuell die obere Grenze festlegt.
Zu **(A):** Diese Art der Schmerzmessung ist subjektiv, da der Patient selbstständig seine Schmerzstärke einschätzt.
Zu **(C):** Die untere Grenze ist „kein Schmerz", was der Schmerzschwelle entspricht. Deshalb dokumentiert jede Schmerzangabe die relative Stärke im Verhältnis zur Schmerzschwelle.
Zu **(D):** Diese Aussage spricht für sich.
Zu **(E):** Die Dokumentation der Schmerzstärke über einen gewissen zeitlichen Verlauf erlaubt nicht nur die Optimierung der Therapiestrategien, sondern auch die Überprüfung der Wirksamkeit (s. Lerntext II.2).

H00 **!**

Frage 2.3: Lösung B

Zu **(B):** Gerade die Dokumentation durch den Schmerzpatienten, sofern er dazu kognitiv in der Lage ist, ist von großer Bedeutung.
Zu **(A):** Um die Wirksamkeit von Therapiemaßnahmen nachweisen zu können, muss man vor und nach Therapie die Schmerzintensität ausreichend lange dokumentieren, um auch Schwankungen im natürlichen Verlauf von Schmerzen zu erkennen.
Zu **(C):** In Ländern mit metrischen Maßen ist die VAS tatsächlich häufig 10 cm lang.
Zu **(D):** Tages- aber auch Wochenschwankungen können mit der VAS gut dokumentiert werden und sind abhängig von den Abständen zwischen den einzelnen Dokumentationen und dem Dokumentationszeitraum.
Zu **(E):** Die Skala hat keine anderen Einteilungen als die äußersten Ränder (kein Schmerz – stärkster vorstellbarer Schmerz).

F00

Frage 2.4: Lösung B

Zu **(A), (C), (D), (E):** Diese Antworten sind keine Aufgaben der Schmerzdokumentation.
Zu **(B):** Die Schmerzdokumentation soll die verschiedenen Ebenen des Schmerzerlebens der Patienten erfassen: diskriminativ, affektiv-emotional. Zur Intensitätsmessung setzt man standardisierte Skalen (z.B. nummerische, verbale oder visuelle Skalen) ein, zur standardisierten Erfassung der affektiven Dimension vorgegebene Adjektive.

3 Methoden der Schmerztherapie

Grundsätze der Therapie chronischer Schmerzen — III.1

Bevor mit einer symptomatischen Schmerztherapie begonnen wird, sollte ausgeschlossen werden, dass mit anderen **kurativen Maßnahmen** die Grunderkrankung behandelt werden kann und somit eine Schmerzreduktion erfolgt. Sollte ein kurativer Ansatz nicht möglich sein, ist trotzdem die **Schmerzursache** sorgfältig zu **diagnostizieren**, um daraus die bestmögliche symptomatische Schmerztherapie ableiten zu können (s. Lerntext II.1).
Die Verbesserung der **Lebensqualität** durch ausreichende Schmerztherapie mit möglichst wenig Nebenwirkungen ist oberstes Ziel.
Die **Verabreichung von Schmerzmedikamenten** hat **nach der Uhr** zu erfolgen. Das Dosisintervall richtet sich nach der **individuellen Wirkdauer des Medikaments**.
Kombinationspräparate sollten vermieden werden, um eine **individuelle Titration** jeder Substanz zu ermöglichen.

Jede Therapie chronischer Schmerzen sollte nach dem **Stufenschema der WHO** (siehe auch Lerntext IV.2) erfolgen:

- Schmerz: **Nicht-Opioid-Analgetika**
- weiterhin Schmerzen: Kombination von **Nicht-Opioid-Analgetika + schwach wirksame Opiode.**
- weiterhin Schmerzen: **Nicht-Opioid-Analgetika + stark wirksame Opioide.**

Der erweiterte Stufenplan umfasst die **Kausaltherapie** und die **neurochirurgischen und regionalanästhetischen Verfahren** als die ersten beiden Therapiestufen vor der medikamentösen Einstellung und hat als letzte Stufe die **parenterale Gabe von Opioiden** (spinal, subkutan oder auch intravenös).

Limitiert ist die **Dosiserhöhung** auf einer Therapiestufe durch nicht zu tolerierende Nebenwirkungen.

Wirksamkeit (veränderte Schmerzwahrnehmung durch Fortschreiten der Erkrankung, Toleranzermittlung) und **Nebenwirkungen** müssen **regelmäßig überprüft** werden.

Die medikamentöse Therapie sollte **vorrangig oral** in Tabletten- oder Tropfenform durchgeführt werden. Dies garantiert die maximale Unabhängigkeit vom Arzt.

H93 **!**

Frage 3.1: Lösung B

Bei **chronischen** dauerhaften **Schmerzen** sollte durch **zeitlich geregelte, gleichmäßige Analgetikagabe** der Versuch gemacht werden, eine anhaltende Schmerzfreiheit zu erreichen. Bei Verordnung nach Bedarf kann es zu einer affektiven Verbindung zwischen Schmerzerleben und Medikamenteneinnahme kommen, was einer **Gewöhnung** Vorschub leisten würde. Die zur Schmerzfreiheit erforderlichen Gesamtdosen können durch eine Vorgehensweise nach Plan ebenfalls vermindert werden. Als Nachteil der symptomabhängigen Dosierung sind die stark schwankenden Blutspiegel anzusehen, die bei unzureichender klinischer Wirkung höhere Nebenwirkungen befürchten lassen (s. Lerntext III.1).

Zu **(B):** Das **Zeitintervall** richtet sich **nach der Wirkdauer** des eingesetzten Medikaments.

Zu **(A):** Es ist sicherlich nicht typisch und deshalb auch nicht notwendig, die Dosis täglich zu steigern.

Zu **(C):** Gerade bei **Dauerschmerzen** sollte eine **orale Applikationsform** angestrebt werden, da dann eine eigenständige Tabletteneinnahme des Patienten möglich ist.

Zu **(D):** Der Zeitpunkt vor dem Einschlafen erscheint besonders sinnvoll, damit der Patient eine möglichst beschwerdefreie Schlafphase hat.

Zu **(E):** Dauerschmerzen sollten mit einem **Therapiekonzept nach Plan** behandelt werden, da dadurch eine bessere Schmerzbefreiung mit niedrigeren Dosen im Vergleich zur Therapie nach Bedarf zu erzielen ist.

Nicht-Opioid-Analgetika — **III.2**

1. Saure antiphlogistische, antipyretische Analgetika (non-steroidal anti-inflammatory drugs, NSAIDs):

Wirkung:	**Hemmung der Prostaglandinsynthese peripher und zentral (?)**
Indikation:	entzündliche Schmerzzustände und Knochenschmerzen
Absorption:	bei p.o. rasch im oberen Gastrointestinaltrakt
Proteinbindung:	hoch
Metabolisierung:	Leber
Elimination:	**Urin**
Ceiling effect*:	vorhanden
Verteilung:	ungleich, abhängig von Säurecharakter und Proteinbindung, Anreicherung in sauren Geweben (Entzündung, Magenwand, distaler Tubulus der Nieren), s. Nebenwirkung
Nebenwirkung:	**funktionelle Magen-Darm-Störungen, gastrointestinale Blutung**, pseudoallergische Reaktion, **Niereninsuffizienz**, Thrombozytenaggregationshemmung, Reye-Syndrom bei Kindern**

		Dosis mg p.o.	Wirkdauer (in Stunden)
Referenzsubstanz:	Acetylsalicylsäure	500–1000	4–6
weitere Substanzen:	Indometacin	25–75	6–8
	Diclofenac	50–100	4–8
	Ibuprofen ret	800	12
	Naproxen	250–500	8–12

* Trotz Steigerung der Medikamentendosis kann keine weitere Reduktion der Schmerzen erzielt werden, wohl aber eine Zunahme der Nebenwirkungen.

** Das **Reye-Syndrom** ist selten und tritt vor allem bei Kindern vor der Pubertät während einer Varizella- oder Influenzavirusinfektion unter Acetylsalicylsäure auf. Es kommt zur schweren zerebralen und hepatischen Schädigung. Deshalb ist die Einnahme vor der Pubertät kontraindiziert.

2. Nichtsaure antipyretische Analgetika

	Paracetamol	Metamizol
Wirkung:	Hemmung der Prostaglandinsynthese (?) keine antiphlogistische Wirkung	
Indikation:	Kopfschmerzen, Gliederschmerzen mit Fieber	spastische Schmerzen mit Fieber
Absorption:	erst im Dünndarm	oberer Gastrointestinaltrakt
Proteinbindung:	geringer als 1.	
Metabolisierung:	Leber	
Elimination:	überwiegend Urin	
Ceiling effect*:	vorhanden	
Verteilung:	gleichmäßiger als 1.	
Nebenwirkung:	Leberschädigung, Harnwegstumore, Nierenschädigung	Agranulozytose (frühzeitig erkannt reversibel), Blutdruckabfall und Allergie, bei i. v.-Gabe Lyell-Syndrom**
Dosis mg p.o.:	500 – 1000	500 – 1000
Wirkdauer in h:	4 – 6	4 – 6
Besonderheiten:	bei Passagestörung des Magens (z.B. bei Migräne) als Suppositorium (s. Absorption)	Agranulozytose 1 : 1 Mio.

* Trotz Steigerung der Medikamentendosis kann keine weitere Reduktion der Schmerzen erzielt werden, wohl aber eine Zunahme der Nebenwirkungen.

** Toxische epidermale Nekrolyse mit generalisierter Blasenbildung der Haut.

H94 **!**

Frage 3.2: Lösung A

Zu **(1): Acetylsalicylsäure (ASS)** gehört zu der Gruppe der **sauren antiphlogistischen, antipyretischen Nicht-Opioid-Analgetika**. Die Hauptwirkung entfaltet ASS durch die Hemmung der Prostaglandinsynthese. Erhöhte Prostaglandinbildung kommt bei Entzündungen aber auch bei infiltrativ wachsenden Tumoren vor, sodass Schmerzen bei Knochenmetastasen eine Indikation dieses Medikaments darstellen (s. Lerntext III.2).

Zu **(3):** Sollte die erste Stufe des **WHO-Stufenplans** keine ausreichende Schmerzlinderung bringen, steht bei den nächsten Stufen die Kombination von Nicht-Opioid-Analgetika mit schwach wirksamen (2. Stufe) oder stark wirksamen (3. Stufe) Opioiden zur Verfügung. Somit kann tatsächlich ASS auf jeder WHO-Stufe gegeben werden (s. Lerntext IV.2).
Zu **(2):** ASS als Nicht-Opioid-Analgetikum steht auf der ersten Stufe des medikamentösen **WHO-Stufenplans**.
Zu **(4):** Gerade die Kombination eines Nicht-Opioid-Analgetikums mit einem Opioid (z.B. Morphin) ist auf der 3. Stufe sinnvoll.
Zu **(5):** Es gibt Hinweise, dass saure und nichtsaure Nicht-Opioid-Analgetika auch über Beeinflussung der Prostaglandinsynthese auf Rückenmark- und Großhirnebene wirken.

F00 H97

Frage 3.3: Lösung D

Zu **(D):** Dieser Sachverhalt ist nicht bekannt.
Zu **(A):** Die Impulsentstehung in den Nozizeptoren wird durch nicht-steroidale entzündungshemmende Analgetika gehemmt.
Zu **(B):** Die Endprodukte der Prostaglandinsynthese dienen als Entzündungsmediatoren.
Zu **(C):** Da Prostglandine auch den Entzündungsprozess verstärken können, schwächt Prostaglandinhemmung die Entzündungsprozesse ab.
Zu **(E):** Saure Analgetika reichern sich nicht nur in saurem entzündeten Gewebe an, sondern z.B. auch in der sauren Magenschleimhaut. Dies erklärt die gastrointestinalen Nebenwirkungen.
Siehe Lerntext III.2.

F00

Frage 3.4: Lösung E

Zu **(E):** Fentanyl ist ein hochpotentes Opioid und wird auf Stufe 3 empfohlen (s. Lerntext IV.2).
Zu **(A):** Mit einer potenziell wirksamen Dosis beginnen und nach 5 Dosen im Abstand der Wirkdauer die Therapie auf ihre Wirksamkeit prüfen, ist ein Grundsatz einer medikamentösen Schmerztherapie. Nach Wirkung bzw. unerwünschten Nebenwirkungen ist die Dosis anzupassen („titrieren").
Zu **(B):** Bei der Therapie mit Opiaten ist die Obstipation eine der häufigsten unerwünschten Wirkungen, die oft eine dauerhafte Laxantieneinnahme notwendig macht.
Zu **(C):** Der Zeitabstand richtet sich nach der Wirkdauer, die individuell schwanken kann.
Zu **(D):** Der von der WHO ursprünglich für Tumorschmerzen vorgeschlagene Plan sieht auf der 2. Stufe die Kombination eines niedrigpotenten Opioids (z.B. Tramadol oder Tilidin) mit einem nicht opioidhaltigen Schmerzmittel (z.B. Paractamol oder Metamizol) vor.

Prinzipiell unterscheidet man **schwach** von **stark** wirksamen **Opioiden.**

1. Schwach wirksame Opioide

Zur Therapie chronischer Schmerzen eignen sich vor allem retardierte Formen, da die Wirkdauer gegenüber anderen schwach wirksamen Opioiden deutlich länger ist.

Ungeeignet für die Therapie chronischer Schmerzen:

		Wirkdauer	Nebenwirkungen
Tramadol	Tramal®	1,5 – 4 h	Übelkeit, Erbrechen, toxische Metabolite, Dysphorie, Euphorie ausgeprägt
Pethidin	Dolantin®	1,5 – 4 h	
Pentazocin	Fortral®	1,5 – 4 h	
Tilidin	Valoron®	1,5 – 4 h	

Geeignet für die Therapie chronischer Schmerzen;

		Wirkdauer:
Dextropropoxyphen	Develin ret®	8 – 12 h
Dihydrocodein	DHC ret®	6 – 12 h
Tramadol retardiert	Tramal long®	8 – 12 h

2. Stark wirksame Opioide

Ist trotz maximal möglicher Dosierung eines schwach wirksamen Opioids eine zufriedenstellende Schmerzreduktion nicht möglich, muss die Therapie mit einem stark wirksamen Opioid weitergeführt werden.

Auch hier eignen sich vor allem lang wirksame Medikamente.

		Wirkdauer:	Nebenwirkung:
Buprenorphin	Temgesic®	6 – 8 h	Ceiling effect* bei 4 – 5 mg/d retardiert
Morphin	MST®	8 – 12 h	

* Trotz Steigerung der Medikamentendosis kann keine weitere Reduktion der Schmerzen erzielt werden, wohl aber eine Zunahme der Nebenwirkungen.

Wirkungsmechanismus

Opioide binden an spezifische Opioidrezeptoren, die sowohl im Zentralnervensystem als auch peripher nachgewiesen wurden. Der **μ-Rezeptor** vermittelt die **hauptsächliche analgetische**, aber auch die *euphorisierende, atemdepressive* und die *parasympathomimetische* Wirkung der Opioide. Substanzen mit **hoher intrinsischer Aktivität** zu diesem Rezeptortyp weisen ein **hohes Abhängigkeitspotenzial** auf (*Morphin, Fentanyl, Alfentanil und Piritramid*). Die **schwachen Opioide** weisen dagegen eine wesentlich geringere Affinität zum μ-Rezeptor auf. **κ-Rezeptoren** weisen eine **eigene analgetische Wirkung** vor allem auf spinaler Ebene auf und sind für die *sedative* Wirkung verantwortlich. Der **σ-Rezeptor** vermittelt die *Dysphorie,* **δ-Rezeptoren** *sind bei der affektiven Schmerzverarbeitung beteiligt.*

Die klinische Wirkung einzelner Opioide lässt sich durch die unterschiedliche Affinität zu den Rezeptoren erklären.

Verordnung

Alle stark wirksamen Opioide unterliegen der *Betäubungsmittel-Verschreibungsverordnung* (BtmVV). Diese setzt zu verschreibende Höchstmengen und Tageshöchstdosierungen fest. 1993 wurde die BtmVV zuletzt novelliert und liberalisiert.

Therapieeinstellung

Prinzipiell sollte in der Therapie chronischer Schmerzen immer die **orale Einstellung** angestrebt werden. Erst wenn dieser Weg z. B. aus anatomischen Gründen oder wegen zu starken Nebenwirkungen (z. B. unbeherrschbares Erbrechen) nicht möglich ist, muss eine parenterale Einstellung gewählt werden. Dabei bietet Morphin den großen Vorteil, dass bei rückenmarknaher Gabe unter Berücksichtigung der Äquivalenzdosen (Dosen mit gleicher analgetischer Wirkung) Nebenwirkungen geringer ausgeprägt sind als bei oraler Einnahme.

Äquivalenzdosen von Morphin

i. m., i. v., s. c.	10 mg
oral	30 mg
epidural	2 mg
intrathekal	0,1 mg
intrazerebroventrikulär	0,0001 mg

Patient controlled analgesia

Die vom *Patienten gesteuerte Analgesie* (Patient controlled analgesia, PCA) hat sich auch bei der Therapie chronischer sowie postoperativer Schmerzen bewährt. Dabei kann der Patient isoliert oder zu einer vorgegebenen basalen Analgetikadosisrate sich selbst bei auftretenden oder verstärkten Schmerzen einen Bolus z. B. durch eine elektronisch gesteuerte Medikamentenpumpe geben. Dabei legt der Arzt bei den üblichen Systemen die *Basalrate/h*, die *Bolusdosis* und das *Bolusintervall* (lock out time) fest, sodass eine Überdosierung durch den Patienten in aller Regel nicht möglich ist.

Nebenwirkungen der Opioide

Die gefürchtetste Nebenwirkung ist die **Atemdepression**. Da Schmerzen die Atmung sozusagen als physiologischer Agonist stimulieren, ist die Wahrscheinlichkeit der Atemdepression bei therapeutisch angepasster Dosis (regelmäßige orale Einnahme) gering. Erst durch zusätzliche schmerzreduzierende Maßnahmen (z. B. Plexusblockade etc.) bei unveränderter Opioiddosierung kommt es zur relativen Opioidüberdosierung und dadurch evtl. zur Atemdepression.

In der Anfangsphase kann es zu **zentralnervösen Erscheinungen** wie *Übelkeit, Erbrechen, Müdigkeit*

und *Sedierung* kommen. In den ersten Wochen stellt sich in aller Regel eine Toleranz ein.
Periphere Nebenwirkungen wie *Miktionsstörungen* und *Obstipation* weisen leider keine Toleranzentwicklung auf, sodass diese häufig schwerwiegende Probleme bei der Dauertherapie darstellen. Deshalb sollte man bei längerfristiger Anwendung ein *Laxans als Prophylaxe* geben.
Die **psychische Abhängigkeit** (starkes Verlangen nach z. B. Morphin mit Persönlichkeitsänderung) ist bei therapeutischem Gebrauch von **untergeordneter Bedeutung**, da retardierte Opioide die Plasmaspiegel so langsam ansteigen lassen, dass es zu keiner wesentlichen psychotropen Wirkung kommt.
Zu einer **physischen Abhängigkeit** kommt es bei chronischer Anwendung **immer**. Deshalb ist bei Unterbrechung der Therapie mit der Entwicklung von Entzugssymptomen zu rechnen. Bei therapeutisch-analgetischer Anwendung entwickeln sich physische Abhängigkeit und Toleranz sehr viel langsamer als bei missbräuchlicher Anwendung (Fixer).

F98 F97

Frage 3.5: Lösung B

Zu **(A)–(E):** Die Angaben der Umrechung von oralem zu i. v.-/i. m.-Morphin schwanken in der Literatur von 3 : 1 bis 6 : 1. Deshalb können diese Zahlen sicherlich bei einer notwendigen Umstellung nur einen Anhalt geben. In der Umstellungsphase muss daher besonders sorgfältig auf Symptome der Unterdosierung (verstärkte Schmerzen) und Überdosierung (Auftreten von Nebenwirkungen) geachtet werden.
Beispiele zentral wirksamer Analgetika (Bolus Dosis in mg/kg Körpergewicht)

	i. v.	i. m.	p. o.	Intervall
Morphin	0,05	0,1	0,14	i. v. 2–4 h; p. o. 8 h retardiert
Tramadol	1,5	2,0	1–2	4 h
Pentazocin	0,3	0,5	0,4	3–4 h

Siehe auch Lerntext III.3.

H99 **!**

Frage 3.6: Lösung E

Zu **(E):** Besonders bei i. v. Gabe von Opiaten kann es zu **hypotonen** Blutdruckentgleisungen kommen. Bei einschleichender oraler Dosierung ist eine Blutdruckentgleisung eher selten.
Zu **(A)**, **(B)**, **(C)** und **(D)**: **Obstipation** ist neben psychischen Veränderungen in Form von **Euphorie**, aber auch **Dysphorie, Miktionsstörungen** und **Juckreiz** die häufigste, nämlich mehr oder weniger immer auftretende Nebenwirkung. Deshalb sollte prophylaktisch ein Laxans gegeben werden.

F98 F94 **!!**

Frage 3.7: Lösung A

Zu **(A):** Bei therapeutisch-analgetischer Anwendung entwickeln sich physische Abhängigkeit und Toleranz sehr viel langsamer als bei missbräuchlicher Anwendung (Fixer). Die psychische Abhängigkeit (starkes Verlangen nach z. B. Morphin mit Persönlichkeitsänderungen) ist bei therapeutischem Gebrauch von untergordneter Bedeutung.
Zu **(B)** und **(C):** Diese Aussagen sind richtig.
Zu **(D):** Wegen der fast immer auftretenden Obstipation sollte man bei längerfristiger Anwendung ein Laxans als Prophylaxe geben.
Zu **(E):** Da **Schmerzen** die Atmung sozusagen als **physiologischer Agonist** stimulieren, ist die Wahrscheinlichkeit der Atemdepression bei therapeutisch angepasster Dosis (regelmäßige orale Einnahme) gering. Erst durch zusätzliche schmerzreduzierende Maßnahmen (z. B. Plexus-Blockade etc.) bei unveränderter Opioiddosierung kommt es zur relativen Opioidüberdosierung und dadurch evtl. zur Atemdepression.
Siehe Lerntext III.3.

F97 **!!**

Frage 3.8: Lösung A

Zu **(A):** Die **Hemmung von Antagonisten** der α/γ-Motoneurone auf spinaler Ebene führt zu einer Zunahme der Aktivität der α/γ Motoneurone und deshalb zu Muskelverspannung bis zur Spastik und Schmerzen. Dieses System der Antagonistenhemmung spinaler Motorik inhibiert keinesfalls schmerzbezogene Informationen.
Zu **(B)** und **(D):** Synapsen des nozizeptiven Systems, in deren Bereich die Opioidrezeptordichte und die Konzentration endogener Opioide besonders hoch sind:

Ort	**Wirkung des Opioids**
Substantia gelatinosa in Hirnstamm und Rückenmark	Hemmung synaptischer Erregungsübertragung von nozizeptiven Afferenzen
Periaquäduktales Grau und Raphekerne	Aktivierung deszendierender Hemmung, wodurch die Erregungsüberleitung von nozizeptiven Afferenzen unterdrückt wird
Thalamische Kerne	Dämpfung der Schmerzempfindung: Analgesie
Limbisches System	Euphorie möglich
Striatum	Kontrolle der Erregungsausbreitung im nozizeptiven System
Hypothalamus	Kontrolle schmerzbedingter Stressreaktionen

Zu **(C):** Intraspinal konnten erhöhte Spiegel von inhibitorisch wirksamen Transmittern (Serotonin, Noradrenalin) sowie endogenen Opioiden nach TENS beobachtet werden.
Zu **(E):** Bisher sind 4 Hauptgruppen von Opioidrezeptoren bekannt (μ, κ, δ, σ-Rezeptoren). Vor allem μ-Rezeptoren vermitteln die analgetische Wirkung von Morphin. Andere Opioide wirken schmerzhemmend über κ-Rezeptoren. δ-, σ-Rezeptoren vermitteln eher unerwünschte Nebenwirkungen. Siehe Lerntext III.3.

Arzneimittel zur adjuvanten Therapie — III.4

Antidepressiva

- **Wirkungsweise:**
  Wahrscheinlich durch die Beeinflussung affektiver Schmerzkomponenten entfalten trizyklische Antidepressiva ihre Wirkung bei chronischen Schmerzen. Dabei wirken schon *niedrigere* Dosen der sonst üblichen antidepressiven Dosierung. Üblicherweise beginnt man die Einnahme zur Nacht.
- **Medikamentenbeispiele:**
  Amitriptylin (Saroten®), Doxepin (Aponal®), Clomipramin (Anafranil®).
- **Indikation:**
  Deafferenzierungsschmerz, Kreuzschmerzen, Spannungs- und Migräneschmerzen, Tumorschmerzen, diabetogene Schmerzen, Postzosterneuralgien.
- **Absolute Kontraindikationen:**
  Glaukom, Prostatahypertrophie, akuter Myokardinfarkt.

Antikonvulsiva

- **Wirkungsweise:**
  Die Unterdrückung abnorm gesteigerter Erregung synaptischer Impulsübertragung und Aktivierung hemmender Neuronenaktivität ist wahrscheinlich die Wirkungsweise beim Einsatz eines Antikonvulsivums als Analgetikum.
- **Medikamentenbeispiele:**
  Carbamazepin (Tegretal®, Clonazepam (Rivotril®).
- **Indikation:**
  Schmerzen einschießenden Charakters (Neuralgien).
- **Absolute Kontraindikationen:**
  Carbamazepin: AV-Block, Therapie mit trizyklischen Antidepressiva; *Clonazepam*: Glaukom, Myasthenia gravis.

Neuroleptika

- **Wirkungsweise:**
  Eine direkte analgetische Wirkung ist bisher nicht eindeutig nachgewiesen; angst- und spannungslösend.
- **Medikamentenbeispiele:**
  Haloperidol (Haldol®), Chlorprothixen (Truxal®), Triflupromazin (Psyquil®)
- **Indikation:**
  durch Opioidanalgetika induziertes *Erbrechen, Angst*
- **Absolute Kontraindikationen:**
  Glaukom, Alkohol- und Schlafmittelintoxikation, Störungen von Herz- und Leberfunktion, Morbus Parkinson, Durchblutungsstörungen.

Alpha 2-Adrenozeptoragonist

- **Wirkungsweise:**
  Alpha 2-Adrenozeptoragonisten hemmen auf Rückenmarksebene über *Immitation* des inhibitorischen Transmitters *Noradrenalin* die Schmerzfortleitung und nozizeptive Afferenzen auf synaptischer Ebene.
- **Medikamentenbeispiel:**
  Clonidin (Catapresan®).
- **Indikation:**
  Deafferenzierungsschmerz, neuropathischer Schmerz, Verstärkung der Opioidanalgesie.
- **Absolute Kontraindikationen:**
  Kranker Sinusknoten, höhergradige AV-Blockierung.

Cortison

- **Wirkungsweise:**
  Cortison hat keine direkte analgetische Wirkung, ist entzündungshemmend und ödemabschwellend.
- **Medikamentenbeispiel:**
  Dexamethason (Fortecortin®).
- **Indikation:**
  Nervenkompression, umgebendes Ödem bei Tumoren, Arthritis, erhöhter intrakranieller Druck.
- **Absolute Kontraindikationen:**
  keine.

H97

Frage 3.9: Lösung E

Die aufgeführten Stoffklassen werden auch als sog. adjuvante Medikamente bezeichnet. Sie waren ursprünglich nicht für die Schmerztherapie vorgesehen, haben aber bei bestimmten Schmerzen ihre Wirkung. Zu diesen Medikamenten gehören auch die **Corticosteroide** und die **α_2-Adrenozeptoragonisten**.
Siehe Lerntext III.4.

F95

Frage 3.10: Lösung C

Zu **(1):** Durch **Hemmung der Wiederaufnahme** inhibitorisch wirkender Transmitter wie **Serotonin** und **Noradrenalin** aus dem synaptischen Spalt bewirken Antidepressiva eine Schmerzlinderung.
Zu **(3):** Durch die antidepressive und **eigenständige analgetische Wirkung** verändern **Antidepressiva** das Schmerzerleben.

Zu **(2):** Die Freisetzung von **Substanz P** aus primär afferenten Neuronen in der Peripherie erzielt eine **Vasodilatation**, steigert die **Gefäßpermeabilität** und trägt dadurch zur Schmerzgenese bei. Die Hemmung dieses als neurogene Entzündung bezeichneten Prozesses wird beispielsweise durch topisch angewandtes Capsaicin erreicht.
Zu **(4): Nicht steroidale Antirheumatika** (NSAR) hemmen peripher die **Prostaglandinsynthese**. Es wird diskutiert, ob die NSAR auch über eine zentrale Prostaglandinhemmung ihre schmerzreduzierende Wirkung entfalten (s. Lerntext III.4).

Lokalanästhesie — III.5

Allgemeines
Als Lokalanästhesie bezeichnet man die lokale Blockade von Nervenleitungen über Beeinflussung der Natrium-Kanäle.
Diese kann prinzipiell aus *prognostischen, diagnostischen, prophylaktischen* und *therapeutischen Gesichtspunkten* durchgeführt werden. Daneben lassen sich somatische von sympathischen und periphere von zentralen Nervenblockaden unterscheiden.
Prognostische Blockaden:
Bevor bleibende Blockaden durch chirurgische Maßnahmen oder Neurolyse durchgeführt werden, sollte eine prognostische Nervenblockade mit einem kurz wirksamen Lokalanästhetikum durchgeführt werden.
Diagnostische Blockaden:
Sie sollen helfen, zwischen zentralen, sympathischen und peripheren sowie psychogenen Schmerzursachen zu differenzieren. Zu diesem Zweck gebraucht man relativ kurz wirksame Lokalanästhetika unterschiedlicher Konzentrationen, da die Beeinflussung sympathischer, sensibler und motorischer Nerven *konzentrationsabhängig* ist. Zur *motorischen* Blockade bedarf es der *höchsten Konzentration* (z.B. Lidocain > 1%).
Therapeutische Blockaden:
Obwohl von manchen Therapeuten noch häufig eingesetzt, verliert diese Indikation bei der Therapie chronischer Schmerzen immer mehr an Bedeutung.
Auch wenn man hierfür länger wirksame Lokalanästhetika (z.B. Bupivacain) verwendet, ist eine anhaltende Schmerzbefreiung nicht erwiesen.
Prophylaktische Blockaden:
Diese sollen die Ausbildung von chronischen Schmerzzuständen verhindern: z.B. sollen durch die kontinuierliche Leitungsanästhesie Phantomschmerzen bei Amputationen vermieden werden.

Nervenblockade — III.6

Bei jeder Blockade muss vorher eine **i.v.-Verweilkanüle** gelegt werden und die Möglichkeit für entsprechende **notfallmäßige Versorgung** bereitstehen. Die **Indikation** zur Blockade leitet sich aus der anatomischen Versorgung der aufgeführten Nerven und Ganglien ab. **Komplikationen** treten durch Gefäßverletzungen, Verletzung der Nerven oder Druckschädigung bei Injektion auf. Besonders bei Injektionsorten, die durch äußere Kompression nicht erreichbar sind (z.B. Ganglion pterygopalatinum), ist vor dem Eingriff eine **Blutungsneigung** auszuschließen.
Blockaden im Bereich des Kopfes:
- Nervus supraorbitalis,
- Nervus supratrochlearis,
- Nervus maxillaris,
- Ganglion pterygopalatinum,
- Nervus infraorbitalis,
- Nervus mentalis,
- Nervus occipitalis major,
- Nervus occipitalis minor.

Blockaden am Kopf werden in der *Schmerztherapie* vor allem bei Neuralgien, postoperativen und posttraumatischen Schmerzen und bei entzündlichen und tumorösen Erkrankungen durchgeführt. Bei Occipitalnervenblockaden besteht die Gefahr der versehentlichen intrathekalen oder intraarteriellen Injektion.

Blockaden im Bereich des Halses:

Plexus brachialis	interskalinär	supraskalinär	axillär
Indikation*	Schulter, Oberarm	gesamter Arm	Hand, Unterarm,
Ausnahme**	Oberarminnenseite	Schulter	Schulter, Oberarmaußenseite
Komplikationen	intravasal, peridural, subarachnoidal	Pneumothorax, Plexusläsion, Hämatom, hohe Spinal-Periduralanästhesie	Hämatom, intravasal

* bei operativen Eingriffen im aufgeführten Bereich oder Schmerzen im angegebenen Ausbreitungsgebiet.
** Die aufgeführten Bereiche werden durch die jeweilige Technik nicht ausreichend anästhesiert.

Blockaden im Bereich des Stamms:
- thorakale Spinalnerven
- Interkostalnerven
- Nervus suprascapularis
- Nervus cutaneus femoris lateralis
- Nervus ilioinguinalis

Blockaden im Bereich der oberen Extremität im Ellenbogenbereich:
- Nervus ulnaris
- Nervus medianus
- Nervus radialis
- Nervus cutaneus antebrachii lateralis

Handwurzelbereich:
- Nervus ulnaris
- Nervus medianus
- Nervus radialis

Blockaden im Bereich der unteren Extremität im Kniegelenkbereich:
- Nervus fibularis communis
- Nervus tibialis
- Nervus saphenus

Fußgelenkbereich:
- Nervus tibialis
- Nervus fibularis profundus
- Nervus fibularis superficialis
- Nervus suralis
- Nervus saphenus

F98 !

Frage 3.11: Lösung D

Zu **(D):** Wegen der erheblichen Risiken einer therapeutischen Blockade sollte diese erst bei nicht oder nicht ausreichender Wirksamkeit einer **systemisch-medikamentösen Therapie** erwogen werden.
Zu **(A)** und **(B): Diagnostische Blockaden** müssen rasch reversibel sein, da man wissen will, ob durch Blockierung des betreffenden Nerven oder Ganglions überhaupt eine Schmerzbeeinflussung möglich ist. Deshalb wählt man dafür **Lokalanästhetika** (s. Lerntext III.5).
Zu **(C):** Erst bei wiederholt erfolgreichen diagnostischen Blockaden ist die Indikation zur **therapeutischen**, länger wirksamen **Blockade mit Neurolytika**, beispielsweise mit **hochprozentigem Alkohol**, gegeben.
Zu **(E):** Zwei wesentliche Maßnahmen zur **Prophylaxe der Phantomschmerzen** nach Amputation sind: Unterbrechung der Leitungsbahn durch operative Leitungsanästhesie auch in Kombinationsnarkose bei der Amputation und zum anderen eine **gute Schmerztherapie vorbestehender Schmerzen**, beispielsweise bei Ulcera an den Füßen wegen peripherer arterieller Verschlusskrankheit.

F96

Frage 3.12: Lösung A

Unter therapeutischer Lokalanästhesie versteht man alle Verfahren der örtlichen Anwendung von Lokalanästhetika zur Therapie von Schmerzzuständen. Ein spezielles Verfahren ist die Triggerpunktinfiltration (s. Lerntext III.7).

Zu **(1):** Durch Infiltration der Umgebung der **akuten Hauteffloreszenz** soll die Schmerzleitung von der Peripherie unterbrochen werden.
Zu **(2):** Die **postzosterische Neuralgie** behandelt man so früh wie möglich mit *Sympathikusblockaden*. Die besten Aussichten bestehen dabei *innerhalb von 6 Wochen. Antikonvulsiva* setzt man bei einschießendem Charakter ein. *Antidepressiva* sind besonders bei schon lange anhaltender Schmerzsymptomatik indiziert. Die Behandlung mit TENS kann ebenfalls von Nutzen sein (s. Lerntexte III.4 und III.15).
Zu **(3):** Die Behandlung mit *Antikonvulsiva*, besonders Carbamazepin, ist bei der **Trigeminusneuralgie** die medikamentöse Therapie der ersten Wahl. *Baclofen und Phenytoin* können ebenfalls schmerzreduzierend auf Intensität und Dauer wirken. Eingreifender sind sympathische Blockaden des Ganglion cervicale superior und neurochirurgische Verfahren (s. Lerntexte III.14 und IV.8).

F00 H97 !

Frage 3.13: Lösung C

Zu **(A):** Jedes Medikament kann **allergische Reaktionen** auslösen, auch Lokalanästhetika.
Zu **(B)** und **(D):** Krampfanfälle und Atemlähmung sind typische **zentralnervöse Nebenwirkungen**, die von der Höhe des Plasmaspiegels abhängen. Die Lokalanästhetika passieren nämlich weitgehend ungehindert die Blut-Hirn-Schranke.
In niedrigeren Konzentrationen können Müdigkeit, akustische und visuelle Störungen sowie Kribbeln vor allem auf der Zunge auftreten.
Zu **(C):** Nur Prilocain führt zu Methämoglobinbildung in höheren Dosen. Bei allen anderen Lokalanästhetika sind Blutbildveränderungen eher selten.
Zu **(E):** Bradykardie wie auch Blutdruckabfall und Störung des Reizleitungssystems fasst man als **kardiovaskuläre Nebenwirkungen** der Lokalanästhetika zusammen. Kardiovaskuläre und zentralnervöse Nebenwirkungen sind von der Dosis, aber vor allem auch von der Anflut-(Spritz-)geschwindigkeit abhängig (s. Lerntexte III.5 und III.6).

H95 !

Frage 3.14: Lösung B

Lokalanästhetika werden in zwei Gruppen unterteilt: Ester- und Amidverbindungen.
Zu **(B):** Der **einzige Vertreter** der Ester-Lokalanästhetika mit einer gewissen Bedeutung ist das **Procain**. Aufgrund seiner mangelnden Lipidlöslichkeit hat Procain eine sehr kurze Wirkdauer.
Zu **(A): Bupivacain** wird wegen seiner langen Wirkdauer häufig in der Therapie chronischer Schmerzzustände eingesetzt. Seine lokalanästhetische Potenz ist ca. viermal größer als bei Lidocain, dem Prototyp eines Amid-Lokalanästhetikums.

Zu **(C): Lidocain** wird zur Oberflächen- und Infiltrationsanästhesie, zur Blockade von Nerven und zur intravenösen Regionalanästhesie benutzt.
Zu **(D):** Wegen dieser ausgeprägten motorischen Blockade, die sogar den sensiblen Block überdauern kann, wird **Etidocain** in der Schmerztherapie nicht eingesetzt.
Zu **(E):** Die geringere toxische Potenz von **Prilocain** beruht auf einem ca. 50% niedrigeren Plasmaspiegel bei gleicher Dosierung wie bei Lidocain.

H99 F94

Frage 3.15: Lösung D

Zu **(1):** Über die Blockierung des Sympathikus tritt eine Vasodilatation ein.
Zu **(2):** Schulter und Oberarm-Außenseite sind durch die axilläre Blockade nicht zu beeinflussen.
Zu **(3):** Proximal von der Blockierung kann keine Schmerzfreiheit erreicht werden.
Zu **(4):** Bei der axillären Blockade ist die proximale Außenseite des Oberarms von der Schmerzfreiheit ausgenommen. Hierzu müsste der N. Muskulocutanems infiltriert werden.
Zu **(5):** Die Regionalanästhesie sollte vor allem während der Amputation durchgeführt werden, da diese als Prophylaxe für das spätere Auftreten von Phantomschmerzen gilt. Eine proximale Unterbrechung der Schmerzleitung kann jedoch bei Phantomschmerzen in der frühen Phase auch noch nach Amputation erfolgreich sein.

Triggerpunktinfiltration — III.7

Triggerpunkte können sich **akut** oder **chronisch** entwickeln. **Aktive Triggerpunkte** sind spontan schmerzhafte Sehnen- und Muskelpunkte. **Latente Triggerpunkte** verursachen erst bei Palpation Schmerzen. Eine *Infiltration dieser Punkte mit 1–2 ml niedrig konzentriertem Lokalanästhetikum* bewirkt bei der akuten Schmerzbehandlung eine Unterbrechung des Circulus vitiosus des Schmerzes. Um eine anhaltende Schmerzreduktion zu erzielen, müssen dieser Intervention andere Therapiemaßnahmen folgen (Stretch and spray, ischämische Kompression mit Dehnungsübungen, Krankengymnastik etc.).

H00

Frage 3.16: Lösung D

Zu **(A):** Angina pectoris bei koronarer Herzerkankung kann man beispielsweise durch Nitrate reduzieren. Schmerzen bei Herzinfarkt bedürfen meistens Opioide.
Zu **(B):** Knochenschmerzen durch Metastasen sind in aller Regel durch Bestrahlung, orale Opioide, Nicht-Opioide und/oder Koanalgetika zu behandeln (siehe Lerntexte III.2 und III.3).
Zu **(C):** Therapie der ersten Wahl sind Antiepileptika (z.B. Carbamazepin).
Zu **(D):** Myofasziale Schmerzen können durch Infiltrationstherapie behandelt werden.
Zu **(E):** Zunächst sollte die Indikation zur operativen Therapie nach Bandscheibenvorfall geklärt werden. Beim konservativen Vorgehen und zur akuten Schmerzbehandlung vor der Operation werden Opioide und Nicht-Opioide eingesetzt.

Sympathikusblockaden — III.8

Allgemeines

Zeichen der **sympathischen Fehlfunktion** sind:

Symptome:	*Hautfarbenveränderung* *Hyperhidrosis* *Temperaturabweichung* *Piloerektion* *Schwellung*
Schmerzcharakter:	*oberflächlich-brennend* *in der Tiefe dumpf*
Reaktion auf Provokation:	*Allodynie* *Hyperpathie* *Hyperästhesie* *Dysästhesie* *Hyperalgesie*
Ausbreitung:	*Quadrantensyndrom* *Ausstrahlung in Dermatome nach kontra- oder ipsilateral*

Der **sympathische Grenzstrang** erhält seine Afferenzen aus B Fasern über die Rami communicantes albi. Diese entspringen aus dem Seitenhorn des Rückenmarks im **Thorakalmark** (**Segmente Th_1 bis L_2**) und werden nach Verlassen des Rückenmarks über die Vorderwurzeln über cholinerge Synapsen in den Grenzstrangganglien auf periphere Neurone umgeschaltet. Rami communicantes grisei aus C-Fasern verlassen dann den Grenzstrang.

Die wichtigsten sympathischen Blockadetechniken stellen die **Stellatum-, Zöliakus- und lumbale Grenzstrangblockade** dar.

Bei jeder Sympathikusblockade können als **Komplikation** *Paravertebralblockaden, Periduralund Spinalanästhesie* oder *allergische Reaktionen* und bei der **Verwendung von neurolytischen Substanzen** die *Alkoholneuritis* vorkommen. Das entsprechende Notfallequipment muss deshalb bei liegender Verweilkanüle bereitliegen.

Kontraindikationen zur sympathischen Blockade sind Patienten mit *gravierenden Gerinnungsstörungen, Antikoagulantieneinnahme* (*Quickwert < 60 %*), *Infektionen im geplanten Punktionsgebiet* und *bekannte Allergien* auf zu verwendende Medikamente.

Da thorakale Blockaden sehr komplikationsträchtig sind und deshalb wenig durchgeführt werden, soll hier nicht weiter darauf eingegangen werden.

F94

Frage 3.17: Lösung A

Zu **(A):** Vom **Plexus coeliacus** (sympathisches und parasympathisches Nervengeflecht) gehen Nervenfasern aus:
als **Plexus hepaticus**
zur Leber,
als **Plexus lienalis**
zur Milz,
als **Plexus pancreaticus**
zum Pankreas,
als **Plexus gastrici**
zum Magen,
als **Plexus suprarenalis**
zur Nebenniere und
als **Plexus mesentericus**
zum Duodenum und proximalen Colon (zusammen mit dem
Ganglion mesentericum superior).
Zu **(B)**, **(C)** und **(D):** Hier sind sympathische Ganglien genannt. Das **Ganglion stellatum** (B) versorgt Herz, Lunge und Kopf, der **thorakale Grenzstrang** (C) nur Herz und Lunge, der **lumbale Grenzstrang** (D) Beckenorgane, distales Colon und Nieren als Nn. splanchnici lumbales (s. Lerntexte III.9; III.10; III.11).
Zu **(E):** Aus dem **Plexus lumbosacralis** gehen vor allem motorische und sensible Nerven für die unteren Extemitäten und das kleine Becken hervor.

H94

Frage 3.18: Lösung E

Zu **(1):** Haben die tumorbedingten Schmerzen einen brennenden Charakter, ist durch eine Grenzstrangblockade mit einer guten Schmerzbeeinflussung zu rechnen.
Zu **(2):** Man nimmt an, dass die **sympathische Reflexdystrophie** (Morbus Sudeck) durch eine **Fehlsteuerung der sympathischen Nervenversorgung** verursacht wird. Dies stützt sich u.a. auf die gute Wirksamkeit der Grenzstrangblockaden als therapeutisches Verfahren.
Zu **(3):** Da die Sympathikusblockade eine Weitstellung der arteriellen Versorgung bewirkt, wird diese bei Durchblutungsstörungen auch der oberen Extremität z.B. beim Morbus Raynaud eingesetzt.
Zu **(4):** Werden Sympathikusblockaden innerhalb der ersten drei Wochen am besten noch im floriden Stadium des Herpes zoster eingesetzt, können postzosterische Neuralgien reduziert werden. Auch die systemische und lokale virostatische Behandlung in der akuten Phase mindert das Auftreten von postzosterischen Neuralgien.
Siehe auch Lerntext III.8.

Stellatumblockade — **III.9**

Anatomische Grundlagen: Die Ganglien cervicale superius, cervicale medium und cervicothoracicum = stellatum versorgen sympathisch mit efferenten Fasern Herz, Lunge, Arm und Kopf.
Das **Ganglion stellatum** liegt **in Höhe** von **C_7/Th_1**, das Ganglion cervikale medium liegt etwa in Höhe von C_5 und das Ganglion cervicale superius projiziert sich auf C_2. Im Halsbereich erreichen den Grenzstrang keine Rami communicantes albi mehr. Der Grenzstrang wird dort aus den oberen thorakalen Rami communicantes albi versorgt. Die präganglionären B-Fasern zu den Ganglien cervicale superius und medium passieren das Ganglion stellatum.
Das in der Regel aus der *Verschmelzung des obersten thorakalen mit dem untersten zervikalen Grenzstrangganglion* resultierende Ganglion stellatum liegt ventral der Querfortsätze des siebten Hals- und ersten Brustwirbels und ventrolateral des M. longus colli.
Die **Stellatumblockade** ist ein Verfahren, das u.a. bei **Durchblutungsstörungen der oberen Extremität, der sympathischen Reflexdystrophie und beim Quadrantensyndrom** routinemäßig eingesetzt wird.
Die **Kontrollmöglichkeiten** einer erfolgreichen Stellatumblockade sind vielfältig: *Effekt auf das behandelte Krankheitsbild, Auftreten eines Horner-Syndroms, Schweißtests, Durchblutungsmessungen oder Messungen der Hauttemperatur.* Die klinische Erfahrung zeigt jedoch, dass die Stellatumblockade Beschwerden bessern kann, ohne dass dies über o.g. Verfahren überprüfbar ist.
Bezüglich der **Dosierung und Konzentration** der Medikamente zur pharmakologischen Stellatumblockade gibt es erhebliche Unterschiede, auch wenn sich **Bupivacain 0,25% zwischen 10 und 15 ml** als häufig benutzt und gut wirksam erwiesen hat. Alternativen zu Lokalanästhetika sind Opioide und invasive elektrische Stimulationsverfahren.
Die **Komplikationsrate** ist insgesamt äußerst gering. Es können bei der Stellatumblockade **spezifisch** *hohe Spinalanästhesie, hohe Periduralanästhesie, Pneumothorax und Perforation des Ösophagus* auftreten.
Zur **Vermeidung von Komplikationen** empfiehlt sich *wiederholte Aspiration* in mehreren Ebenen auch während der Injektion, *langsame Injektionsgeschwindigkeit* sowie Gabe einer geringen Menge an Lokalanästhetikum als *Testdosis*.

H94 !!

Frage 3.19: Lösung D

Das **Horner'sche Zeichen** mit **(Ptosis (1), Enophthalmus (2) und Miosis)** (nicht: Mydriasis) ist Zeichen der Sympathikusunterbrechung beispielsweise im Bereich des Ganglion stellatum, da dort auch Fasern der Ganglien superius und mediale hindurchziehen. Mydriasis (Pupillenweite) (4) ist bei Sympathikusstimulation zu sehen. Vom Ganglion stellatum ziehen sympathische efferente Fasern zum Arm einschließlich der Hand, zum Kopf, Hals und zur oberen Hälfte des Thorax. Die Stellatumblockade ist bei der sympathischen Reflexdystrophie der Hand Therapie der Wahl. Auch wenn eine unmittelbare Schmerzlinderung (3) selten ist, kommt es im Verlauf einer Blockadeserie zur Schmerzreduktion.
Siehe auch Lerntext III.9.

Zöliakusblockade — **III.10**

Anatomische Grundlage: Der Plexus coeliacus liegt vor der Aorta in Höhe des **12. Thorakal-** und **1. Lendenwirbels**. Sehr variabel umschließt er den Truncus coeliacus und die von ihm abgehenden Gefäße. Als einziger der sympathischen Ganglien werden hier nicht nur efferente, sondern auch afferente viszerale Fasern umgeschaltet.
Technisch wird ein **vorderer** von einem **hinteren Zugang** unterschieden. Häufiger wird der hintere Zugang gewählt, obwohl in der Literatur der vordere Zugang weniger Komplikationen aufweist.
Als **Indikation** gilt vor allem der Tumorschmerz beim **Pankreaskarzinom**. Die **chronische Pankreatitis** kann ebenfalls eine Blockade notwendig machen.
Spezifische Komplikationen des **vorderen** Zugangs stellen *Peritonitis* und *Gefäßperforation*, des **hinteren** Zugangs *zusätzlich Pneumo- bzw. Chylothorax* und sehr selten die *Querschnittslähmung* dar.

H97 !

Frage 3.20: Lösung B

Zu **(A):** Aufgrund der potenziellen Nebenwirkungen (Verletzungen großer Gefäße, Pneumo- und Chylothorax) ist die Indikation zur **Zöliakusblockade** eng zu stellen. Hauptindikation ist der medikamentös nicht beherrschbare Schmerz bei Oberbauch-, insbesondere **Pankreastumoren**.
Zu **(B):** Die häufigste Nebenwirkung ist die **Diarrhoe** über wenige Tage bis Wochen, da der Sympathikus in diesem Bereich blockiert wird.
Zu **(C):** Injiziert man versehentlich in den Spinalkanal, kann eine **Querschnittsymptomatik** auftreten.
Zu **(D):** Man kann sowohl einen vorderen, als auch einen hinteren Zugang zum Ganglion coeliacus wählen. Entsprechend muss der Patient gelagert werden.
Zu **(E):** Die **Kontrolle der Nadelspitze** kann auf verschiedene Arten erfolgen:

1. Kontrastmittel und Durchleuchtung (Vorsicht bei Kontrastmittelallergie)
2. Ultraschall (schwierig bei zuviel Gas in den Darmschlingen)
3. Computertomographie (Aufwand)

(s. Lerntext III.10.)

Lumbale Grenzstrangblockade — **III.11**

Anatomische Grundlage: Der Grenzstrang verläuft beidseits an der lateralen Vorderkante der Wirbelkörper. Das 12. thorakale und das erste lumbale Ganglion sind häufig miteinander verschmolzen.
Technik: Der Patient wird meist seitlich mit der zu punktierenden Seite nach oben gelagert. Die Punktionsstelle liegt etwa 5 cm seitlich der lumbalen Dornfortsätze. Meist wird in Höhe L_1 bis L_3 blockiert. Die Kontrolle der richtigen Lage der 15 cm langen Nadel durch wasserlösliches Kontrastmittel unter Bildwandler ist obligat.
Die **Indikationen** sind *Störungen der unteren Extremitäten*, vorzugsweise *die arterielle Durchblutungsstörung besonders in frühen Stadien, der Phantomschmerz, sympathische Reflexdystrophie, Kausalgie, Kältetraumata, postphlebitisches Ödem* oder *die Wundheilungsstörungen.* Bei richtiger Lage werden meist **10 ml Bupivacain 0,25%** injiziert.
Spezifische Komplikationen stellen *Perforationen von Aorta, Darm, Nieren und Harnleiter* dar.

Chemische und thermische Neurolyse — **III.12**

Während die Blockadetechniken mit Lokalanästhetika immer nur eine vorübergehende Unterbrechung der Nervenleitung darstellen, hat die Verwendung von Neurolytika wie auch die Kryotherapie einen längerfristigen Effekt durch **Nervenzerstörung**. Jedoch sollte vor einer Neurolyse eine Nervenblockade mit Lokalanästhetika als Testblockade durchgeführt werden, um den therapeutischen Nutzen abschätzen zu können.
Chemische Neurolyse
An peripheren gemischten Nerven sollten die chemischen Neurolytika wegen der **Gefahr von Deafferenzierungsschmerzen** und **der Ausbildung von Neuriten** sowie der **nicht selektiven Unterbrechung** (z. B. auch der alpha-Motoneurone) nur in Ausnahmefällen Anwendung finden.
Bei nicht malignombedingten Schmerzen ist die Anwendung von neurolytischen Substanzen ebenfalls zurückhaltend.

Die Die **Hauptindikation** stellen *malignom*bedingte *Schmerzen* bei Patienten mit begrenzter Lebenserwartung. Besonders bei der Anwendung am sympathischen Nervensystem sind die o.g. Komplikationen nicht zu erwarten. Eine klassische Indikation ist demnach die **Zöliakusneurolyse beim Pankreaskarzinom.**
An Neurolytika werden verwendet: **Ethanol 50–96%ig**, **Phenol**, selten Chlorocresol und Ammoniumsulfat. Die Wahl des Neurolytikums ist abhängig von der Erfahrung des Therapeuten. Bei der chemischen Neurolyse des Plexus coeliacus muss wegen der notwendigen großen Volumina und der toxischen Wirkung des Phenols **Ethanol** verwendet werden.
Thermische Neurolyse
In **Abhängigkeit von der Temperatur (–20 bis –70 Grad Celsius)** und der **Einwirkzeit** werden Nervenfaserteile geschädigt. Die *myelinisierten Fasern* (δ-Fasern) werden bei *niedrigeren Temperaturen weniger geschädigt als die unmyelinisierten Anteile* (C-Fasern).
Die **Hauptindikationen** stellen die *Trigeminusneuralgie* und der *Postthorakotomie-Schmerz* dar. Die Wirkung bei wiederholter Anwendung kann **bis zu einem Jahr** andauern. Als **Nebenwirkungen** sind *allergische Reaktionen* durch Histaminausschüttung und ein bis zu *72 Stunden* anhaltender dumpfer *Dauerschmerz* bekannt. Deshalb gilt eine bekannte *Kälteallergie* als **Kontraindikation.**

Intravenöse Regionalanästhesie — III.13

Dieses Verfahren wird hauptsächlich bei der **sympathischen Reflexdystrophie** und beim **M. Raynaud** angewendet.
In eine durch ein Tourniquet abgeschnürte Extremität wird **Guanethidin** injiziert.
Kurzfristig kann eine Schmerzverstärkung auftreten, die z.B. durch das Lokalanästhetikum **Prilocain** bei den nächsten Sitzungen kupiert werden kann.

F99

Frage 3.21: Lösung B

Zu **(A): Guanethidin** wird intravenös nach Erzeugung einer Blutleere der entsprechenden Extremität injiziert und ist ein **Antisympathikotonikum.**
Zu **(B):** Die **Noradrenalinspeicher** des sympathischen Nervengeflechts um die Gefäße werden entleert und eine **Wiederaufnahme** dieses Transmitters für mehrere Tage **blockiert.**
Zu **(C):** Guanethidinblockaden werden **peripher** an Extremitäten durchgeführt und nicht an sympathischen Ganglien des Grenzstrangs.
Zu **(D):** Eine Prostaglandinsynthesehemmung bewirken nicht-steroidale Antiphlogistika oder Acetylsalicylsäure.
Zu **(E):** Guanethidinblockaden haben keinen Einfluss auf die Freisetzung von Substanz P. Als häufige Nebenwirkungen können Injektionsschmerzen, Hypotension oder ein Tourniquetschmerz auftreten.

Neurochirurgische Therapien — III.14

Man unterscheidet prinzipiell zwei Verfahren:

- Die **Dekompressionsverfahren** erhalten die Schmerzfasern, indem sie die Kompression operativ beseitigen.
- Die **destruierenden Verfahren** unterbrechen die Schmerzleitung.

Dekompressionsverfahren
Operation nach Jannetta
Unter der Annahme, dass die Trigeminusneuralgie durch eine arterielle Kompression der Trigeminuswurzel ausgelöst wird, wird die mikrochirurgische vaskuläre Dekompression nach Jannetta durchgeführt. Dabei wird das komprimierende Gefäß (in der Regel die elongierte A. cerebelli superior) von der Nervenwurzel im Kleinhirnbrückenwinkel gelöst und durch ein Interponat von der Wurzel weg nach rostral verlagert.
Bandscheibenoperation
Auch hier wird eine Dekompression der Nervenwurzel herbeigeführt. Da verschiedenste Operationstechniken angewendet werden, wird an dieser Stelle darauf nicht näher eingegangen. Die Indikation zur Operation wird bei länger bestehenden Schmerzen äußerst zurückhaltend gestellt und hängt vor allem von zusätzlich auftretenden motorischen Ausfällen ab.
Trepanation
Trepanation ist das Anbohren des Schädels, um eine Druckentlastung des Gehirns zu schaffen. Diese muss notfallmäßig bei akuten intrazerebralem Druckanstieg z.B. durch ein sub- oder epidurales Hämatom durchgeführt werden.
Destruierende Verfahren
Kontrollierte Thermokoagulation
Dabei werden Nervenfasern durch Radiofrequenzläsionen unterbrochen. Die Koagulationstemperatur wird gemessen mittels Thermofühler und soll zwischen 65° und 70° Celsius liegen. Mit dieser temperaturkontrollierten Hochfrequenztechnik konnte der Verlust aller sensiblen Afferenzen deutlich reduziert und somit die Komplikationsrate (Anaesthesia dolorosa) gesenkt werden.
Die Thermokoagulation wird z.B. zur Schmerzunterbrechung beim Ganglion Gasseri durchgeführt. Die **Indikation** besteht bei Tic douloureux, der idiopathischen Trigeminusneuralgie oder Multipler Sklerose.

K

Rhizotomie
Man unterscheidet die **komplette, offene Rhizozomie** (Durchtrennung der Hinterwurzel bewirkt eine Unterbrechung aller afferenten Schmerz-, Berührungs- und Temperaturreize) von einer **selektiven, offenen Rhizotomie** (nur die ventral gelegenen Schmerzfasern sollen koaguliert werden). Werden mehrere Hinterwurzeln der unteren Extremität komplett durchtrennt, kommt es zu einer funktionellen Parese, da auch die Stell- und Haltereflexe durch Unterbrechung der Afferenzen gestört werden. Bei der Durchtrennung von zervikalen, thorakalen oder oberen lumbalen Hinterwurzeln entstehen nur geringe funktionelle Defizite. Deshalb werden diese Verfahren besonders bei malignen Schmerzen der Thorax- und Bauchwand eingesetzt.
Eine Alternative besteht in der **perkutan** durchgeführten **Rhizotomie**, bei der die schmerzleitenden C-Fasern der Hinterwurzel durch thermische Koagulation ebenfalls selektiv unterbrochen werden.
Chordotomie
Eine Läsion des Tractus spinothalamicus im vorderen Quadranten des Rückenmarks bewirkt eine kontralaterale Analgesie und Aufhebung der Temperaturwahrnehmung. Dieses Verfahren kann offen oder perkutan durchgeführt werden. Die Chordotomie ist nur bei schwersten opiatresistenten Schmerzzuständen indiziert.

H93 !

Frage 3.22: Lösung B

Zu **(B):** „Klassische" Migräne ist der Operation nicht zugänglich.
Zu **(A)** und **(D):** Notfallsituation!! Ein rasches operatives Handeln zur Dekompression durch Trepanation und Absaugen des Hämatoms ist notwendig.
Zu **(C):** Z. B. wird bei der Operation nach Jannetta eine mikrochirurgische vaskuläre Dekompression durchgeführt. Dabei wird das komprimierende Gefäß (in der Regel die elongierte A. cerebelli superior) von der Nervenwurzel im Kleinhirnbrückenwinkel gelöst und durch ein Interponat von der Wurzel weg nach rostral verlagert.
Zu **(E):** Neben der Operation ist bei Hirntumoren an eine Radiatio zu denken.
Siehe auch Lerntext III.14.

H98

Frage 3.23: Lösung *** Diese Frage wurde aus der Wertung genommen.

Die **Chordotomie** (offen oder geschlossen) ist die Unterbrechung des Tractus spinothalamicus. Sie führt zur Aufhebung von kontralateraler Schmerz- und Temperaturempfindung bei erhaltener Sensibilität.
Zu **(B):** Diese Frage wurde aus der Bewertung des 2. Tages vom IMPP herausgenommen. Anscheinend war die Vereinfachung der Indikationen der Chordotomie auf einseitige tumorbedingte Schmerzen zu „einseitig". Als ultima ratio lässt sich wahrscheinlich auch bei den anderen genannten Krankheitsbildern im Einzelfall eine Indikation zur Chordotomie finden. Eine schmerzhafte Hüftgelenksarthrose und einen Bandscheibenvorfall sollte man auf jeden Fall kausal therapieren.
Zu **(A):** Neben Gehtraining und gefäßchirurgischer Intervention kann bei Ischämieschmerzen auch eine Sympathikusblockade sinnvoll sein.
Zu **(C):** Das Einsetzen eines künstlichen Hüftgelenks ist eigentlich die Therapie der Wahl.
Zu **(D):** Die Dekompression der Wurzel erscheint hier sinnvoller.
Zu **(E):** Phantomschmerzen sind ein komplexes Schmerzbild. Sie werden u. a. durch ein „zentrales Engramm" auf der Großhirnrinde ausgelöst. Sie sind deshalb der Chordotomie meistens nicht zugänglich.
Siehe auch Lerntext III.14.

H96 !

Frage 3.24: Lösung C

Zu **(C):** Jannetta geht davon aus, dass die Trigeminusneuralgie durch Kompression der Tigeminuswurzel durch eine elongierte Schlinge der A. cerebelli superior entsteht. Eine **Dekompression** der Wurzel und Interposition von Muskelgewebe, Gelfoam o. ä. ist deshalb die Operation der Wahl. Dabei kommt es zu keiner Zerstörung von Nervenfasern.
Zu **(A):** Erst die durch Sweet modifizierte **perkutane Thermokoagulation** durch einen in der Elektrodenspitze integrierten Thermofühler reduzierte die zuvor recht häufig aufgetretene Anaesthesia dolorosa. Dadurch kann die Koagulationstemperatur von 65 – 70° Celsius über 40 bis 60 Sekunden kontrolliert konstant gehalten werden.
Zu **(B):** Bei der **Rhizotomie** unterscheidet man die offene von der perkutanen. Dabei wird mehr oder weniger selektiv versucht, die afferenten Schmerzfasern der Hinterwurzel unter Schonung der taktilen Sensibilität zu durchtrennen (scharf oder thermisch).
Zu **(D):** Die **Chordotomie** wird bei medikamentös nicht zu beherrschenden malignen Schmerzen durchgeführt. Dabei wird der kontralaterale Tractus spinothalamicus thermisch oder scharf durchtrennt.
Zu **(E):** Bei dieser Technik wird der Ramus dorsalis über dem Querfortsatz zunächst mit Bildwandler und elektrischer Probestimulation lokalisiert und

dann thermisch mit 80° Celsius zerstört. Die **Facettendenervation** wird bei schmerzhaften degenerativen Veränderungen der kleinen Wirbelgelenke oder bei schmerzhafter Höhenminderung der Wirbelkörper eingesetzt.
Siehe auch Lerntext III.14.

F95

Frage 3.25: Lösung C

Phenol (3) und **Ethanol** (1) sind übliche chemische Neurolytika. Sie sind nicht nervenspezifisch und blockieren durch Proteindenaturierung irreversibel alle Nervenfasern. Die Schmerzausschaltung kann über Jahre andauern.
10%ige Glukose (2) wird u.a. als Trägerlösung für intravenöse Medikamentenverabreichungen gebraucht, **Natriumbikarbonat** (4) setzt man z.B. beim Ausgleich einer Azidose ein.
Siehe auch Lerntext III.12.

F95 **!!**

Frage 3.26: Lösung A

Zu **(A):** Als **atypischer Gesichtsschmerz** wird ein Dauerschmerz bezeichnet, der häufig alle Strukturen im betroffenen Gesichtsbereich umfasst, und ist von den typischen Gesichtsschmerzen (Trigeminus- und andere Gesichtsneuralgien, myofasziales Syndrom) zu differenzieren. Die Ätiologie ist nicht sicher geklärt. Häufig tritt der atypische Gesichtsschmerz als Folge eines chirurgischen Eingriffs auf, deshalb sollten weitere Operationen vermieden werden.
Zu **(B): Hirntumore** können durch **Kompression** oder **Infiltration** Schmerzen auslösen, die man evtl. durch ein operatives Vorgehen reduzieren kann.
Zu **(C):** Die operative Dekompression ist bei **Nerveneinklemmungen** die Therapie derWahl.
Zu **(D):** Bei der **idiopathischen Trigeminusneuralgie** hat sich die Operation nach Taarnhoj und Jannetta besonders bei jüngeren Patienten bewährt.
Zu **(E):** Nach **zervikalem Wurzelausriss** soll es zur Spontanaktivität der betroffenen Neurone kommen. Die thermische Läsion der betroffenen Wurzeln kann zur Minderung dieser Spontanaktivität führen und dadurch Schmerzfreiheit bewirken.
Siehe Lerntext III.14.

Transkutane elektrische Nervenstimulation (TENS) — **III.15**

In den Bereich der physikalischen Medizin zählt die Elektrotherapie. Hierbei unterscheidet man den so genannten Niederfrequenz- (0–1 kHz) vom Mittelfrequenzbereich (1 kHz–300 kHz). Die **TENS** gehört zu der Elektrotherapie im **Niederfrequenzbereich**.

Vorstellung zur Wirkungsweise
Hemmende Neurone auf **spinaler Ebene** werden aktiviert. *Serotonin, Noradrenalin* und *endogene Opioide* spielen dabei eine wichtige Rolle.
Indikation
Vorzugsweise wird die TENS in der Schmerztherapie eingesetzt. Hierbei sind Therapieversuche durch die leichte Anwendbarkeit und die geringen Nebenwirkungen bei vielen Schmerzsyndromen angezeigt. *Neurogene Schmerzen* scheinen besonders zu Beginn einer TENS-Behandlung gut anzusprechen, osteoporotisch bedingte Schmerzen sprechen nicht an. Die Erfolgsrate liegt für alle behandelbaren Schmerzsyndrome zwischen 30 und 60%.
Durchführung
Über Hautelektroden wird ein Gleichstrom appliziert. Neben der Elektrodenlage lassen sich Applikationsfrequenz, Intensität, Impulsdauer und Form des Impulses modifizieren. Es gibt für die Heimbehandlung batteriebetriebene Taschengeräte. Das Herausfinden der optimalen Technik bedarf großer Erfahrung des Behandlers und viel Zeit bei der Einweisung des Patienten.

F97

Frage 3.27: Lösung A

Zu **(1):** Nach Elektrostimulation kann man häufig eine **verstärkte, lokale Durchblutung** messen. Die Schmerzhemmung soll durch verstärkten Abtransport/Abbau von schmerzvermittelnden Substanzen erfolgen (z.B. Prostaglandine).
Zu **(2):** Die **Erhöhung von Enkephalinen** im ZNS nach Elektrotherapie ist belegt.
Zu **(3):** Am peripheren Nerv erfolgt keine Hyperpolarisation durch repetitive Elektrotherapie.
Zu **(4):** Beim Einsatz von Elektrotherapie zur Schmerzbehandlung werden Rechteckimpulse verwendet. Diese bewirken in aller Regel keine repetitive Stimulation der Motoraxone. Anders verhält es sich beim Einsatz von Elektrotherapie zum Muskelaufbau: Hier werden langsam ansteigende Impulse verwendet, die tatsächlich die motorischen Endplatten stimulieren.

F96 **!**

Frage 3.28: Lösung E

Zu **(E):** Eine **Sympathikusblockade** (z.B. als Periduralanalgesie mit 0,125%igem Bupivacain) bewirkt eine Hemmung der Fortleitung von sympathikusvermittelten Schmerzen (brennender Charakter), sie aktiviert also nicht zentrale schmerzhemmende Bahnen. Da muss man mal wieder genau lesen, diese Frage gehört zur Klasse „Hereinlegen um jeden Preis!"

Zu **(A):** Bei der **epidural-spinalen Elektrostimulation** werden rückenmarksnah Elektroden implantiert und durch eine Stimulationseinheit bedient, die entweder implantiert wird oder extern angeschlossen werden kann. Der genaue Wirkungsmechanismus ist nicht bekannt, er wird jedoch sicherlich durch seine Implantation rückenmarksnah im ZNS bedingt sein.
Zu **(B):** Durch Kathetertechniken und Gabe von z. B. Morphin kann man ebenfalls lokal im ZNS schmerzhemmende Bahnen aktivieren.
Zu **(C):** Über die **TENS** und **Akupunktur** ist bekannt, dass diese Verfahren die Endorphine im ZNS erhöhen (s. Lerntexte III.15 und III.17).
Zu **(D): GABA-Agonisten** (z. B. Baclofen) wirken auf Rückenmarkebene durch Verstärkung der GABA-vermittelten präsynaptischen Hemmung der mono- und polysynaptischen Reflexe. Es kommt deshalb zur Abnahme der schmerzhaften Muskelspasmen. Siehe Lerntext III.8.

Psychologische Therapieformen — III.16

Chronische Schmerzen werden als psychophysisches Gesamtereignis aufgefasst. Psychische Faktoren können Ursache oder Folge chronischer Schmerzen darstellen.
Als psychologische Risikofaktoren zur **Chronifizierung** von Schmerzen werden heute angesehen: Vermeidungsverhalten bei sozialen und körperlichen Aktivitäten, Überforderung als Durchhaltestrategie trotz stärkster Schmerzen, nonverbales Ausdrucksverhalten durch Mimik, Gestik, Stimmlage oder Körperhaltung und Ablenkungsstrategien durch Ignorieren.
Der Circulus vitiosus (zunehmender Konzentration auf Schmerzen, erfolglose Behandlungsversuche, Verlust von sozialen Kontakten und Entstehung beruflicher und familiärer Probleme) führt häufig zur Depression, die die Schmerzwahrnehmung wiederum verstärken kann. Deshalb können psychologische Behandlungsmethoden den Prozess der Schmerzverarbeitung beeinflussen.

Indikationen

Angst, Depression, oben genannte Risikofaktoren, mangelhafte Stress- und Schmerzverarbeitung, ausgeprägte vegetative Begleitbeschwerden, sozialer Rückzug, Inaktivität, Medikamentenmissbrauch, ungelöste psychosoziale Konfliktsituationen und Schmerzen ohne hinreichende somatische Ursache.

Entspannungsverfahren

Darunter zählen u. a. das Autogene Training und die progressive Muskelrelaxation nach Jacobson.

Biofeedback

Die Patienten bekommen unmittelbare Rückmeldungen durch akustische oder optische Signale bezüglich Muskelspannung, Herzfrequenz, Hauttemperatur u.v.m. So kann die „Spannung" herunterreguliert werden.

Operante Verfahren

Operante Verfahren sollen, durch Erlernen und Einüben von nicht schmerzbezogenen, „gesunden" Verhaltensweisen das schmerzbezogene Verhalten verändern. Dabei wird positives Verhalten verstärkt und langsam eine Steigerung der Aktivität herbeigeführt.

Kognitiv-verhaltenstherapeutische Verfahren

Grundlage dieses Therapieansatzes bei chronischen Schmerzpatienten ist, dass kognitive Variablen wie Einstellung, Selbstverbalisierung und negative Erwartungshaltung zu Hilflosigkeit, Depression und Angst führen.
Bei dieser Therapieform stehen Selbstbeobachtung, Ablenkungsstrategien, Information des Patienten, Erlernen von Entspannungsverfahren, Abbau von Schmerzverhalten und Aufbau von schmerzinkompetenten Verhaltensmustern im Vordergrund.

F95

Frage 3.29: Lösung E

Zu **(1)** und **(2):** Zu den **Entspannungsverfahren** zählen u. a. das **Autogene Training** und die **progressive Muskelrelaxation** nach Jacobson. Sie reduzieren die Stressreaktionen wie z. B. die muskuläre Tonuserhöhung (1) und damit indirekt auch die Schmerzintensität (2).
Zu **(3):** Darüber hinaus haben Entspannungsverfahren eine eigenständige schmerzreduzierende Wirkung, die wahrscheinlich auf Beeinflussung von zentralen Prozessen der Schmerzverarbeitung beruhen (s. Lerntext III.16).

Akupunktur — III.17

Die Akupunktur ist ein in China entwickeltes Therapieverfahren, das durch Einstechen von Nadeln an bestimmten Punkten der Körperoberfläche seine Wirkung entfaltet. Es zählt zu den so genannten regulativen Verfahren. In der Schmerztherapie ist die Akupunktur vielfach verbreitet. Akupunktur wirkt durch Aktivierung auf- und absteigender Bahnen, an denen die Transmitter Serotonin, Noradrenalin und Endorphine beteiligt sind. Akupunktur wird vor allem bei der Behandlung von **schmerzhaften Erkrankungen des Bewegungsapparates** und bei **Kopfschmerzen (Migräne)** eingesetzt. Als **Nebenwirkung** sind Kollapszustände, lokale Infektionen oder Verletzungen innerer Organe (Pneumothorax, Einblutungen in parenchymatöse Organe) bekannt. Ziehende Schmerzen bei den eingestochenen Nadeln (das sogenannte „Qi"-gefühl) sind erwünscht, können jedoch für den die Akupunktur nicht gewohnten Patienten äußerst unangenehm sein.

H95

Frage 3.30: Lösung A

Zu **(A):** Die Akupunktur bei Migräne hat sich bei der Akuttherapie aber insbesondere auch bei der Prophylaxe von Attacken bewährt.
Zu **(B):** Da die schmerztherapeutische **Akupunktur** zum Teil über **Beeinflussung der nervalen Strukturen** wirken soll, ist bei degenerativen Nervenerkrankungen eine schmerzreduzierende Wirkung kaum zu erwarten.
Zu **(C):** Die beste Therapie von Schmerzzuständen bei akuten chirurgischen Erkrankungen ist die akute chirurgische Versorgung.
Zu **(D)** und **(E):** Bei **akuten, bakteriellen Entzündungen** wenden selbst chinesische Akupunkteure westliche antibiotische Therapien an, da Akupunktur hierbei eher eine Verschleppung bewirken kann.
Siehe auch Lerntext III.17.

F97

Frage 3.31: Lösung D

Zu **(1)** und **(2): Noradrenalin und Serotonin**, zusammen auch als Monamine bezeichnet, sind Transmitter der absteigenden schmerzhemmenden Bahnen.
Zu **(3): Enkephaline**, körpereigene Opioide, werden ebenfalls nach Akupunktur erhöht gemessen. Diese werden vor allem im Hypothalamus ausgeschüttet.
Zu **(4):** Auch der **Plasmacortisolspiegel** steigt nach Akupunktur an. Cortisol hat jedoch keine Wirkung auf die Übertragung bereits entstandener nozizeptiver Reize. Cortisol wirkt vor allem antiphlogistisch und immunsuppressiv.
Siehe auch Lerntext III.17.

Traditionelle Verfahren — **III.18**

Die folgende Aufstellung der traditionellen Verfahren erhebt keinen Anspruch auf Vollständigkeit.

- **Diuretische Verfahren** (harntreibend), z.B. bei Migräne
- **Emmenagoge Therapien** (menstruationsfördernde Verfahren)
- **Purgation** (abführen)
- **Aderlass**
- **Blutegel**
- **Blutiges und unblutiges Schröpfen**, z.B. bei Myotendinosen
- **Kantharidenpflaster**, z.B. bei degenerativen Erkrankungen des Skelettsystems
- **Diaphoretische Therapie** (Schweißsteigerung)

F96

Frage 3.32: Lösung B

Zu **(B):** Es kommt zu keinem Austritt von Blut. Blutiges Schröpfen oder auflegen von Blutegel bewirken einen Blutaustritt.
Zu **(A):** Das **Kantharidenpflaster** regt zur Bildung einer intrakutanen Blase an, die **Lymphe** enthält.
Zu **(C):** Die **Hyperämie** kann einige Tage anhalten.
Zu **(D):** Die Wirkung des Kantharidenpflasters wird u.a. über die **Gegenirritation** erklärt.
Zu **(E):** Durch die Hyperämie erfolgt ein verstärkter Abtransport lokal algetischer Substanzen.

4 Besondere chronische Schmerzsyndrome

Malignomschmerzen — **IV.1**

Grundsätzlich lassen sich **4 Typen von Schmerzen** unterscheiden:
1. *Schmerzen durch den Tumor*
2. *Schmerzen durch die Therapie*
3. *tumorassoziierte Schmerzen*
4. *tumorunabhängige Schmerzen*

Die Schmerzen können **akut oder chronisch** sein und sowohl zu Beginn („**Erstsymptom**") als auch **während der Tumorerkrankung** auftreten.

Ätiologie

Als Ursachen kommen infrage:
Zu 1. *Nervenkompression, Knochenmetastasen und primäre Knochentumore, Nerveninfiltration, Verlegung von Gefäßen, Lymphbahnen und Hohlorganen, Infiltration von Organen, intrakranielle Drucksteigerung.*
Zu 2. *Operation, Radiatio, Chemotherapie.*
Zu 3. *Dekubitus, paraneoplastische Syndrome, infektbedingt.*
Zu 4. *Spannungskopfschmerz, Arthritis.*

Symptomatische Therapie

Unter den medikamentösen, neurochirurgischen und anästhesiologischen Therapieverfahren haben die medikamentöse Therapie nach festem Zeitplan und die psychotherapeutischen Verfahren den größten Stellenwert in der Therapie des Malignomschmerzes. Jedoch sollte immer vor einer chronischen medikamentösen Dauertherapie überlegt werden, ob neurochirurgische oder regionalanästhetische Verfahren zu einer dauerhaften Schmerzbewältigung beitragen können. Die Schmerzwahrnehmung unterliegt **psychischen Faktoren.**

Beim Tumorpatienten sind das im Wesentlichen:

- *Angst vor Tod, Schmerz und dem Verlust der Selbstkontrolle*
- *Depression aufgrund des möglichen sozialen Abstiegs, der Hilflosigkeit und des Funktionsverlustes*
- *Ärger über die ineffektive Tumor- und Schmerztherapie, Tumorprogression und Ursache.*

Deshalb ist eine **psychologische Mitbehandlung** der Patienten mit malignen Schmerzen sinnvoll.

Palliative Strahlentherapie

Indikation: *Knochenmetastasen, Hirnmetastasen; Lungen- und Mediastinaltumore.* **Mamma-, Bronchial- und Prostatakarzinom verursachen besonders häufig schmerzhafte Knochenmetastasen.**

Palliative Chemotherapie und operative Therapie

Sollte ein kurativer Ansatz nicht möglich sein, kann trotzdem der Einsatz operativer Verfahren z.B. zur Verkleinerung des Tumors und dadurch Demkompression von Nerven aus schmerztherapeutischer Sicht sinnvoll sein.

Supportive Maßnahmen

Zu den supportiven Maßnahmen zählen:

Adäquate Pflege zur Vermeidung von Schonhaltung, Kontrakturen und Dekubitus.

Adäquate Ernährung

Kalorien, Mineralien, Vitamine zur Vermeidung von Tumorkachexie und anderen Mangelerscheinungen unter Berücksichtigung von Pharynx- und Ösophagusobstruktion mithilfe von PEG (perkutane endoskopische Gastrostomie), Lasertherapie, lokaler Bestrahlung, Hickman- oder Broviac-Katheter zur parenteralen Ernährung über einen zentralvenösen Katheter.

Prophylaktische Maßnahmen

Dienen zur Vermeidung von Nebenwirkungen der Therapie oder Begleitsymptome des Malignoms. Der **Appetitlosigkeit** begegnet man z.B. mit Ritualisierung der Nahrungsaufnahme und Anbieten von „Lieblingsspeisen". Auftreten von **Singultus** kann durch Rachenstimulation, durch kalte Getränke oder Neuroleptika behandelt werden. **Obstipation** kann durch ausreichende Mobilisation, Flüssigkeitszufuhr, faserreiche Ernährung oder Gabe von Laxantien vermieden werden. Bei anhaltender **Diarrhoe** ist der Einsatz von Anticholinergika oder Opioiden gerechtfertigt.

H96 **!!**

Frage 4.1: Lösung D

Vorsicht Fangfrage! Im Examen haben nur 4% diese Frage richtig beantwortet.

Um diese Frage richtig zu beantworten, muss man zunächst den Begriff tumorassoziiert von tumorbedingt unterscheiden. **Tumorbedingte Schmerzen** (ca. $^2/_3$ aller Schmerzen im Rahmen eines Tumorleidens) werden *unmittelbar durch den Tumor* ausgelöst. Ein **tumorassoziierter Schmerz** (ca. $^1/_3$) tritt erst *sekundär zum Tumorleiden* auf. Die erwähnten Erkrankungen treten alle gehäuft bei malignen Erkrankungen auf.

Zu **(D): Knochenmetastasen** wie auch Nervenkompression, viszerale Tumorinfiltration oder Obstruktion zählen zu den **tumorbedingten Schmerzen**.

Zu **(A):** Die **akute Herpesinfektion als auch die Postzoster-Neuralgie** können erhebliche Schmerzen verursachen.

Zu **(B):** Die **Venenthrombose** kann durch Schwellung der abhängigen Körperregion zu Spannungsgefühl bis zu dumpfen Schmerzen führen.

Zu **(C): Pilzinfektionen** (z.B. Soorösophagitis, Zehenmykosen etc.) können als brennende Schmerzen wahrgenommen werden.

Zu **(E):** Durch Tumorkachexie und zunehmende Immobilität ist die **Dekubitusgefahr** hoch.

Siehe auch Lerntext IV.1.

H98 **!**

Frage 4.2: Lösung D

Zu **(D):** Bei **Ausnahmen** von **Höchstmenge** oder des **Verschreibungszeitraums** genügt das angegebene Symbol auf dem Rezept und die Mitteilung an die zuständige Überwachungsbehörde eines Bundeslandes.

Zu **(A):** Ein Rezept gemäß BtMVV kann normalerweise nur für 30 Tage ausgestellt werden und darf eine gewisse Tages- und Gesamtmenge nicht überschreiten. Bei Ausnahmen soll der unter (D) beschriebene Weg gegangen werden.

Zu **(B)**, **(C)** und **(E):** Weder die feste Menge von 200 mg Morphin, noch der Rat zur Sparsamkeit oder das Umstellen auf nicht retardiertes Morphin kann in dieser Situation sinnvoll sein.

H94 **!**

Frage 4.3: Lösung C

Zu **(1):** Die Strahlentherapie ist gerade bei durch Schmerzen ausgelöste Metastasen angezeigt. Die primäre Ansprechrate der Schmerzlinderung beträgt beim Mammakarzinom fast 90%.

Zu **(2):** Die Versorgung einer pathologischen Fraktur, auch wenn diese häufig technisch schwierig ist, trägt wesentlich zur Schmerzreduktion bei.

Zu **(3):** Die **Verkleinerung der Tumormasse** (hier als Beispiel die subkutane Mastektomie) stellt durch Dekompression von Nerven eine **kausale** Schmerztherapie dar.

WHO-Stufenplan **IV.2**

Der WHO-Stufenplan war ursprünglich für die medikamentöse Schmerztherapie bei malignen Erkrankungen aufgestellt worden. Inzwischen hat er sich auch bei vielen nicht malignen, akuten wie chronischen Schmerzen bewährt. Darüber hinaus hat er manche Erweiterung erfahren:

Hochpotente Opioide
+ Nicht-Opioid-Analgetika

Niedrigpotente Opioide
+ Nicht-Opioid-Analgetika

Nicht-Opioid-Analgetika

Regionalanästhesie, Neurochirurgie

Kausaltherapie

(grau) ursprünglicher WHO-Stufenplan

H00 **!**

Frage 4.4: Lösung E

Zu **(E): Dopaminagonisten** (Lisurid®) werden in der **Prophylaxe der Migräne** eingesetzt.
Zu **(A):** Die **Strahlentherapie** ist die **erste Wahl** bei Schmerzen, die durch ossäre Metastasen bedingt sind. Die notwendige Strahlendosis ist meist niedrig (fraktioniert 20–30 Gy). Die Analgesie setzt meist erst am Ende einer 2- bis 3-wöchigen Behandlung ein.
Zu **(B): Nicht-steroidale Antirheumatika** = Nichtsteroidale Antiphlogistika wirken durch Hemmung der Prostaglandinsynthese analgetisch und antiphlogistisch. Sie werden häufig mit Opioiden kombiniert.
Zu **(C): Calcitonin** wirkt entgegen früherer Annahmen nicht über die Hemmung des Knochenabbaus analgetisch. Der genaue Wirkmechanismus ist nicht bekannt. Man vermutet jedoch Rezeptoren auf spinaler Ebene. Intravenös verabreicht kann Calcitonin bei Knochenmetastasen zu einer raschen Linderung führen. Es wird als **Koanalgetikum** eingesetzt.
Zu **(D): Opioide** wirken durch zentrale und periphere Mechanismen analgetisch.

F95 **!!**

Frage 4.5: Lösung B

Zu **(B):** Nach dem **Stufenplan der WHO** sollte zunächst eine Einstellung mit niedrigpotenten Opioiden evtl. in Kombination mit peripher wirksamen Analgetika versucht werden. Ist damit nach Ausschöpfung der maximalen Dosierungen eine zufriedenstellende Schmerzreduktion nicht erreichbar, wechselt man auf hochpotente Opioide.
Zu **(A):** Die alleinige Gabe nach Bedarf ist bei chronischen Schmerzen nicht indiziert. Ist eine Basiseinstellung nach Plan mit slow-released Opioiden verordnet, kann man als so genannte „top up"-Dosis für dennoch eintretende Schmerzspitzen eine akute Bedarfsmedikation festlegen. Die Medikamente sollen dabei einen möglichst raschen Wirkungseintritt haben.
Zu **(C):** Die Höhe der **Opioiddosierung** richtet sich nach der Wirkung und den auftretenden **Nebenwirkungen**. Diese muss individuell angepasst werden.
Zu **(D):** Die Suchtgefahr ist bei oral verabreichten Opioiden äußerst gering und bei klinischer Anwendung zu vernachlässigen. Um die Lebensqualität zu verbessern, sind Opioide rechtzeitig einzusetzen und nicht erst im Endstadium der Erkrankung.
Zu **(E):** Bei entsprechend langsamer Dosissteigerung bis zur gewünschten Wirkung ist die Gefahr einer evtl. einsetzenden Atemdepression bei oraler Gabe von zumeist slow-released-Opioiden gering. Eine stationäre Überwachung ist deshalb in den wenigsten Fällen indiziert.
Siehe auch Lerntexte III.1, III.3 und IV.2.

F96 **!!**

Frage 4.6: Lösung A

Zu **(A):** Um Schmerzen möglichst nicht entstehen zu lassen, werden in der Therapie chronischer Schmerzen (hier als Beispiel Tumorschmerzen) retardierte Schmerzmittel eingesetzt. Die Gabe richtet sich nicht nach dem Auftreten von Schmerzen, sondern nach der **Wirkdauer der retardierten Schmerzmittel**. Deshalb erfolgt die Gabe nach einem festen Zeitschema.
Zu **(B):** Das **WHO-Schema der Tumorschmerztherapie** empfiehlt gerade bei unzureichender Schmerzreduktion durch Nichtopioidanalgetika (1. Stufe) die Kombination mit einem Opioidanalgetikum (2. Stufe).
Zu **(C): Dihydrocodein** gehört zu den schwach wirksamen oder **niedrigpotenten Opioiden**.
Zu **(D):** Nicht der Wirkungsmechanismus (partieller Antagonist), sondern die Potenz der Schmerzreduktion entscheidet über die Verordnungsvorschrift. **Buprenorphin** (Temgesic®) und **Pentazocin** (Fortral®) gehören zu den **hochpotenten Opioiden**, die alle der Betäubungsmittelverordnung unterliegen.

Zu **(E):** Diese Aussage ist barer Unsinn, da demnach alle Patienten, die mit hochpotenten Opioiden behandelt werden, in Krankenhäusern liegen müssten.
Siehe auch Lerntexte III.3 und IV.2.

H96 **!!**

Frage 4.7: Lösung C

Zu **(C):** Gerade bei der Dauerschmerztherapie von Tumorpatienten hat sich die Gabe von lang wirksamen Opioiden bewährt. Dies führt zur besseren Schmerzbeherrschung u.a. durch geringere „Plasmaspiegeltäler" des Opioids und bessere Compliance des Patienten.
Zu **(A)**, **(D)** und **(E):** Diese Aussagen gehören zum Basiswissen und -maßnahmen zu Beginn oder im Verlauf einer jeden Schmerztherapie:

1. *Gibt es einen kurativen Ansatz?*
2. *Welche Analgetika setze ich ein (WHO Stufenschema)?*
3. *Machen adjuvante Therapien Sinn?*
4. *Festlegen einer Dauertherapie und einer Bedarfstherapie*

Zu **(B):** Bei der Stufe I des WHO-Schemas setzt man noch keine Opioide ein. Bei der Stufe III benutzt man stark wirksame Opioide.
Siehe auch Lerntexte III.3 und IV.2.

H95 **!**

Frage 4.8: Lösung C

Zu **(C):** Durch die **Kombination** von peripher und zentral wirksamen Analgetika wird der analgetische Effekt gegenüber den Einzelwirkungen deutlich verbessert.
Zu **(A):** Die zu den peripher wirksamen, sauren, antiphlogistisch-antipyretischen Analgetika gehörende **Acetylsalicylsäure** (ASS) wirkt nicht über Opiatrezeptoren des Zentralnervensystems. Sie entfaltet ihre Hauptwirkung durch *Hemmung der Prostaglandinsynthese* vor allem in der **Peripherie**. Es ist nicht bekannt, dass durch eine Interaktion der Acetylsalicylsäure mit einem niedrigpotenten Opioid (hier Dihydrocodein) mehr Opiatrezeptoren besetzt werden. Relevante Interaktionen der ASS mit Cumarinderivaten (Vitamin K-Antagonisten) und Sulfonylharnstoffen (orale Antidiabetika) verstärken deren Wirkung auf das Gerinnungssystem bzw. auf die Blutzuckersenkung.
Zu **(B):** Die gastrointestinale Resorption von ASS wird durch Zugabe von Dihydrocodein nicht verbessert.
Zu **(D):** Opioide haben keinen Einfluss auf die Prostaglandinsynthese in der Peripherie. Somit können sie auch nicht den inhibitorischen Effekt der ASS auf die Prostaglandinsynthese verstärken.
Zu **(E):** ASS wirkt antipyretisch (fiebersenkend) und Opioide wirken sedierend. Warum diese Wirkungen sich bei Schmerzpatienten potenzieren sollen, ist nicht nachvollziehbar. Vielmehr verhindern noch bestehende Schmerzen die schlaffördernde Eigenschaft der Opioide.
Siehe auch Lerntexte III.2 und III.3.

Chronische Nacken- und Rückenschmerzen — IV.3

Ätiologie

Die Ätiologie der chronischen Rückenschmerzen bleibt in 60–80% unklar. Wahrscheinlich sind muskulo-skelettale Veränderungen die häufigste Ursache.
Man kann sie gemäß ihrer Symptomatik in **radikuläre und nicht-radikuläre (pseudoradikuläre) Schmerzen** unterteilen, wobei die Unterscheidung manchmal schwierig ist. Prinzipiell können **diskogene** (*Prolaps, Sequester, hinteres Längsband, Anulus fibrosus-Degeneration*), **knöcherne** (*spinale Stenose, Spondylolisthesis, enger Rezessus lateralis*), **Zwischenwirbelgelenk-** und **extravertebrale Veränderungen** (*lumbosakrale Bänder, Muskulatur, Iliosakralgelenk, fibrotische postoperative Verwachsungen*) Rückenschmerzen bedingen.
Darüber hinaus sind Erkrankungen aus dem Gebiet der **Gynäkologie, Neurologie, Urologie sowie vaskuläre Erkrankungen** zu berücksichtigen.

Diagnostik

Die Diagnostik kann sehr umfangreich sein:

- *Neurologische, orthopädische, gynäkologische, urologische und internistische Untersuchung,*
- *Röntgen nativ mit Funktionsaufnahmen,*
- *Computertomographie,*
- *Myelographie,*
- *Diskographie-CT,*
- *Knochenszintigraphie,*
- *Kernspintomographie,*
- *Nervenleitgeschwindigkeitsmessung,*
- *Elektromyelographie,*
- *evozierte Potenziale,*
- *Thermographie,*
- *diagnostische Nervenblockaden.*

Therapie

Man unterscheidet die **Therapie der akuten** von denen **der chronischen Rückenschmerzen**. Letztere differenziert man in die Behandlung *chronischer radikulärer und nicht-radikulärer Schmerzen:*

Chronisch radikuläre Schmerzen:

- **medikamentös:** *Nicht steroidale Analgetika, Opioide auch spinal, Antiepileptika, Antidepressiva.*
- **nicht medikamentös:** *Transkutane elektrische Nervenstimulation, Dorsum Collum Stimulation, perkutane Rhizotomie.*
- **psychosoziale Maßnahmen:** *Arbeitsplatzanpassung, Stressbewältigung.*

Chronisch nicht-radikuläre Schmerzen:
- **medikamentös:** *Nichtsteroidale Analgetika, Antidepressiva.*
- **nicht medikamentös:** *Transkutane elektrische Nervenstimulation, Muskuläres Training.*
- **psychosoziale Maßnahmen (s. o.).**
- **evtl. Spondylodese.**
- **Psychotherapie.**

Die **Prognose** ist bei **chronischen Rückenschmerzen im Gegensatz zur Behandlung der akuten Rückenschmerzen eher schlecht.**

H93 !!

Frage 4.9: Lösung A

Zu **(1):** Die Seite der Lähmungserscheinung hat nichts mit der Händigkeit zu tun, sondern nur mit der Lokalisation der Schädigung.
Zu **(2):** Ventrale Rückenmarkwurzeln beinhalten vor allem efferente motorische Nervenfasern. Die afferenten Schmerzfasern werden dem Rückenmark durch die dorsale Rückenmarkwurzel zugeführt (s. Lerntext I.1).
Zu **(3): Head'sche Zonen** stimmen mit dem Ausbreitungsgebiet der Schmerzfasern von Spinalnerven überein. Durch Kompression der hinteren Wurzel ist das 1. afferente Neuron im Rückenmark betroffen. Da übergeordnete zentrale Kerngebiete gelernt haben, dass Schmerzen zumeist von der Körperoberfläche kommen, wird auch das betreffende Hautsegment (Dermatom) als schmerzhaft empfunden.
Zu **(4):** Zunächst tritt bei einem Bandscheibenvorfall eine schlaffe Lähmung auf. Sollte die Schädigung längere Zeit anhalten wie z. B. beim traumatisch bedingten Querschnitt, so tritt eine Spastik auf.

F98 !

Frage 4.10: Lösung D

Zu **(D):** Eine zwangsweise verordnete **Immobilisierung** über mehr als 3 Tage verschlechtert die Prognose der Patienten mit nicht-radikulären Rückenschmerzen. Sie haben dadurch länger Schmerzen, kehren später an ihren Arbeitsplatz zurück und entwickeln häufiger ein chronisches Schmerzsyndrom.
Zu **(A):** Nicht radikuläre oder pseudoradikuläre Rückenschmerzen sind Schmerzen, die man nicht eindeutig auf eine oder mehrere Nervenwurzeln zurordnen kann. Wie bei den radikulären Schmerzen ist allerdings auch hier eine medikamentöse Therapie sinnvoll. **Nicht steroidale Antirheumatika** haben wohl die schnellste Schmerzlinderung, sind jedoch auch mit häufigen, besonders **gastrointestinalen Nebenwirkungen** behaftet, die im Alter zunehmen. Also Vorsicht!
Zu **(B):** Glücklicherweise werden auch Maßnahmen wie **Akupunktur** und **TENS** (transkutane elektrische Nervenstimulation) erwähnt, die deutlich weniger Nebenwirkungen verursachen.
Zu **(C):** Die berühmten 10 × Krankengymnastik genügen also nicht. Zur Vermeidung von nicht radikulären Rückenschmerzen während zu langer Vorbereitung mit der „Schwarzen Reihe" schlage ich folgende Übung vor: Man nehme alle Bände der „Schwarzen Reihe" und bilde zwei gleich schwere Haufen, versuche danach die beiden Bündel jeweils auf die rechte und linke Hand zu legen (vielleicht kann jemand helfen), um sie dann über den Kopf zu heben! Für Fortgeschrittene werden die Schwierigkeiten damit erhöht, dass man mit Büchern überm Kopf im Wechsel das linke und rechte Bein anhebt. Da alle mit der „Schwarzen Reihe" das Examen bestehen, braucht ihr diese Übung allerdings kein ganzes Jahr durchzuhalten.
Zu **(E):** Eine **Arbeitsplatzanpassung bzw. -veränderung** sollte unbedingt geprüft werden (z. B. Computerarbeitsplatz).

Schulter-Arm-Syndrom — **IV.4**

Unter dem Begriff Schulter-Arm-Syndrom subsummiert man unterschiedliche Krankheitsbilder, die einen muskulo-skelettalen, funktionellen, degenerativen, traumatischen, entzündlichen, malignen oder vaskulären Ursprung haben können.

1. Definition, 2. Schmerzsymptomatik, 3. Diagnostik und 4. Therapie ausgewählter Beispiele:

Karpaltunnelsyndrom
1. Durch eine mechanische Kompression des Nervus medianus im Karpaltunnel hervorgerufene Atrophie der Daumenballenmuskulatur, Sensibilitätsstörungen der Handinnenseite und der Finger 1–3–(4) und Schwellung und Steifigkeitsgefühl der Hand.
2. Besonders nächtliche, primär distale, nach proximal ausstrahlende Schmerzen.
3. Nervenleitgeschwindigkeitsmessung.
4. Operative Dekompression.

Sympathische Reflexdystrophie
Siehe Lerntext IV.11.

Frozen Shoulder
1. Bewegungseinschränkung im Schultergelenk, häufig einhergehend mit einer Schultergelenksarthrose.
2. Allmählich einsetzender, diffuser Schmerz im proximalen Oberarm und Schulter.
3. Röntgen Schultergelenk; Ausschlussdiagnose.
4. Antiphlogistika auch lokal, physikalische Maßnahmen, TENS, Akupunktur.

K

Periarthritis humeroscapularis

1. Schmerzhaft gehemmte Bewegung als Folge von degenerativer Tendomyopathie des M. supraspinatus und benachbarter Muskeln.
2. Besonders bei Bewegung gegen Widerstand Schmerzen im Oberarm teilweise nach distal ausstrahlend.
3. Ausschlussdiagnose (Röntgen, neurologische Untersuchung unauffällig).
4. Antiphlogistika auch lokal, Akupunktur, TENS, Krankengymnastik.

Pancoast-Tumor

1. Peripher lokalisierte Form (Lungenspitze) des Bronchialkarzinoms mit häufig rasch progredienter Symptomatik des Horner-Syndroms (Miosis, Ptosis, Enophthalmus).
2. Intensive, meist den ganzen Arm betreffende Schmerzen.
3. Neurologische Ausfälle, CT oder NMR Thorax.
4. Schlechte Prognose, primär operativ häufig nicht möglich, medikamentös s. Malignomschmerzen.

Radikulärer Schmerz

1. Eine Schädigung der Nervenwurzel durch Diskopathie oder knöcherner Stenose führt zu Schmerzen und/oder Sensibilitätsausfällen im Bereich des segmentalen Innervationsgebietes. Motorische Ausfälle bis hin zur Myatrophie entstehen gemäß der radikulären Muskelinnervationsverhältnisse.
2. Verstärkung durch Bewegung des Kopfes bzw. Halses evtl. mit Hustenschmerz in radikulärer Projektion, wobei die algetisch gestörte Zone meist größer ist als die sensible Störung.
3. Neurologischer Befund, CT oder/und NMR der Halswirbelsäule.
4. Operativ bei motorischen Ausfällen, sonst Antiphlogistika, Akupunktur, TENS, physikalische Maßnahmen, evtl. Chirotherapie.

Migräne IV.5

Definition und Klinik

Die Migräne tritt familiär gehäuft auf und verursacht anfallsartig auftretende, dumpf pulsierende Kopfschmerzen von einer Dauer zwischen 4 und 72 Stunden. Es treten kopfschmerzfreie Intervalle zwischen den Attacken auf. *Begleitsymptome* sind *Übelkeit, Erbrechen, Licht-* und *Lärmempfindlichkeit* und *Sehstörungen*. Die Attacken sollen **nicht mehr als acht Mal im Monat** auftreten. **Frauen** sind **dreimal häufiger betroffen** als Männer. Die *Lokalisation ist* **fast immer einseitig**, wobei die *Seitenlokalisation wechseln* kann. **Prodromalsymptome** sind *depressive Verstimmung* und *Hyperaktivität.*

Von den Prodromalsymptomen grenzt man die **Aurasymptome** ab (**Flimmerskotome, homonyme Hemianopsie bis zur Halbseitensymptomatik**), die vor oder während der Kopfschmerzen auftreten können. Aufgrund dieser Symptome unterscheidet man **Migräne mit Aura** (früher: klassische oder migraine accompagnée) von **Migräne ohne Aura** (früher einfache Migräne).

Ätiologie

Vermutlich handelt es sich bei der Migräne um eine Kombination aus **peripher und zentral gestörter Gefäßreaktion:**

- exzessive Dialtation der extrazerebralen Gefäße durch Freisetzung vasoaktiver Neuropeptide;
- zentrale 5-Hydroxytryptophan-Störung, Modulation inhibitorischer Interneurone.

Auslöser

Z. B. Stress, Nahrungsmittel, Alkohol, Lärm, Licht, Gerüche, Hormone.

Diagnostik

Die **typische Anamnese** hat entscheidende diagnostische Bedeutung. Eine internistische, neurologische Untersuchung einschließlich eines EEGs sollte folgen. Die **Indikation zum NMR oder/und CT des Schädels** besteht erst in folgenden Fällen:

- *persistierendes, fokal neurologisches Defizit,*
- *Herdbefund im EEG,*
- *Kopfschmerzen immer einseitig, kontralaterale neurologische Ausfälle,*
- *V. a. Angiom,*
- *V. a. epileptische Anfälle,*
- *Symptomwandel.*

Therapie

Man unterscheidet eine **akute** von einer **prophylaktischen** Therapie.

Akuttherapie

Hier hat sich die Kombination eines **Antiemetikums** mit einem **Nicht-Opioid-Analgetikum** als Monosubstanz bewährt. Als Therapie der ersten Wahl zur Eigentherapie gilt die Einnahme von 20 mg *Metoclopramid* und danach von 1000 mg *Acetylsalicylsäure* als Brausetablette. Alternativen stehen in Form von Domperidon und Naproxen, Metamizol oder Paracetamol zur Verfügung. Die i. v. Gabe von Acetylsalicylsäure als Kurzinfusion oder **Sumatriptan** (Imigran®) s. c. stehen dem Arzt notfallmäßig zur Verfügung. **Ergotaminpräparate** sollten wegen der möglichen **Nebenwirkungen** wie *Dauerkopfschmerzen, Übelkeit, Kältegefühl der Extremitäten bis zum Vollbild des Ergotismus* **nur mit äußerster Zurückhaltung** eingesetzt werden.

Prophylaktische Therapie

Die **Indikation** zur *Langzeitprophylaxe über 3 bis 6 Monate* besteht bei:

- *zumindest 2 Attacken/Monat in den letzten 3 Monaten,*
- *einer Migräneattacke/Monat, die länger als 4 Tage dauert,*
- *Unverträglichkeit der Medikamente zur Akutbehandlung,*
- *Attacken, die häufig zur Arbeitsunfähigkeit führen,*
- *häufigen komplizierten Attacken (mit neurologischen Ausfällen über mehrere Stunden).*

β-Rezeptorenantagonisten sind **Mittel der ersten Wahl**. Hierfür eignen sich **Propranolol** und **Metoprolol**. Nicht alle β-Blocker sind zur Prophylaxe gleichermaßen geeignet. Alternativen hierzu stellen Naproxen, Pizotifen (Serotoninantagonist) und Cyclandelat (Kalziumantagonist) dar.

H00 **!!**

Frage 4.11: Lösung B

Zu **(B):** Häufig ist der Kopfschmerz einseitig. Die Migräne tritt allerdings nicht immer auf der gleichen Seite auf und während einer Attacke können auch einmal beide Seiten betroffen sein.
Zu **(A):** Die Migräne tritt bei Frauen häufiger auf als bei Männern (1:3–1:4). Sie kann bereits im Kindesalter auftreten. Zumeist beginnt sie in der Pubertät.
Zu **(C): Begleitsymptome** sind Übelkeit, Brechreiz, Licht-, Lärm- und Geruchsempfindlichkeit, die zusammen oder einzeln während einer Attacke auftreten können.
Zu **(D): Sumatriptan** kann oral, aber auch s.c. verabreicht werden.
Zu **(E): β-Blocker** sind nachgewiesenerweise zur Prophylaxe geeignet. Weiterhin können Flunarizin (Sibelium®) und Cyclandelat (Natil®) eingesetzt werden.

F94 **!!**

Frage 4.12: Lösung B

Die Langzeitprophylaxe über 3 bis 9 Monate ist bei folgenden Indikationen gegeben:

- mindestens 2 Attacken/Monat in den letzten 3 Monaten (A)
- eine Migräneattacke/Monat, die länger als 4 Tage dauert
- Unverträglichkeit der Medikamente zur Akutbehandlung
- Attacken, die häufig zur Arbeitsunfähigkeit führen
- häufige komplizierte Attacken (mit neurologischen Ausfällen über mehrere Stunden = Migräne mit Aura).

β-Rezeptorenantagonisten sind Mittel der ersten Wahl. Hierfür eignen sich Propranolol und Metoprolol. Begleitsymptome des Migräneanfalls (C, D, E) sind keine zwingende Indikation zur Prophylaxe. Siehe auch Lerntext IV.5.

H98 **!**

Frage 4.13: Lösung C

Zu **(C): Betarezeptorenblocker** gehören zu den belegten medikamentösen **prophylaktischen Migränetherapeutika**. Sie reduzieren Häufigkeit und Intensität der Anfälle.
Zu **(A): Indometacin** (z.B. Amuno®) gehört zu den **nicht steroidalen Antirheumatika** und kann bei entzündlichen Schmerzerkrankungen eingesetzt werden. In der **Akuttherapie** des Migräneanfalls werden Paracetamol und Acetylsalicylsäure in Kombination mit einem Antiemetikum eingesetzt.
Zu **(B): Fluphenazin** (z.B. Dapotum®) ist ein **Neuroleptikum**.
Zu **(D): Carbamazepin** (z.B. Tegretal®) ist ein **Antiepileptikum** und wird in der Schmerztherapie bei einschießenden, neuropathischen Schmerzen zur Prophylaxe verwendet.
Zu **(E):** Das Psychopharmakon **Lithium** (z.B. Quilonum®) hat in der Schmerztherapie keine Indikation und wird beispielsweise bei manisch-depressiven Patienten als Prophylaxe eingesetzt.

H99

Frage 4.14: Lösung *** Diese Frage wurde aus der Wertung genommen.

Diese Frage wurde wahrscheinlich aus der Bewertung genommen, da sich sowohl Sumatriptan als auch Ergotamin für die Prophylaxe der Migräne nicht eignen. Man fragt sich doch manchmal, wer die Fragen entwirft.
Die Prophylaxe sollte bei folgenden Kriterien angewendet werden:

- Zumindest 2 Attacken/Monat in den letzten 3 Monaten oder
- eine Migräneattacke/Monat, die länger als 4 Tage anhält oder
- Unverträglichkeit der Medikamente für die Akutbehandlung oder
- häufige Arbeitsunfähigkeit durch Migräne oder
- häufige komplizierte Attacken.

Zu **(A): β-Blocker** sind die Therapie der 1. Wahl bei Migräne. Über mögliche Nebenwirkungen sollte man die in der Regel jungen Patienten informieren (z.B. Potenzstörungen).
Zu **(B): Sumatriptan** ist sehr gut bei der Migräneattacke wirksam. In der Prophylaxe jedoch nicht.
Zu **(C): Pizotifen** gehört zur Therapie der 3. Wahl.
Zu **(D): Flunarizin** sollte bei ungenügender Wirksamkeit oder Kontraindikationen von β-Blockern eingesetzt werden.

K

Zu **(E): Ergotamin** wurde früher häufig zur Therapie der Migräneattacke und zur Prophylaxe eingesetzt. Bei schwerwiegenden Nebenwirkungen, wie dem Ergotismus, sollten diese Medikamente nur noch in Ausnahmen eingesetzt werden und sind somit die Therapie der letzten Wahl.

H98 !!

Frage 4.15: Lösung B

Siehe Kommentar zu Frage 4.16.

H98 !!

Frage 4.16: Lösung C

Zu **(A):** Die **Trigeminusneuralgie** ist ein scharfer, plötzlich einschießender für **wenige Sekunden bis einige Minuten** anhaltender Schmerz.
Zu **(B):** Frauen sind von **Migräne** häufiger betroffen. Die Attackendauer ist mit **12 bis 36 Stunden** deutlich länger als bei diesem Beispiel. Ein Ansprechen auf Sauerstoff ist bei der Migräne nicht der Fall.
Zu **(C):** Der **Cluster-Kopfschmerz** (früher auch **Bing-Horton-Syndrom** genannt) dauert **zwischen 15 und 180 Minuten**. Männer sind deutlich häufiger betroffen. Meist hilft die Gabe von 100%igem Sauerstoff, während eine medikamentöse Therapie häufig schwierig ist.
Zu **(D):** Der medikamentös induzierte Kopfschmerz ist meistens nicht klassisch einseitig und steht in Abhängigkeit zum Einnahmezeitpunkt und der **Wirkdauer der auslösenden Medikamente**.
Zu **(E):** Manche gebrauchen den Begriff des **atypischen Gesichtsschmerzes** als Ausschlussdiagnose, wenn die „typischen" unter (A) bis (D) genannten Diagnosen nicht zutreffen. Andere definieren diesen Begriff enger als **Dauerschmerz** im Gesicht ohne schmerzfreies Intervall. Die Intensität lässt sich nicht durch einen lokalisierten Prozess erklären.

H94 !!

Frage 4.17: Lösung D

Zu **(1):** Die **Akutbehandlung** der **Migräne** sollte mit **Acetylsalicylsäure** oder **Paracetamol** oral oder intravenös durchgeführt werden. **Ergotamin** ist ebenfalls beim Akutanfall indiziert, sollte aber wegen der generalisierten Gefäßkonstriktion zurückhaltend eingesetzt werden.
Zu **(2):** Zur **Prophylaxe** der **Migräne** eignen sich als Therapie der ersten Wahl die **β-Blocker** Metoprolol und Propranolol.
Zu **(3):** Da Stress ein Auslöser eines Migräneanfalls darstellen kann, ist ein **Verhaltenstraining** zur besseren Stressbewältigung sinnvoll. Besonders bei der geschilderten Patientin mit Wochenendmigräne scheint dieser Therapieeinsatz notwendig.
Zu **(4): Opioide** haben in der Migränetherapie keinen Stellenwert, da die Nebenwirkungen zu ausgeprägt sind und sinnvollere Medikamente mit einem geringeren Nebenwirkungsspektrum als Akuttherapeutikum und zur Prophylaxe zur Verfügung stehen.
Zu **(5):** Ob eine Eisbeutelbehandlung am Kopf einen Migräneanfall verhindern kann, ist nicht belegt.
Siehe auch Lerntext IV.5.

F96 !

Frage 4.18: Lösung B

Zu **(B):** Der **Spannungskopfschmerz** zieht meistens vom Nacken **bilateral** über das Schädeldach (s. Lerntext IV.6).
Zu **(A): Migräne** ist fast immer **einseitig**, wobei die Seitenlokalisation wechseln kann.
Zu **(C):** Der **Cluster-Kopfschmerz** ist streng **einseitig**.
Zu **(D):** Sollten durch ein **Aneurysma dissecans der A. carotis interna** Kopfschmerzen entstehen, so sind diese meist auf der entsprechenden Seite zu spüren.
Zu **(E):** Das **Tolosa-Hunt-Syndrom** wird durch ein Aneurysma oder eine Sinus-cavernosus-Thrombose oder durch invasiv wachsende Tumoren im Bereich der Sella turcica ausgelöst. Sehr heftige, scharfe Schmerzen werden einseitig meist retroorbital wahrgenommen.

H95 !!

Frage 4.19: Lösung D

Akute Therapieverfahren bei

Migräne (A und D)	Spannungskopfschmerz (C)	Cluster-Kopf schmerz (D)	Medikamenteninduzierter Kopfschmerz (E)
Antiemetikum und		**Inhalation mit 100%igem Sauerstoff**	**Aufklärung** und **Medikamentenentzug** durch abruptes Absetzen von Analgetika
ASS oral, i.v. Paracetamol rektal	**ASS oral, i.v. Paracetamol p.o., rektal**		
Ergotamin p.o., rektal, Aerosol		Ergotamin Aerosol	
Dihydroergotamin i.m.		Dihydroergotamin i.m.	
Sumatriptan p.o., s.c.		Sumatriptan s.c.	
		Lidocain 4% intranasal	

H00 !!

Frage 4.20: Lösung C

Zu **(C):** Der **Cluster-Kopfschmerz** ist streng einseitig. Die heftigen Schmerzattacken dauern zwischen 15 und 180 Minuten an. Neben Gabe von 100%igem Sauerstoff können auch Ergotamin-Aerosole und nasal appliziertes Lidocain Spray die Schmerzdauer abkürzen. Nicht-Opioid-Analgetika sind unwirksam.
Zu **(A):** Der **Migräne**-Kopfschmerz wird u.a. mit NSAR, Antiemetika oder Triptanen behandelt.
Zu **(B):** Der **Spannungskopfschmerz** kann u.a. mit Nicht-Opioiden, aber auch mit Entspannungsverfahren behandelt werden.
Zu **(D):** Die Therapie der 1. Wahl ist bei der Therapie der **Trigeminusneuralgie** die Prophylaxe mit Antiepileptika. Da diese Neuralgie häufig nur Sekunden dauert ist eine Akuttherapie in aller Regel nicht sinnvoll.
Zu **(E):** Die Definition des **atypischen Gesichtsschmerzes** ist umstritten. Viele sehen diese Erkrankung als Ausschlussdiagnose anderer Schmerzen im Gesichtsbereich an. Die Therapie ist demnach ebenfalls schwierig. Eine Sauerstoffgabe ist unwirksam.

Spannungskopfschmerzen — IV.6

Definition und Klinik
Überwiegend bilateral okzipital und *subokzipital* gelegener Kopfschmerz ohne oder *ohne wesentliche vegetative Begleitsymptomatik.* Tritt der Kopfschmerz an **weniger als 180 Tagen** im Jahr oder weniger als 15 Tagen im Monat auf, so spricht man von **episodischen** chronischen **Spannungskopfschmerzen** im Gegensatz zu **chronischen** häufiger auftretenden **Kopfschmerzen.**
Der Schmerz wird als dumpf drückend mit dem Gefühl der *schweren Haube* beschrieben und beginnt im Gegensatz zur Migräne fast nie nachts. *Zu Beginn* der Erkrankung sind fast immer Zusammenhänge mit *Stress- und Belastungssituationen, Wochenende und Urlaub* zu erkennen.

Ätiologie
Es wird angenommen, dass ein *„funktionelles Versagen des antinozizeptiven Systems"* vorliegt. Dabei spielen die Neurotransmitter Noradrenalin, Serotonin und Dopamin eine Rolle. Die genauere Pathogenese ist nicht bekannt.

Diagnostik
Eine spezifische apparative Diagnostik existiert nicht. Die Diagnose ergibt sich aus der Anamnese und der *Ausschlussdiagnostik.*

Therapie
Akuttherapie: Auch hier sind *Acetylsalicylsäure* **oder** *Paracetamol* **die Medikamente der Wahl neben** *Ibuprofen* **und** *Naproxen.*

Prophylaxe: Die Wirksamkeit **trizyklischer Antidepressiva**, langsam einschleichend, kann frühestens **nach 6 Wochen beurteilt** werden. Bei Effektivität sollte diese mindestens 6 Monate eingehalten und danach über 4 bis 6 Wochen wieder ausgeschlichen werden. Trainingsmethoden zur Stressbewältigung wie die **progressive Muskelrelaxation nach Jacobson** sind notwendige prophylaktische Begleitmaßnahmen.

F94 !

Frage 4.21: Lösung D

Zur **Akutbehandlung** des **Spannungskopfschmerzes** eignen sich:

1. *periphere Analgetika* wie **Acetylsalicylsäure** (1) oder **Paracetamol** (2).
2. *nicht steroidale Antiphlogistika* wie **Ibuprofen** oder **Naproxen**. Die Deutsche Migräne- und Kopfschmerzgesellschaft empfiehlt zur **Prophylaxe** des chronischen Spannungskopfschmerzes (innerhalb von 3 Monaten an mehr als 10 Tagen/Monat Schmerzen von mindestens 12 Stunden Dauer) **trizyklische Antidepressiva** *vom Amitriptylintyp* (z.B. Doxepin, Imipramin).

Ergotamin (3), auch in Kombination mit Acetylsalicylsäure (5), setzt man bei der Akutbehandlung des Migräneanfalls ein. Heute zählen Ergotaminhaltige Medikamente nicht mehr zur ersten Wahl bei der Therapie der Migräneattacke. Flunarizin (4) ist neben β-Blocker für die Migräneprophylaxe geeignet.
Siehe auch Lerntext IV.6.

Medikamentös induzierter Kopfschmerz — IV.7

Definition
Die *tägliche Analgetika-Einnahme* kann zu medikamenteninduzierten Kopfschmerzen führen, die die *ursprüngliche Kopfschmerzsymptomatik überlagert.*

Klinik
Dumpf drückende, teilweise pulsierende Schmerzen charakterisieren diesen **Dauerkopfschmerz** (er kann auch nachts auftreten). *Vegetative Symptome* sind nicht so ausgeprägt wie bei der Migräne.

Ätiologie
Besonders problematisch sind **Ergotamin- und Mischpräparate.**

Diagnostik
Die **(Medikamenten-)Anamnese** stellt den Schlüssel zur Diagnose dar.

Therapie
Eine **gute Arzt-Patienten-Beziehung** und eine **Aufklärung** über die Zusammenhänge zwischen

Medikamenteneinnahme und Kopfschmerzen sind Grundpfeiler der Therapie. Das **Absetzen** erfolgt **abrupt**. *Nach 8 bis 10 Tagen* tritt eine *deutliche Schmerzreduktion* ein. Das **Entzugsintervall** kann man medikamentös z. B. mit *Naproxen* und *Metoclopramid* überbrücken. Von Anfang an gehört eine *verhaltenstherapeutische Mitbehandlung* und das *Erlernen von Stress- und Schmerzbewältigung* zum Therapiekonzept.

F95 **!**

Frage 4.22: Lösung E

Prinzipiell können **alle Analgetika** nach längerer täglicher Einnahme einen **Dauerkopfschmerz** auslösen. Bei Ergotamin (1), Ergotamin-Mischpräparaten (2) und anderen analgetischen Mischpräparaten (3) werden medikamentös ausgelöste Kopfschmerzen besonders häufig beobachtet
Siehe auch Lerntext IV.7.

F96 **!**

Frage 4.23: Lösung B

Über die Diagnose der zu Beginn der Erkrankung bestehenden Kopfschmerzen lässt sich aus Mangel an anamnestischen Angaben keine Aussage machen. Wegen der zeitlichen Angabe von ein bis zwei Tagen Dauer lässt sich entweder eine Migräne oder ein Spannungskopfschmerz vermuten.

Zu **(B):** Ein dauerhafter **medikamentös induzierter Kopfschmerz** entsteht durch den Abfall des Schmerzmittelplasmaspiegels. Um den Plasmaspiegel wieder zu heben, nehmen die Patienten/innen regelmäßig Schmerzmittel. **Typisch** ist die **Anamnese** von zunächst bestehenden Attackenkopfschmerzen, die sich allmählich zu einem **medikamentös induzierten Kopfschmerz** wandeln. Die Einnahme von Mischpräparaten ist ebenfalls typisch bei der Entwicklung dieser Kopfschmerzform. Nach Aufklärung der Zusammenhänge setzt man abrupt diese Mischpräparate ab. Nach 8–10 Tagen kann sich dann wieder der ursprüngliche Kopfschmerztyp einstellen. Jetzt muss eine intensive Betreuung erfolgen, damit die Patientin nicht erneut in diesen unheilvollen Kreislauf gerät (s. Lerntext IV.7).

Zu **(A)** und **(D):** Der **Cluster-Kopfschmerz** und das **Bing-Horton-Syndrom** bezeichnen die gleiche Erkrankung. Sie tritt häufiger bei Männern als bei Frauen auf. Die Kopfschmerzen sind **streng einseitig** und von **bohrendem, brennendem Charakter**. Die fast unerträglichen **Attacken** dauern zwischen 30 Minuten und max. 4 Stunden und werden – aber **nicht immer** – von einem partiellen Horton-Syndrom, **Tränenfluss** (Lakrimation), **Nasenfluss** (Rhinorrhoe) oder **konjunktivaler Injektion** begleitet. Beim häufigen episodischen Typ folgt auf eine so genannte **„Cluster"-Periode von 4–12 Wochen** eine bis zu **mehreren Monaten** anhaltende **schmerzfreie Phase**.

Zu **(C):** Die **Migräne** ohne Aura (= ohne Begleitsymptome) ist ein **Attackenkopfschmerz** und kein Dauerkopfschmerz (s. Lerntext IV.5).

Zu **(E):** Man unterscheidet einen **primären** (also von körperlichen Abläufen unabhängigen) von einem **sekundären psychogenen Schmerz**, der sich aufgrund einer vorbestehenden körperlichen Erkrankung entwickelt. In der kurz gefassten Anamnese innerhalb der Fragestellung erfährt man nur einen Wandel zum Dauerkopfschmerz und eine regelmäßige schmerzabhängige Medikamenteneinnahme. Dass natürlich psychische Einflüsse eine erhebliche Rolle bei der Entwicklung eines medikamentös induzierten Kopfschmerzes spielen, ist nicht zu leugnen.

H99 **!!**

Frage 4.24: Lösung D

Zu **(D):** Der **dumpf drückende Dauerkopfschmerz** mit Veränderung zu den anfänglichen Kopfschmerzen bei Einnahme von Medikamenten ist charakteristisch für einen **medikamenteninduzierten Kopfschmerz**. Die Therapie der Wahl besteht in abruptem Absetzen der Medikamente mit engmaschigen Kontrollterminen beim behandelnden Arzt.

Zu **(A):** Die **Trigeminusneuralgie** ist ein **kurz andauernder, einschießender, einseitiger** Kopfschmerz.

Zu **(B):** Die **Migräne** tritt typischerweise **episodisch** auf. Sie ist **einseitig** und eher von **dumpf pulsierendem** Charakter. Möglicherweise hatte der Patient anfänglich eine Migräne oder aber Spannungskopfschmerzen.

Zu **(C):** Der **Clusterkopfschmerz**, wie der Name schon sagt, tritt **episodisch** auf. Hier können **Monate beschwerdefrei** sein.

Zu **(E):** Als atypischer Gesichtsschmerz werden Schmerzen im Gesicht bezeichnet, die keiner eindeutigen Diagnose zugeteilt werden können.

Nach Meinung des Autors könnte der Patient in jüngeren Jahren auch an einem Spannungskopfschmerz gelitten haben. Dieser könnte nach Absetzen der Medikamente wieder in typischer Form auftreten.

Trigeminusneuralgie — **IV.8**

Definition und Klinik

Die Trigeminusneuralgie ist charakterisiert als ein **einseitig auftretender, attackenartig elektrisierender, chronischer Gesichtsschmerz.** Er wird ausschließlich im **Ausbreitungsgebiet des Trigeminus (V. Hirnnerv)** wahrgenommen und besitzt dort so genannte *Triggerareale* und *Auslöser (z. B. Kauen, taktile Reize etc.).*

Als **Tic douloureux** bezeichnet man die *ticartige Verkrampfung der mimischen Muskulatur*, die durch den einschießenden Schmerz verursacht wird. Infolge ungenügender Therapie kann es zu Gewichtsverlust und Mangelerscheinungen durch Vermeiden von Essen kommen.

Ätiologie

Man unterscheidet **symptomatische** von **idiopathischen oder essenziellen** Trigeminusneuralgien. Die **Ursache der symptomatischen Neuralgie** liegt fast immer in der sensiblen Trigeminuswurzel:

- *Tumore*
- *Prozesse am Kleinhirnbrückenwinkel*
- *Multiple Sklerose*
- *Aneurysmen*
- *systemische Vaskulitiden*
- *knöcherne Veränderungen*
- *Kollagenosen*
- *Stoffwechselerkrankungen*

Für die Genese der **idiopathischen Trigeminusneuralgie** gibt es mehrere Hypothesen, die sich vor allem aus den verschiedenen Therapieansätzen ableiten:

1. *Versagen zentral inhibitorischer Funktionen*
2. *Pathologischer Gefäß-Nerven Kontakt: eine Gefäßanomalie komprimiert die sensible Trigeminuswurzel*
3. *Erkrankung im trigeminovaskulären System*

Diagnose

Sind **klassische Symptome** ohne sensible oder motorische Ausfälle vorhanden, ist die Diagnose gesichert.

Therapie

Aus den ätiologischen Hypothesen lassen sich die folgenden Therapiemodelle erklären:

1. **Carbamazepin** zur Hemmung überaktiver Neurone (oder Phenytoin, Baclofen).
2. **Mikrovaskuläre Dekompression** *der Trigeminuswurzel nach Taarnhoj und* **Jannetta** *mit Muskelinterponat.*
3. **Ganglionäre lokale Opioidanalgesie** am Ganglion cervicale superior als Serieninjektionen.

Lokale Nervenblockaden an Triggerareale oder an betroffenen Ästen und operative Rhizotomie sind wegen mangelnder Wirksamkeit oder zu großer Komplikationen nicht angezeigt. Die Exhairese (= Nervenextraktion) von peripheren Trigeminusästen ist obsolet. Kryoläsion und Radiofrequenzläsion peripherer Äste sind alternative Verfahren ohne wesentliche Neurombildung oder Narben, die ein ähnlich langes beschwerdefreies Intervall von einigen Monaten haben. Aufgrund dieser nur vorübergehenden Erfolge sollten diese nicht wesentlich invasiven, ambulant durchführbaren Verfahren nur bei Schwerstkranken mit schlechter Prognose durchgeführt werden.

F98 !!

Frage 4.25: Lösung A

Zu **(A):** Die Neuralgie ist ein häufig als ziehend, elektrisierend beschriebener Schmerz im Ausbreitungsgebiet eines peripheren Nerven. Am häufigsten sind **Trigeminusneuralgien**. Das charakteristische Merkmal gegenüber anderen einseitigen Gesichtsschmerzen ist der nur **für Sekunden** anhaltende Schmerz.

Zu **(B):** Die chronische **paroxysmale Hemikranie** ist ein streng einseitiger, meist fronto-orbital gelegener, **für 20–30 Minuten** anhaltender, unerträglich bohrender Kopfschmerz.

Zu **(C):** Attacken bei **Cluster-Kopfschmerzen** dauern meistens **30 bis 180 Minuten**, maximal 4 Stunden.

Zu **(D):** Ein Beispiel für einen **über einige Stunden**, selten wenige Tage andauernden Kopfschmerz ist die **Migräne** (s. Lerntext IV.5).

Zu **(E):** Ein akuter Schmerz nach **Zahnextraktion** kann leider auch einmal mehrere Tage anhalten. Auch **Spannungskopfschmerzen** jedoch auch eine **nicht diagnostizierte Subarachnoidalblutung** können dann **über Tage** Schmerzen verursachen.

Siehe auch Lerntext IV.8.

H94 !

Frage 4.26: Lösung B

Zu **(1):** Der **einschießende** Schmerz ist typisch für die Trigeminusneuralgie. Dauerschmerzen kommen z. B. bei der Kiefergelenksarthrose oder beim atypischen Gesichtsschmerz vor.

Zu **(2):** Taktile Reize in **Triggerarealen** wie Kauen, Zähneputzen oder Berührung bis hin zum Windhauch werden von Patienten gemieden. Es kann dabei bis zu ernährungsbedingten Mangelerscheinungen und Kachexie kommen.

Zu **(3):** Die Trigeminusneuralgie tritt fast immer **einseitig im Versorgungsgebiet der Trigeminusäste** auf. Dabei sind die Äste 2 und 3 am häufigsten betroffen.

Zu **(4):** Bei der Trigeminusneuralgie tritt nur eine Störung der sensiblen Anteile auf.

Zu **(5):** Schmerzen mit einschießendem Charakter können mit dem Antikonvulsivum **Carbamazepin** behandelt werden.

Siehe auch Lerntext IV.8.

F00 !

Frage 4.27: Lösung B

Zu **(B):** Die systemische Anwendung von **Carbamazepin** hat eine Erfolgsrate von ca. 80% und Langzeitergebnisse von ca. 50% und stellt deshalb die Therapie der **ersten Wahl** dar.

Zu **(A):** Die Trigeminusneuralgie ist ein durch taktile Reize auslösbarer chronischer, attackenartiger Ge-

sichtsschmerz im Innervationsgebiet des Nervus trigeminus. Die Ursache ist letztlich ungeklärt. Die Hypothese, dass die sensible Trigeminuswurzel durch eine Gefäßanomalie durch Druck geschädigt wird („mikrovaskuläre Kompression"), begründet die operative **Dekompression** dieser Wurzel **nach Janetta**. Die Symptomfreiheit postoperativ beträgt ca. 70%, die jährliche Rezidivrate 8% und die perioperative Mortalität unter 1%. So stellt diese Maßnahme die Therapie bei idiopathischer Trigeminusneuralgie jüngerer Menschen dar, die medikamentös nicht befriedigend therapiert werden können.
Zu **(C):** Als Monotherapie hat Phenytoin nur einen langfristigen Erfolg von unter 25%, in Kombination mit Baclofen etwas höher. Die Gabe von Phenytoin ist nur die Therapie der 3. Wahl. Die **2. Wahl** ist die Monotherapie mit **Baclofen.**
Zu **(D):** Die Durchtrennung nach dem Eintritt in den Hirnstamm wendet man bei der Trigeminusneuralgie nicht an.
Zu **(E):** Der Stellenwert der ganglionären lokalen Opioidanalgesie muss noch geprüft werden, auch wenn Serienblockaden meist mit Buprenorphin erfolgversprechend sind. Sie ist sicher noch nicht Therapie der 1. Wahl.

Stumpfschmerzen — IV.9

Definition
Man unterscheidet **akute** und **chronische Schmerzen im Bereich des Stumpfes**.
Ätiologie
Der **akute** Schmerz tritt *unmittelbar postoperativ auf (Wundschmerz durch Abszesse, Phlegmone und Hämatome).* Der **chronische** Stumpfschmerz kommt beispielsweise bei *mangelhafter Durchblutung* des Stumpfes oder aufgrund von *Kallusbildung* oder *Entzündung* vor (nozizeptiver Schmerz). Davon zu differenzieren ist ein durch die Nervenverletzung bedingter **neuropathischer Schmerz**. Stumpfschmerzen treten zu 60% nach Amputation auf.
Therapie
Der nozizeptive Schmerz muss **kausal** angegangen werden z. B. durch **Antibiotikagabe bei Stumpfrevision, Infektion**.
Die Behandlung des neuropathischen Schmerzes entspricht der Therapie des Phantomschmerzes.

H98 !!

Frage 4.28: Lösung E

Zu **(E):** Definitionsgemäß werden **Stumpfschmerzen durch lokale Faktoren** (Neurombildung, Ulcus etc.) ausgelöst.
Zu **(A):** Das komplexe sympathische Schmerzsyndrom (= sympathische Reflexdystrophie, früher M. Sudeck) ist geprägt von einer **veränderten, sympathischen Aktivität**.
Zu **(B):** Ephapsen sind **elektrische Kurzschlüsse**. Sie können möglicherweise bei der Trigeminusneuralgie eine Rolle spielen.
Zu **(C)** und **(D): Übererregbare Neurone** auf Rückenmarksebene und pathologische Verschaltungen im Hinterhorn können zum **Phantomschmerz** beitragen.

Phantomschmerzen — IV.10

Definition
Als **Phantombeschwerden** (Schmerz und Sensation) fasst man *schmerzhafte wie nicht schmerzhafte Wahrnehmungen* zusammen. **Phantomschmerzen** sind *schmerzhafte Wahrnehmungen* in einem *nicht oder nicht mehr existierenden oder deafferenzierten Körperteil.* Sie treten konstant oder intermittierend in unterschiedlicher Stärke auf und besitzen häufig *brennend pochenden Charakter.*
Bis zu 85% der Patienten nach Beinamputation leiden nachfolgend an Phantomschmerzen.
Ätiologie
Für die Entstehung von Phantomempfindungen werden mehrere Theorien oder eine Kombination aus diesen diskutiert:
1. *der periphere Nerv: von Nervenwurzel bis zum Erfolgsorgan,*
2. *Verarbeitungsphänomene auf spinaler Ebene,*
3. *„Speicherung" der Gliedmaße im Großhirn („Engramm").*

Therapie
Von den Modellen der Ursache des Phantomschmerzes lassen sich die verschiedenen Therapieverfahren ableiten:
1. *Periphere Nervenstimulation; transkutane Nervenstimulation;*
2. *Thermokoagulation auf spinaler Ebene; Dorsum Collum Stimulation; Calcitonin i. v.; Opioide;*
3. *Stereotaktische tiefe Hirnstimulation, trizyklische Antidepressiva, Opioide, Antikonvulsiva und psychotherapeutische Verfahren.*

Zur **Prophylaxe** von Phantomschmerzen wird heutzutage die Regionalanästhesie auch in Kombination mit Vollnarkose gewählt. Durch die Unterbrechung der Nervenleitung zwischen Amputationsgebiet und zentralem Nervensystem soll die Manifestation eines zentralen Engramms verhindert werden.

F99 !!

Frage 4.29: Lösung C

Zu **(C):** Phantomschmerzen treten fast immer in den ersten Tagen bis Wochen nach Amputation erstmalig auf.
Zu **(A):** Am häufigsten werden Phantomschmerzen als **brennend, stechend, krampfartig** oder **einschießend** beschrieben.
Zu **(B):** Im Gegensatz zum Stumpfschmerz werden Schmerzen in die amputierte Gliedmaße projiziert.
Zu **(D):** Die Therapie besteht aus **Calcitonin i. v.**
Zu **(E):** Unter **Teleskoping** versteht man, dass die schmerzhafte, amputierte Extremität verkürzt wahrgenommen wird. Im Extremfall können beispielsweise Fersenschmerzen in der Nähe des Stumpfes wahrgenommen werden.

F97 !!

Frage 4.30: Lösung D

Zu **(D):** Die Unterbrechung von afferenten Impulsen während der Amputation durch **Regionalanästhesie** (auch als Kombinationsverfahren mit anderen Narkoseverfahren) reduziert die Häufigkeit von Phantombeschwerden postoperativ.
Zu **(A): Benzodiazepine** sind weder bei der akuten Therapie, noch in der Prophylaxe des Phantomschmerzes wirksam. Sie wirken anxiolytisch, muskelrelaxierend und sedierend.
Zu **(B): Antidepressiva** können bei der **Therapie bereits bestehender** Phantomschmerzen eingesetzt werden, insbesondere wenn der Patient schon lange am Schmerz leidet und dadurch reaktiv depressiv geworden ist. Allerdings haben gerade die trizyklischen Antidepressiva über die Stimulation absteigender schmerzhemmender Bahnen eine eigenständige analgetische Wirkung.
Zu **(C):** Die **Antikonvulsiva** setzt man ebenfalls **in der Behandlung** der Phantomschmerzen ein, da sich diese Substanzgruppe in der Therapie einschießender Schmerzen bewährt hat.
Zu **(E):** Bei ausreichender Schmerztherapie vor der Amputation (z. B. Ulcusschmerz) treten Phantombeschwerden seltener auf, sollte eine Amputation in der Folge doch notwendig werden. Dazu bedarf es häufig der **Gabe hochpotenter Opioide**. Deshalb erscheint mir diese Antwort nicht so falsch.
Siehe auch Lerntext IV.10.

H94 !!

Frage 4.31: Lösung D

Zu **(1): Regionale Lokalanästhesieverfahren** sind sowohl als Prophylaxe während der Amputation als auch als Therapie bei Phantomschmerzen geeignet. Sie haben den größten Erfolg innerhalb der ersten sechs Wochen nach Auftreten von Phantomschmerzen. Man erklärt sich dies damit, dass das zentrale Engramm durch die Leitungsunterbrechung verhindert wird.
Zu **(2): Nicht-Opioid-Analgetika** sind für die Therapie von Phantomschmerzen ungeeignet. Hingegen werden sie **bei Stumpfschmerzen** eingesetzt. In der Spätphase gebraucht man zentral angreifende Opioide zur Schmerzbeeinflussung.
Zu **(3):** Trizyklische Antidepressiva sind erst in der späteren Phase von Phantomschmerzen sinnvoll.
Zu **(4):** Weist der Schmerz einen **brennenden** Charakter auf, so können auch **Sympathikusblockaden** indiziert sein.
Zu **(5): Benzodiazepine** haben in der Behandlung wegen oder trotz ihrer zentral sedierenden Wirkung in der Frühphase keine therapeutische Indikation.
Zu **(6): Calcitonin** (Karil®) setzt man mit gutem Erfolg in der Frühphase wie auch im weiteren Verlauf ein. Prinzipiell gilt für alle Verfahren, dass die Therapie mit der Prophylaxe beginnt und postoperativ sobald wie möglich begonnen werden muss.
Siehe Lerntext IV.10.

Komplexes regionales Schmerzsyndrom – IV.11

Frühere Bezeichnungen
Kausalgie, posttraumatische Dystrophie, *Sudecksche Dystrophie*, sympathische Reflexdystrophie.
Definition
Nach einem schädigenden Agens entwickelt sich meist akut im distalen Bereich der betroffenen Extremität eine **sensible, motorische und autonome Störung** unterschiedlicher Ausprägung. Diese **Trias** umfasst einen

- **schlecht lokalisierbaren, brennenden wie auch stechenden Spontanschmerz**, Hyp- oder Hyperästhesie, Hyp- oder Hyperalgesie
- **Ödem der distalen Extremität** mit glänzender, rötlich livider Haut und
- **eingeschränkter Beweglichkeit**.

Auslöser
Typ I (nach Frakturen oder Operationen)
Typ II (nach Nervenläsionen z. B. N. mediamus, N. ischiadicus)
Ätiologie
Die Ursache ist endgültig noch nicht geklärt. Wahrscheinlich ist zumindest anfänglich eine Dysregulation des sympathischen noradrenergen Systems mitverantwortlich.
Diagnostik
Die **Anamnese** und die **sorgfältige klinische Prüfung** (Inspektion: *Farbe*, Palpation: *Ödem und Schmerzverstärkung, Hauttemperatur*) sind die Eckpfeiler der Diagnose. **Apparative Tests** können objektivierbare Zusatzinformationen liefern: **seitenvergleichende Hauttemperaturmessungen, Sympathikusblockade, 3-Phasen-Skelettszintigraphie.** Die **Röntgenaufnahme** kann erst im *fortgeschrittenen Stadium* eine *Osteoporose* nachweisen und ist deshalb zur

Diagnostik im Frühstadium nicht richtungweisend und nicht sinnvoll.

Therapie

Die Therapie der Wahl **im frühen Stadium** ist die *Blockade sympathischer Innervation* als Blockadeserie. Bei unzureichender Wirkung kann man eine *kontinuierliche Regionalanästhesie* über 10 bis 14 Tage einsetzen. Unumgänglich sind **krankengymnastische Übungsbehandlung** und **physikalische Maßnahmen. TENS und intravenöse Calcitoningabe** über *mehrere Wochen* können zwar den Schmerz aber weniger die übrigen Symptome bessern. Bei bereits durchgemachter Reflexdystrophie sollte eine Extremitätenoperation in kontinuierlicher Regionalanästhesie durchgeführt werden.

Prognose

Bei **früher** Diagnose und gezielter Therapie ist die Prognose **gut**. Bei **verzögerter Diagnose** kommt es in **über 50% zur Arbeitsunfähigkeit**.

H99 **!**

Frage 4.32: Lösung A

Zu **(A):** Beim **komplexen regionalen Schmerzsyndrom** (früher sympathische Reflexdystrophie, noch früher Morbus Sudeck) ist die **Gelenkbeweglichkeit eingeschränkt**.
Zu **(B): Hypästhesie, Dysästhesie oder Allodynie** sind charakteristische Beschwerden.
Zu **(C)**, **(D)** und **(E): Gestörte Trophik, Ruheschmerz, gestörte Schweißsekretion, gestörte Temperaturregulation** komplettieren die Klinik der **sensiblen, motorischen** und **autonomen Störungen** beim komplexen regionalen Schmerzsyndrom. Nach der Ursache dieses Schmerzsyndroms wird immer noch heftig gesucht.

F99 H96 H93 **!!**

Frage 4.33: Lösung E

Bei der sympathischen Reflexdystrophie (früher M. Sudeck) unterscheidet man **sensible, motorische und autonome** Symptome.
Sensible Störungen: diffuser, tiefer Spontanschmerz von bohrendem, **brennendem** (4), krampfartigem oder drückendem Charakter.
Motorische Störungen: verminderte aktive Beweglichkeit, verminderte Kraft, Tremor.
Autonome Störungen: distal betontes Ödem (2), Temperaturregulationsstörung (1), gestörtes Schwitzen.
Als Folge können Knochensubstanzverlust (3), Kontrakturen der betroffenen Extremität, Haut- und Muskelatrophie auftreten.
Siehe auch Lerntext IV.11.

F97 **!**

Frage 4.34: Lösung E

Zu **(E): Neuroleptika** bewirken keine Analgesie (s. Lerntext III.5).
Zu **(A):** Die Beeinflussung sympathischer Nervenfasern im Bereich des Grenzstrangs (hier das **Ganglion stellatum**) durch Umflutung des Ganglions entweder mit Lokalanästhetika oder mit Opioiden (besonders Buprenorphin) hat sich in der Therapie der sympathischen Reflexdystrophie bewährt (s. Lerntext III.10).
Zu **(B):** Auch bei der **axillären kontinuierlichen Plexusblockade** will man vor allem die sympathischen Nervenfasern, die mit der A. axillaris verlaufen, blockieren. Dieses Verfahren steht sicherlich an Bedeutung und Wirkung den unter (A), (C) und (D) erwähnten Therapiekonzepten nach (s. Lerntext III.7).
Zu **(C):** Nach Schaffung von Blutleere durch Kompression über den systolischen Blutdruck wird **intravenös Guanethidin** injiziert. Zunächst kommt es zu einer verstärkten Schmerzreaktion, anschließend jedoch fast regelmäßig zu einer mehr oder weniger lange andauernden Schmerzreduktion (s. Lerntext III.15).
Zu **(D): Krankengymnastische Übungsbehandlung** zur Therapie oder Prophylaxe der Inaktivität in Kombination mit Lymphdrainage, Kälteanwendungen und geeigneter Hochlagerung bilden die Basis der Therapie (s. Lerntext IV.11).

F00

Frage 4.35: Lösung C

Zu **(C):** Das Charakteristikum dieses Schmerzsyndroms ist, dass die sensiblen, motorischen und autonomen Störungen sich nicht auf das Innervationsgebiet eines Nerven beschränken.
Zu **(A):** Quetschungen, Frakturen u.a. können ein komplexes regionales Schmerzsyndrom auslösen.
Zu **(B):** Es kann sich an jeder Extremität manifestieren, meist distal der Verletzung.
Zu **(D):** Die Sympathikusblockade, krankengymnastische Übungsbehandlung, physikalische Maßnahmen, TENS oder i.v. Calcitonin sind mögliche Therapiemaßnahmen.
Zu **(E):** Die **Symptomentrias** schlecht lokalisierbarer, **brennender Spontanschmerz** mit **Ödem** der distalen Extremität und **eingeschränkter Beweglichkeit** beginnt hochakut.

H00 !

Frage 4.36: Lösung B

Die komplexen regionalen Schmerzsyndrome (Complex Regional Pain Syndrome (CRPS)) unterteilt man heute in 2 Typen: Der Typ I wurde früher als sympathische Reflexdystrophie oder als M. Sudeck bezeichnet, der Typ II ist die Kausalgie. Sie werden heute zusammengefasst, weil man glaubt, dass beide Entitäten auf ähnliche pathophysiologische Grundlagen zurückzuführen sind.
Zu **(B):** Zu den therapeutischen Möglichkeiten zählt u.a. die Sympathikusblockade mit Lokalanästhetika am Grenzstrang oder die Applikation von Opioiden an die gleiche Stelle.
Zu **(A):** Der Typ I tritt typischerweise nach Traumen oder postoperativ auf (ca. 80%), der Typ II nach Verletzungen großer Nerven (z.B. N. medianus, N. ischiadicus). Bei internistischen und neurologischen Erkrankungen sind diese Syndrome eher selten.
Zu **(C):** Alpha-2-Adrenozeptoragonisten (z.B. Clonidin) wirken zentral und können intravenös und oral eingesetzt werden. Eine regionale Anwendung im Schmerzgebiet hat keine Wirkung.
Zu **(D)** und **(E):** Acetylsalicylsäure und Kälte sind Maßnahmen, die vor allem beim Typ I angewendet werden.

Postherpetische Neuralgie — IV.12

Definition
Man unterscheidet **Schmerzen in der Akutphase** einer Zosterinfektion, die fast immer obligat als Frühsymptom auftreten, von denen, die über die infektbedingten Hauteffloreszenzen hinaus persistieren (**postherpetische** oder postzosterische **Neuralgien**).

Ätiologie und Symptome
Nach einer akuten Kontakt- oder Tröpfcheninfektion mit dem **Varizella-zoster Virus** oder Exazerbation bei nur Teilimmunisierten kommt es in bis zu 65% der Fälle nach Abheilung der segmental begrenzten Effloreszenzen im selben Bereich zu einem brennenden Dauerschmerz mit einschießenden Schmerzattacken. Die Infektion beschränkt sich überwiegend auf Spinalganglien und Haut. Die Ursache ist pathophysiologisch ungeklärt.

Diagnostik
Die Diagnose wird **meist klinisch** durch die typisch segmentale, halbseitige Anordnung der Bläschen und der Schmerzcharakteristik gestellt. **Serologische** Titeranstiege oder der **mikroskopische** Nachweis von Riesenzellen auf dem Bläschengrund sind nur in Zweifelsfällen notwendig.

Therapie
Grundsätzlich ist eine Therapie **so früh wie möglich** zu beginnen. Wenig wirksam sind orale Analgetika. Einschießende Schmerzen können mit *Carbamazepin* angegangen werden. Bei lange bestehenden Beschwerden können *Antidepressiva* versucht werden. Beginnt man die Therapie mit **Sympathikusblockaden** innerhalt von 6 Wochen, sind die Erfolgsaussichten der Schmerzbefreiung sehr gut. Die Behandlung mit **transkutaner elektrischer Stimulation** erweist sich bei länger bestehenden Schmerzen als gut wirksam.

H94

Frage 4.37: Lösung C

Zu **(1)** und **(2):** Bei der sympathischen Reflexdystrophie und den postzosterischen Schmerzen ist belegt, dass der Therapieerfolg mit dem Beginn adäquater Therapien korreliert. Dies gilt zum Beispiel auch bei der Therapie des Phantomschmerzes.
Zu **(3)** und **(4):** Die Migräne und idiopathische Trigeminusneuralgie sind bis heute therapeutisch schwer angehbar und nicht heilbar. Der Therapiebeginn ist jedoch nicht so entscheidend für den Erfolg, obwohl auch hier Chronifizierungsprozesse eintreten. Diese erschweren dann zusätzlich die Therapie. Die Unterbrechung einer Migräneattacke ist häufig nur zu Beginn des akuten Schmerzes durch Medikamente möglich.

Schmerzen bei chronischer Ischämie — IV.13

Definition
Ischämisch bedingte Schmerzen treten bei **Minderversorgung** durch **Sauerstoff und Nährstoffen** auf. Am häufigsten sind die koronare Herzerkrankung und die periphere arterielle Verschlusskrankheit. Voraussetzung für die Schmerzwahrnehmung ist ein intaktes nozizeptives System.

Ätiologie
Die Arteriosklerose, Vaskulitiden, der Morbus Raynaud und seine Differenzialdiagnosen sind die wichtigsten Ursachen des Ischämieschmerzes.

Therapie
Natürlich muss immer zunächst eine **kausale** Therapie angestrebt werden: *Ausschaltung von Risikofaktoren, Gehtraining, revaskularisierende und angioplastische Maßnahmen.* Sympathikusblockaden sind dann sinnvoll, wenn prinzipiell durch Weitstellung der Gefäße eine Verbesserung der Situation zu erwarten ist. Neurolyse des lumbalen Grenzstranges, Elektrostimulation oder chirurgisch enkoskopische Sympathektomien sind zur Langzeittherapie therapieresistenter Schmerzen geeignet. Die systemische oder epidurale Opioidgabe wird als Palliativtherapie eingesetzt.

F94

Frage 4.38: Lösung A

Siehe Kommentar zu Frage 4.39.

F94

Frage 4.39: Lösung *** Diese Frage wurde aus der Wertung genommen.

Zu **(A):** Beim **Ischämieschmerz** sind **rekonstruierende Maßnahmen** vordringlich. In den frühen Stadien ist jedoch die Sympathikolyse ein alternatives therapeutisches Werkzeug (s. Lerntext IV.13).
Zu **(B): Zöliakusneurolyse** führt man z. B. beim **Pankreaskarzinomschmerz** durch (s. Lerntext III.12).
Zu **(C): Kryoanalgesie** ist bei **peripher ausgelösten Schmerzen** sinnvoll (s. Lerntext III.14).
Zu **(D): Exhairese** (= Nervenextraktion) von peripheren Trigeminusästen ist **obsolet** (deshalb wurde diese Frage wohl nicht gewertet). Kryoläsion und Radiofrequenzläsion peripherer Äste sind alternative Verfahren ohne wesentliche Neurombildung oder Narben, die ein ähnlich langes beschwerdefreies Intervall von einigen Monaten haben. Aufgrund dieser nur vorübergehenden Erfolge sollten diese nicht wesentlich invasiven, ambulant durchführbaren Verfahren nur bei Schwerstkranken mit schlechter Prognose durchgeführt werden (s. Lerntext IV.8).

Zahn-, Mund- und Kiefererkrankungen

1 Entwicklung des Mund-Rachen-Bereichs

Odontogenese (Zahnentwicklung) I.1

Die Odontogenese beginnt in der 5. Woche nach der Ovulation, ist aber erst mit dem Durchbruch der Weisheitszähne im 2. bis 3. Lebensjahrzehnt abgeschlossen. Die biologischen Prinzipien der Odontogenese sind für Milch- und bleibende Zähne gleich:

Ausgehend von einer Verdickung des Mundhöhlenepithels im Bereich des späteren Zahnbogens wächst eine zusammenhängende Leiste (Zahnleiste) in das darunterliegende Kiefermesenchym ein. Bald darauf entstehen in bestimmten Abständen an der Kante der Zahnleiste knospenartige Verdickungen, die Anlagen der epithelialen Schmelzorgane. Durch weitere Proliferation bekommen sie zunächst eine Kappenform, später eine Glockenform.

In der Höhlung der epithelialen Schmelzorgane, deren Form der Krone des jeweiligen Zahnes entspricht, kommt es zu einer Mesenchymverdichtung **(Zahnpapille).**

Im Inneren wird das Epithel aufgelockert, wobei die **Schmelzpulpa** entsteht. Sie wird von dem äußeren und inneren Schmelzepithel umgeben.

Um das jeweilige Schmelzorgan und die dazugehörige Papille differenziert sich eine bindegewebige Kapsel, das **Zahnsäckchen** (genauer: eigentliches Zahnsäckchen).

Aus den verschiedenen Komponenten des Zahnkeimes entstehen die unterschiedlichen Bestandteile des fertigen Zahnes:

Schmelzorgan	äußeres Schmelzepithel	→ Hertwig (Wurzel-) Scheide	→ Wurzelform
	Stratum retikulare (früher: Schmelzpulpa)		
	inneres Schmelzepithel	→ Ameloblasten	→ Schmelz
Zahnpapille	Odontoblasten	→ Dentin	
	undifferenzierte Mesenchymzellen	→ Pulpa	
eigentliches Zahnsäckchen (Follikelteil)	Zementoblasten	→ Zement	
	Fibroblasten	→ Desmodontalfasern	
	Osteoblasten	→ Alveolarknochen	

Im vierten Fetalmonat beginnt sich der oberflächlich gelegene Teil der Zahnleiste in Epithelinseln aufzulösen. Der kontinuiertliche Zusammenhang der Schmelzorgane mit dem Mundhöhlenepithel geht dabei verloren. Der freie Rand der Zahnleiste wächst jedoch über die Verbindungsbrücke hinaus weiter in den Kiefer vor und wird zur Ersatzzahnleiste, in welcher die Ersatzzahnanlagen (für die 32 bleibenden Zähne) entstehen.

Als **Relikt** der Hertwig'schen Scheide können sich Malassez'sche Epithelreste finden.

Werden diese durch eine Entzündung in der Umgebung aktiviert, können sich daraus **radikuläre** Zysten bilden.

Eine weitere Zyste ist im Zusammenhang mit der Odontogenese wichtig: aus dem Schmelzorgan nicht durchgebrochener Zähne kann sich eine **follikuläre** Zyste entwickeln.

Verwirrenderweise wird oft für das Ursprungsgewebe einer follukulären Zyste der Begriff „Zahnsäckchen" verwendet. Wie oben erwähnt, ist jedoch das „eigentliche" Zahnsäckchen eine der drei Komponenten des Zahnkeims (als Vorläufer von Zement, Desmodont und Alveolarknochen). Die follikuläre Zyste entsteht jedoch aus einem anderen Teil des Zahnkeims, dem Schmelzorgan.

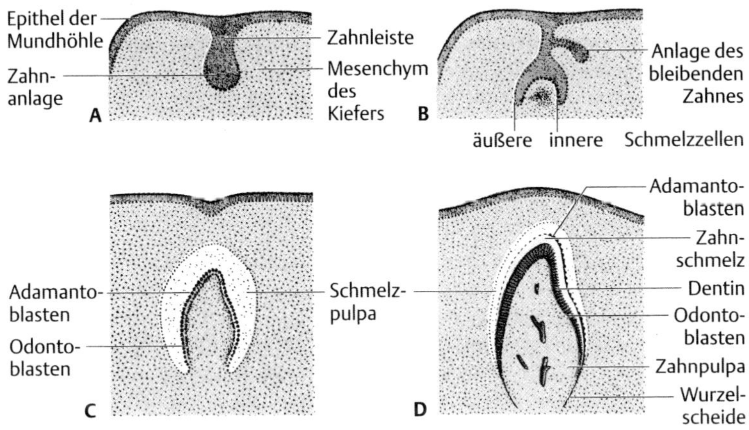

Abb. 1.**1** Die Zahnentwicklung (schematisch)
aus: Sadler, T., Langmann, J.: Medizinische Embryologie, 9. Aufl., Georg Thieme Verlag, Stuttgart 1998.

Zahndurchbruch im Milchgebiss — I.2

Der Durchbruch der Milchzähne beginnt mit den unteren mittleren Schneidezähnen zwischen dem sechsten und neunten Monat und ist in der Regel mit zweieinhalb Jahren abgeschlossen. Bei Mädchen ist der Zahnungsbeginn oft früher als bei Jungen.
Die Form und Größe der Zahnkrone ist beim Durchbruch des Zahnes schon festgelegt.
Durch das Wachstum der Wurzel wird die Zahnkrone weiter in die Mundhöhle vorgeschoben, bis der Zahn in Kontakt mit den Zähnen des Gegenkiefers kommt. Damit hört das Wurzelwachstum des Zahnes auf (zwischen dem 18. und 36 Lebensmonat).
Bereits im 4. Lebensjahr beginnt die Resorption der Milchzahnwurzeln durch die Kronen der nachfolgenden bleibenden Zähne.

Durchbruchszeiten der Milchzähne:

mittlerer Schneidezahn:	6. – 8. Monat
seitlicher Schneidezahn:	6. – 12. Monat
Eckzahn:	16. – 20. Monat
erster Milchmolar:	12. – 16. Monat
zweiter Milchmolar:	20. – 30. Monat

Zahndurchbruch im Wechselgebiss — I.3

Durchbruchszeiten der bleibenden Zähne:

1. Molar:	6. – 7. Jahr
mittlerer Schneidezahn:	7. – 8. Jahr
seitlicher Schneidezahn:	8. – 9. Jahr
1. Prämolar:	9. – 11. Jahr
Eckzahn:	11. – 13. Jahr
2. Prämolar:	11. – 13. Jahr
2. Molar:	12. – 16. Jahr
3. Molar:	ab dem 17. Jahr

Der 1. Molar wird auch als Sechsjahresmolar bezeichnet, da er als erster der bleibenden Zähne im Alter von ca. 6 Jahren durchbricht.

Verfärbungen der Zähne (Dyschromien) — I.4

Farbton	*Verfärbungsgrund*	*Charakter*
kreidigweiß	Schmelzhypomineralisation	opake (undurchsichtig) Schmelzflecken
	Turner Zahn	solitärer opaker Schmelzfleck als Folge örtlicher Schädigung des Zahnkeimes der II. Dentition
	leichte Form der Dentalfluorose (mottled enamel)	opake Schmelzflecken oder parallele Streifen bei glatter glänzender Oberfläche
	Initialstadium der Schmelzkaries	kreidigweiße, rauhe, stumpfe Schmelzoberfläche
gelb bis braun	Zahnkaries	helle Flecken sprechen für eine schnelle Karies (Karies acuta), dunkle für eine langsame Karies (Karies nigra)
	Turner Zahn	als Folge stärkerer Zahnkeimschädigung
	Vitalitätsverlust der Pulpa	neben gelbgrau bis gelbbraun kommen auch gräuliche und bläuliche Farben vor
	Dentalfluorose	bei toxischer Fluorkonzentration im Trinkwasser finden sich an Zähnen der II. Dentition Schmelzhypoplasien, die mit gelblich-bräunlichen Flecken einhergehen
	Tetrazyklin	iatrogene Schäden; während der Mineralisationsphase der Zähne kommt es zu gelblichen, später bräunlichen irreversiblen Verfärbungen
rötlich bis violett	Internes Pulpengranulom	im Kronenbereich schimmert das Granulom mit rotblauer Farbe durch

F89 !

Frage 1.1: Lösung B

Wenn während der Schwangerschaft Tetrazyklin appliziert wurde, kann es zu iatrogenen Schäden während der Mineralisationsphase der Zähne kommen. Es entstehen dann streifenförmige Gelbfärbungen unterschiedlicher Breite entsprechend der Dauer der Medikation.
Tetrazyklin bildet mit Calcium einen Komplex. Während der Mineralisationsphase wird es dann in die Zahnhartsubstanz eingelagert. Durch oxidative Reaktionen und Lichteinwirkungen kann es zu gelblich-bräunlichen Verfärbungen der Zähne kommen. Deshalb ist eine Verabreichung von Tetrazyklin während der gesamten Schwangerschaft und darüber hinaus bis zum 12. Lebensjahr des Kindes zu vermeiden.
Siehe Lerntext I.4.

F89 !

Frage 1.2: Lösung D

Folgen eines Vitamin-D-Mangels sind u.a. ausgeprägte Hypoplasien des Schmelzes. Diese Fehlentwicklung, die zum Symptomenkomplex der Rachitis gehört, bewirkt aufgrund der Unregelmäßigkeiten an der Schmelzoberfläche eine vermehrte Retention von Speiseresten mit Plaquebildung. Dadurch ist das Kariesrisiko erhöht.
Deshalb werden Säuglingen und Kleinkindern D-Fluoretten gegeben, die Fluorid zur Kariesprophylaxe und Vitamin D zur Rachitisprophylaxe enthalten.

F89 H88 !

Frage 1.3: Lösung A

Zu **(1):** Für die angeborene Lues ist folgende Trias charakteristisch:
- Tonnenform der Zähne
- Keratitis parenchymatosa
- Rindentaubheit.

Es sind vor allem die mittleren oberen permanenten Zähne betroffen. Sie haben eine Tonnenform mit einer halbmondförmigen Aussparung in der Mitte der Schneidekante. Daneben können auch die bleibenden 1. Molaren beteiligt sein. Da die intrauterine Infektion bei der Syphillis erst kurz vor der Geburt erfolgt, werden nur die bleibenden Zähne und nicht die schon gebildeten Milchzähne geschädigt.
Zu **(2):** Die Sinusitis maxillaris ist eine Entzündung der Kieferhöhle, die aber nichts mit einer Zahnhypoplasie im Oberkiefer zu tun hat. Es gibt jedoch eine wichtige Beziehung zwischen Kieferhöhle und den Oberkieferzähnen: Die Wurzeln der oberen Prämolaren und oberen Molaren stehen in enger Nachbarschaft zur Kieferhöhle und ihr Wurzelspitzen durchbrechen manchmal sogar den Boden der Kieferhöhle. Entzündungen an der Wurzelspitze

marktoter Zähne sind daher eine häufige Ursache einer Sinusitis maxillaris. Diese Art der Entzündung wird als dentogene Sinusitis maxillaris bezeichnet (im Gegensatz zur rhinogenen).
Zu **(3):** Bei Diabetes-Patienten mit schlechter Blutzuckereinstellung treten neben den vielfältigen internistischen Problemen schwere parodontale Schäden im ZMK-Bereich auf. Schmelzsprünge der Molarenkronen sind jedoch meist eine Folge mechanischer Überlastung durch Zähneknirschen u. ä. und keine typische Diabetesfolge.

F90 !

Frage 1.4: Lösung D

Zu **(D):** Durch die Gewebsnekrose beim Tod der Pulpa wird Hämoglobin zu Hämatoin und Hämosiderin abgebaut. Diese biologischen „Farbstoffe" dringen in die Dentintubuli ein und verfärben den Zahn ins dunkelgrau-gelbliche. Auch die Kronentransluzenz geht dabei verloren.
Zu **(A):** Lues connata tarda führt zur Tonnenform der Zähne.
Siehe auch Kommentar zu Frage 1.3.
Zu **(B):** Rachitis führt zur Schmelzhypoplasie.
Siehe auch Kommentar zu Frage 1.2.
Zu **(C):** Tetracyklin verursacht gelbliche Verfärbungen an den Zähnen.
Siehe Lerntext I.4.

F91

Frage 1.5: Lösung C

Allgemein kann man sagen, dass die Wurzelbildung bei Milchzähnen nach 16–26 Monaten und bei bleibenden Zähnen zwischen 1,7–3,5 Jahren nach dem Durchbruch der Zahnkrone abgeschlossen ist.
Siehe Lerntexte I.2 und I.3.

H95

Frage 1.6: Lösung E

Das Daumenlutschen ist eine zunächst harmlose Verhaltensweise, die man ungefähr bei der Hälfte aller Kinder im Vorschulalter findet. Meist verliert es sich spontan im Alter von vier bis fünf Jahren.
Komplikationen in Form von Stellungsanomalien finden sich vor allem bei Kindern, die das Daumenlutschen auch nach dem Schuleintritt beibehalten (Zahnwechsel !!).
Zu **(1)** und **(3):** Durch die Keilwirkung des Daumens kippen die oberen Frontzähne nach außen (Protrusion) und die unteren Frontzähne nach innen (Retrusion). Es entsteht ein frontal offener Biss, d. h. die Schneidezähne berühren sich nicht mehr in Schlussbisslage.
Zu **(2):** Bei der **Progenie** stehen einzelne Zahngruppen oder die gesamte **untere** Zahnreihe **vor** der **oberen** (umgekehrter Frontzahnüberbiss). Sie ist **meist erblich** bedingt und wird **nicht durch Daumenlutschen** hervorgerufen.
Zu **(4):** Im Gegensatz dazu steht bei der **Prognathie** die **obere** Zahnreihe zu weit **vor** der **unteren.** Sie ist die häufigste Bissanomalie und ist oft durch die Kippung der Frontzähne **nach längerem Daumenlutschen** bedingt.
Weitere Folgen des Daumenlutschens sind Phonationsstörungen (Lispeln) durch die Stellungsanomalie der Zähne, sowie Kallus- und Ekzembildung am Daumenendglied.
Bei Kleinkindern empfiehlt sich zuerst eine abwartende Haltung, da die Mehrzahl von ihnen das Daumenlutschen spontan aufgibt. Erst Kinder über fünf Jahre sollten behandelt werden. Stellungsfehlern der bleibenden Zähne wird damit vorgebeugt. Therapeutisch haben sich individuell angepasste Mundvorhofplatten bewährt.

F97

Frage 1.7: Lösung E

Kinder mit Lippen-, Kiefer-, Gaumenspalten (LKG-Spalte) leiden durch die Spaltbildung an einer Vielzahl von Beeinträchtigungen relevanter Funktionen im Kopfbereich, die eine differenzierte Therapie erfordern und die deshalb heute meist interdisziplinär angegangen werden.
Zu **(A):** Der operative Verschluss der Spalte ist die Grundlage der funktionellen und ästhetischen Rehabilitation, wobei viele operative Verfahren beschrieben wurden, bis heute aber kein Konsens über die Art des Verfahrens und die Terminierung der Operationen erreicht ist. Neben dem operativen Verschluss der LKG-Spalte, die heute meist vom Kieferchirurgen durchgeführt wird, ist auch die Sicherstellung der Mittelohrbelüftung wichtig, die in den Fachbereich des HNO-Arztes fällt.
Zu **(B):** Durch die fehlende Trennung von Mund- und Nasenraum bei einer Gaumenspalte haben diese Kinder ein offenes Näseln (Rhinolalia aperta) und eine fehlerhafte Zungenmotorik. Weiterhin kann es durch die Beeinträchtigung der Tubenfunktion zu einer mangelhaften Belüftung des Mittelohres kommen. Als Folge kann sich eine Mittelohrschwerhörigkeit ausbilden, die den Spracherwerb beeinträchtigt. Eine logopädische Therapie ist meist erforderlich.
Zu **(C):** Kurz nach der Geburt wird als erstes vom Kieferorthopäden eine Trinkplatte hergestellt. Diese erleichtert das Trinken, weil die Platte den Mund- und Nasenraum wieder trennt. Weiterhin wird durch die Trinkplatte die Stellung der Oberkiefersegmente verbessert, was dem späteren operativen Verschluss der Spalte erleichtert. Die Zunge bekommt dadurch ein Widerlager.
Durch die Spaltbildung ist zusätzlich das Wachstum des Oberkiefers und der Zahndurchbruch beeinträchtigt, was eine kieferorthopädische Therapie notwendig macht.
Zu **(D):** Die Kinder haben häufig eine Zahnunterzahl. Besonders der zweite obere Schneidezahn,

der direkt im Bereich der Spalte liegt, ist oftmals nicht angelegt. Die Lücke kann dann prothetisch versorgt werden.
Zu **(E):** Eine Erkrankung des Zahnfleisches und des Zahnhalteapparates, die eine parodontale Therapie notwendig macht, tritt sicherlich auch bei Spaltträgern auf, jedoch nicht häufiger als bei Gesunden. Von allen angegebenen Therapiemöglichkeiten ist diese damit die am wenigsten notwendige.

Abnutzungserscheinungen/ regressive Veränderungen **I.5**

- **Attrition**
  Verlust von Zahnhartsubstanz durch mechanischen Abrieb der **Zähne gegeneinander** in funktionellen Kontaktbereichen durch Schlucken, Sprechen, Knirschen oder Vorkontakte. Ein gewisser Ausgleich wird durch die physiologische Zahnwanderung nach mesial und okklusal, also zur Zahnbogenmitte hin und in Richtung Gegenkiefer, erreicht.
- **Abrasion**
  Verlust von Zahnsubstanz durch mechanischen Abrieb verursacht durch in die Mundhöhle eingebrachte **Substanzen** (z. B.: abrasive Zahnpasten, quarzhaltige Stäube bei Bergarbeitern, „Habits" wie das Kauen auf Nadeln, Nägeln, Pfeifenmundstücken etc.)
- **Erosion**
  Verlust von Zahnsubstanz durch Säureeinwirkung auf die Zahnoberfläche, die **nicht** durch Mikroorganismen verursacht wird. Z. B.: berufliche Säureexposition, saure Nahrungsmittel und Getränke (Essig, Joghurt, Cola, Fruchtsäfte, Medikamente (ASS), Reduktion der Speichelbildung, Magensäurekontakt (chron. Erbrechen, Reflux, Bulimie ...)
- **Resorption der Zahnwurzel**
  extern: infolge lokaler oder generalisierter Verletzung des Desmodonts (mechanisch oder entzündlich) kommt es zum Abbau der Zahnwurzel.
  intern: ausgehend von einer Entzüdung der Zahnpulpa werden Odontoklasten im Pulpenkavum stimuliert, die die Zahnwurzel von der Markhöhle aus resorbieren.

F98

Frage 1.8: Lösung A

Zu **(A):** Der desmodontale Raum befindet sich zwischen der Wurzeloberfläche des Zahnes und dem Alveolarknochen. Entzündungen des Zahnhalteapparates (Parodontitiden) führen zur Einschmelzung des benachbarten Knochens und äußern sich deshalb anfänglich im Röntgenbild als Verbreiterung des desmodontalen Spaltes. Es handelt sich hierbei also nicht um eine Altersveränderung des Gebisses, sondern um eine **Entzündungsfolge.** Wird der Zahn durch ein Trauma aus seinem Knochenfach luxiert, kommt es ebenfalls zu einer Verbreiterung des desmodontalen Raumes.
Die restlichen Antwortmöglichkeiten sind richtig.
Zu **(D)** und **(E):** Im Gegensatz zum Zahnschmelz wird das Dentin ein Leben lang nachgebildet. Die Anlagerung von neuem Dentin erfolgt vor allem an der Grenzfläche Dentin-Pulpa. Dentin, das nach Abschluss des Wurzelwachstums im Rahmen der Altersveränderungen gebildet wird, bezeichnet man als **Sekundärdentin.** Aufgrund der Sekundärdentinbildung haben ältere Menschen ein wesentlich kleineres Pulpenkavum und dünnere Wurzelkanäle als jüngere. Das ist wichtig für die Füllungstherapie oder das Beschleifen eines Zahnes, da bei jüngeren Patienten die Gefahr der Pulpenöffnung wesentlich größer ist als bei älteren.
Siehe Lerntext I.5.

F98

Frage 1.9: Lösung A

Zu **(A):** Eugnathie ist definiert als das morphologisch und funktionell optimale Gebiss. Es ist somit das **Ziel einer kieferorthopädischen Therapie** und keine Indikation zur Therapie.
Bei den anderen angeführten Lösungsmöglichkeiten handelt es sich um **Dysgnathien,** also Abweichungen von der Norm, die eine kieferorthopädische Behandlung notwendig machen. Für Interessierte seien die einzelnen Dysgnathien kurz definiert.
Zu **(B):** Progenie = Vorbiss des normal großen Unterkiefers
Zu **(C):** Prognathie = Vorlage des Oberkiefers
Zu **(D):** Offener Biss = fehlender Kontakt der Front- und/oder Seitenzähne mit mehr oder weniger großem vertikalen Abstand zwischen den inzisalen Kanten oder den Okklusalflächen.
Zu **(E):** Im eugnathen Gebiss ist der obere Zahnbogen länger und breiter als der untere, was dazu führt, dass alle oberen Frontzähne vor die unteren Schneidezähne beißen und im gesamten Seitenzahngebiet ein bukkaler Überbiss der oberen Prämolaren- und Molarenhöcker besteht. Ist dieser labiale bzw. bukkale Überbiss nicht vorhanden und überkreuzen sich somit die Zahnbögen an irgendeiner Stelle, wird das als Kreuzbiss bezeichnet.
Siehe auch Kommentar zur Frage 1.6.

F99 **!!**

Frage 1.10: Lösung A

Zu **(A):** Follikuläre Zysten zählen zu den odontogenen Zysten und bilden sich aus dem Schmelzorgan nicht durchgebrochener Zähne. Dieses Schmelzorgan wird auch als Schmelzpulpa oder Zahnsäckchen bezeichnet. Lösung (A) ist also korrekt.
Zu **(B):** Epithelreste der Wurzelhaut werden auch als Malassez'sche Epithelreste bezeichnet und sind

der Ausgangspunkt von **radikulären** Zysten. Einige werden sich wohl für diese Lösung entschieden haben, da in früheren Examina häufig nach diesen Epithelresten im Zusammenhang mit der Bildung von **radikulären** Zysten gefragt wurde ...

Zu **(D)** und **(E):** Eine schleimhaltige Zyste, die von den kleinen seromukösen Speicheldrüsen der Mundschleimhaut ausgeht, wird als **Mukozele** bezeichnet. Entsprechende Zysten im Bereich der großen Speicheldrüsen werden als **Ranula** bezeichnet. Follikuläre Zysten zählen jedoch zu den odontogenen Zysten und gehen von den verschiedenen Zahngeweben aus.

Mit dem wenig konkreten Begriff „Schleimdrüsen" sollen wohl die mukösen Speicheldrüsen gemeint sein, in denen je nach Größe der Drüsen eine Mukozele oder eine Ranula entstehen kann.

Zur Wiederholung nochmals ein paar wichtige Merkmale der zwei häufigsten (und am häufigsten abgefragten) Zystenarten im ZMK-Breich:

1. Radikuläre Zyste
- odontogene Zyste
- ausgehend von den Malassez'schen Epithelresten
- Aktivierung durch den entzündlichen Reiz einer apikalen Parodontitis
- Lokalisation an der Wurzelspitze (Name !!) pulpentoter Zähne

2. Follikuläre Zyste
- odontogene Zyste
- ausgehend vom Schmelzorgan nicht durchgebrochener Zähne
- die Krone des verlagerten Zahnes ragt in das Zystenlumen hinein

Siehe auch Lerntext I.1.

H99 **!**

Frage 1.11: Lösung D

Zu **(A):** Das Gegenteil ist richtig. Durch die (physiologische) Sekundärdentinbildung wird im Laufe des Lebens der Pulpenraum immer kleiner. Eine Erweiterung des Pulpenraums findet sich bei einem internen Pulpengranulom als Entzündungsfolge und ist somit pathologisch.

Zu **(B):** Durch den Alterungsprozess alleine stirbt keine Zahnpulpa ab. Marktote Zähne entstehen durch eine tiefe Karies oder ein Trauma.

Zu **(C):** Die Zahnlockerung im Alter ist ebenfalls nicht physiologisch, sondern entsteht durch die Zerstörung des Zahnhalteapparates durch eine tiefe marginale Parodontitis. Die isolierte Erweiterung des Desmodontalspaltes kann das radiologische Zeichen des Initialstadiums einer apikalen Parodontitis sein.

Zu **(D):** Mit zunehmendem Alter sklerosiert v.a. das Dentin. Der Prozess beginnt an der Wurzelspitze und dehnt sich zur Zahnkrone aus. Die Sprödigkeit des Dentins nimmt somit zu. Dieses zunächst etwas akademisch anmutende Detail ist in der Gerichtsmedizin wichtig, weil mit der Ausdehnung der Sklerosezone im Zahn (und der damit verbundenen Transparenzänderung des Dentins) eine zuverlässige Altersbestimmung eines Menschen möglich ist.

Zu **(E):** Die Dichte und die Mineralisierung nehmen mit der Zeit zu, da sich der Anteil anorganischer Substanzen im Dentin auf Kosten der organischen Anteile erhöht.

H00 **!**

Frage 1.12: Lösung C

Wieder mal eine recht spezielle Frage, die ein ordentliches Maß an Embryologiekenntnissen voraussetzt. Als allgemeine Leitlinie zum besseren morphologischen Verständnis kann man sich erst mal merken, dass die Lippen-Kiefer-(Gaumen-)Spalten im Bereich embryonaler „Verschmelzungszonen", die später u.a. noch durch Knochennähte erkennbar sind, liegen.

Zu **(A):** Die kritische Phase für die Entstehung einer Lippen-Kiefer-(Gaumen-)Spalte ist deutlich vor dem 3.–4. Schwangerschaftsmonat, nämlich in der 6. Schwangerschaftswoche (36.–42. Tag).

Zu **(B):** Die einseitige totale Lippen-Kiefer-Gaumen-Spalte ist die häufigste Spaltbildung. Sie macht ungefähr 40% der Gesamtspaltbildungen aus. Danach folgt in der Häufigkeit die doppelseitige Lippen-Kiefer-Gaumen-Spalte. Ein- und doppelseitige Lippen-Kiefer-Spalten ohne Beteiligung des Gaumens sind relativ selten, ohne dass mir genauere Prozentangaben geläufig wären. Gaumenspalten sind in etwa ähnlich selten wie Lippen-Kiefer-Spalten.

Zu **(C):** Das ist richtig. Im Bereich der zweiten oberen Schneidezähne liegt die Sutura incisiva, d.h. die Knochennaht, die der Vereinigungslinie vom Zwischenkieferknochen (das berühmte Os incisivum nach GOETHE) mit den Gaumenfortsätzen des Oberkiefers entspricht. Bei einer einseitigen Lippen-Kiefer-Spalte zieht die Spalte im Bereich der Sutura incisiva bis zum Foramen incisivum. Bei der doppelseitigen Form fehlt die Vereinigung von Zwischenkiefer und Oberkieferknochen komplett. Der Zwischenkiefer (mit den darin enthaltenen Oberkieferfrontzähnen) ist dann nur am Nasenseptum aufgehängt.

Zu **(D):** Das ist falsch. Wie unter (C) angedeutet, fehlt bei der Lippen-Kiefer-Spalte die Vereinigung von Zwischenkieferknochen und Os maxillare. Der Zwischenkieferknochen (Os praemaxillare) wird begrenzt von der Sutura incisiva und nach dorsal vom Foramen incisivum. Man bezeichnet die Lippen-Kiefer-Spalten auch als Spalten des primären Gaumens.

Geht die Spaltbildung **dorsal** über das Foramen incisivum hinaus, handelt es sich um eine Lippen-Kie-

fer-**Gaumen**-Spalte. Diese zusätzliche Gaumen-Spalte (auch Spalte des sekundären Gaumens genannt) verläuft in der Medianen (Sutura palatina mediana).
Zu **(E):** Hier ist die Ursache einer Gaumenspalte angeführt. Bei Lippen-Kiefer-Spalten verschmilzt der Oberkieferwulst nicht mit dem medialen Nasenwulst (verständlich ?!). Vielleicht merkt man sich der Einfachheit halber lieber, dass bei Gaumenspalten der Gaumenfortsatz und bei Kieferspalten der Oberkiefer-(und Nasen-)fortsatz nicht verwächst.

H00

Frage 1.13: Lösung E

Der umgekehrte Überbiss bezeichnet eine Zahnstellung, bei der die unteren Frontzähne im Schlussbiss vor den oberen Frontzähne stehen. Im normalen Gebiss liegen dagegen die Schneidekanten der oberen Frontzähne ca. 2 mm vor denen der unteren (physiologischer Überbiss).
Zu **(A)** und **(B):** Bei der echten Progenie handelt es sich um eine dreidimensionale Überentwicklung des Unterkiefers gegenüber dem Oberkiefer, d.h. der Unterkiefer ist zu lang und zu breit. Aussage (A) ist also richtig. Diese Anomalie ist erblich (zum Beispiel die „Habsburger Progenie"). Aussage (B) ist also richtig.
Zu **(C):** Das ist korrekt, wenn auch nicht unbedingt ein zwingendes Symptom. Früher hatte man aus diesem Grund bei der operativen Rückverlagerung des Unterkiefers auch routinemäßig die Zunge verkleinert, was aber heute verlassen wurde.
Zu **(D):** Die Progenie zeichnet sich durch ein überschießendes Unterkieferwachstums aus. Die Zahngröße ist jedoch im Normbereich, sodass die Zähne mehr Platz im Kiefer haben und lückig stehen können.
Zu **(E):** Das ist falsch. Bei der Progenie handelt es sich um eine Wachstumsanomalie, d.h., dass ihre volle Ausprägung erst mit Abschluss des Wachstums, also nach der Pubertät, erkennbar wird. Eine operative Korrektur vor dem Wachstumsende des Patienten hätte sicher ein Rezidiv zur Folge.

2 Anatomische Grundlagen

F93 !

Frage 2.1: Lösung E

Im Unterkiefer sind nur die Molaren zwei- und mehrwurzelig. Alle anderen Zähne besitzen eine Wurzel.
Im Oberkiefer können auch die ersten Prämolaren (seltener auch die zweiten Prämolaren) zwei Wurzeln haben.

H93 !

Frage 2.2: Lösung B

Zu **(1):** Bei der **Dentinkaries** wird die Zahnhartsubstanz aufgelöst und stellt sich im Röntgenbild als eine Transluzenz (Aufhellung) dar.
Zu **(2):** Als Folge einer Hyperämie kann sich eine **Pulpitis acuta** mit lokalem bis totalem Ödem der Pulpa mit Austritt von Abwehrzellen entwickeln.
Bei diesem Krankheitsbild ist mit Hilfe des Röntgenbildes keine Diagnose möglich, da keine Veränderung der Zahnhartsubstanz erfolgt. Lösung (2) ist also falsch.
Zu **(3):** Bei der **Parodontitis apicalis** breitet sich die Entzündung der Pulpa über das Foramen apicale der Zahnwurzel weiter in das umgebende Gewebe aus und führt zu einer periapikalen Einschmelzung des Knochens, die auch als apikale Ostitis bezeichnet wird. Die im Röntgenbild sichtbare Aufhellung ist bedingt durch die geringere Absorption der Röntgenstrahlung im Gebiet des Granulationsgewebes um die Wurzelspitze.
Zu **(4):** Die Hyperämie der Pulpa ist ein Reizzustand der Pulpa und als einzige der Entzüngsformen noch reversibel. Auch hier finden sich keine Veränderungen der Zahnhartsubstanz. Lösung (4) ist also falsch.
Siehe auch Lerntexte III.1 und III.2.

H94 !

Frage 2.3: Lösung D

Im Unterkiefer sind in der Regel nur die Molaren zweiwurzelig.
Frontzähne, Eckzähne und Prämolaren sind immer einwurzelig. Bei Prämolaren kann aber infolge der Zahnentwicklung eine Einziehung apikal vorhanden sein, sodass man in Ausnahmefällen von 2 Wurzeln sprechen kann.

H95 !!

Frage 2.4: Lösung A

Zur eindeutigen Bezeichnung der Zähne sind etliche Zahnschemata entwickelt worden. Sie sind als vom Betrachter auf den Patienten projiziert zu verstehen, d.h. die linke Tabellenhälfte auf dem Papier entspricht der rechten Kieferhälfte des Patienten; obere und untere Hälfte sind auf dem Papier und am Patienten identisch.
Zu **(A):** Es handelt sich hier um das Zahnschema der WHO für das Erwachsenengebiss. Dieses Zahnschema wurde 1970 von der Fédération Dentaire International (FDI) eingeführt. Hier werden nicht nur die einzelnen Zähne fortlaufend nummeriert, sondern auch die einzelnen Gebissquadranten.
Man folgt dem Uhrzeigersinn: Der rechte obere Quadrant erhält die Ziffer 1, der linke obere die Nummer 2, der linke untere Quadrant die Ziffer 3 und rechts unten kommt die 4.

Bei den Milchzähnen fängt man bei rechts oben mit der 5, links oben mit der 6, links unten mit der 7 und rechts unten mit der 8 an.
Die beiden Schneidezähne erhalten die Nummer 1 und 2, der Eckzahn erhält die 3, die Prämolaren bekommen die 4 und die 5 und die Molaren die 6, 7 und die 8. Es ist das in Deutschland gebräuchliche Schema.
Zu **(B):** Hier ist das Zahnschema nach Zsigmondy (1861) aufgeführt. Wie im Schema der WHO erhält jeder Zahn eine Ziffer von eins bis acht. Milchzähne werden mit römischen Ziffern bezeichnet. Die Zuteilung zum jeweiligen Kieferquadranten erfolgt über Winkelsymbole. Der Zahn „3⌋" ist also der rechte obere Eckzahn, „⌈3" der linke untere Eckzahn.
Zu **(C):** Das Zahnschema wurde von Haderup 1887 entwickelt. Auch hier werden die Zähne wieder von eins bis acht durchnummeriert. Zusätzlich werden die Unterkieferzähne mit einem Minuszeichen, die Oberkieferzähne mit einem Pluszeichen versehen. Die Position des Zeichens vor oder hinter der Zahnziffer definiert die Zugehörigkeit zur linken oder rechten Kieferhälfte (beispielsweise hat der rechte obere Eckzahn die Zahl 3 +, der linke untere Eckzahn die Zahl – 3).
Zu **(D):** Im vorliegenden amerikanischen Schema werden dagegen die Zähne fortlaufend nummeriert. Begonnen wird mit dem rechten oberen Weisheitszahn, um dann im Uhrzeigersinn fortzufahren. Milchzähne werden in gleicher Weise mit Buchstaben versehen.

F96 **!**

Frage 2.5: Lösung E

Sehr schwierige Frage, die nur 22% der Kandidaten „richtig" beantwortet/geraten haben. Die Mehrheit (70%) entschied sich für Lösung (D).
Zu **(A):** Der Zahnschmelz enthält keine Nerven (keine Gefäße und keine Zellen).
Zu **(B)** und **(C):** Die Dentinkanälchen haben in ihrem inneren (pulpennahen) Drittel feinste Nervenfasern, die mit den Odontoblastenfortsätzen verlaufen. Sie reagieren auf thermische und osmotische, nicht aber auf mechanische Reize.
Zu **(D):** Im Rahmen einer akuten Pulpitis kommt es zu stärksten Zahnschmerzen. Das ist **der** klassische Zahnschmerz. Ursache ist die Druckerhöhung durch die Entzündungsreaktion (Ödem, Hyperämie). Die Pulpenkammer ist ja ein fast abgeschlossener Raum. Je nach Stadium der Entzündung sind verschiedene Schmerzarten charakteristisch. Siehe Lerntext III.2.
Zu **(E):** Mit der Wurzelhaut (Desmodont) ist ein Zahn in der Alveole befestigt. Das Desmodont ist stark innerviert und vaskularisiert und schützt als Druckrezeptor den Zahn vor Überlastungen. Spielt sich eine Entzündungsreaktion im Desmodont ab, wird der Zahn aufbiss- und klopfempfindlich.
Die richtige Antwort ist hier nicht leicht zu finden, zumal die häufigste Ursache für eine Entzündung des Desmodonts ein marktoter Zahn nach einer Pulpitis ist. Über das For. apicale breiten sich die Bakterien bei einer Pulpitis schnell in die Wurzelhaut aus. Erst dadurch wird der Zahn klopfempfindlich. Es gibt also Pulpitisformen, bei denen der Übertritt der Bakterien noch nicht stattgefunden hat, die also keine Klopfempfindlichkeit aufweisen. Ein pathologischer Vorgang in der Wurzelhaut ist also das Entscheidende beim Symptom „Klopfempfindlichkeit".

H96 **!**

Frage 2.6: Lösung B

Zu **(1):** Im Röntgenbild ist eine devitale Zahnpulpa nicht von einer vitalen zu unterscheiden. In beiden Fällen stellt sich das Pulpakavum als Aufhellung dar. Die Unterscheidung erfolgt klinisch als Sensibilitätstest durch Reizung der Pulpa mit Kälte oder elektrischem Strom.
Zu **(2):** Bei so allgemein gehaltenen Beschreibungen wie „ein pathologischer Prozess" wittert man als IMPP-erfahrener Student eventuell auch ohne entsprechendes Wissen eine richtige Antwort. Und so ist es auch diesmal. Im Bereich des Zahnhalteapparates an der Wurzelspitze (dem apikalen Parodont) führen alle Prozesse, die mit Knochenverlust einhergehen, zu sichtbaren Aufhellungen im Röntgenbild. Es handelt sich um Zysten, Granulome und Abszesse. Die Größe des Befunds kann von einer diskreten Verbreiterung des periapikalen Desmodentalspalts bis hin zu kirschgroßen Knocheneinschmelzungen reichen. Eine Artdiagnose ist jedoch nicht möglich.
Zu **(3):** Karies führt zu Defekten der Zahnhartsubstanz. Die betroffenen Areale haben durch die kariesbedingte Demineralisation eine höhere Strahlendurchlässigkeit als das umgebende gesunde Gewebe. Sie stellen sich deshalb als Aufhellung dar. Die Diagnose einer fortgeschrittenen Karies ist im Zahnfilm meist eindeutig. Kleinere Defekte können manchmal durch metallische Füllungen überlagert oder mit strahlendurchlässigen Kunststofffüllungen verwechselt werden. Der Zahnfilm hat sich zur **Kariesdiagnostik** besonders im Bereich der **Approximalflächen** bewährt, weil diese einer klinischen Untersuchung mit der Sonde im Gegensatz zu den okklusalen, vestibulären und oralen Zahnflächen nicht zugänglich sind.
Zu **(4):** Diese seröse Entzündung der Pulpa geht nicht mit Veränderungen der Zahnhartsubstanzen einher und ist deshalb im Röntgenbild nicht nachweisbar. Die Diagnose ergibt sich aus dem klinischen Befund.
Siehe Lerntext III.2

F97 !

Frage 2.7: Lösung D

Das vorliegende Röntgenbild zeigt einen mit einem Stern markierten unteren Molaren. Es findet sich eine metalldichte Verschattung, die den gesamten Kronenbereich des Zahnes ausfüllt. Der Bereich der Zahnwurzel und die Wurzelkanäle sowie der apikale Bereich (Wurzelspitze) sind ohne pathologischen Befund.

Zu **(A)** und **(B)**: Erkrankungen der Zahnpulpa sind nicht durch eine Röntgenaufnahme diagnostizierbar. Hier ergibt sich die Diagnose aus dem klinischen Befund (typische Schmerzcharakteristik, vertikale Klopfempfindlichkeit und je nach Phase der Erkrankung die vorhandene oder auch schon fehlende Sensibilität).

Zu **(C)**: Erkrankungen der Pulpa können sich über die Öffnung an der Wurzelspitze in den umgebenden Knochen ausbreiten und dort zu einer Osteolyse führen. Im vorliegenden Bild sind an der Wurzelspitze keine pathologischen Veränderungen zu sehen.

Zu **(D)**: Die metalldichte Verschattung in Projektion auf die Zahnkrone entspricht am ehesten einer Überkronung dieses Zahnes.

Zu **(E)**: Approximalkaries wird häufig erst radiologisch nachgewiesen, weil der Zahnzwischenraum für die klinische Untersuchung nur schwer zugänglich ist. Karies stellt sich hierbei in den Zahnhartsubstanzen als **Aufhellung** dar, da es zu einer Demineralisation der Zahnhartgewebe kommt. Der Zahn rechts neben dem markierten Zahn weist unter der Füllung (Verschattung) einen umschriebenen Bereich auf, der sich als Aufhellung von der Zahnoberfläche am unteren Füllungsrand entlang in die Tiefe erstreckt. Dieses Bild entspricht einer Karies (Sekundärkaries).

F99

Frage 2.8: Lösung C

Zu **(C)**: Das Gegenteil ist richtig. Milchzähne haben ein besonders ausgedehntes Pulpenkavum. Das hat u.a. zur Folge, dass eine Karies im Milchzahn besonders schnell die Pulpa erreicht und bei einer Füllungstherapie im Milchgebiss die Gefahr einer iatrogenen Pulpeneröffnung besonders groß ist.

Morphologische Unterschiede zwischen einem Milchzahn und einem bleibenden Zahn:

1. dünner Schmelzmantel (ungefähr die Hälfte der eines bleibenden Zahnes). Dabei ist der Schmelz eines Milchzahns geringer mineralisiert und hat deswegen eine weißlich-bläuliche Farbe. Die Aussagen (A) und (E) sind also korrekt.
2. basaler Schmelzwulst. Lösung (B) ist richtig
3. ausgedehntes Pulpenkavum
4. stark gekrümmte und kürzere Wurzeln

(Das Größenverhältnis der Zähne ist nicht maßstabsgetreu)

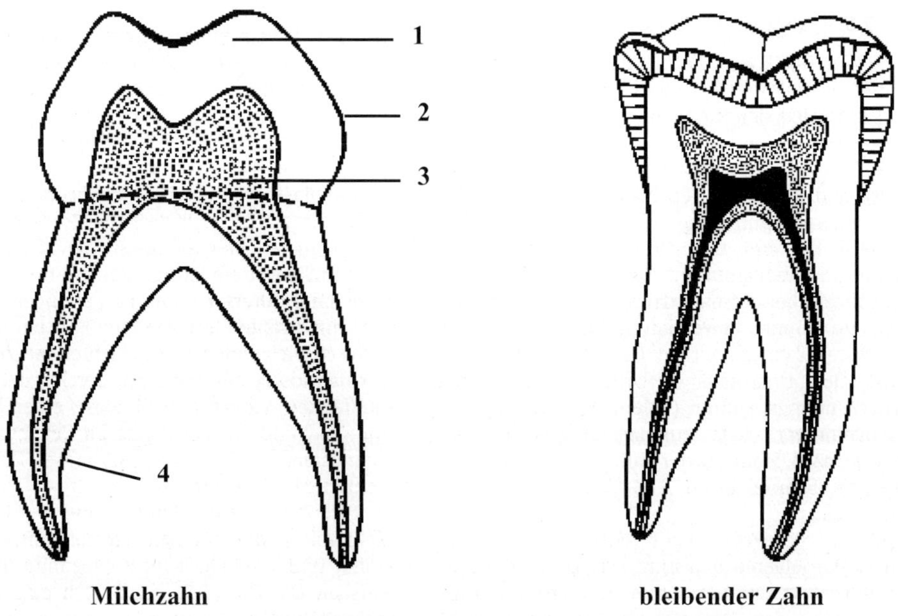

Abb. 2.1 Morphologische Unterschiede zwischen einem Milchzahn und einem bleibenden Zahn

3 Erkrankungen der Zahnhartsubstanz und der Pulpa

3.1 Erkrankungen der Zahnhartsubstanz: Karies

Kariologie

III.1

Karies und damit die Kariesläsion ist eine Art von Entkalkung der Zahnhartsubstanz durch destruktive lytische Prozesse. Diese Entkalkung entsteht durch Stoffwechselprozesse von Bakterien der Zahnplaque.

Kariogene Mikroorganismen können

- die Zahnoberfläche bewachsen,
- aus Zucker Säure produzieren,
- aus Zucker Polysaccharide synthetisieren und
- gegenüber Säurekonzentrationen tolerant sein.

Die Kariestheorie von Miller (1889 !) besitzt heute noch Gültigkeit und besagt, dass die von Bakterien erzeugte Säure das Mineral aus der Zahnhartsubstanz herauslöst. Es entsteht ein minerallösender pH-Wert (pH $< 5{,}4$) in den Belägen mit anaerobem Milieu.

In einem 2. Schritt kommt es dann zu einer Auflösung der organischen Substanzen.

Entscheidend sind 4 obligate Faktoren in der Mundhöhle als Voraussetzung für die Entstehung kariöser Läsionen:

1. **Mikroorganismen (speziell Säurebildner)**
2. **Wirtsorganismus (bzw. dessen Zähne mit säurelöslicher Zahnhartsubstanz)**
3. **Substrat für die Mikroorganismen, vor allem Zucker**
4. **Zeit (relativ lange Entkalkungszeit)**

Fehlt auch nur einer dieser 4 Faktoren, entsteht keine Karies.

Zu (1): Grundlage für die Kariesentstehung ist das Vorhandensein einer mikrobiellen Plaque.

Plaque sind bakteriell besiedelte Zahnbeläge, die auf dem Boden des sekundären Schmelzoberhäutchens (sSOH) entstehen.

Als Bakterien kommen infrage:

- Streptococcus mutans
- Streptococcus sanguis
- Streptococcus salivarius
- Lactobazillus acidophilus
- Lactobazillus casei
- Actinomycetus viscosus

Zu (2): Karies entsteht vor allem an den so genannten Prädilektionsstellen:

- *Fissuren und Grübchen*
- *Approximalbereich der Zähne*
- *Zahnhälse*
- *Wurzeloberflächen*

Diese Bereiche sind für die mechanische Selbstreinigung schwer zugänglich, und es können sich dort große Volumina an Kohlenhydraten verfangen.

Karienseinteilung

Makroskopisch wird die Karies nach Lokalisation, Art und Ausmaß der Ausbreitung und Zeitpunkt des Auftretens eingeteilt.

- **Lokalisation:**
  - **Fissuren- und Grübchenkaries:** entsteht in den Fissuren; wird heutzutage durch Prophylaxemaßnahmen (u. a. Fissurenversiegelung mit Kunststoff) weitgehend zurückgedrängt.
  - **Approximalkaries:** entsteht zwischen den Zähnen. Dieser Bereich wird leider durch die Zahnbürste beim Zähneputzen ausgespart und sollte immer mit Zahnseide gereinigt werden.
  - **Interapproximalkaries:** meist ab dem 40. Lebensjahr, entsteht unterhalb des Kontaktpunktes der Zähne.
  - **Zahnhalskaries:** Auch hier sind meist ältere Patienten betroffen. Sie entsteht bei ungenügender Mundhygiene und Zurückziehen des Gingivalsaumes.
  - **Glattflächenkaries:** eher selten, da diese Bereiche gut gereinigt werden können.
  - **Bäckerkaries:** besondere Form der Glattflächenkaries, die durch einen besonders hohen Kohlenhydratanteil in der Staubluft einer Bäckerei bedingt ist.
  - **Milchzahnkaries**
  - **Wurzelkaries:** auf freiliegenden Wurzeloberflächen (bedeckendes Wurzelzement ist nur wenig widerstandsfähig).
- **Ausmaß der Ausbreitung:**
  - Karies superficialis: nur im Zahnschmelz. Es sind Demineralisationsstellen, die zunächst als kreidige, opake Veränderungen der intakten Schmerzoberfläche auftreten („white spots").
  - Karies media: im schmelznahen Dentin vorkommend.
  - Karies profunda: im pulpennahen Dentin.
  - Karies penetrans: reicht bis in die Pulpa.

H88

Frage 3.1: Lösung A

Definition: Plaque ist eine amorphe, granulierte Ablagerung, die sich auf Zahnflächen und Zahnfüllungen ansammelt. Sie ist nicht abspülbar und zellhaltig (Bakterien in Polysaccharid und Glykogenmatrix).
Zu **(C):** Konkremente sind Zahnsteinablagerungen, die sich unter dem Zahnfleisch, also subgingival verbergen.
Zu **(D):** Zahnstein ist mineralisierte Plaque.

F90

Frage 3.2: Lösung C

Zahnstein bildet sich besonders in der Nähe der Ausführungsgänge der großen Speicheldrüsen. Prädilektionsstellen sind somit die Lingualflächen der unteren Frontzähne (Ausführungsgänge der Glandulae sublingualis und Gl. submandibulares) und die oberen Molaren (der Parotisgang endet gegenüber dem oberen zweiten Molaren).

H91

Frage 3.3: Lösung C

Zu den Prädilektionsstellen der Karies zählen bei „normalen" Patienten die Fissuren, die Approximalbereiche, die Zahnhälse und die Zahnwurzel.
Bäcker dagegen sind durch den Mehlstaub einem erhöhten Anteil von kariogenen Nährmitteln in der Luft ausgesetzt. Dadurch kommt es zu einer stärkeren Benetzung der Glattflächen (Bäckerkaries).
Siehe auch Lerntext III.1.

H97 H94 H92 !!

Frage 3.4: Lösung D

Zu den Prädilektionsstellen für Karies zählen alle natürlichen oder künstlichen Nischen für Nahrungsreste wie:

- **Fissuren und Grübchen**
- **Approximalflächen**
- **Kronen- und Füllungsränder.**

Weitere Prädilektionsstellen sind Zahnbereiche, die nicht (mehr) von widerstandsfähigem Schmelz bedeckt sind:

- **Schmelz-Zement-Grenze**
- **Wurzeloberflächen.**

Dagegen sind die schmelzbedeckten Glattflächen der Zähne leicht sauber zu halten. Ein Höcker des Zahnes ist somit keine Prädilektionsstelle für Karies.
Siehe Lerntext III.1.

F94 !!

Frage 3.5: Lösung E

Karies ist die Folge der Stoffwechselaktivität (Säurebildung) der Plaquebakterien. Lösung (E) ist also richtig.
Alle anderen Aussagen sind falsch.
Zu **(A):** Hier sei nur an das **„nursing-bottle-syndrome"** gedacht. Damit ist die Zerstörung der Milchzähne durch das „Dauernuckeln" zuckerhaltiger Tees u. ä. gemeint.
Zu **(B)** und **(D):** Man unterscheidet verschiedene Lokalisationen der Karies:

- Fissuren- und Grübchenkaries auf der Kaufläche
- Approximalkaries in den Zahnzwischenräumen, deswegen immer Zahnseide benutzen!
- Zahnhalskaries (meist ab dem 40. Lebensjahr) bei ungenügender Mundhygiene und Retraktion des Gingivalsaumes.
- Wurzelkaries: besonders bei frei liegenden Wurzeloberflächen.

Zu **(C):** Zahnstein ist mineralisierter Plaque, die dadurch weniger stoffwechselaktiv ist. Karies ist eine Krankheit des Zahnes und kann sich somit höchstens **unter** Zahnsteinablagerungen, aber nicht **auf** Zahnsteinablagerungen bilden.

F95 !

Frage 3.6: Lösung A

Ursache der Zahnkaries sind Säuren, die von Bakterien der Mundhöhle aus Zucker gebildet werden. Im Frühstadium bewirkt die Säure eine reversible Entmineralisierung des Zahnschmelzes. Die reversible Entkalkung schreitet beim Weiterbestehen der lokalen zahnaggressiven Faktoren von der Zahnoberfläche in die Tiefe fort und führt zur irreversiblen Zerstörung der Zahnhartsubstanzen.
Zu **(A):** Die Zerstörung des Dentins bewirkt eine **Mitreaktion der Zahnpulpa** in Form einer Pulpitis (über die Dentinkanälchen besteht eine Verbindung von Dentin und Pulpa).
Zu **(B):** Schädigungen des **Zahnhalteapparates** (Parodontium) - nicht primär der Zahnhartsubstanzen - bewirken eine Zahnlockerung.
Zu **(C):** Die im Laufe einer Karies auftretende Pulpitis führt typischerweise zu vertikaler Klopfempfindlichkeit des Zahnes. Somit erscheint auch (C) als Lösungsmöglichkeit denkbar. Da aber nach **unmittelbaren** Folgen der Karies gefragt wurde, ist Lösung (A) richtig, weil die Klopfempfindlichkeit keine Folge der Karies, sondern erst der Pulpitis ist. Wieder einmal sind die kleinen Adjektive in der Fragestellung entscheidend für die Lösung der Aufgabe.
Siehe auch Kommentar zu Frage 2.5
Zu **(D):** Unter Parodontitis marginalis versteht man eine entzündliche Erkrankung aller Teile des margi-

nalen Parodonts, das aus Gingiva, Desmodont, Wurzelzement und Alveolarknochen besteht. Sie wird durch bakterielle Beläge verursacht. Bakterielle Plaque kann also zu Parodontitis und zu Karies führen. Die Parodontitis ist aber keine Folge von Karies, sondern von Plaque.
Zu **(E):** Parodontose ist eine ältere Bezeichnung für nicht entzündliche Erkrankungen des Zahnhalteapparats.
Sowohl die Parodontitis, als auch die Parodontose können durch Schädigung des Zahnstützgewebes zur Zahnlockerung führen.

F96

Frage 3.7: Lösung A

Die Mitreaktion der Zahnpulpa bei tiefer Karies wird in verschiedene Stadien eingeteilt:
- Stadium der Hyperämie
- Pulpitis acuta serosa partialis oder totalis (je nach Ausbreitungsgrad)
- Pulpitis purulenta
- Zahngangrän

(Siehe Lerntext III.2.)
Zu **(A):** Kennzeichnend für das Stadium der Hyperämie sind **Schmerzen auf thermische Reize** (heiß/kalt-Probe). Der Schmerz ist **gut lokalisierbar** und **überdauert** die thermische Reizung des Zahnes **nicht.**
Zu **(C):** Bei der Pulpitis acuta serosa partialis findet sich typischerweise ein Spontanschmerz. Der betroffene Zahn ist vom Patienten lokalisierbar, nicht perkussionsempfindlich, aber der Schmerz überdauert die thermische Reizung. Der Patient hat noch schmerzfreie Pausen.
Zu **(B)**, **(D)** und **(E):** Das Vorhandensein von kontinuierlichen, ziehenden Schmerzen, Perkussionsempfindlichkeit (hier als Berührungsempfindlichkeit bezeichnet) und ausstrahlenden Schmerzen findet sich als typische Trias bei Pulpitis acuta serosa totalis. Hier ist die Zahnpulpa schon irreversibel geschädigt.

H96 **!**

Frage 3.8: Lösung D

Zahnstein ist eine harte Ablagerung auf den Zähnen, die sich aus den Calciumsalzen des Speichels, Nahrungsresten und Mikroorganismen zusammensetzt. Prädilektionsstellen sind die bukkalen Flächen der oberen Molaren und die lingualen Flächen der unteren Frontzähne wegen ihrer Nachbarschaft zu den Ausführungsgängen der großen Speicheldrüsen. Die Neigung zur Bildung von Zahnstein ist interindividuell verschieden. Es gibt starke und weniger starke Zahnsteinbildner.
Zu **(1):** Die Zusammensetzung des Speichels und der Anteil der Calciumsalze (vor allem des Calciumphosphats) hat Einfluss auf die Bildung von Zahnstein, nicht jedoch der Härtegrad des Trinkwassers. Die Wasserhärte ist ein Maß für die Konzentration der im Wasser enthaltenen Erdalkalien (MgO). Diese werden bei Erhitzen des Wassers ausgefällt und führen so zu Ablagerungen in Rohrleitungen, Küchengeräten u.ä., die man Wasserstein oder Kesselstein nennt. Mit der Ablagerung von Zahnstein in der Mundhöhle hat das außer einer eventuellen Ähnlichkeit der Wörter nichts zu tun.
Zu **(2):** Zahnpasten sind Rezepturen aus pulverförmigen, kristallinen, oder amorphen Putzkörpern mit Bindemitteln und oberflächenaktiven Substanzen. Ihre Zusammensetzung und ihr Einsatz in der Zahnreinigung soll Zahnstein verhindern und nicht entstehen lassen.
Zu **(3)** und **(4):** Man kann Zahnstein als **mineralisierte Plaque** ansehen. Deshalb sind die Faktoren, die zur Plaquebildung führen, wie zum Beispiel schlechte Mundhygiene, gleichzeitig auch Entstehungsursachen von Zahnstein. Die eigentliche Ursache für die Einlagerung der Mineralien in die Plaque ist bisher nicht bekannt.

H96 **!**

Frage 3.9: Lösung C

Zahnkaries ist ein umschriebener, von außen beginnender Demineralisationsvorgang, der in die Tiefe fortschreitet und mit einer Zerstörung der Zahnhartsubstanzen einhergeht. Es sind 4 Faktoren für die Kariesentstehung beschrieben worden, die auch teilweise als Lösungsmöglichkeiten angegeben sind:

1. Mikroorganismen. Es handelt sich hier um physiologische Keime der Mundhöhle, die in einer Matrix aus Glykoproteinen und Sacchariden als Plaque fest an der Zahnoberfläche haften und nicht mehr durch die Selbstreinigungsmechanismen der Mundhöhle (Speichel, Zunge) entfernt werden können. Als Endprodukt ihres Stoffwechsel entstehen saure Metabolite, die zur Demineralisation führen. Lösungsmöglichkeit (1) ist also richtig.
2. Zähne. Karies befällt die Zahnhartsubstanzen. Es spielt dabei keine Rolle, ob der Zahn vital oder devital ist, also eine intakte oder abgestorbene Pulpa hat. Im Verlauf der Karies kann es höchstens sekundär zu einer Mitreaktion der Pulpa kommen. Diese kann von einer einfachen Pulpitis bis hin zum Pulpentod reichen. Lösungsmöglichkeit (2) ist also falsch.
3. Substrate für die Mikroorganismen in Form von Kohlenhydraten. Die Bakterien vergären an der Zahnoberfläche Kohlenhydrate aus der Nahrung des Menschen, wodurch saure Metabolite entstehen. Lösungsmöglichkeit (3) ist also richtig.
4. Ausreichend Zeit zur Substratmetabolisierung.

Siehe auch Lerntext III.1.

H98

Frage 3.10: Lösung B

Zu **(A):** Organische Quecksilberverbindungen, zu denen das Methylquecksilber zählt, kommen in der Natur vor und werden vom Menschen über die **Nahrung** und **nicht** durch das Legen von Amalgamfüllungen aufgenommen (vgl. Minamata-Erkrankung durch quecksilberverseuchten Thunfisch). Organische Quecksilberverbindungen sind wesentlich toxischer als anorganische.
Zu **(B):** Beim Legen (und später auch beim Herausbohren) einer Amalgamfüllung wird Quecksilber als elementares, dampfförmiges Quecksilber in geringen Mengen über die Lunge aufgenommen. Nach der Ionisation zu Hg^{2+} wird es über die Nieren ausgeschieden, sodass man es im Urin nachweisen kann. Lösung (B) ist also korrekt.
Zu **(C):** Fluor-Ionen werden in den Zahnschmelz eingebaut und vermindern so die Kariesanfälligkeit. Quecksilber wird nicht in den Schmelz eingebaut und verursacht keine Schmelz-, sondern (in entsprechender Dosierung) systemische Schäden.
Zu **(D):** Eine Amalgamfüllung gibt zwar durch Korrosions- und Abrasionsprozesse kleinere Mengen ionisierten (und **nicht** organischen) Quecksilbers ab. Das führt aber nicht zu einer Zahnfleischentzündung. Es wird mit dem Speichel verschluckt und kann wie das elementare Quecksilber über die Nieren ausgeschieden werden. Zu einer Zahnfleischentzündung an einer Amalgamfüllung kann es jedoch bei abstehenden Füllungsrändern kommen. Dort sammelt sich Zahnbelag an, der zu einer **plaqueinduzierten** (und nicht quecksilberinduzierten) Zahnfleischentzündung führt.
Eine nicht entzündliche Veränderung des Zahnfleisches durch Quecksilber findet sich als Quecksilbersaum bei der chronischen Quecksilberintoxikation.
Zu **(E):** Bei jeder Pulpaeröffnung besteht die Gefahr der oberflächlichen oder kompletten Pulpanekrose - unabhängig von einer Quecksilbereinwirkung.

H99 **!**

Frage 3.11: Lösung C

Zu **(A):** Alle Menschen - besonders in industrialisierten Ländern - sind durch Quecksilber belastet; ein bedeutender Faktor ist die berufliche Belastung: Arbeiter in Quecksilber verarbeitenden Betrieben gelten als exponiert. Mit deutlichem Abstand folgen Zahnärzte und ihr Personal hinsichtlich der Belastung durch Quecksilber, erst in dritter Linie ist die Bevölkerung betroffen, deren Zähne mit Amalgamfüllungen versorgt sind. Die Aufnahme von Quecksilber aus der Nahrung kann ebenfalls einen erheblichen Anteil ausmachen. Am wenigsten sind vermutlich karies- und füllungsfreie Personen ohne berufliche Exposition bei quecksilberarmer Ernährung belastet. Es scheint somit einen Zusammenhang zwischen der Anzahl der im Mund befindlichen Amalgamfüllungen und dem Quecksilbergehalt des Organismus zu geben. Mit der MAK (Maximale Arbeitsplatz-Konzentration) wird die Quecksilberbelastung am Arbeitsplatz pro Kubikmeter Raumluft gemessen. Beim Legen von Amalgamfüllungen wird Quecksilber in geringen Mengen als Dampf frei. Aus fertigen Füllungen wird Quecksilber hauptsächlich in anorganischer Form frei, sodass die angegebene Menge nicht erreicht wird. Lösung (A) ist also falsch.
Zu **(B):** Aus Amalgamfüllungen tritt Quecksilber in den Speichel über. Es handelt sich jedoch um anorganische Quecksilberverbindungen. Organische Quecksilberverbindungen werden über die Nahrung aufgenommen. Genau lesen!
Zu **(C):** Die aus den Füllungen freigesetzten und verschluckten anorganischen Quecksilberverbindungen werden nur zu einem geringen Teil im Verdauungstrakt resorbiert. Sie werden größtenteils über den Darm und die Nieren ausgeschieden. Lösung (C) ist also richtig. Anders verhält es sich bei Quecksilberdämpfen (zerbrochenes Thermometer) und organischen Hg-Verbindungen, die zu über 70% resorbiert werden können.
Zu **(D):** Amalgam ist ein plastisches Füllungsmaterial, d.h. es wird im plastischen Zustand in die Zahnkavität eingebracht („gestopft") und härtet darin aus. Amalgam ist nicht gießfähig. Gussfüllungen werden - wie der Name schon sagt - gegossen. Es handelt sich dabei um Goldfüllungen, die erst als fertiges Werkstück einzementiert werden. Amalgam kann dafür nicht verwendet werden. Im Gegenteil werden Gussfüllungen oft geradezu als Amalgamalternative gesehen. Sie können jedoch Amalgamfüllungen nicht vorbehaltlos ersetzen (größerer Zahnhartsubstanzverlust, höhere Kosten, mehr Zeitaufwand ... für Gussfüllungen).
Zu **(E):** Obwohl vielfach propagiert und auch angewendet, kann der Speicheltest keine zuverlässigen Angaben über die Quecksilberbelastung des Individuums durch Amalgamfüllungen oder auch durch andere Quellen machen. Es gibt für ihn keine einheitlichen Grenzwerte und keine standardisierte Durchführung. Die Höhe der Quecksilberkonzentration im Speichel wird von vielen Faktoren verändert (Rauchen, Analyse von Ruhespeichel oder Reizspeichel, heiße Getränke u.a.). Zuverlässige Angaben, wie sie zum Beispiel im Rahmen arbeitsmedizinischer Untersuchungen wichtig sind, erhält man durch die Messung des Quecksilbergehalts im Urin, im Blut oder der Haare.

F00

Frage 3.12: Lösung *** Diese Frage wurde aus der Wertung genommen.

Zu **(A):** Amalgame sind Legierungen von Quecksilber mit Metallen. In der Zahnheilkunde werden mittlerweile ausschließlich Silber-Zinn-Amalgame verwendet. Bei diesem Amalgamtyp reagieren Silber und Zinn und das ebenfalls enthaltene Kupfer mit dem Quecksilber und bilden verschiedene „Phasen". Das zunächst plastische Amalgam härtet aus. In geringen Mengen enthält dieser Amalgamtyp auch Zink und Palladium. Obwohl diese beiden Metalle bei der Abbindereaktion keine Rolle spielen, sind auch sie Bestandteile der Legierung. Lösung (A) ist also mit Einschränkung richtig.
Zu **(B):** Das Gegenteil ist richtig: Amalgamfüllungen dehnen sich beim Abbinden aus. Verantwortlich dafür ist die so genannte Quecksilberexpansion. Andere plastische Füllungsmaterialien, wie Komposite oder Glasionomerzemente, schrumpfen beim Aushärten.
Zu **(C):** Amalgamfüllungen gehen keine Verbindungen mit den Zahnhartsubstanzen ein. Sie können im Zahn nur befestigt werden, indem die Füllungskavität unter sich gehend präpariert wird und sich das ausgehärtete Füllungsmaterial darin „verkeilt" (makromechanische Verankerung). Mikromechanische Verankerungen (wie z. B. Aufrauhen) reichen zur Befestigung nicht aus.
Zu **(D):** Das ist richtig. Das meiste Quecksilber wird beim Legen und Herausbohren einer Amalgamfüllung freigesetzt. Es wird vor allem als Quecksilbergas eingeatmet und über die Lungen resorbiert. Zusätzlich setzen Amalgamfüllungen durch Korrosion und Abrieb beim Kauen auch ionisches Quecksilber frei. Diese Form wird jedoch schlechter resorbiert.
Zu **(E):** Die im Speichel enthaltenen Enzyme (Amylasen) spalten Vielfachzucker und spielen keine Rolle bei der Quecksilberverstoffwechselung. Die in der Frage angeführte Methylierung des Quecksilbers geschieht vor allem durch Bakterien, die im Boden und im Meer leben. Dadurch entstehen organische Quecksilberverbindungen, die sich in der Nahrungskette anreichern. Der Mensch nimmt durch die Nahrung Quecksilber vorwiegend als organische Verbindungen auf. Aus dem Füllungswerkstoff Amalgam werden elementares Quecksilber und anorganische Quecksilberverbindungen freigesetzt.

H00 !

Frage 3.13: Lösung B

Zu **(A):** Im Dentin selbst liegen keine Blutgefäße. Diese finden sich beim Zahn nur im Pulpenkavum. Lösung (A) ist also falsch.
Zu **(B):** Dentin und Schmelz zählen zu den Zahnhartsubstanzen, die bei einer Karies durch physikalische Lösungsvorgänge im Sinne einer Demineralisation geschädigt werden. Lösung (B) ist also korrekt.
Zu **(C):** Bei einer Karies kommt es nicht nur zu einer Entzündungreaktion (mit eingewanderten Leukozyten etc.), sondern durch rein physikalische Lösungsvorgänge zur Gewebeschädigung. Nur die Pulpa reagiert auf Kariesbakterien und ihre Stoffwechselprodukte mit einer Entzündungsreaktion.
Zu **(D):** Da es im Dentin, wie unter (A) erwähnt, keine Blutgefäße gibt, kann es auch nicht zu Punktblutungen kommen.
Zu **(E):** Mit den Odontoblastenfortsätzen laufen auch feinste Nervenendäste in den pulpanahen Abschnitten der Dentinkanälchen. Diese sind jedoch marklos. Bei einer Gewebeschädigung des Dentins kann es somit nicht zu einer Atrophie der Markscheiden kommen.
Es ist sinnlos, solche Details lernen zu wollen!!

3.2 Erkrankung der Pulpa: Pulpitis – Pulpennekrose

Erkrankungen der Pulpa: Pulpitis – Pulpennekrose — III.2

Bei der Entzündung der Pulpa muss man einige Besonderheiten beachten, die den Ablauf der Erkrankung beeinflussen:
- Die Pulpa ist in ein starrwandiges System eingeschlossen und kann sich daher bei erhöhter Durchblutung nicht ausdehnen.
- Die Pulpa hat keine Lymphgefäße.
- Die Pulpa besitzt keinen Kollateralkreislauf.

Ätiologie

Man unterscheidet zwischen 4 Ursachenkomplexen:
- Kariöse Infektion
  Durch anaerobe Bakterien wird der pH-Wert im Dentin- und Pulpagewebe gesenkt. Dadurch entsteht eine Übersäuerung.
- Thermische Reize
  Beim Beschleifen und Bohren von Zähnen entsteht eine Hitzeentwicklung, wenn nicht ausreichend gekühlt wird.
  Durch Metallfüllungen (z. B. Amalgam) ohne Pulpenschutz werden thermische Reize direkt auf die Pulpa übertragen.

- Chemische Reize
  Durch undichte Füllungen oder toxische Füllungsmaterialien (z. B. bestimmte Kunststoffmaterialien) wird die Pulpa gereizt.
- Mechanische Reize
  Ein Schlag oder Trauma auf den Zahn führt zur Irritation der Pulpa mit anschließender Hyperämie und eventueller späterer Pulpitis.

Verlauf

Bei einer Entzündung der Pulpa entsteht im Pulpenkavum eine Druckerhöhung durch Erweiterung der zuführenden Gefäße. Dies wird als *aktive Hyperämie* bezeichnet.
Anschließend werden die Venen im Bereich des Foramen apicale verengt. Dies ist die *passive Hyperämie.*
Seröse Blutbestandteile treten ins Interstitium über. Bei der hämatogenen Infiltration wandern zelluläre Bestandteile aus dem Blut ins Gewebe. Dies kann als aktiver oder passiver Prozess erfolgen.
Anschließend werden Bindegewebszellen des RES mobilisiert (histiogene Reaktion) und Leukozyten lokal eingeschmolzen (purulente Reaktion). Es kommt schließlich zur Nekrose der Pulpa und zur Gangrän.
Das Endstatium ist die Ausbreitung der Entzündung über den Apex hinaus, was als apikale Ostitis oder Parodontits apicalis bezeichnet wird. Dabei kann es zu einem Abszess oder einer Phlegmone kommen.

Symptome: Beschwerden und Befunde

Hilfsmittel zur Diagnostik:
Anamnese: Art des Schmerzes
Klinischer Befund: große Füllungen, große Karies, Tiefe der Zahnfleischtasche
Perkussionsprobe: Hierbei wird der Zahn mit dem Griff eines Instrumentes (z. B. Spiegel o. ä.) aus zwei Richtungen beklopft. Einmal erfolgt die Perkussion in Richtung der Zahnachse (vertikal). Danach wird senkrecht zur Zahnachse (horizontal) perkutiert. Vertikale Klopfempfindlichkeit spricht eher für Pulpitis mit apikaler Entzündung, horizontale Klopfempfindlichkeit mehr für eine marginale Parodontitis
Sensibilitätstest: sog. Provo-Test, bei dem CO_2-Schnee (Trockeneis) mit –70 °C auf den Zahn aufgebracht wird.
Auch mit Gleichstrom kann die Sensibilität getestet werden.
Röntgenaufnahmen, bei denen tiefe Karies oder apikale Veränderungen festgestellt werden.
Als allerletzter Diagnoseschritt wird die so genannte *Probetrepanation* durchgeführt.
Diagnose der akuten Zustände (die chronischen werden meist zufällig im Röntgenbild erkannt).

Hyperämie:
- Empfindlichkeit auf süß/sauer und heiß/kalt,
- Schmerz überdauert den Reiz nicht,
- betroffener Zahn ist lokalisierbar,
- die Vitalitätsprobe ist positiv.

Pulpitis serosa:
- Empfindlichkeit auf süß/sauer und heiß/kalt,
- Schmerz überdauert den Reiz, ziehender Schmerz,
- Spontanschmerz meist nachts beim Liegen,
- betroffener Zahn nicht immer lokalisierbar,
- die Vitalitätsprobe ist meist positiv.

Es wird unterschieden zwischen
- *partiell:* heiß/kalt Schmerz, Zahn lokalisierbar,
- *total:* Dauerschmerz auf Reiz, Schmerz ausstrahlend, Zahn lokalisierbar,
- *radikulär:* Dauerschmerz auf Reiz, ausstrahlender Spontanschmerz.

Pulpitis purulenta:
- pulssynchron klopfender Schmerz,
- lokalisierbarer klopfempfindlicher Zahn,
- Kälte wirkt schmerzlindernd,
- Vitalitätsprobe (mehrwurzelige Zähne) je nach Ausdehnung positiv oder negativ.

Pulpitis chronica aperta:
- *ulcerosa:* Pulpa liegt offen zur Mundhöhle als Ulkus, nur leichter Kaltschmerz,
- *polyposa (granulomatosa):* Gewebswucherung in Form eines Pulpenpolypes, meist bei Milchzähnen oder 6-Jahr-Molaren, meist schmerzfrei.

Pulpitis chronica clausa:
- meist symptomlos, Zufallsdiagnose,
- Vitalitätsprobe ist negativ, eventuell apikale Ostitis.

Gangrän:
- Vitalitätsprobe ist negativ, d. h. die Pulpa ist abgestorben,
- Perkussionsprobe ist positiv, der Zahn erscheint dem Patienten beim Zubeißen scheinbar verlängert (begleitendes entzündliches Ödem des Zahnhalteapparats),
- der Zahn ist lokalisierbar, unerträgliche, starke, spontane Dauerschmerzen,
- Kälte wirkt nicht lindernd.

H88

Frage 3.14: Lösung C

Zu **(C):** Bei Milchzähnen und 6-Jahr-Molaren bricht als Folge einer Karies das Pulpendach oftmals breitflächig ein und gibt die Pulpa frei. Die scharfen Kanten der Kavität stellen einen Wachstumsreiz für das freiliegende Pulpengewebe dar und führen zur Ausbildung einer Gewebewucherung in Form eines Pulpenpolypes.

Zu **(A):** Beim Abkauen bzw. durch starke Abrasionen im Alter zieht sich die Pulpa infolge der Reizung immer weiter zurück, wird aber in der Regel nicht eröffnet.
Zu **(B):** Die Pulpenhyperämie ist ein Reizzustand der Pulpa und als einzige der Entzündungsformen reversibel. Sie ist gekennzeichnet durch Empfindlichkeit auf heiß/kalt bzw. süß/sauer; der Zahn ist lokalisierbar und die Vitalitätsprobe ist positiv.
Als Ursache kommen eine Karies profunda, undichte Füllungen, Störkontakte oder empfindliche Zahnhälse in Frage.
Zu **(D):** Bei einer Pulpitis chronica clausa sagt schon der Name, dass es sich um eine geschlossene Form handelt. Diese Erkrankung ist meist symptomlos, sodass die Erkennung zufällig bei einer negativen Vitalitätsprobe oder einer Röntgenübersicht (apikale Ostitis) erkennbar ist.
Zu **(E):** Der purulente Prozess kann im Sinne eines Abszesses oder als Phlegmone verlaufen. Als Symptome finden sich:
- pulssynchron klopfender Schmerz,
- lokalisierbarer, klopfempfindlicher Zahn,
- Zahn erscheint dem Patienten viel zu hoch.

Als Therapie kommt nur die Vitalexstirpation in Frage, bei der eine Wurzelbehandlung durchgeführt wird.
Siehe Lerntext III.2.

F90 **!**

Frage 3.15: Lösung B

Bei einer Parodontitis apicalis acuta kann der Patient den schuldigen Zahn angeben.
In der Wurzelhaut befindet sich ein Infiltrat, das bei Berühren oder Beklopfen zu erheblichen Schmerzen führen kann. Jedes Berühren des Zahnes, selbst beim Sprechen und Berührung mit der Zunge, verursacht starke Schmerzen.
Zu **(A):** Bei einer Pulpitis purulenta acuta zerfallen die aus den Gefäßen auswandernden Leukozyten. Es entsteht Eiter. Man unterscheidet zwischen einer partiellen (nur Pulpenhorn), totalen (Kronenpulpa) und radikulären (gesamte Wurzelpulpa) Form.
Folgende Symptome sind zu beobachten:
- pulssychroner, klopfender Schmerz
- lokalisierbar
- Vitalitätsprobe kann positiv oder negativ sein.

Zu **(D):** Eine radikuläre Zyste entsteht an der Wurzelspitze in einem apikalem Granulom.
Odontogene Zysten entwickeln sich aus dem Zahnleistenepithel. Radikuläre Zysten entstehen an der Wurzel eines pulpentoten Zahnes mit periapikaler Entzündung. Durch den entzündlichen Reiz kommt es zu einem Wachstum der in der Wurzelhaut bei der Zahnentwicklung zurückgebliebenen Malassez'schen Epithelreste.
Radikuläre Zysten sind oft symptomlos und werden häufig erst als Zufallsbefund im Röntgenbild erkannt.
Siehe auch Lerntext I.1

H91 **!!**

Frage 3.16: Lösung D

Hier kommt nur Aussage (D) infrage, da bei wurzelgefüllten Zähnen die gesamte Pulpa entfernt wurde und der Zahn dadurch nicht mehr vital ist.
Bei allen anderen Krankheitsformen kann immer noch eine Vitalität oder Restvitalität vorhanden sein.

F93 **!!**

Frage 3.17: Lösung D

Zu **(1):** Etwas schwierige Aussage. Eine direkte Vitalitätsprüfung kann durch die Perkussion nicht ausgeführt werden. Reagiert jedoch der Zahn (respektive der Patient) auf ein vertikales Klopfen mit Schmerzen, lässt das auf eine apikale Entzündung des Zahnes schließen. Das könnte man somit schon als indirekte Prüfung der Zahnvitalität sehen, weil sich eine apikale Entzündung nur an der Wurzelspitze eines abgestorbenen Zahnes entwickelt.
Zu **(2)** und **(3):** Das sind die beiden Standardverfahren, wobei der Kältetest weiter verbreitet ist.
Beim Kältetest wird Trockeneis oder CO_2-Kältespray verwendet. Der Zahn reagiert auf diese extreme Kälte mit dem allgemein bekannten „Ziehen". Tote Zähne reagieren nicht. Die elektrische Prüfung wird mit Schwachstrom durchgeführt. Dabei muss die Stromstärke soweit reduziert werden, dass nicht auch die Reizschwelle der Wurzelhaut pulpentoter Zähne erreicht wird.
Zu **(4):** Das Absterben der Pulpa hinterlässt keine röntgenologisch fassbaren Spuren.

F94 **!**

Frage 3.18: Lösung E

Die Trepanation der Pulpa wird als Notfalltherapie einer irreversiblen Pulpitis oder einer Gangrän angewendet.
Bei einer Gangrän und gleichzeitig geschlossenem Pulpenkavum treten durch die Gasproduktion der anaeroben Bakterien (Druckanstieg !!) unerträgliche Dauerschmerzen auf.
Durch die Trepanation wird der Druck sofort reduziert. Lösung (3) ist also richtig.
Zu **(4):** Man lässt den Zahn ca. 1 Woche offen, bis alle Gase entwichen sind und die schmerzhafte Entzündung in eine chronische, symptomfreie, periapikale Parodontitis übergegangen ist.
Zu **(1):** Hier ist eine Füllungstherapie angezeigt.
Zu **(2):** Diese Form der Pulpitis kann noch rerversibel sein und somit ausheilen. Geschieht dies nicht, wird auch hier eine Trepanation des Zahnes notwendig.

4 Erkrankungen des Zahnbetts

4.1 Marginale Parodontopathien

Marginale Parodontopathien IV.1

Unter dem Begriff Zahnhalteapparat = Parodontium werden folgende Hart- und Weichgewebe zusammengefasst:
1. Wurzelzement
2. Alveolarknochen
3. Desmodont (Wurzelhaut)
4. gingivales Gewebe (marginales Parodont)

Diese Gewebe bilden eine entwicklungsgeschichtliche, strukturelle und funktionelle Einheit und erfüllen mehrere Aufgaben:
- Sie verankern den einzelnen Zahn in seiner knöchernen Alveole.
- Sie fassen die Zähne eines Kiefers zu einer Zahnreihe zusammen.
- Sie decken das Bindegewebe gegen die Mundhöhle ab.
- Sie halten die Kontinuität der epithelialen Auskleidung der Mundhöhle auch an den Durchtrittsstellen der Zähne aufrecht.

Gingivales Gewebe

1. Marginale freie Gingiva:
Dies ist ein schmaler, klinisch glatt erscheinender Saum, der wellenförmig den Zahnhälsen folgt. Die Höhe beträgt zwischen 0,8 und 2,5 mm. Die Oberfläche ist nicht gestippelt. Sie bildet einen dichten Kontakt zum Zahn aus, d. h. sie korrespondiert mit der epithelialen Befestigung der Gingiva am Zahnschmelz.

2. Attached Gingiva (feste/befestigte Gingiva):
Sie korrespondiert fest durch ihre Fasern mit dem Alveolarknochen oder mit dem Zement. Sie ist daher nicht verschieblich. Die Oberfläche erscheint durch punktförmige Einsenkungen gestippelt. Sie stellt die eigentliche mastikatorische Gingiva dar, d. h. sie wird beim Kauen stark beansprucht.

3. Alveoläre Mukosa:
Sie ist eine bewegliche und verschiebliche Schleimhaut und auch nicht keratinisiert.

Die Grenzen zwischen den drei Formen nennt man:
- *Linea girlandiformis:* Trennungslinie zwischen attached Gingiva und beweglicher (alveolärer) Mukosa.
- *gingivale Furche:* Dies ist eine Trennlinie zwischen attached Gingiva und freier marginaler Gingiva.

Die histologischen Bausteine der Gingiva sind Epithel und Bindegewebe. Das Epithel muss gemäß seiner Funktion in orales Epithel und Saumepithel unterteilt werden.

Das orale Epithel deckt das Bindegewebe gegen die Mundhöhle ab. An der Oberfläche der befestigten Gingiva ist das Epithel verhornt. Dies dient als Schutzfunktion gegenüber äußeren Einflüssen.

Das innere Saumepithel verbindet die Gingiva mit der Zahnoberfläche.

Es ist jener Epithelanteil, der vom gingivalen Sulkus apikal entlang der Schmelzoberfläche bis zur Schmelz-Zementgrenze verläuft und die zervikale Schmelzoberfläche ringförmig umschließt. Das Saumepithel unterliegt einer ständigen Erneuerung, die Umsatzrate beträgt nur 4–6 Tage. Das bedeutet, dass sich bei Entzündungen des Zahnfleisches (Parodontitis), und nachfolgender Therapie, bei der die Wurzeloberflächen gereinigt und geglättet und entzündliche Gewebe entfernt werden, eine schnelle Abheilung einstellt.

Alveolarknochen

Die Alveolarfortsätze sind Zahn tragende Strukturen.

Struktur des Alveolarknochens:
1. Außen befindet sich Kortikalis. Diese ist von Periost überzogen.
2. Innen befindet sich eine feste Knochenplatte (dem Zahn aufliegend). Hier ist kein Periost vorhanden, dafür das Desmodont, die Wurzelhaut.
3. Spongiosa zwischen 1. und 2. = weiche Masse mit Markräumen, diese sind mit Fettmark gefüllt. Daneben findet man noch rotes, Blut bildendes Mark, z. B. im Tuberbereich.

Desmodont

oder Wurzelhaut, bzw. Periodontium, bildet eine funktionelle Einheit mit Zement und Alveolarknochen.

Funktion des Desmodonts:
1. Halte- und Stützfunktion ⇒ Verankerung des Zahnes in der Alveole,
   hierzu zählt das Attachment der Zähne an den Knochen.
   Bedingt durch die Anordnung der Fasern werden Druckkräfte in Zugkräfte umgewandelt.
   Schutz der Gefäße und Nerven und Schutz der Wurzeloberfläche vor Ankylose und Resorption.

2. Formative Funktion
3. Ernährungsfunktion
4. sensorische Funktion ⇒ Propriorezeptoren

A. Ätiologie und Pathogenese marginaler Parodontopathien

Man unterscheidet drei Ursachenkomplexe:
1. Mikrobiell ausgeschiedene Toxine verursachen eine Reaktion des marginalen Parodonts.
2. Funktionelle Störungen
3. Endogene Störungen

Gingivitis und Parodontitis basieren auf entzündlichen Reaktionen des marginalen Parodonts durch supra- und subgingival lokalisierte *mikrobielle Plaques* . Funktionsstörungen können den Krankheitsverlauf beeinflussen.

So kann sich die Parodontitis unter bestimmten Stressfaktoren extrem beschleunigen.

Supragingivale Zahnplaque ist ein weicher, dicht verfilzter, zäher, gelblich-grauer *bakterieller* Zahnbelag, der auf der Zahnoberfläche (approximal und marginal) kleben kann.

Die Bakterien führen zur parodontalen Destruktion indem sie das Gewebe durch Toxine, Enzyme oder metabolische Produkte direkt schädigen. Sie können auch indirekt zu Schäden führen, indem sie die Abwehrreaktion des Gewebes gegen Fremdeinflüsse überfordern oder überdurchschnittlich stimulieren.

Plaque und ihre Produkte bewirken eine Freisetzung von bestimmten Enzymen (insbesondere Kollagenasen), Endotoxin aus gramnegativen Mikroorganismen, Lipoteichonsäure aus grampositiven Bakterien, Leukotoxin, Metaboliten (Ammoniak), sowie eine Aktivierung der spezifischen und unspezifischen Abwehr. Häufig findet man noch den Begriff der *Parodontose*. Darunter versteht man einen entzündlichen oder nicht entzündlichen Abbau des Zahnhalteapparates. Dieser Begriff sollte durch den Begriff der Parodontitis ersetzt werden, weil man heute weiß, dass der Abbau des Parodonts letztlich immer auf eine Entzündung (durch die Plaquebakterien) zurückgeht. Die nicht entzündlichen Faktoren (funktionelle und endogene Störungen) gelten nur noch als Co-Faktoren.

B. Verlauf und Formen

Einteilung:

1 Entzündliche Formen
1.1 Gingivitis
1.1.1 Akute Gingivitis
1.1.2 Akute nekrotisierende ulzeröse Gingivitis (ANUG)
1.1.3 Chronische Gingivitis
1.2 Marginale Parodontitis
1.2.1 Parodontitis marginalis superficialis
1.2.2 Parodontitis marginalis profunda
2 Gingivoparodontale Manifestationen systemischer Erkrankungen
3 Hyperplastische Formen
3.1 Fibröse Gingivahyperplasie
3.1.1 Idiopathisch fibröse Gingivahyperplasie
3.1.2 Medikamentös bedingte fibröse Gingivahyperplasie
3.2 Epuliden
4 Traumatogene Formen
4.1 Verletzungen der Gingiva
4.2 Desmodontales Trauma
5 Involutive Formen
5.1 Parodontale Rezessionen
5.1.1 Singuläre parodontale Rezessionen
5.1.2 Generalisierte parodontale Rezessionen
5.2 Alveolaratrophie

Zu 1: Entzündliche Formen

1.1 Gingivitis:

Definition: Akute oder chronische Entzündung der Gingiva.

Symptome: Rötung, Schwellung, Blutung nach Sulkussondierung, erhöhte Exsudation des Sulkus-Fluids, erhöhte Sondierungstiefe ohne Attachmentverlust (Pseudotaschen). Attachmentverlust ist ein Maß für den Abbau des Zahnhalteapparats.

1.1.1 Akute Gingivitis:

Akute Entzündung der Gingiva mit Rötung, Schwellung und Exsudation.

Ursache: mechanische oder thermische Verletzung und/oder bakterielle Beläge. Sie kann in eine chronische Gingivitis übergehen.

Therapie: Entfernung der Beläge und eventuell Gingivektomie.

1.1.2 Akute nekrotisierende ulzeröse Gingivitis (ANUG):

Meist schlagartig beginnend.

Symptome: sehr schmerzhafte Entzündung der interdentalen, später auch übrigen Gingiva mit Nekrosen und Ulzerationen. Verbunden mit Foetor ex ore, Lymphknotenbeteiligung, Verschlechterung des Allgemeinzustands, erhöhter Körpertemperatur.

Sie entsteht meist auf dem Boden einer akuten oder chronischen Gingivitis und ist charakterisiert durch einen schubweisen Verlauf.

Ein Übergang in eine Stomatitis oder ulzeröse Gingivoparodontitis ist möglich.

Ursache: grob vernachlässigte Mundhygiene, Plaque, vermehrt Fusobakterien und Spirochäten, ätiologischer Cofaktor kann Stress sein, Immunschwäche (AIDS) mit Umkippen des Mundmilieus.

Therapie: vorsichtige Belagentfernung in kurzen Abständen (unter lokaler Betäubung).

Mundspülung mit 3% Wasserstoffperoxid oder desinfizierenden Mundspüllösungen, keine Zahnsteinentfernung, da zu schmerzhaft.

Bei reduziertem Allgemeinzustand wird ein Antibiotikum verabreicht.

1.1.3 Chronische Gingivitis:
Gingivitiden, die einen langen klinischen Verlauf haben, aber unterschiedliche Symptome (variable Entzündungszeichen, hyperplastische Wucherungen) aufweisen. Die Entzündung bleibt auf die Gingiva beschränkt und löst keinen Knochenabbau aus. „Schmutzgingivitis", da v.a. durch Plaque verursacht.

Durch prädisponierende anatomische Faktoren und durch Umstellung und Dysregulation im Hormonhaushalt kann die Symptomatik verstärkt werden (Pubertätsgingivitis oder Schwangerschaftsgingivitis).

1.2 Marginale Parodontitis:
Definition: entzündliche, durch bakterielle Beläge verursachte Erkrankung aller Anteile des marginalen Parodontiums, d.h. der Gingiva, des Desmodonts, Wurzelzements und Alveolarknochens mit fortschreitendem Verlust von Stützgewebe (Attachmentverlust).

Die Erkrankung kann sich an einzelnen, mehreren oder allen Zähnen abspielen, sie verläuft schubweise.

Symptome: Blutung, Rötung, Schwellung, Zahnfleischtaschen mit Attachmentverlust, Knochenabbau. Spätsymptome sind erhöhte Zahnbeweglichkeit, Zahnwanderung, Parodontalabszesse.

1.2.1 Parodontitis marginalis superficialis (PMS):
Entzündliche Erkrankung aller Anteile des Parodonts mit Attachmentverlust (röntgenologischer Knochenabbau) bis etwa $^1/_3$ der Wurzellänge. Diese reicht von der Schmelz-Zement-Grenze bis zum Apex.

Geringe bis leichte Zahnlockerung, manchmal klinisch und röntgenologisch sichtbare Konkremente, Entleerung von Pus aus Zahnfleischtasche und Sulkus, Taschentiefe 3–4 mm.

1.2.2 Parodontitis marginalis profunda (PMP):
Entzündliche Erkrankung aller Anteile des Parodontiums mit Attachmentverlust von **mehr als** $^1/_3$ der Wurzellänge. Blutung, Rötung, Schwellung, starke Zahnlockerung, Knochenabbau im mittleren und unteren Wurzeldrittel, Taschenbildung von mehr als 5 mm, deutliche Sekretion aus Taschen, klinisch und röntgenologisch feststellbare Konkremente.

Spezielle Verlaufsformen:

- *lokalisierte juvenile Parodontitis (LJP)*
  Falls keine Behandlung erfolgt, droht frühzeitiger Zahnverlust. Man findet eine Zunahme von gramnegativen anaeroben Stäbchen.
- *langsam verlaufende Erwachsenenparodontitis (AP)*
  Zahnverlust erst viel später, oder überhaupt nicht.
- *schnell verlaufende Parodontitis (rapidly progressive parodontitis (RPP))*
  Akute Zunahme von gramnegativen anaeroben Stäbchen.

Zu 2. Gingivoparodontale Manifestationen systemischer Erkrankungen
Bei einer großen Zahl von Allgemeinerkrankungen (Infektionskrankheiten, hämatogenen Erkrankungen, Stoffwechsel-, Hauterkrankungen etc.) kann es auch zu krankhaften Veränderungen an der Gingiva oder am Parodontium kommen.

- Stoffwechselerkrankungen:
  - Diabetes Typ I
  - Hyperthyreose (M. Basedow)
  - Ernährungsstörungen (Kwashiokor) und/ oder
  - Avitaminosen
- hämatologischen Erkrankungen:
  - Agranulozytose
  - Leukämie
- systemische Erkrankungen mit dermatologischem Bezug:
  - Lichen planus und Lichen erosivus
  - benignes Schleimhautpemphigoid
  - Pemphigus vulgaris
- gingivoparodontale Manifestationen viraler Erkrankungen:
  - Herpes zoster
  - primäre und sekundäre Gingivostomatitis
- gingivoparodontale Manifestationen genetisch bedingter Syndrome:
  - Papillon Lefèvre-Syndrom
  - Morbus Down

Zu 3: Hyperplastische Formen

3.1 Fibröse Gingivahyperplasie
Definition: generalisierte oder auf Zahngruppen beschränkte derbe, fibröse Verdickung der Gingiva. Häufig in Tuber und Gaumenbereich der Molaren. Die fibrös verdickte Gingiva ist primär entzündungsfrei, durch Ausbildung von Pseudotaschen kommt es häufig sekundär zu entzündlichen Veränderungen.

Symptome: die gewucherte Gingiva ist derb, fest, blass, mit gestippelter granulierter Oberfläche, primär keine Blutungen bei Berührung oder Sondierung.

Durch Gewebsvermehrung sind die Sondierungstiefen des Zahnfleisches vergrößert, obwohl kein Attachmentverlust eingetreten ist ⇒ Pseudotaschen.

Infolge erheblicher Behinderung der Mundhygiene kommt es fast immer zu sekundär entzündlichen Veränderungen.

3.1.1 Idiopathische fibröse Gingivahyperplasie:
In jedem Lebensalter vorkommend, generalisiert oder begrenzt auf Molaren und Tuberbereich des Oberkiefers.

K

- idiopathisch und hereditär fibromatöse Gingiva (vererbt)
  ⇒ Melkersson-Rosenthal-Syndrom. Trias: Cheilitis granulomatosa, Fazialisparese, Lingua plicata (Therapie: Glukokortikoidgabe).

3.1.2 Medikamentös bedingte fibröse Gingivahyperplasie:

- Diphenylhydantoin ⇒ bei Epilepsie
- Cyclosporin A/Sandimmun® ⇒ zur Immunsuppression z.B. bei Organtransplantationen
- Nifedipin/Adalat®

3.2 Epuliden:

Lokalisierte knotenförmige Wucherung der Gingiva im Bereich eines oder weniger benachbarter Parodontien mit unterschiedlichem klinischen Bild ⇒ peripheres Riesenzellgranulom, Granuloma pyogenicum, Epulis fibrosa.

Zu 4: Traumatogene Formen

4.1 Verletzungen der Gingiva:

Mechanische Insulte an der Gingiva (z.B. Stillmann-Spalten, durch falsche Putztechnik).

4.2 Desmodontales Trauma:

Traumatische, abakteriell entzündliche Destruktion des tiefen parodontalen Stützgewebes.

Symptome: frühzeitige Lockerung des Zahnes durch okklusale Kräfte, verbreiterter Parodontal-Spalt, Kribrosierung der Lamina interna im Röntgenbild.

Zu 5: Involutive Formen

5.1 Parodontale Rezessionen:

Auf die orale und/oder faziale Wurzeloberfläche eines Zahnes begrenzte, klinisch entzündungsfreie Rückbildung des Parodontiums.

Symptome: freiliegende Wurzeloberfläche ohne Entzündung der Gingiva, keine Taschenbildung, keine erhöhte Zahnbeweglichkeit.

Gingiva wulstig verdickt (McCall-Girlanden), interdentale Gingiva und Alveolarsepten weitgehend erhalten.

5.1.1 Singuläre parodontale Rezession:

Parodontale Rezessionen an einem oder wenigen Zähnen, dabei liegt die Wurzeloberfläche frei.

5.1.2 Generalisierte parodontale Rezession:

Parodontale Rezession an allen Zähnen.

5.2 Alveolaratrophie:

Entzündungsfreier Schwund des Alveolarknochens einschließlich der Interdentalsepten.

C. Therapie

Parodontalchirurgische Eingriffe:

Man unterscheidet die Parodontalchirurgie, die der Verbesserung der morphologischen Eigenschaften des erkrankten Zahnhalteapparates dient, von der mukogingivalen Chirurgie, die eine Veränderung der Situation des gesamten mukogingivalen Schleimhautbereichs (Alveolarmukosa und Gingiva) herbeiführt.

Parodontalchirurgische Eingriffe:

Kürettage: Entfernung aller subgingivalen Ablagerungen von der Wurzeloberfläche.

Glättung der freiliegenden Wurzelabschnitte. Ausschabung der entzündlich veränderten Weichgewebe-Taschenwand bis ins Bindegewebe.

Parodontale offene Lappen-OP: wird meist ab Taschentiefe von 5 mm durchgeführt, der Mukoperiostlappen wird abgeklappt, die Wurzeloberfläche und der Knochen unter Sicht kürettiert.

Gingivektomie: wird vorwiegend bei Gingivahyperplasie durchgeführt. Früher wurde die Gingivektomie zur Taschenbeseitigung eingesetzt, aber durch ästhetisch ungünstige Ergebnisse (die Zähne werden künstlich verlängert) und die Hypersensibilität (die Wurzeloberfläche liegt frei) hat man heute Abstand davon genommen.

Gingivoplastik: Indikation unphysiologischer Verlauf der Gingiva, Plaqueretentionsstellen. Dabei werden unphysiologische Gewebeanteile entfernt und ein besseres Abgleiten der Speise von den Zähnen über das Zahnfleisch hinweg erreicht.

H90

Frage 4.1: Lösung A

Eine Gingivitis ist gekennzeichnet durch Schwellung und Rötung des Zahnfleisches. Ursache sind mechanische oder thermische Verletzungen und/oder bakterielle Beläge (siehe auch Lerntext IV.1).

Zu **(B)**, **(C)** und **(D)**: Tiefe Zahnfleischtaschen sprechen für eine Parodontitis marginalis profunda, bei der die Gingivitis in eine Parodontitis übergegangen ist. Hier setzt bereits eine Destruktion des Desmodontiums, des Wurzelzementes und des Alveolarknochens ein.

Wenn sich ein bestimmter Anteil des Alveolarknochens bereits um den Zahn aufgelöst hat, beginnt sich dieser Zahn unter mechanischer Belastung zu lockern.

Auch Entleerung von Eiter aus der Zahnfleischtasche gehört zu den Symptomen der Parodontitis marginalis profunda.

Zu **(E)**: Temperaturempfindlichkeit gehört zu den pulpitischen Beschwerden.

H91

Frage 4.2: Lösung C

Parodontose meint eine degenerative Form mit Schwund des marginalen Zahnhalteapparates aufgrund primär-regressiver, nicht entzündlicher Prozesse. Sie geht mit relativ geringen Taschenbildungen aber Zahnlockerungen einher. Heute weiß man, dass der Abbau des Zahnhalteapparates immer entzündliche Ursachen hat. Nicht entzündliche Ursachen sind nur als Co-Faktoren anzusehen. Der Be-

griff *Parodontose* wird deswegen heute durch Parodontitis ersetzt.
Zu **(A):** Aus einer Gingivitis kann eine Parodontitis entstehen.

H92 **!**

Frage 4.3: Lösung A

Indirekt können alle Faktoren zur marginalen Parodontopathie beitragen, aber die direkte Ursache ist die Plaque.

H94

Frage 4.4: Lösung A

Blutungen beim Zähneputzen sind in der Regel bedingt durch Entzündungen der Gingiva. Dies ist eine Folge von schlechter Mundhygiene und Bildung von Zahnbelägen. Deshalb wird auch von einer **Schmutzgingivitis** gesprochen.
Eine Gingivitis ist definiert als die Entzündung der marginalen Gingiva ohne vertiefte Zahnfleischtaschen und ohne röntgenologisch erkennbaren Knochenabbau. Sie ist immer bakterien- und plaquebedingt.
Durch die von grampositiven Bakterien (vor allem Streptokokken und Stäbchen) und gramnegativen Anaerobiern ausgeschiedenen Endotoxine entsteht eine Entzündungsreaktion mit vermehrter Kapillardurchblutung der Gingiva und daraus resultierender Blutungsneigung. Durch diese Mehrdurchblutung kommt es zu einer ödematösen Anschwellung der Gingiva und zur Ausbildung von Pseudotaschen.
Zu **(B):** Eine Parodontose ist eine Atrophie des marginalen Parodontiums ohne klinisch erkennbare Entzündung. Folgende diagnostischen Symptome dienen zum Nachweis einer Parodontose:
- Ausbildung von Zahnfleischtaschen mit Stützgewebeverlust
- Knochenabbau
- Veränderungen der marginalen Gingiva
- Zahnlockerungen
- Taschenexsudationen und als Folge Taschenabszesse.

Zu **(C):** Bei Vitamin-C-Mangel schwillt die Gingiva schwammartig an. Sie ist stark gerötet und zeigt Spontanblutungen. Bei andauerndem Ascorbinsäuremangel fallen die Zähne aus (Skorbut).
Zu **(D):** Eine Besiedlung von Mikroorganismen und anschließender Belag- und Plaquebildung muss nicht immer zu einer Gingivitis führen. Erst wenn die Mundhygiene vernachlässigt wird und die Plaquebakterien nach einiger Zeit Endotoxine freisetzen, kann eine Gingivitis entstehen.

F91 **!**

Frage 4.5: Lösung A

Zu **(A):** Beim horizontalen Klopftest wird mit einem geeigneten Instrument der Zahn von der Seite perkutiert. Bei einer Entzündung des Zahnhalteapparates (z. B. bei einer Parodontitis marginalis profunda) ist diese seitliche Auslenkung des Zahnes für den Patienten schmerzhaft. Bei der vertikalen Klopfempfindlichkeit reagiert der Zahn auf die Perkussion von oben. Sie findet sich vor allem bei pathologischen Prozessen an der Wurzelspitze. Diese Unterscheidung (horizontal = Zahnhalteapparat, vertikal = Wurzelspitze) sollte man jedoch nicht zu dogmatisch sehen.
Siehe Lerntext III.2.

F92 **!**

Frage 4.6: Lösung C

Zu **(C):** Zahnstein ist rau und bietet ideale Schlupfwinkel für die Plaquebakterien, die dann eine Zahnfleischentzündung hervorrufen.
Zu **(A):** Direkt unter Zahnstein kann sich keine Karies bilden.
Zu **(B):** Diese Aussage ist etwas heikel. Zahnstein kann bei stark durch Parodontose geschädigten Zähnen sehr wohl zur Stabilität beitragen, indem er benachbarte Zähne miteinander verbackt. Erst nach dem Zahnsteinentfernen bemerkt man dann die Lockerung der Zähne.
Zu **(D):** Zahnstein ist so fest mineralisiert, dass man ihn nur noch mit Ultraschall oder speziell geschärften Handinstrumenten entfernen kann.
Zu **(E):** Durch Fluoridabgabe wird nur der Zahnschmelz „gehärtet", bzw. remineralisiert, aber keineswegs wird dadurch die Zahnsteinbildung verhindert.

4.2 Apikale Parodontitis

Apikale Parodontitis — **IV.2**

Ätiologie: periapikale Prozesse
Stoffwechselprodukte beteiligter Mikroorganismen und deren Abbauprodukten
Zerfallsprodukten von Pulpengeweben
Trauma
chemische Einflüsse

Diagnose: Schmerz-, Druck- und Spannungsgefühl. Druckgefühl durch Druckanstieg im Pulpenkavum; Spannungsgefühl durch das entzündliche Ödem der Wurzelhaut: ausstrahlende Schmerzen: OK – Zähne in die Schläfe, UK – Zähne ins Ohr.
Aufhellung des Apex im Röntgenbild
Fistelung

Man kann konservativ oder chirurgisch vorgehen.
Indikation für konservative Behandlung:
- scharf begrenzte, kirschkerngroße apikale Transluzenz im Röntgenbild,
- noch keine erfolgte oder insuffiziente Wurzelfüllung,
- keine starke Krümmung oder apikale Enge.

Methoden der Behandlung:
- *konservativ* durch eine medikamentöse Einlage in den Wurzelkanal (z. B. Calciumhydroxid, das stark alkalisch reagiert und damit die auf ein saures Milieu angewiesenen Bakterien abtötet)
- *chirurgisch* durch eine Wurzelspitzenresektion

Einteilung:
- **Parodontitis apicalis acuta:** der Zahn ist aufbissempfindlich und der Patient hat stärkste Zahnschmerzen. Das Röntgenbild zeigt meist (noch) keine apikale Veränderung.
- **Parodontitis apicalis chronica:** sie verläuft meist symptomarm und wird häufig erst als Zufallsbefund im Röntgenbild entdeckt (als apikale Aufhellung). Bei entsprechend langem Verlauf können sich radikuläre Zysten oder Fisteln nach intra- oder extraoral bilden. Wird eine chronische apikale Parodontitis symptomatisch, handelt es sich um die akute Exazerbation einer chronischen apikalen Paradontitis, die von der Klinik der akuten Form gleicht, jedoch eine eindeutige apikale Aufhellung im Röntgenbild zeigt.

H97 !!

Frage 4.7: Lösung B

Sehr schwierige Frage, die ein überdurchschnittliches Maß an Kenntnis der menschlichen Embryologie erfordert.
Zu **(1):** Die Schmelzpulpa spielt in der embryonalen Zahnentwicklung eine Rolle. Sie liegt zwischen dem inneren und äußeren Schmelzepithel und bildet gemeinsam mit diesen das Schmelzorgan des Zahnkeims. Entartet dieses beim nicht durchgebrochenen Zahn durch unspezifische Reize zystisch, bildet sich daraus eine **follikuläre Zyste,** die die zweithäufigste Zystenform im ZMK-Bereich ist. Sie zählt zu den odontogenen Zysten. Im Zystenlumen finden sich häufig retinierte Zähne.
Zu **(2):** Epithelreste der Wurzelhaut werden auch als Malassez'sche Epithelreste bezeichnet. Es handelt sich um Reste der epithelialen Hertwig'schen Scheide, welche während der Zahnentwicklung die Wurzeldentinbildung induziert. Durch eine in der Nähe liegende chronische Entzündung proliferieren diese Epithelnester und wachsen in das Granulationsgewebe ein. Durch Hohlraumbildung entsteht dann eine Zyste. Beim Entzündungsherd handelt es sich um **chronische apikale Parodontitiden** an der Wurzelspitze marktoter Zähne. Zysten, die so entstehen, nennt man radikuläre Zysten. Sie sind die **häufigste Zystenform** im ZMK-Bereich und sind 10 × häufiger als follikuläre Zysten. Sie werden auch als Zahnwurzelzysten bezeichnet.
Zu **(3):** Wozu Epithelreste der Gingiva führen, ist mir nicht bekannt. Vielleicht soll auf die eher seltenen Gingivazysten angespielt werden. Deren genaue Pathogenese ist jedoch noch unbekannt, und sie sind zu selten, als dass man über sie Bescheid wissen müsste.
Siehe Lerntext I.1.

H98 !!

Frage 4.8: Lösung B

Eine radikuläre Zyste entsteht durch den entzündlichen Reiz einer chronischen apikalen Parodontitis, die zu einer Aktivierung der Malassez'schen Epithelreste (Relikte der Zahnentwicklung) führt. Lösung (B) ist also richtig.
Alle anderen Lösungsmöglichkeiten sind falsch.
Zu **(A):** Die follikuläre Zyste zählt zwar wie die radikuläre Zyste zu den odontogenen Zysten. Sie hat jedoch nichts mit der Pathogenese der radikulären Zyste zu tun. Die follikuläre Zyste ihrerseits entsteht aus dem Schmelzepithel eines nicht durchgebrochenen Zahnes.
Zu **(C):** Das Saumepithel ist eine Teilstruktur der **Gingiva** und dient ihrer Anheftung am Zahn. Wie oben erwähnt, entwickeln sich radikuläre Zysten aus den Malassez'schen Epithelresten, die im desmodontalen Spalt liegen.
Zu **(D):** Die radikuläre Zyste ist eine **odontogene** Zyste und hat nichts mit Speicheldrüsengewebe zu tun.
Zu **(E):** Es ist genau umgekehrt. Der Entzündungsreiz, der zur Ausbildung einer radikulären Zyste führt, beginnt mit dem Absterben der Pulpa und breitet sich entlang des Wurzelkanals über das Foramen apicale in die periapikale Region aus.

5 Vorbeugende Zahn-, Mund- und Kieferheilkunde

H90

Frage 5.1: Lösung B

Eine Fluoridaufnahme während der Schwangerschaft hat keine oder nur sehr geringe kariesprophylaktische Auswirkungen auf die bleibenden Zähne des Kindes und dient hauptsächlich der Mutter.

In der Zahnhartsubstanz lagert sich Fluorid in das kristalline System ein. Von dort wird es bei der Demineralisation freigesetzt und beeinflusst sowohl De- und Remineralisationsvorgänge, als auch Stoffwechselvorgänge in der Plaque.
Durch die Fluoride wird aus Hydroxylapatit Fluorhydroxylapatit oder Fluorapatit gebildet. Die Säureresistenz des Schmelzes wird durch Bildung von größeren Kristallen verbessert.
Zu **(3):** Bei erhöhter Fluorgabe (über 1.0 mg p.d. beim Säugling und über 3.0 mg p.d. beim Kleinkind) wird eine Fluorose beobachtet. Dabei ist der Schmelz gefleckt. Dies wird als *mottled enamel* oder *mottled teeth* bezeichnet.
Zu **(4):** Fluoridgaben haben keinen Einfluss auf den Zeitpunkt des Zahndurchbruchs.

H97 !

Frage 5.2: Lösung E

Alle angegebenen Möglichkeiten sind richtig.
Zu **(1):** Die Mundhygiene dient der mechanischen Entfernung der Plaque. Durch die Selbstreinigungsmechanismen der Mundhöhle (Zunge, Speichel) alleine ist das nicht möglich. Zur modernen Mundhygiene gehören geeignete Zahnbürsten, Zahnpasten und Zahnseide (für die der Zahnbürste nicht zugänglichen Zahnzwischenräume).
Zu **(2):** Genau wie andere Zucker wird der Rohrzucker von den in der Plaque vorhandenen Bakterien verstoffwechselt. Die Vermeidung bzw. die Verminderung des Rohrzuckerkonsums entzieht damit den für die Kariesentstehung wichtigen Bakterien die Nahrungsgrundlage.
Zu **(3):** Fluoride werden in der Kariesprophylaxe **lokal und systemisch** verabreicht. In Deutschland wird eine systemische Applikation vor allem bei Kindern in Form von Tabletten angewandt. In anderen Ländern (z.B. in der Schweiz) werden dem Trinkwasser zur Kariesvermeidung Fluoride beigesetzt.
In der letzten Zeit wird die lokale Fluoridapplikation vermehrt der systemischen Applikation vorgezogen. Hierbei werden die Fluoride in niedriger Konzentration Zahnpasten zugesetzt oder in höherer Konzentration in Form von Gelen oder Lacken direkt auf den Zahn appliziert.
Der Schutzfunktion der Fluoride liegen mehrere Mechanismen zugrunde:

1. Fluoride werden in den Apatitkristall des Zahnschmelzes eingebaut und bilden so das schwerer lösliche Fluorapatit.
2. Demineralisierte Schmelzbezirke remineralisieren unter Fluorideinwirkung.
3. Sie bewirken eine Hemmung des Bakterienwachstums, indem sie in den Stoffwechsel der Bakterien eingreifen.

Siehe Lerntext III.1.

F98 !

Frage 5.3: Lösung C

Um die Kariesgefahr zu reduzieren, sollten Süßstoffe nur langsam oder gar nicht von den Mikroorganismen der Mundhöhle abgebaut werden. Das trifft für alle vier aufgeführten Stoffe zu; alle vier sind also nicht kariogene **Süßungsmittel.** Um jedoch die Saccharose zu ersetzen, sollte ein **Zuckeraustauschstoff** in seiner Süßkraft in etwa mit der der Saccharose übereinstimmen.
Zu **(1)** und **(3):** Xylit und Sorbit zählen zu den kalorischen Süßungsmitteln und werden auch als **Zuckeraustauschstoffe** bezeichnet, da ihre Süßkraft der Saccharose ähnelt (sie ist etwas geringer). Die Antwortmöglichkeiten (1) und (3) sind also richtig.
Beide Substanzen werden aus Pflanzen gewonnen. Da sie nur langsam und unvollständig im Intestinaltrakt resorbiert werden, führt der Genuß größerer Mengen zu **Durchfall** (bei Xylit sind es mehr als 30 g für Kinder und mehr als 50 g für Erwachsene). Xylit wird von den kariogenen Bakterien überhaupt nicht resorbiert und aufgrund neuerer Untersuchungen wird ihm sogar eine antikariogene Wirksamkeit zugesprochen, deren Mechanismus noch unbekannt ist. Sorbit wird geringfügig metabolisiert. Der intraorale pH-Abfall ist jedoch gering, sodass sorbitgesüßte Lebensmittel als zahnschonend gelten.
Zu **(2)** und **(4):** Cyclamat und Saccharin sind nicht kalorische Süßungsmittel, die eine extrem hohe Süßkraft besitzen (Saccharin hat eine 200–700fache stärkere Süßkraft als Saccharose). Sie eignen sich deshalb **nicht** als Austauschstoffe für Saccharose, da Zucker ja häufig auch als Füllstoff verwendet wird (z.B. beim Backen). Die Antwortmöglichkeiten (2) und (4) sind also falsch. Die nicht kalorischen Süßungsmittel sind immer wieder wegen einer angeblichen Gesundheitsgefährdung in die Diskussion geraten, sodass das Cyclamat in den USA nicht mehr verwendet werden darf.
Wieder einmal hängt die richtige Lösung an einem kleinen Detail, nämlich an der spitzfindigen Auslegung der Definitionen für Süßstoff und Zuckeraustauschstoff.

H99

Frage 5.4: Lösung B

Zu **(A):** Aus hygienischen Gründen sollten die Zahnborsten aus synthetischem Material sein. Synthetische Materialien nehmen kein Wasser auf und Bakterien können sich schlecht darauf ansiedeln. Im Gegensatz dazu sind Borsten aus Naturmaterialien (meist aus Tierhaaren) porös und wahre Bakterienfänger.
Zu **(B):** Richtig. Abgerundete Borsten verringern das Risiko der Verletzung des Zahnfleisches beim Zähneputzen.

Zu **(C):** Da elektrische Zahnbürsten meist einen kleineren Kopf haben als Hand-Zahnbürsten, lassen sich damit die schwerer zugänglichen distalen Zahnbereiche eher besser reinigen. Ob generell elektrische Zahnbürsten besser reinigen als Hand-Zahnbürsten, ist (bei guter manueller Putztechnik) noch nicht geklärt.

Zu **(D):** Der beste Reinigungseffekt lässt sich mit Zahnbürsten, die ein **planes** Borstenfeld haben, erzielen. Die Plaquebeseitigung im Interdentalbereich gelingt jedoch nur mit Zahnseide, da die Borsten der Zahnbürste nicht in den Interdentalbereich hineinkommen – egal ob sie ein planes oder V-förmiges Borstenfeld haben.

Zu **(E):** Zahnseide besteht meist aus synthetischem Material (v. a. Nylon und Teflon) und nicht aus Naturseide. Lösung (E) ist also falsch. Die Frage, ob gewachste oder ungewachste Zahnseide verwendet werden soll, ist noch etwas strittig. Der Vorteil gewachster Zahnseide ist, dass sie leichter über den Approximalkontakt gleitet und so die Gefahr einer Papillenverletzung geringer ist. Sie wird damit vor allem für Patienten empfohlen, die mit der Verwendung von Zahnseide noch nicht so vertraut sind. Ungewachste Zahnseide ist in der Anwendung etwas „schwieriger". Es bleiben jedoch keine Wachsrückstände im Approximalraum zurück und sie fächert sich beim Reinigen auf, wodurch sie flächig am Zahn anliegt und der Reinigungseffekt besser ist.

H93

Frage 5.5: Lösung B

Zu **(1): Aphten** sind spezielle Schleimhauteffloreszenzen; runde oder ovale schmerzende Erosionen mit entzündlichem Randsaum und festhaftendem Fibrinbelag. Sie entstehen einzeln oder multipel, bevorzugt an der beweglichen Mundschleimhaut und an den Lippen und heilen i. d. Regel nach zwei Wochen narbenlos ab. Die Ätiologie ist unbekannt. Als Grundleiden sind Colitis ulcerosa und andere Magen-Darm-Krankheiten bedeutsam.

Nachgewiesen sind auch zelluläre Autoimmunreaktionen gegen Mundschleimhautantigene. Möglicherweise sind β-hämolysierende Streptokokken an der Antigenbildung beteiligt. Insofern ist die Aussage des IMPP etwas irreführend.

Zu **(2): Soor (Synonyme: Candidiasis)** wird verursacht durch den Hefepilz Candida albicans. An Zunge, Gaumen, Wangenschleimhaut und Gingiva bilden sich auf gerötetem Untergrund zunächst zahlreiche einzelne weiße Stippchen, die sich zu größeren Belägen auf der Schleimhaut ausweiten. Nach Entfernen bzw. Abwischen der Beläge verbleiben leicht blutende Erytheme. Soor betrifft meist Patienten mit gestörtem Immunsystem (Tbc, HIV, Tumorpatienten etc.) oder mit unausgewogener Mundflora durch zu lange Penicillinapplikation.

Zu **(3): Der Herpes-simplex-Virus (HSV)** ist ein DNA-Virus, von dem zwei Typen bekannt sind: Typ 1 befällt Haut und Mundschleimhaut, Typ 2 die Genitalschleimhaut.

Zu **(4):** Diese Aussage ist richtig, denn das menschliche **Papillomavirus (HPV = Humane Papillomavirus)** ist ein DNA-Virus und ruft verschiedene Arten von Warzen an Haut und Schleimhaut hervor.

H95

Frage 5.6: Lösung E

Alle aufgeführten Krankheiten können zu Symptomen im Bereich der Mundhöhle führen.

Zu **(1):** Elf Tage nach Infektion mit dem Masernvirus beginnt das katarrhalische Stadium mit Fieber, Rhinitis, Konjuntivitis, Pharyngitis und trockenem Husten. Das erste maserntypische klinische Zeichen sind die meist zwei oder drei Tage später auftretenden **Koplik'schen Flecken.** Dabei handelt es sich um punktförmige, reinweiße, nicht wegwischbare Flecken mit rotem Hof, die oberhalb der Molaren in der Wangenschleimhaut liegen. Danach beginnt das exanthemische Stadium, das mit einem **Enanthem** am Gaumen, den Tonsillen und der Uvula beginnt.

Zu **(2):** Als Frühsymptome können bei Leukämien **unspezifische Entzündungen** der Mundschleimhaut entstehen. Sie sind resistent gegenüber lokalen Therapieversuchen. Eine **Gingivainfiltration** mit unreifen Leukozyten ist spezifisch für die akuten monozytären und myelomonozytären Leukämien. Die Zahnpapillen sind hyperplastisch, bluten leicht und zerfallen nekrotisch. Im weiteren Verlauf verdrängen die malignen Zellen die normale Hämatopoese, es kommt zur Anämie **(blasse Mundschleimhaut)** und Thrombozytopenie **(Schleimhautblutungen).**

Zu **(3):** Die Rachitis führt durch die Störung des Calcium und Phosphathaushalts zu Knochendeformierungen. Im Bereich der Mundhöhle ist als Zeichen des allgemein verzögerten Wachstums die Zahnentwicklung betroffen. Der **Durchbruch der Milchzähne** erfolgt **verspätet** und an den Milch- und bleibenden Zähnen finden sich **Schmelzdefekte.**

Zu **(4):** Die Sklerodermie kommt in einer zirkumskripten und einer generalisierten Form vor. Die generalisierte Sklerodermie wird zu den Kollagenosen gerechnet. Sie befällt im Gegensatz zur zirkumskripten Form neben der Haut auch innere Organe. Die Patienten haben antinukleäre Antikörper. Der Kollagenüberschuss und die obliterierende Angiopathie führen zu einer diffusen Fibrose, die sich im Bereich der Mundhöhle als **Verkürzung des Zungenfrenulums** und als Mikrostomie mit perioraler Fältelung **(„Tabakbeutelmund")** äußert.

6 Zahnextraktion und -ersatz

6.1 Zahnextraktion

H89 !!

Frage 6.1: Lösung E

Bei einer Leitungsanäthesie wird das Anästhetikum in die unmittelbare Nachbarschaft eines Nervens gespritzt. Dabei kann mit einer relativen kleinen Menge das gesamte Innervationsgebiet des Nervens ausgeschaltet werden.
Zu **(1)**: Die Leitungsanästhesie am Foramen mandibulare ist die häufigste Injektionsform für den Unterkiefer. Dabei wird der N. alveolaris inferior ausgeschaltet. Sein Innovationsgebiet reicht vom letzten Molaren bis zum seitlichen Schneidezahn der gleichen Seite. Der mittlere Schneidezahn wird häufig schon von der anderen Seite mitversorgt. Zusätzlich wird die gleichseitige Unterlippenhälfte und – über den N. lingualis – auch die gleichseitige Zungenhälfte betäubt.
Zu **(2)**: Hier wird die gleichseitige Unterlippenhälfte, der Eckzahn und der erste Prämolar betäubt.
Zu **(3)**: Bei Injektion in das Foramen infraorbitale wird Schmerzfreiheit der äußeren Haut im Bereich des Unterlides, der seitlichen Nasenwand, der halben Oberlippe und der vorderen Wange erzielt. Ferner sind die dazugehörige Schleimhaut der vestibulären Gingiva und der Alveolarfortsätze im Frontzahnbereich des Oberkiefers anästhesiert.
Zu **(4)**: Das Foramen palatinus majus liegt ca. 1 cm medial des letzten Molaren. Eine Leitungsanästhesie in diesem Gebiet bewirkt eine halbseitige Betäubung der Gaumenschleimhaut bis zum Eckzahn.

H90 !!

Frage 6.2: Lösung E

Alle Aussagen treffen zu.
Zu **(1)** und **(2)**: Man wird jedoch bei Extraktionen im Unterkiefer auf jeden Fall eine Leitungsanästhesie des Nervus alveolaris inferior am Foramen mandibulare vornehmen. Zusätzlich kann man noch den Nervus mentalis betäuben.
Zu **(3)**: Bei der Extraktion des Eckzahnes im 2. Quadranten ist eine Infiltrationsanästhesie im Bereich des Eckzahnes eigentlich ausreichend. Sie sollte unbedingt vestibulär und palatinal durchgeführt werden. Sicher ist auch eine Leitungsanästhesie am Foramen infraorbitale möglich, wenn vielleicht auch etwas zuviel des Guten.
Zu **(4)**: Bei Extraktion des Weisheitszahnes 18 sollte man den ganzen Tuber maxillae sowohl vestibulär, als auch palatinal betäuben, um völlige Schmerzfreiheit zu erreichen.
Siehe auch Kommentar zu Frage 6.1.

F96

Frage 6.3: Lösung C

Die Zahnwurzeln der oberen Prämolaren und Molaren stehen in unmittelbarer räumlicher Beziehung zum Kieferhöhlenboden. Die Kieferhöhle wird deshalb (auch bei einwandfreier Technik) im Rahmen einer Extraktion dieser Zähne häufig eröffnet. Nachgewiesen wird die Verbindung zwischen Kiefer- und Mundhöhle (Mund-Antrum-Verbindung) durch vorsichtige Sondierung oder den **Nasenblasversuch.** Hierbei bläst der Patient Luft in die zugehaltene Nase (gleiche Durchführung wie beim Valsalvaversuch). Ist die Kieferhöhle eröffnet, entweicht die Luft hörbar aus der leeren Alveole. Als Folge der Kieferhöhleneröffnung wandern Bakterien der Mundhöhle in die Kieferhöhle und führen dort zu einer Sinusitis.
Zu **(C)**: Die **plastische Deckung der Perforation** ist die **Therapie der Wahl**. Dazu wird ein Stück vestibuläre Schleimhaut über die leere Alveole gelegt und mit der palatinalen Schleimhaut vernäht. Die Verbindung zwischen Mundhöhle und Kieferhöhle ist somit verschlossen und das Risiko der Keimverschleppung verringert. Voraussetzung ist jedoch der Nachweis einer entzündungsfreien Kieferhöhle (Röntgenkontrolle oder Sinuskopie).
Zu **(B)**: Bei entzündlich veränderter Kieferhöhlenschleimhaut ist zunächst die Gabe von Antibiotika indiziert. Die plastische Deckung bleibt bis zum Abklingen der Entzündung **kontraindiziert,** da eine gute Drainage der Kieferhöhle entscheidend ist. Liegt jedoch eine Eröffnung einer infektfreien Kieferhöhle vor, ist als Therapie die alleinige Gabe von Antibiotika nicht ausreichend. Es muss auf alle Fälle auch die Perforationsstelle verschlossen werden.
Zu **(A)**: Für eine direkte Naht der Wunde ist lokal zu wenig Material vorhanden. Die Naht würde unter Spannung stehen und die Bedingungen für die Wundheilung wären somit nicht gut. Gleiches gilt für die Kompression der Wundränder.
Zu **(D)**: Auch die Tamponade der leeren Alveole ist kontraindiziert, da man beim Legen der Tamponade sofort Keime in die Kieferhöhle verschleppt und damit eine Kieferhöhlenentzündung geradezu provoziert. Die Alveole kann höchstens bis zur definitiven Versorgung mit einem einfachen Tupfer abgedeckt werden.
Zu **(E)**: Die Drainage der Kieferhöhle wird nach mehrmaliger erfolgloser konservativer Therapie einer Sinusitis maxillaris durchgeführt. Die Kommunikation von Mund- und Kieferhöhle ist zwar ein Risikofaktor für die Ausbildung einer Kieferhöhlenentzündung. Sie rechtfertigt aber noch keine (prophylaktische) Kieferhöhlendrainage; zumal die eigentliche Ursache, nämlich die offene Verbindung zwischen Mundhöhle und Kieferhöhle, dadurch nicht behandelt würde.

F99 !!

Frage 6.4: Lösung E

Zur Beantwortung dieser Frage muss man sich etwas mit dem Zahnschema und den Grundlagen der zahnärztlichen Anästhesietechniken beschäftigt haben. Zunächst zum Zahnschema:
Mittlerweile werden die Zähne mit einem zweistelligen Nummernsystem bezeichnet. Die erste Ziffer (1–4) entspricht dabei dem jeweiligen Kieferquadranten. Der erste Quadrant ist der rechte Oberkiefer und erhält die Ziffer eins. Der linke Oberkiefer ist der 2. Quadrant, der dritte Quadrant ist die linke Unterkieferhälfte und der vierte entsprechend die rechte Unterkieferhälfte des Patienten. Mit der zweiten Ziffer (1–8) werden die einzelnen Zähne im jeweiligen Quadranten bezeichnet. Man beginnt in der Kiefermitte und zählt fortlaufend nach hinten durch: 1 und 2 sind somit der mittlere und der seitliche Schneidezahn, 3 ist der Eckzahn, 4 und 5 sind die Prämolaren und 6, 7 und 8 die Molaren. Somit sind alle Zähne kurz und eindeutig bezeichnet. Beide Ziffern werden getrennt ausgesprochen. Der Zahn 12 beispielsweise heißt somit „Zahn eins, zwei" (und nicht „Zahn zwölf") und bezeichnet den rechten oberen, seitlichen Schneidezahn.
Nun zur Anästhesie. Eine Leitungsanästhesie am Foramen mandibulare führt zur Ausschaltung des Nervus alveolaris inferior, der ja alle Zähne des gleichseitigen Quadranten im **Unterkiefer** innerviert.
Zu **(E):** Diese Lösung bleibt als einzige richtige Antwort übrig, da von den angeführten Zähnen nur der Zahn 46 (= erster Molar im rechten Unterkiefer) im rechten Unterkiefer liegt.
Zu **(A)**, **(B)** und **(C):** Es handelt sich um Oberkieferzähne. Weiterhin wird zur Schmerzausschaltung von Oberkieferzähnen meist eine **Infiltrationsanästhesie** direkt am Zahn und keine Leitungsanästhesie durchgeführt.
Zu **(D):** Damit ist der zweite Prämolar im linken Unterkiefer gemeint. Für eine schmerzfreie Extraktion wäre dafür eine Leitungsanästhesie am **linken** For. mandibulare geeignet.

6.2 Zahnersatz

F95 !!

Frage 6.5: Lösung E

Eine Lücke im Frontzahnbereich sollte aus ästhetischen und funktionellen Gründen (Kippung der Nachbarzähne) geschlossen werden.
Zu **(1):** Ein Stiftzahn dient als Ersatz für eine **Zahnkrone**. Er besteht aus der künstlichen Krone und dem Stift, der in den Wurzelkanal einzementiert wird. Man benötigt eine Zahnwurzel, um den Stiftzahn zu verankern. Diese ist beim Frontzahnverlust nicht mehr vorhanden. Lösungsmöglichkeit (1) ist also falsch.
Alle anderen Möglichkeiten sind richtig.
Zu **(2):** Eine Brücke besteht aus dem Brückenglied, das den verlorenen Zahn ersetzt und den beiden Brückenpfeilern, die die Brücke in der Zahnreihe verankern. Für die Brückenpfeiler müssen die beiden Nachbarzähne der Lücke beschliffen werden, was bei einem Jugendlichen mit wahrscheinlich gesunden Zähnen nicht optimal, aber möglich ist.
Zu **(3):** Ein Implantat ersetzt die Zahnwurzel. Es ist aus biokompatiblem Titan gefertigt und wird in einen vorbereiteten Kanal im Alveolarknochen eingesetzt. Nach Einheilung des Implantats (Osseointegration) erfolgt der prothetische Aufbau, im vorliegenden Fall für eine Frontzahnkrone. Da bei Jugendlichen meist genügend Knochenmaterial für die Verankerung des Implantats im Kiefer vorhanden ist, ist die Versorgung einer Frontzahnlücke mit einem Implantat eine elegante und moderne Möglichkeit und damit **Methode der Wahl** bei Patienten mit abgeschlossenem Kieferwachstum.
Zu **(4):** Im Vergleich zum Erwachsenen können beim Kind und Jugendlichen Zahnlücken noch leichter durch eine kieferorthopädische Behandlung ng Kiefermitte) verlagert und verschließt die Lücke. Meist entspricht der Nachbarzahn jedoch in Größe und Form nicht dem verlorengegangenen. Um sich harmonisch in die Zahnreihe einzufügen, sollte er überkront oder mit einer Keramikverblendschale versehen werden.

F97 !!

Frage 6.6: Lösung D

Vergleiche den Kommentar zu Frage 6.5.
Zu **(2):** Ein Lückenschluss durch einen Stiftzahn ist nicht möglich, da hierdurch zwar eine stark zerstörte Krone ersetzt werden kann, nicht aber eine fehlende Wurzel, wie nach einer Zahnextraktion. Lösungsmöglichkeit (2) ist also falsch. Alle anderen Möglichkeiten sind korrekt.
Zu **(3):** Eine herausnehmbare Prothese zur Versorgung einer Einzelzahnlücke ist zwar eine denkbare Möglichkeit, sicher aber für diese Indikation nicht die eleganteste Variante. Sie wird meist als temporärer Ersatz zum sofortigen Lückenschluss nach einer Extraktion verwendet (Interims- oder Immediat-Prothese).

H98 !!

Frage 6.7: Lösung B

Verletzungen der Zähne, insbesondere der oberen Frontzähne, zählen zu den häufigsten Verletzungen im Kiefer-Gesichts-Bereich. Formal unterscheidet man Zahnfrakturen (Kronen- und/oder Wurzelfrak-

turen) und Verletzungen der Wurzelhaut (Kontusion, Subluxation oder Luxation). Beide Formen können auch kombiniert vorkommen.
Die in der Anamnese angegebene Verletzung ist mit dem Begriff „ausgeschlagener Zahn" leider etwas unpräzise. Wahrscheinlich ist aber eine totale Luxation gemeint, d. h. der Zahn ist als ganzes aus seiner Alveole herausgebrochen. Wichtig ist weiterhin, dass es sich um einen jugendlichen Patienten handelt.
Zu **(B)**: Wenn ein Zahn komplett ausgeschlagen ist, kann eine Versorgung nicht mehr mit einem Stiftzahn erfolgen. Die künstliche Krone des Stiftzahnes wird nämlich über einem Stift im Wurzelkanal verankert. Lösung (B) ist also falsch.
Alle anderen Lösungsmöglichkeiten sind korrekt.
Zu **(A)**: Ein vollständig ausgeschlagener Zahn kann replantiert werden, wenn seine Alveole noch intakt ist. Er sollte nach dem Trauma feucht aufbewahrt werden. Entscheidend ist der Zeitfaktor: Wird der Zahn innerhalb von 40 Minuten replantiert, sind die Erfolgsaussichten günstig. Liegen mehr als 2 Stunden zwischen Trauma und Replantation, besteht kaum noch eine Chance auf Einheilung. Der Zahn wird nach der Replantation geschient. Da der Zahn durch das Trauma seine Gefäßversorgung verloren hat, stirbt er ab und muss wurzelbehandelt werden. Dies kann vor der Replantation oder nach dem Einheilen erfolgen. Obwohl replantierte Zähne häufiger wieder durch Resorption ihrer Wurzel verlorengehen, ist diese Maßnahme eine gute Übergangstherapie, da sie nicht weiter invasiv ist.
Zu **(C)**: Ein Implantat ersetzt die Zahnwurzel. Nachdem die Knochenwunde verheilt ist, wird es in den Kieferknochen eingebracht. Möglich ist auch die Verwendung eines Sofortimplantates, das direkt nach dem Trauma in die Alveole eingebracht wird und schneller zu einer fertigen Restauration führt. Seine Anwendung ist jedoch mittlerweile umstritten. Wichtig ist das Alter des Patienten. Generell gilt, dass das Kieferwachstum vor einer Implantation abgeschlossen sein sollte. Ist das, wie hier bei einem 14-Jährigen, wahrscheinlich noch nicht der Fall, muss bis zur Implantation die Lücke erst provisorisch versorgt werden.
Zu **(D)**: Beim kieferorthopädischen Lückenschluss wird mit einer festsitzenden Apparatur der seitliche Schneidezahn in die Lücke bewegt, was vor allem bei Kindern und Jugendlichen gut funktioniert. Im Erwachsenenalter würde diese Möglichkeit wegen der schlechteren Reaktionsbereitschaft des Gewebes ausscheiden. Da der seitliche Schneidezahn kleiner als der mittlere ist, sollte er zum Angleichen der äußeren Form mit Kunststoff aufgebaut oder überkront werden. Insgesamt ist es eine langwierige Therapie, die jedoch bei Jugendlichen mit Engständen im Oberkiefer durchaus Vorteile hat.
Zu **(E)**: Als prothetische Lösung kann die Lücke mit einer konventionellen Frontzahnbrücke versorgt werden. Dazu müssen jedoch die beiden Nachbarzähne präpariert werden. Sind sie bei einem Jugendlichen noch kariesfrei, wird unnötig viel gesunde Zahnsubstanz geopfert. Eine moderne Alternative bietet hier die Adhäsivprothetik. In Form einer „Klebebrücke" wird die Restauration mit Kunststoff von palatinal an den gesunden Nachbarzähnen befestigt. Die Nachbarzähne werden dafür nur minimal beschliffen.

F00 !

Frage 6.8: Lösung B

Zu **(A)**: Stiftzähne waren schon häufiger als Lösungsmöglichkeit angegeben. Entscheidend ist (wie auch in den früheren Examina), dass ein Stiftzahn nur die Zahnkrone ersetzt und deshalb auf einer vorhanden Zahnwurzel gefertigt werden muss. Ist ein Zahn verloren gegangen und soll ersetzt werden, kann dies nicht durch einen Stiftzahn erfolgen. Zudem wird ein Stiftaufbau im Wurzelkanal des Zahnes defintiv einzementiert und ist somit ein festsitzender und kein herausnehmbarer Zahnersatz. Lösung (A) ist also falsch.
Zu **(B)**: Implantate ersetzen im Gegensatz zu Stiftzähnen den gesamten Zahn, also Zahnkrone und Zahnwurzel. Auf Implantaten kann der gleiche Zahnersatz verankert werden wie auf natürlichen Zähnen, d. h. sowohl festsitzend als auch herausnehmbar. Lösung (B) ist also richtig.
Zu **(C)**: Das Gegenteil ist richtig. Gerade bei minderwertigeren Pfeilerzähnen ist häufig nur noch herausnehmbarer Zahnersatz verwendbar, da hier Pfeilerzähne und Alveolarknochen als Abstützung dienen. Der einzelne Pfeilerzahn wird deswegen weniger belastet. Festsitzender Zahnersatz wird dagegen nur auf den Pfeilerzähnen abgestützt.
Zu **(D)**: Als Hybridprothese bezeichnet man eine Totalprothese, die auf Zahnwurzeln abgestützt und/oder an verdeckten Halteelementen auf Wurzelkappen verankert ist. Die Prothese muss vom Patienten herausgenommen werden können (Reinigung etc.), deshalb muss sich die Verankerung durch den Patienten lösen lassen. Schrauben sind dafür nicht geeignet. Als Verankerungselemente werden Riegel, Druckknöpfe oder Stege verwendet.
Zu **(E)**: Dentalkeramiken gelten als biokompatible Materialien. Allergische Reaktionen sind somit kaum zu befürchten. Zusätzlich werden Keramikverblendungen bei herausnehmbarem Zahnersatz nicht verwendet. Die metallischen Anteile der verblendeten Prothesenteile (meist Sekundärkronen) werden beim Ein- und Ausgliedern des Zahnersatzes leicht geweitet. Die spröde Keramik kann diese Veränderung des Metallgerüstes nicht mitmachen und würde schnell abplatzen. Hier kommen Kunststoffverblendungen zum Einsatz.

7 Erkrankungen an Weichteilen und Knochen

F94 F92

Frage 7.1: Lösung E

Alle Aussagen sind richtig. Prinzipiell gilt, dass eine Kieferklemme auftritt, wenn die Kaumuskulatur direkt oder indirekt in die Entzündung miteinbezogen ist.
Zu **(1):** Das Spatium submandibulare grenzt kranial an den M. mylohyoideus, laterokranial an die Faszia colli superficialis und ventrokranial an den vorderen Bauch des M. digastricus. Klinisch steht eher die Schluckstörung als die Kieferklemme im Vordergrund.
Aus dem Spatium submandibulare kann eine weitere Ausbreitung ins Karotisdreieck, Spatium submentale, Spatium sublinguale, Parapharynealraum und in die Wange erfolgen.
Die Ursachen des submandibulären Abszesses sind meist dentogener Natur (ausgehend von den Unterkiefermolaren).
Die Therapie sollte stationär erfolgen und die Eröffnung der Abszesshöhle beinhalten.
Zu **(2):** Dieses Krankheitsbild entsteht vorwiegend bei teilretinierten unteren Weisheitszähnen.
Der perikoronare Spaltraum bleibt hier als Schlupfwinkel dauernd bestehen. Speisereste können sich hierin ansammeln, von Bakterien besiedelt werden und zu einer Entzündung führen.
Die Kieferklemme entsteht, wenn sich der Eiterherd in Richtung M. pterygoideus medialis ausbreitet.
Man therapiert konservativ. Die Tatsache wird täglich gespült und durch einen Gazestreifen offen gehalten. Erst wenn die aktute Entzündung abgeklungen ist, wird der Zahn entfernt.
Zu **(3):** Der tonsilläre Abszess liegt in der Umgebung der Tonsille, meistens im Bereich des vorderen Gaumenbogens, zwischen Mundschleimhaut und Pharynxmuskulatur.
Die Eiterung geht hier von der Tonsille aus, oder von einem Taschenabszess bei Dentitio difficilis der unteren Weisheitszähne.
Zu **(4):** Aufgrund seiner anatomischen Beziehungen (siehe Anatomie-Lehrbücher) ist der retromaxilläre Raum eine Region, von der aus es viele Fortleitungsmöglichkeiten für Entzündungen gibt:
Wange, Parapharyngealraum, pterygomandibulärer Raum, masseterico-mandibulärer Raum, periartikulärer Raum des Kiefergelenkes und damit in den retromandibulären Raum (Parotisloge), Infratemporalregion und damit in den Schädelinnenraum.
Die Abszesse des retromaxillären Raumes sind daher äußerst komplexe Krankheitsbilder.
Die Eiterungen gehen meist von den oberen Weisheitszähnen oder von den 2. Molaren aus. Charakteristisch ist die durch Infiltration des M. pterygoideus medialis bedingte Kieferklemme. Als Therapie empfiehlt sich bei stationärer Aufnahme eine breite Eröffnung des Abszesses und hochdosierte Antibiotikatherapie.

F00

Frage 7.2: Lösung A

Zu **(A):** Als Dentitio difficilis bezeichnet man den erschwerten Zahndurchbruch, der oft mit einer entzündlichen Begleitreaktion einhergeht. Sie ist bei unteren Weisheitszähnen am häufigsten, da diese Zähne oft (teil-)retiniert sind und somit nicht vollständig durchbrechen können. Kommt es dabei zu einer Entzündung, dehnt diese sich schnell auf die eng benachbarte Kaumuskulatur (v. a. M. masseter) aus. Deren Funktionsfähigkeit wird dadurch reflektorisch eingeschränkt. Es resultiert eine Kieferklemme.
Zu **(B):** Epulis ist die rein topografische Bezeichnung für eine dem Alveolarfortsatz halbkugelig oder gestielt aufsitzende Veränderung. Es handelt sich dabei nicht um einen echten Tumor, sondern um ein reaktives Granulom, dessen Wachstum nicht autonom ist. Heute werden nur noch die peripheren Granulome als Epulis bezeichnet und von den zentralen Granulomen (= im Kieferknochen sitzend) unterschieden. Die letzteren werden auch als Enulis bezeichnet. Zu den Epuliden zählt man neben der E. granulomatosa die Riesenzellepulis, die Schwangerschaftsepulis, die E. congenita und die E. fibrosa. Ihnen gemeinsam ist die örtliche Gewebszerstörung der Gingiva und des darunterliegenden Knochens. Zu einer Kieferklemme führen sie jedoch nicht. Als Therapie muss die Epulis operativ entfernt werden, zusammen mit der benachbarten Gingiva und dem darunter liegenden Knochen. Kommt es danach zur Rezidivierung, muss auch der benachbarte Zahn entfernt werden.
Zu **(C):** Follikuläre Zysten wachsen lokal verdrängend und führen zu einem Abbau des umgebenden Knochens und zu einem Schiefstand der benachbarten Zähne, da deren Wurzeln auseinander geschoben werden. Sie haben keinen Einfluss auf die Mundöffnungsfähigkeit.
Zu **(D):** Gaumenabszesse werden symptomatisch durch den starken Entzündungsschmerz und eine pralle druckdolente Vorwölbung der Gaumenschleimhaut. Im Gegensatz zu Infektionen im distalen Unterkiefer haben sie keinen direkten Einfluss auf die Mundöffnung.
Zu **(E):** Bei der beidseitigen ventralen Luxation der Kiefergelenksköpfchen springen diese bei der Mundöffnung vom Discus articularis nach vorne ab. Schließt danach der Patient den Mund, kann es

zu einer Spontanreposition kommen, indem die Kiefergelenksköpfchen wieder auf den Diskus aufspringen. Der Patient vernimmt dabei ein deutlich wahrnehmbares Knacken. Gelingt die Spontanreposition nicht, bleiben die Kiefergelenksköpfchen in der luxierten Position und es resultiert eine **Kiefersperre**, d.h. der geöffnete Mund kann nicht mehr geschlossen werden. In diesem Fall wird der Unterkiefer durch den Handgriff nach Hippokrates wieder reponiert. Hierbei fixiert der Behandler den Unterkiefer des Patienten, indem er seine Daumen auf die Seitenzähne des Patienten legt und mit den restlichen Fingern den horizontalen Unterkieferast umfasst. Der Behandler führt den Unterkiefer zuerst nach kaudal und dann nach dorsal, sodass die Unterkieferköpfchen wieder auf beide Diskus geschoben werden.

! Merke: Kieferklemme – der Mund kann nicht mehr geöffnet werden.
Kiefersperre – der geöffnete Mund kann nicht mehr geschlossen werden.

H92

Frage 7.3: Lösung D

Das Costen-Syndrom ist eine Kiefergelenkarthrose mit ausstrahlenden Schmerzen in Ohr, Stirn- und Augenregion und trockener Zunge. Parästhesien einzelner Nerven und Schwerhörigkeit können auch vorkommen.
Häufig wird dieses Krankheitsbild mit einer Trigeminusneuralgie verwechselt.
Pulpitische Beschwerden kommen aber nicht vor.

F95

Frage 7.4: Lösung B

Die physiologische Aufgabe des Gebisses ist die Zerkleinerung der Nahrung durch die Kaubewegung (Orthofunktion). Unter Parafunktion versteht man das Auftreten dieser Bewegungen ohne Zusammenhang mit der Nahrungsaufnahme.
Zu **(1)**: Die Bewegung beim Knirschen entspricht der normalen Mahlbewegung. Hierbei werden die Zähne meist deutlich hörbar horizontal aneinander vorbeibewegt.
Zu **(2)**: Auch das Pressen entspricht einer an sich natürlichen Kaubewegung. Die Ober- und Unterkieferzähne werden vor allem durch Kontraktion des M. masseter aufeinandergedrückt.
Parafunktionen führen zu vorzeitiger Abrasion der Zähne und Schädigung des Zahnhalteapparates durch die Überlastung.
Zu **(3)** und **(4)**: Unter Schlussbiss versteht man die einzig mögliche Endlage bei lockerem Kieferschluss, in der die obere und untere Zahnreihe maximal Kontakt zueinander haben. Störungen dieser Endlage werden als **Okklusionsstörungen** bezeichnet.
Eine solche irreguläre Verzahnung ist im Frontzahnbereich der frontal offene Biss (durch fehlenden Kontakt der oberen und unteren Schneidezähne), der Kopfbiss (die Kanten der oberen und unteren Schneidezähne stehen aufeinander) und der umgekehrte Überbiss (hier stehen die unteren Frontzähne vor den oberen). Im Seitenzahnbereich kommen Kreuzbiss und Kopfbiss vor.

8 Traumen im Kiefer- und Gesichtsbereich

F92

Frage 8.1: Lösung E

Prinzipiell gilt, dass bei luxierten Zähnen ein physiologisches Milieu lebensnotwendig ist. Daher sind die Aussagen (2) und (4) richtig.
Für den Erfolg einer Replantation ist der Erhalt des Desmodonts von größter Wichtigkeit. Fehlt das Desmodont, oder ist es bereits nekrotisch oder ausgetrocknet, so kommt es zur fortschreitenden Resorption der Zahnwurzel.
Siehe auch Kommentar zu Frage 6.7.

Examen
Frühjahr 2001

Fragen Examen Frühjahr 2001

7 Naturheilverfahren

Kapitel 2

F01

7.1 Bei einer 68-jährigen Patientin hat sich nach einer Wertheim-Meigs-Operation ein Lymphödem des rechten Beines entwickelt. Das Bein schwillt tagsüber nach längerer Belastung sowie bei Hitze stark an.

Welche therapeutische Maßnahme ist **am wenigsten** sinnvoll?

(A) diuretische Langzeitbehandlung, z.B. mit Furosemid
(B) Hochlagern der Extremität
(C) Tragen eines Kompressionsstrumpfes
(D) Bewegungsübungen
(E) manuelle Lymphdrainage

F01

7.2 Was ist als roborierendes Naturheilverfahren zur Konstitutionsverbesserung **am wenigsten** geeignet?

(A) Hydrotherapie mit Kaltreizen
(B) Terrainkuren in der Klimatherapie
(C) lokale Behandlungen mit Hochfrequenztherapie
(D) Ausdauertraining in der Bewegungstherapie
(E) UV-Exposition in der Heliotherapie

F01

7.3 Bei welchem der Krankheitsbilder ist eine Klimatherapie im Sommer an der Nordsee **am wenigsten** sinnvoll?

(A) Autoimmunhepatitis
(B) Asthma bronchiale
(C) Neurodermitis
(D) rezidivierende Infektionen der Atemwege bei Kindern
(E) vegetative Regulationsstörungen

F01

7.4 Sie betreuen eine geriatrische Abteilung mit multimorbiden Patienten, die häufig über Kreuzschmerzen infolge degenerativer Wirbelsäulenveränderungen oder Osteoporose klagen.

Welche Diagnose ist eine Kontraindikation für das Stangerbad?

(A) Z.n. tiefer Bein-Beckenvenenthrombose (vor 6 Monaten)
(B) Herzinsuffizienz NYHA IV (seit 3 Monaten)
(C) arterielle Hypertonie (gut eingestellt)
(D) chronische Hepatitis (geringe Krankheitsaktivität)
(E) rheumatoide Arthritis (derzeit keine entzündliche Aktivität)

F01

7.5 Welche der Aussagen zur Therapie mit Packungen trifft **am wenigsten** zu?

(A) Die Temperatur heißer Packungen beträgt 40–50 °C.
(B) Bei Ganzkörperpackungen kann es zu Platzangst kommen.
(C) Als Wärme- oder Kälteträger werden z.B. Peloide, Eiswürfel, Quark oder Kartoffelbrei verwendet.
(D) Heiße Packungen können muskelrelaxierend wirken.
(E) Kältepackungen (Kryogel) haben Temperaturen von 12–18 °C.

Kapitel 3

F01

7.6 Welche der Empfehlungen stimmt **am wenigsten** mit den ordnungstherapeutischen Grundsätzen der Vollwerternährungslehre überein?

(A) Die Nahrung sollte gründlich gekaut und in Ruhe gegessen werden.
(B) Die Mahlzeiten sollten bei leichtem Sättigungsgefühl beendet werden.
(C) Die Hauptmahlzeit sollte auf den Abend nach 20 Uhr gelegt werden.
(D) Der Verzehr von Frischobst zu den Mahlzeiten ist zu empfehlen.
(E) Die Flüssigkeitsaufnahme sollte vorzugsweise zwischen den Mahlzeiten erfolgen.

7.1 (A) 7.2 (C) 7.3 (A) 7.4 (B) 7.5 (E) 7.6 (C)

F01

7.7 Gemäß den Empfehlungen zur Vollwerternährung nach W. Kollath sollte verzichtet werden auf

(A) unerhitzte Frischkost
(B) native kaltgepresste Öle
(C) Raffinadezucker
(D) Vollkornschrot
(E) Milch und Milchprodukte

Kapitel 4

F01

7.8 Sie wollen einen Patienten mit mittelschwerer Depression medikamentös behandeln. Wegen einer Herzinsuffizienz verbieten sich trizyklische Antidepressiva; der Patient verträgt Serotoninantagonisten nicht.

Aus welcher der Arzneipflanzen bietet sich ein Präparat an?

(A) Baldrian (Valeriana officinalis)
(B) Passionsblume (Passiflora incarnata)
(C) Kava-Kava (Piper methysticum)
(D) Ginkgo (Ginkgo biloba)
(E) Johanniskraut (Hypericum perforatum)

F01

7.9 Ein Patient mit Schmerzen bei ausgeprägter Arthrose fragt Sie nach einer phytotherapeutischen Alternative für nichtsteroidale Antirheumatika.

Aus welcher der Pflanzen ist ein Phytopharmakon am aussichtsreichsten?

(A) Baldrian (Valeriana officinalis)
(B) Rosskastanie (Aesculus hippocastanum)
(C) afrikanische Teufelskralle (Harpagophytum procumbens)
(D) roter Sonnenhut (Echinacea purpurea)
(E) Zwergsägepalme (Sabal serrulata)

F01

7.10 Ätherische Öle sind die charakteristischen und therapeutisch genutzten Inhaltsstoffe von

(A) Kiefernsprossen (Pini turiones)
(B) Schöllkraut (Chelidonii herba)
(C) Brennesselkraut (Urticae herba)
(D) Kava-Kava-Wurzelstock (Piperis methystici rhizoma)
(E) Sennesblättern (Sennae folia)

Kapitel 6

F01

7.11 Mit der klassischen Homöopathielehre nach Hahnemann ist vereinbar:

(A) Komplexmittelhomöopathie
(B) Isopathie
(C) Similefindung
(D) Spagyrik
(E) Biochemie nach Schüssler

3 Anästhesiologie, Intensivmedizin

Kapitel 1

F01

3.1 Bei der Prämedikationsvisite vor einer geplanten großen Bauchoperation erhebt der Anästhesist folgenden Patientenstatus: 76-jähriger Patient mit insulinpflichtigem Diabetes mellitus, koronarer Herzkrankheit mit Hinterwandinfarkt vor 2 Jahren, kompensierter Herzinsuffizienz. Der Patient hat keine Stauungszeichen, keine Ödeme und kann ca. 20 Treppenstufen steigen, bevor er kurzatmig wird.

Welcher Risikogruppe gemäß ASA (American Society of Anesthesiologists) wird der Patient zugeordnet?

(A) ASA-Klasse 1
(B) ASA-Klasse 2
(C) ASA-Klasse 3
(D) ASA-Klasse 4
(E) ASA-Klasse 5

7.7 (C) 7.8 (E) 7.9 (C) 7.10 (A) 7.11 (C) 3.1 (C)

F01

3.2 Das EKG-Monitoring in Narkose erlaubt **keine** Aussage zu folgenden Herzfunktionen bzw. deren Störungen:

(A) Störungen des Herzrhythmus
(B) Myokardkontraktilität
(C) Myokardischämie
(D) Störungen der Herzfrequenz
(E) Blockade des Reizleitungssystems

F01 **!!**

3.3 Zu den neurologischen Symptomen einer Intoxikation mit einem Lokalanästhetikum gehört/gehören **nicht:**

(A) Muskelzuckungen
(B) verwaschene Sprache
(C) Bewusstlosigkeit
(D) Ohrensausen
(E) Halbseitenlähmung

F01 **!**

3.4 Zu dem Wirkprofil der Opioide gehört **nicht:**

(A) Übelkeit
(B) Muskelrigidität
(C) Blutdrucksenkung
(D) Histaminfreisetzung
(E) positive Inotropie

Kapitel 2

F01

3.5 Welche Komplikation ist bei Verwendung eines Pulmonalarterienkatheters **am wenigsten** zu befürchten?

(A) Pulmonalarterienkonstriktion
(B) Lungeninfarkt
(C) Gefäßruptur
(D) ventrikuläre Arrhythmien
(E) Knotenbildung

6 Notfallmedizin

Kapitel 1

F01

6.1 Ein optimaler Aspirationsschutz bewusstloser Patienten wird erreicht durch:

(A) Maskenbeatmung
(B) Einbringen eines Oropharyngeal-Tubus
(C) Einbringen einer Larynxmaske
(D) Einlegen eines Guedel-Tubus
(E) endotracheale Intubation

Kapitel 2

F01

6.2 Welches der genannten Symptome tritt beim anaphylaktischen Schock, nicht aber bei anderen Schockformen auf?

(A) Quincke-Ödem
(B) Tachykardie
(C) Hypotonie
(D) Kaltschweißigkeit
(E) niedrige Blutdruckamplitude

F01

6.3 Ein hypovolämischer Schock kann **nicht** beruhen auf:

(A) Abnahme des HZV durch einen Myokardinfarkt
(B) Reduktion des intravasalen Volumens durch eine massive Blutung
(C) Flüssigkeitsverlust in den Intestinaltrakt durch Diarrhö
(D) Flüssigkeitsverlust durch andauerndes Erbrechen
(E) Flüssigkeitsverlust über die Haut bei Verbrennungen

3.2 (B) 3.3 (E) 3.4 (E) 3.5 (A) 6.1 (E) 6.2 (A) 6.3 (A)

Kapitel 4

F01 **!**

6.4 Bei Vorliegen einer Hypoglykämie ist mit welchem der genannten Symptome am ehesten zu rechnen?

(A) Verwirrtheit
(B) Hyporeflexie
(C) Azetongeruch der Atemluft
(D) Kussmaul-Atmung
(E) Exsikkose

Kapitel 5

F01 **!!**

6.5 Welche Aussage über eine schwere Blausäurevergiftung trifft **nicht** zu?

(A) Charakteristisch ist ein Bittermandelgeruch in der Ausatemluft.
(B) Als Antidot ist Deferoxamin geeignet.
(C) Eine Injektion von 4-DMAP ist indiziert.
(D) Zyanidionen lagern sich an das 3-wertige Eisen der Zytochromoxidase und hemmen so die Zellatmung.
(E) Durch Gabe von Natriumthiosulfat i.v. wird Rhodanid gebildet.

5 Therapie chronischer Schmerzen

Kapitel 1

F01

5.1 Glutamat ist bei der spinalen Verarbeitung von Schmerzinformation im Hinterhorn des Rückenmarks beteiligt.

Diese Transmittersubstanz wirkt auf welche der folgenden postsynaptischen Rezeptoren?

(A) Neurokininrezeptoren des Typs NK_1
(B) N-Methyl-D-Aspartat-(NMDA-)Rezeptoren
(C) Opioidrezeptoren Typ Sigma
(D) GABA-B-Rezeptoren
(E) Glyzin-Rezeptoren

Kapitel 3

F01

5.2 Die Verschreibung von Morphin unterliegt der Betäubungsmittel-Verschreibungsverordnung (BtMVV).

Für die Verschreibung gilt folgende Anforderung **nicht:**

(A) Die Rezeptformulare sind bei der Bundesopiumstelle zu beantragen.
(B) Das mittlere Rezeptblatt, Teil III, muss vom Arzt 3 Jahre lang aufbewahrt werden.
(C) Pro Rezept dürfen maximal 20 000 mg Morphin verordnet werden.
(D) Pro Rezept darf ein Bedarf für maximal 30 Tage verordnet werden.
(E) Das Ausstellungsdatum darf nur vom Arzt handschriftlich eingetragen werden.

F01

5.3 Zur Dauertherapie mit Morphin verhalten sich äquianalgetische Dosen bei intravenöser und oraler Gabe zueinander wie

(A) 1 : 1
(B) 1 : 3
(C) 1 : 6
(D) 1 : 8
(E) 1 : 10

F01

5.4 Bei einer intravenösen Regionalanalgesie wird Guanethidin eingesetzt.

Guanethidin

(A) hemmt die Prostaglandinsynthese im Bereich sensibilisierter Nozizeptoren
(B) ruft eine lokalanästhetische Blockade der afferenten Schmerzleitung hervor
(C) entleert Noradrenalinspeicher sympathischer Nervenendigungen
(D) ist ein kompetitiver Antagonist an α-Rezeptoren
(E) führt zur Erschlaffung der glatten Muskulatur im Schmerzgebiet

6.4 (A) 6.5 (B) 5.1 (B) 5.2 (***) 5.3 (B) 5.4 (C)

F01

5.5 Die Zöliakusblockade wird bei unterschiedlichen Tumoren schmerztherapeutisch eingesetzt.

Hierfür kommt jedoch **am wenigsten** in Betracht das

(A) Leberkarzinom
(B) Magenkarzinom
(C) Uteruskarzinom
(D) Gallengangskarzinom
(E) Pankreaskarzinom

Kapitel 4

F01

5.6 Der Kopfschmerz vom Spannungstyp

(A) tritt häufiger bei Männern als bei Frauen auf
(B) setzt meist nachts ein
(C) tritt zumeist einseitig auf
(D) kann frontal und okzipital lokalisiert sein
(E) hat einen hellen, brennenden Schmerzcharakter

F01

5.7 Was ist für die Migräne **am wenigsten** charakteristisch?

(A) attackenartiges Auftreten
(B) ausschließlich seitenkonstantes Auftreten
(C) Dauer zwischen 4 und 72 Stunden
(D) pulsierender Schmerzcharakter
(E) Übelkeit und Erbrechen

9 Zahn-, Mund- und Kiefererkrankungen

Kapitel 3

F01

9.1 Im Rahmen der Füllungstherapie von kariösen Defekten wird häufig die sog. Säureätztechnik angewandt.

Sie dient

(A) der Abtötung der Keime in der Kavität
(B) dem Aufrauhen des Schmelzes
(C) dem Aufrauhen des Dentins
(D) dem Aufrauhen von Amalgamfüllungen
(E) der Feinmodellierung von Okklusionsflächen

Kapitel 5

F01

9.2 Foetor ex ore ist **am wenigsten** wahrscheinlich bei

(A) Pulpitis eines Zahnes
(B) Gangrän eines Zahnes
(C) marginaler Parodontopathie
(D) ungenügender Mundhygiene
(E) Tonsillitis

Kapitel 6

F01

9.3 Alloplastische Implantate werden in der Zahnheilkunde **nicht** verwendet

(A) als Ersatz bei Verlust einzelner Zähne
(B) als Brückenanker bei fehlenden Molaren
(C) zur Verankerung totaler Unterkieferprothesen
(D) zum Ausgleich von Kieferknochendefekten
(E) zur Stabilisierung von Hybridprothesen

5.5 (C) 5.6 (D) 5.7 (B) 9.1 (***) 9.2 (A) 9.3 (***)

Kommentare Examen Frühjahr 2001

7 Naturheilverfahren

Kapitel 2

F01

Frage 7.1: Lösung A

Von einem Diuretikum sind keine relevanten Wirkungen zu erwarten, aus Neben- und Wechselwirkungen kann eher eine Kontraindikation formuliert werden. Die vier weiteren genannten Maßnahmen sind jede für sich und unter Berücksichtigung der äußeren Umstände sinnvoll, manuelle Lymphdrainage ist verhältnismäßig aufwendig und kostenintensiv.

F01

Frage 7.2: Lösung C

Von Hydrotherapie und einem sportlichen Training können Umstellungen der vegetativen Regulation (z.B. Herz-Kreislaufsystem und immunologische Abwehr) und Vorteile einer allgemeinen Fitness erwartet werden. Bei Terrainkuren stehen neben thermischen Reizen und einer UV-Exposition allgemein lösende und psychisch entspannende Wirkungen im Vordergrund. Bei einer milden Dosierung (auf jeden Fall unterhalb der individuellen Erythemschwelle!) sind für ultraviolettes Licht mit einem UVB-haltigen Wellenspektrum günstige Wirkungen auf die Kreislaufregulation und die immunologische Abwehr nachgewiesen worden.
Zu **(C):** All diese Vorteile bestehen für eine lokale Hochfrequenz-Therapie nicht. Sie könnte bei chronisch infektiösen Prozessen eingesetzt werden, um diese noch einmal anzuregen und die körpereigene Abwehr auf diese Weise zu stimulieren.

F01

Frage 7.3: Lösung A

(B) bis (E) sind klassische Indikationen für eine Thalassotherapie mit thermischen und klimatischen Reizen, körperlicher Belastung, ultravioletter Bestrahlung und der Inhalation von Meeressalz.
Zu **(A):** Bei dem sehr schwer kalkulier- und prognostizierbaren Verlauf einer Autoimmunhepatitis sind diese Belastungen zu stark. Als Ferienort könnten Regionen mit Schonklima in windgeschützten Ebenen, allenfalls noch in niederen Lagen der Mittelgebirge empfohlen werden.

F01

Frage 7.4: Lösung B

Bei der Durchführung eines hydroelektrischen Vollbades nach Stanger (1843 – 1909) liegt der Patient in einer verhältnismäßig tiefen Badewanne mit einer relativ hohen Wassersäule über dem Organismus. Es kommt zu einem Anstieg der rechtsventrikulären Vorlast, unter welcher manche Patienten mit ausgeprägter Herzinsuffizienz dekompensieren. Die Vorteile eines Stanger-Bades gegenüber anderen elektrotherapeutischen Maßnahmen rechtfertigen ein solches Risiko nicht.

F01

Frage 7.5: Lösung E

Die Aussagen (B), (C) und (D) sind in jeder Beziehung richtig. Packungen mit einer Temperatur um 50° werden in der Regel als schmerzhaft empfunden, sie werden mit unterschiedlich stark wärmeisolierenden Tüchern o.ä. unterlegt. Kältepackungen im Sinne einer Kryotherapie werden im Gegensatz zu den Kaltreizen der Hydrotherapie angelegt, um Körpergewebe bis in tiefere Schichten um mehrere Temperaturgrade abzukühlen. Hierzu werden z.B. Packungen mit Kryogel mit Temperaturen um den Gefrierpunkt verwendet.

Kapitel 3

F01

Frage 7.6: Lösung C

Die beste „Verdauungskapazität" besteht von morgens bis in den frühen Nachmittag. Belastende Nahrungsmittel (z.B. Vollkornbrot, rohes Obst in größeren Mengen) sollten deswegen nur in diesem Zeitraum verzehrt werden, für die meisten Menschen ist die letzte Nahrungsaufnahme etwa um 18.00 Uhr günstig. Gesunde und Patienten mit asthenischer Konstitution und „Verdauungsschwäche" erfahren von einer Beachtung dieser Regeln häufig großen Gewinn.

F01

Frage 7.7: Lösung C

Raffinade-Zucker ist ein unphysiologisches Nahrungsmittel, auf welches der Organismus nicht eingestellt ist. Bei einer sehr raschen Resorption kommt es zu ungünstigen Reaktionen pro- und antiglykämischer Regelsysteme; für den weiteren Metabolismus werden Substanzen verbraucht, welche der Organismus aus seinen angelegten Reserven bestreiten muss.

Kapitel 4

F01

Frage 7.8: Lösung E

Antidepressive Wirkungen des Johanniskrauts sind durch viele Studien belegt worden, die Wirkung tritt nach 3–4 Wochen mit einem Respons von etwa 70–80% auf. Ein komplexes Programm würde diese Medikation je nach Möglichkeiten und Bedingungen des Patienten mit sportlicher Aktivität, hydrotherapeutischen Reizen oder künstlerischer Therapie begleiten.

F01

Frage 7.9: Lösung C

Inhaltsstoffe des Teufelskralle wirken appetitanregend, choleretisch, antiphlogistisch und schwach analgetisch. Eine komplexe Behandlung würde in Abhängigkeit von dem lokalen Befund gleichzeitig mit Wärme oder Kälte (z. B. Kleidung, physikalische Wärmeträger, kühlende Wickel), dosierter Bewegung bzw. Krankengymnastik, Massage (bei auffälligen lokalen Befunden), hyperämisierenden Einreibungen, eventueller Sanierung gastro-enteraler Verhältnisse u. a. m. behandeln.

F01

Frage 7.10: Lösung A

Aus Kiefernsprossen gewonnene ätherische Öle haben sekretolytische, hyperämisierende und schwach antiseptische Wirkungen. Sie kommen als Teeaufguss oder Sirup für die enterale Medikation in Frage, als alkoholische Lösung oder in Ölen und Salben dienen sie zur äußerlichen Anwendung. Typische Indikationen sind entzündliche Erkrankungen der Atemwege sowie leichte Muskel- und Nervenschmerzen. Die übrigen Heilpflanzen sind an anderer Stelle besprochen.

Kapitel 6

F01

Frage 7.11: Lösung C

Die Auswahl bzw. Findung eines Arzneimittels mit der größtmöglichen Ähnlichkeit seiner Wirkungen zu den Symptomen eines Patienten ist das klassische Vorgehen in der Hahnemann'schen Homöopathie. In einem Komplexmittel werden mehrere, in der Regel potenzierte, Arzneisubstanzen zusammengefasst. In der Isopathie wird die krankheitsverursachende Substanz homöopathisch aufgearbeitet. In verschiedenen Formen spagyrischer Zubereitung werden Heilmittel weiteren Verarbeitungen unterworfen (z. B. Gärung und Veraschung). Biochemie nach Schüssler arbeitet mit verschiedenen Salzen in ähnlichen Zubereitungen wie die Komplex-Homöopathie. Sie unterscheidet Funktions-, Konstitutions- und Regulationsmittel. Kritikern sind diese Vielfalt z. T. sehr unterschiedlicher und zum Teil gegensätzlicher Methoden und theoretischer Grundlagen häufiger Anlass zu Zweifeln an deren Ernsthaftigkeit.

3 Anästhesiologie, Intensivmedizin

Kapitel 1

F01

Frage 3.1: Lösung C

Die Risikoeinteilung der ASA ist bei Patienten mit relevanten Vorerkrankungen etwas grob. Durch Diabetes, KHK und kompensierte Herzinsuffizienz wird der Patient, da keine sofort bedrohliche Symptomatik (wie eine Dekompensation der Herzinsuffizienz) vorliegt, in Gruppe 3 „Schwere Allgemeinerkrankung mit Leistungseinschränkung" eingestuft.
Schema der ASA:

Gruppe 1	Normaler, gesunder Patient
Gruppe 2	Leichte Allgemeinerkrankung ohne Leistungseinschränkung
Gruppe 3	Schwere Allgemeinerkrankung mit Leistungseinschränkung
Gruppe 4	Schwere Allgemeinerkrankung, die mit oder ohne OP das Leben des Patienten bedroht
Gruppe 5	Moribund, Tod innerhalb von 24 h mit oder ohne OP zu erwarten

F01

Frage 3.2: Lösung B

Das EKG-Monitoring hat nur für die Detektion von Rhythmusstörungen (brady- und tachykarde Arrhythmien, Überleitungsstörungen wie SA- oder AV-Block) eine hohe Wertigkeit. Nur etwa 20–50% aller Myokardischämien können im *12-Kanal-EKG* erfasst werden. Durch Ableitung einer Extremitätenableitung (II oder III), wie sie angenähert beim EKG-Monitor eingesetzt wird, können nur etwa 2–15% aller Ischämien erkannt werden. Eine Beurteilung der Myokardfunktion (Kontraktilität) ist nicht möglich.

F01 !!

Frage 3.3: Lösung E

Typisch für die Lokalanästhetikaintoxikation sind generalisierte neurologische Symptome: Initial zerebrale Erregung mit metallischer Geschmacksempfindung, Unruhe, Sprachstörung (wichtig: Sprechkontakt halten!), Krämpfe, Erbrechen, Ohrensausen. Danach zerebrale Depression: Atemstillstand, Bewusstlosigkeit, schwere Kreislaufdepression, Arrhythmien. Bei akzidenteller Injektion in hirnversorgende Arterien kann es zur sofortigen zerebralen Depression kommen. Lokalisierte Symptome wie z.B. eine Halbseitenlähmung oder Hirnnervenparese werden nicht beobachtet.

F01 !

Frage 3.4: Lösung E

Übelkeit, Obstipation, Sedierung und Atemdepression sind gängige Nebenwirkungen; Histaminfreisetzung mit Juckreiz, Bronchospasmus und Blutdrucksenkung ist seltener.
Muskelrigidität (meist Thoraxmuskulatur) tritt besonders nach rascher Injektion bei den in der Anästhesie verwendeten stark wirksamen Opioiden wie Alfentanil, Fentanyl; Sufentanil und Remifentanil gelegentlich auf und kann eine Maskenbeatmung erschweren. Direkt positiv inotrope Wirkungen sind nicht bekannt (die Verbesserung einer Linksherzinsuffizienz durch Morphin beruht auf einer Vorlastsenkung).

Kapitel 2

F01

Frage 3.5: Lösung A

Arrhythmien (ventrikulär und supraventrikulär) als Folge des durch rechten Vorhof und Ventrikel in die Pulmonalarterie eingelegten Katheters (mechanischer Reiz am Endokard) sind häufig. Lungeninfarkte durch Okklusion eines Pulmonalarterienasts, Gefäßrupturen und Verknotung des Katheters (Ballonkatheter – häufige Positionierungsmanöver – Knotenbildung) sind gängige, aber seltene Komplikationen. Eine reflektorische Konstriktion durch den endoluminalen Katheter in einem kleineren Ast der Pulmonalarterie ist sehr selten – im Gegensatz zur hypoxischen Pulmonalarterienkonstriktion bei fehlender Belüftung eines Lungenabschnitts.

6 Notfallmedizin

Kapitel 1

F01

Frage 6.1: Lösung E

Die endotracheale Intubation mit Blocken eines Cuffballons in der Trachea ist die beste (aber nicht 100%-ig sichere) Atemwegssicherung zur Vermeidung einer Aspiration. Kleine Aspiratmengen können trotzdem am Cuff vorbei in die Trachea gelangen. Alle übrigen genannten Maßnahmen bieten keinen (Maskenbeatmung, oro [Guedeltubus]- oder nasopharyngeale [Wendltubus] Tuben) oder nur begrenzten (Larynxmaske) Aspirationsschutz.

Kapitel 2

F01

Frage 6.2: Lösung A

Die Frage kann nicht korrekt beantwortet werden! Ein Quincke-Ödem ist ein eigenständiges Krankheitsbild – es wird u.a. bei C1-Inhibitor-Mangel beobachtet und ist eine plötzlich auftretende Schleimhautschwellung im Bereich der oberen Luftwege und im Gesicht (typischerweise sind Antihistaminika und Steroide unwirksam!), die nichts mit einem anaphylaktischen Schock zu tun hat. Beim anaphylaktischen Schock werden kutane Reaktionen beobachtet: Flush, Urticaria, Pruritus, Schleimhautödem (das nicht als Quincke-Ödem bezeichnet werden kann).
Tachykardie, Hypotonie mit niedriger Blutdruckamplitude und Kaltschweißigkeit sind neben Oligurie, Bewusstseinstrübung und Zyanose typische klinische Symptome des Schocks.

F01

Frage 6.3: Lösung A

Starke Reduktion des Plasmavolumens jeder Genese (Blutverlust, Flüssigkeitsverlust z.B. bei Diarrhoe, Verbrennung, Erbrechen, Fieber) ist die Ursache des hypovolämischen Schocks. Nimmt die Auswurfleistung des Herzens durch Verminderung der Kontraktilität (z.B. Myokardinfarkt, Herzinsuffizienz) ab, spricht man vom kardiogenen Schock. Dieser wird als einzige Schockform primär nicht durch aggressive Volumengabe therapiert – die Entlastung des versagenden Myokards (Volumenrestriktion, Vorlastsenkung, Inotropika) steht im Vordergrund.

Kapitel 4

F01 !

Frage 6.4: Lösung A

Unruhe, Verwirrtheit, Zittern, Kreislaufdepression und Bewusstseinstrübung bis zum Koma sind je nach Ausprägung der Hypoglykämie typische Symptome. Bei jeder unklaren Bewusstlosigkeit ist primär eine Hypoglykämie auszuschließen. Exsikkose wäre ein Zeichen des hyperosmolaren diabetischen Komas, Azetongeruch und Kußmaul-Atmung (Hyperventilation zur respiratorischen Kompensation einer Azidose) sind Symptome eines ketoazidotischen diabetischen Komas. Hyporeflexie weist z. B. auf ein hypothyreotes Koma hin.

Kapitel 5

F01 !!

Frage 6.5: Lösung B

Desferoxamin ist ein Antidot für die (seltene) Vergiftung mit zweiwertigem Eisen. Bittermandelgeruch der Atemluft ist ein Hinweis auf Zyanid (Blausäure, HCN)-Vergiftung. CN^--Ionen lagern sich am 3-wertigem Eisen der Zytochromoxidase an, wodurch die Zellatmung inhibiert wird. Grundlage der Initialtherapie ist die Bindung von CN^- an Metallionen wie 3-wertiges Eisen im Blut oder Hydroxycobolamin. 3-wertiges Eisen kann durch die Gabe von Methämoglobinbildnern wie 4-DMAP oder Amylnitrit bereitgestellt werden. Der physiologische hepatische Entgiftungsmechanismus durch Rhodanid (Bindung von Schwefel an CN) kann durch die Gabe von Natriumthiosulfat unterstützt werden. Prinzipiell ist der Einsatz von Methämoglobinbildnern mit der Gefahr verbunden, bei gleichzeitig bestehender CO-Vergiftung (häufig, z. B. beim Auftreten von Zyanid und CO im Rahmen von Bränden in der chemischen Industrie) das nicht bereits CO-gebundene Hb des Patienten in Methämoglobin umzuwandeln und ihm damit zu schaden. Präklinisch ist der Einsatz von Hydroxycobolamin sicher.

5 Therapie chronischer Schmerzen

Kapitel 1

F01

Frage 5.1: Lösung B

Zu **(A): Substanz P** bindet an Neurokininrezeptoren vom **NK1 Typ.**
Zu **(B): Glutamat** wird von afferenten nozizeptiven Neuronen freigesetzt und verstärkt über postsynaptische **NMDA-Rezeptoren** die Erregung.
Zu **(C):** Wie der Name sagt, binden **Opiate** an **Opiatrezeptoren**. Es sind 5 Klassen bekannt, die bei Bindung von Opiaten verschiedenste Wirkungen auslösen. Der s-Rezeptor ist der einzige Rezeptor, der keine analgetische Wirkung auslöst, sondern Dysphorie und Mydriasis.
Zu **(D):** An **$GABA_B$ Rezeptoren** bindet **Gamma-Amino-Butter-Säure**(Acid), was zu einer präsynaptischen Hemmung im Rückenmark führt.
Zu **(E): Glyzin** hemmt über **Glyzin-Rezeptoren** die Hinterhornneurone.

Kapitel 3

F01

Frage 5.2: Lösung *** Diese Frage wurde aus der Wertung genommen.

Zu **(A):** Spezielle Rezepte für Verordnungen von bestimmten Medikamenten, die durch die Betäubungsmittelverordnung (BtMVV) festgelegt sind, können von jedem approbierten Arzt vom Bundesinstitut für Arzneimittel und Medizinprodukte – Bundesopiumstelle – angefordert werden.
Zu **(B):** Das Rezept besteht aus 3 Teilen. Teil I und II sind für die Apotheke bestimmt. Teil III – tatsächlich der mittlere Teil – verbleibt beim verschreibenden Arzt.
Zu **(C):** Für jede Substanz sind Höchstverschreibungsmengen vorgeschrieben. Bei Morphin beträgt diese 20 000 mg. Ausnahmen von dieser Regelung sind aber erlaubt, müssen allerdings dann mit einem A für Ausnahme gekennzeichnet werden.
Zu **(D):** Auch die Dauer ist auf 30 Tage festgelegt, wobei auch hier Ausnahmen mit entsprechender Kennzeichnung zulässig sind.
Zu **(E):** Seit der Novellierung des BtMVV 1994 kann das Datum auch maschinell eingesetzt werden.
Da bei Antwort (C) und (D) prinzipiell Ausnahmen gestattet sind, hat das IMPP diese Frage aus der Wertung genommen.

F01

Frage 5.3: Lösung B

Zu **(A)–(E):** Äquianalgetische Dosen sind Dosen mit gleicher analgetischer Wirkstärke entweder des gleichen Medikaments in unterschiedlicher Applikation oder verschiedener Schmerzmittel. Die Unterschiede werden meistens durch den **first-pass Effekt** durch die Verstoffwechslung in der Leber, durch unterschiedliche Durchlässigkeit der **Blut-Hirnschranke** für bestimmte Medikamente und durch **unterschiedliche Affinität zu den Opiatrezeptoren** erklärt. Für Morphin gilt bei oraler Applikation die dreifache Menge gegenüber intravenöser Applikation, wobei die äquianalgetischen Dosen nur als Richtlinie aufzufassen sind.

F01

Frage 5.4: Lösung C

Zu **(A):** Nicht-steroidale Antiphlogistika hemmen die Prostaglandinsynthese.
Zu **(B):** Lokalanästhetika wie Bupivacain lösen eine Blockade der afferenten Schmerzleitung aus.
Zu **(C): Guanethidin** als **Sympatholytikum** entleert die Noradrenalinspeicher sympathischer Nervenendigungen, was zunächst klinisch zu einer Schmerzverstärkung führt, gefolgt von einer über mehrere Tage andauernden Blockade der Wiederaufnahme von Noradrenalin.
Zu **(D):** Ein zentral wirksamer α-Rezeptor-Agonist ist beispielsweise das Clonidin.
Zu **(E):** Eine Erschlaffung der glatten Muskulatur durch intravenöse Regionalanästhesie mit Guanethidin ist nicht bekannt.

F01

Frage 5.5: Lösung C

Prinzipiell können alle viszeralen Schmerzsyndrome durch Zöliakusblockade beeinflusst werden, deren Plexus (gastrici, lienalis, hepaticus) als afferente Fasern durch den Plexus coeliacus verlaufen. Hierdurch können Schmerzen bei Leber-(A), Magen-(B), Gallengangs- (D) und besonders bei Pankreaskarzinom (E) behandelt werden.
Zu **(C):** Der Plexus uterinus zweigt aus dem Plexus aorticus abdominalis ab.

Kapitel 4

F01

Frage 5.6: Lösung D

Zu **(D):** Typischerweise werden die Beschwerden beim Spannungskopfschmerz als über den Kopf ziehend beschrieben.
Zu **(A):** Spannungskopfschmerzen treten etwas häufiger bei Frauen als bei Männern auf.
Zu **(B):** Migräne setzt meistens nachts oder in den frühen Morgenstunden ein.
Zu **(C):** Spannungskopfschmerzen sind typischerweise beidseits. Migräne ist ein einseitiger Kopfschmerz.
Zu **(E):** Der Schmerzcharakter wird häufig als drükkend, dumpf oder schwer beschrieben.

F01

Frage 5.7: Lösung B

Zu **(A)**, **(C)**, **(D)** und **(E):** Migräne ist attackenartig, pulsierend, dauert zwischen 4 und 72 Stunden (häufig weniger als 24 Stunden) und ist häufig begleitet von Übelkeit und Erbrechen.
Zu **(B):** Gerade typisch ist, dass die Migräne einseitig auftritt, aber von Attacke zu Attacke die Seite wechselt.

9 Zahn-, Mund- und Kiefererkrankungen

Kapitel 3

F01

Frage 9.1: Lösung *** Diese Frage wurde aus der Wertung genommen.

Die Säureätztechnik (SÄT) dient in der Füllungstherapie der spaltfreien mikromechanischen Verankerung von Kunststoffmaterialien (Kompositen). Hierbei wird der Zahnschmelz mit 35–40% Phosphorsäure oberflächlich angeätzt. Es entsteht ein Mikrorelief, in das der flüssige Kunststoff einfließt und nach dem Aushärten darin Retention hat. Lösung (B) ist also richtig.
Zu **(A):** Zum Abtöten der in der Kavität verbliebenen Keime werden biokompatible Desinfektionsmittel, wie Chlorhexidindiglukonat (CHX) verwendet.
Zu **(C):** Dentin kann aufgrund seines wesentlich höheren Anteils an organischen Substanzen nicht in dergleichen Art angeätzt werden wie der mineralreiche Zahnschmelz. Zur Adhäsion von Kunststofffüllmaterialien am Dentin dienen spezielle Dentin-

haftvermittler. Obwohl man die Vorbehandlung des Dentins mit Haftvermittlern strenggenommen nicht als Säureätztechnik bezeichnet, enthalten auch diese Produkte Säuren. Es handelt sich hierbei um schwache organische Säuren (im Gegensatz zur starken organischen Phosphorsäure), die auch die Dentinoberfläche verändern, jedoch kein retentives Ätzmuster erzeugen. Diese Lösungsmöglichkeit ist also nicht eindeutig richtig oder falsch.

Zu **(D)**: Amalgamfüllungen werden durch Korrosionsvorgänge oder die Bearbeitung mit Schleifinstrumenten rau. Im Rahmen der Füllungstherapie ist jedoch eine hochglanzpolierte Amalgamfüllung das Ziel, die keine Retention für Plaque darstellt. Die Säureätztechnik spielt bei Amalgamfüllungen keine Rolle.

Zu **(E)**: Die Feinmodellierung der Okklusalflächen von Füllungen erfolgt durch Handinstrumente oder rotierende Instrumente und nicht durch die Säureätztechnik.

Kapitel 5

F01

Frage 9.2: Lösung A

Foetor ex ore ist der Mundgeruch, der durch eine Erkrankung im Bereich der Mundhöhle oder des Nasen- und Rachenraumes hervorgerufen wird. Im Gegensatz dazu versteht man unter Halitosis den Mundgeruch, der von Geruchsstoffen aus tiefer liegenden Organen herrührt.

Allgemein kann Foetor ex ore verursacht werden durch:

1. den Konsum von Nahrungs- und Genussmitteln, Drogen oder Medikamenten
2. Erkrankungen im Bereich der Mundhöhle, wie eine Gangrän-Lösung (B), marginale Parodontopathien-Lösung (C), mangelhafte Mundhygiene-Lösung (D), eine trockene Alveole, eine Perikoronitis u.ä.
3. Entzündungen im Nasen- und Rachenraum, wie eine Tonsillitis-Lösung (E), Diphtherie, Mononukleose oder Angina Plaut-Vincenti.

Zu **(A)**: Auch die Pulpitis ist eine Erkrankung im Bereich der Mundhöhle. Als Ursache der Pulpitis kommen thermische, physikalische oder bakteriellen Noxen in Frage. Von den genannten Ursachen können lediglich die Stoffwechselprodukte der Bakterien zu Mundgeruch führen (v.a. von gramnegativen Anaerobiern). Da im Stadium der Pulpitis die Entzündung und die bakterielle Besiedelung (zunächst) auf den abgeschlossenen Pulparaum beschränkt ist, gelangen die Bakterienprodukte nicht in die Mundhöhle und können somit keinen Mundgeruch hervorrufen. Lösungsmöglichkeit (A) ist also korrekt.

Kapitel 6

F01

Frage 9.3: Lösung *** Diese Frage wurde aus der Wertung genommen.

Alloplastische Implantate werden synthetisch hergestellt. Es handelt sich also um Kunststoffe.

Zu **(A)**, **(B)** und **(C)**: Zahnersatz wird heute vielfach auf Implantate aus Titan befestigt, die in den Kieferknochen eingebracht werden. Sie können als Pfeiler für Einzelzähne, als Brückenanker oder als Anker für eine Totalprothese verwendet werden. Die Lösungen (A), (B) und (C) sind also falsch.

Zu **(D)**: Zur Deckung von Knochendefekten des Kiefers verwendet man körpereigenen Knochen (= autologes Transplantat) oder synthetische Knochenersatzmaterialien. Bei den künstlichen Werkstoffen kommen Bioglass®, Kalziumphosphatkeramiken (wie Hydroxylapatit oder Trikalziumphosphat) oder – mit Einschränkung – Polymethylmethacrylate zum Einsatz. Wegen seiner hervorragenden Eigenschaften ist jedoch nach wie vor der körpereigene Knochen der Goldstandard, an dem sich jedes synthetische Produkt messen lassen muss. Lösung (D) ist also (meiner Meinung nach) auch nicht die gesuchte Falschantwort.

Zu **(E)**: Bei einer Hybridprothese wird die Totalprothese auf den Zahnwurzeln oder an verdeckten Halteelementen auf Wurzelkappen verankert. Im Gegensatz zu den alloplastischen Titanimplantaten dienen somit die (körpereigenen) Zähne bzw. Zahnwurzeln und keine alloplastischen Implantate als Verankerung. (E) ist also die gesuchte Lösung.

Warum diese Frage aus der Wertung genommen wurde, ist mir nicht ganz klar. Vielleicht gab es Unsicherheiten wegen der Lösungsmöglichkeit (D), nämlich bezüglich der Definition, ob ein synthetisches Knochenersatzmaterial ein Implantat ist oder nicht. Wenn man heute in der Zahn-, Mund- und Kieferheilkunde von (dentalen) Implantaten spricht, meint man meist die künstlichen Zahnwurzeln aus Titan. Da aber ein Knochenersatzmaterial ebenfalls in den Knochen bzw. Körper eingesetzt (implantiert) wird, ist auch dies ein Implantat.

Tipps zur mündlichen Prüfung

Anästhesiologie, Intensivmedizin und Notfallmedizin

Allgemein gilt, dass die Prüfer in erster Linie die Umsetzung der theoretischen Wissens in konkrete Lösungsansätze zur Bewältigung von Problemen des klinischen Alltags erwarten. Ein Prüfungsschwerpunkt im Bereich der Anästhesiologie liegt sicherlich in dem Themenkomplex: Vermeiden, Früherkennung und Therapie von perioperativen Komplikationen. Daneben werden jedoch auch fundierte Kenntnisse im Bereich der Physiologie und Pharmakologie erwartet. Im Bereich der Intensivmedizin wird insbesondere die gesamte Problematik des Multiorganversagens, aber auch der isolierten respiratorischen Insuffizienz und des akuten Nierenversagens abgefragt. Immer wichtiger werden Hygiene, rationale Antibiotikatherapie sowie Hirntoddiagnostik und ethische Probleme. Notfall medizinische „Renner" sind Bewußtlosigkeit, akute Atem- und Kreislaufinsuffizienz, besonders die Therapie bei Kreislaufstillstand und Myokardinfarkt, Schädel-Hirn- und Polytrauma, Intoxikationen und Verbrennungen.

Wichtige Prüfungsinhalte:

Prämedikation und allgemeine Aspekte:

- Inhalte des Prämedikationsgesprächs
- Bewertung des individuellen Anästhesierisikos anhand der Vorerkrankung des Patienten sowie Art und Dauer der Operation und der Art des Anästhesieverfahrens
- Differenzierte Anordnung nach Bewertung von Zusatzuntersuchungen je nach Zustand des Patienten (Röntgen-Thorax, Lungenfunktion, Echokardiogramm ...)
- Dauer der präoperativen Nüchternheit (Erwachsene, Kinder)
- Medikamentöse Prämedikation (Ziele, Substanzen, Dosierung, Applikationsweg)
- Dauermedikation: Welche Substanzen perioperativ absetzen, welche weitergeben, z. B. antihypertensive und antianginöse Therapie
- Anästhesie für ambulante Eingriffe: Voraussetzungen, geeignete Methoden
- Anästhesie bei laparoskopischen Operationen: Auswirkungen des Kapnoperitoneums auf Körperfunktionen. Adäquate Verfahren des Monitorings.
- Narkose bei Patienten mit KHK: Minimierung des Infarktrisikos durch adäquates erweitertes Monitoring

Inhalationsanästhetika:

- Kenntnis des MAC-Konzepts
- Eigenschaften, Nebenwirkungen und Kontraindikationen der Substanzen
- Metabolismus und Eliminationswege der Substanzen

Intravenöse Anästhetika und Analgetika:

- Barbiturate, Propofol, Etomidat, Ketamin, Benzodizepine: Vor- und Nachteile, Kontraindikationen
- Opiate: Wirkungsweise, Einteilung in Agonisten und Antagonisten sowie kombinierte Agonisten/Antagonisten. Wichtigste Komplikation: Atemdepression

Muskelrelaxanzien:

- Grundsätzliche Wirkungsweise und Nebenwirkungen von nichtdepolarisierenden und depolarisierenden Muskelrelaxanzien
- Antagonisierung (Indikation, Risiken)

Wichtige Komplikationen der Allgemeinanästhesie:

- Atemstörung als häufigste und gefährlichste Komplikation: Ursachen und Prophylaxe
- Erbrechen
- Herz-Kreislaufstörungen, z. B. Blutdruckabfall mit Folgekomplikationen wie Myokardinfarkt
- Lagerungsschäden
- Wärmeverlust
- Zahnschäden und Heiserkeit nach Intubationsnarkosen
- Maligne Hyperthermie: (Pathogenese, Früherkennung und Therapie, Narkoseführung bei Patienten mit Disposition zur malignen Hyperthermie)
- Narkoseführung bei Patienten mit bekannter Porphyria acuta intermittens

Regionalanästhesie:

- Mögliche Komplikationen und Kontraindikationen bei rückenmarksnaher Regionalanästhesie, ihre Vermeidung und Behandlung

Infusionstherapie inkl. Komponententherapie bei Blutungen:

- Infektionsrisiko durch Fremdblut
- Fremdblutsparende Methoden (Indikation und grundsätzlicher Ablauf der einzelnen Verfahren)

Intensivmedizin:

Beatmung:
- Ursachen der respiratorischen Insuffizienz
- Kenntnis wichtiger Beatmungsverfahren
- Kenntnis des Begriffs PEEP
- Überwachung von Beatmungspatienten
- Nebenwirkungen der Beatmung, besonders eingreifender Beatmungsverfahren
- Notwendigkeit der Analgosedierung bei Beatmeten (Substanzen, Applikationsweg, Nebenwirkungen)
- Typische Komplikationen bei Langzeitbeatmeten (Pneumonie, Muskelatrophie)

Schädel-Hirn-Trauma:
- Grundsätze der Diagnostik, der Überwachung und der Therapie (Stichwort: Vermeidung des zerebralen Sekundärschadens!)
- Multiorganversagen: Ursachen, Monitoring, Therapie

Künstliche Ernährung:
- Komplikationen der enteralen und parenteralen Ernährung
- Laborkontrollen bei künstlicher Ernährung
- Bedeutung der Substitution von Vitaminen und Spurenelementen
- Erläuterung des Begriffs Postaggressionsstoffwechsel
- Vorteile der frühzeitigen enteralen Ernährung

Hygiene:
- Kenntnis der Übertragungswege für Hospitalinfektionen (Personal!)
- Kenntnis der Problematik zunehmend multiresistenter Keime, besonders Staphylokokken
- Pilzinfektionen, z. B. als Komplikation der Antibiose sowie bei Immunsupprimierten

Hirntoddiagnostik/Organentnahme:
- Rechtliche Grundlagen, Diagnostik, Organisation

Notfallmedizin:

- Kreislaufstillstand: Ursachen, Diagnose, Maßnahmen und Prognose
- Myokardinfarkt: Symptome, Diagnose, präklinische Therapie
- Apoplex: Ursachen der hohen Letalität: Unterschätzung und fehlende Frühtherapie der oftmals begleitenden hämodynamischen und respiratorischen Insuffizienz
- Bewusstlosigkeit: Ursachen, Seitenlagerung als Erstmaßnahme. Kenntnis der hohen Inzidenz von begleitenden Atemstörungen.
- Krampfanfall: Ursachen und Therapie
- Schock: Einteilung, Ursachen, Symptome, Therapie
- Verbrennungen: Einteilung gemäß Tiefenausdehnung. Kenntnis der Neuner-Regel nach Wallace. Präklinische Therapie mit kristallinen Infusionslösungen. Komplikationen, Indikationen zur Verlegung in ein Verbrennungszentrum
- Polytrauma: Unfallmechanismen, Pathophysiologie (Aktivierung von Mediatorkaskaden). Therapieprinzipien (Volumen, Analgesie, Frühintubation)

  Typische Fehler, z. B. unzureichende Narkose, Übersehen eines Thoraxtraumas oder Abdominaltraumas, fehlende Anwendung von Immobilisationstechniken. Kriterien zur Auswahl der Zielklinik
- Intoxikationen: Grundsätze: Vitalfunktionen sichern. Suche nach Vergiftungsquellen. Dynamik der Vergiftung (z. B. Knollenblätterpilz, Paracetamol)

  CO-Vergiftung (kirschrote Hautfarbe)

  Alkohol (Komplikationen: Aspiration, Hypothermie, Krampfanfall)

  E-605-Vergiftung: Eigenschutz der Helfer

  Drogen: Problematik der Antagonisierung

  Reizgasvergiftung: Zeitliche Latenz des Lungenödems

Therapie chronischer Schmerzen

Vorwort zur schriftlichen Prüfung:

Im Durchschnitt werden aus dem Bereich der Therapie chronischer Schmerzen 7 Fragen am 2. Tag des Zweiten Abschnitts der Ärztlichen Prüfung gestellt.

Mündliche Prüfung:

Wie bei jeder Prüfung erscheint es auch auf dem Gebiet der Therapie chronischer Schmerzen wichtig, sich einen systematischen Überblick über das Fach zu erarbeiten. Das lässt sich besonders gut anhand der Überschriften der Lerntexte erreichen.
Z. B. ist die **Pathologie der Schmerzentstehung** einfach zu verstehen, wenn man sich mit der Physiologie der Schmerzleitung (Lerntext I.1) auseinander gesetzt hat. Nozizeptorschmerz, neuropathischer Schmerz, Schmerzen durch Fehlsteuerung, zentraler Schmerz und, wenn man so will als Sonderform, der Deafferenzierungsschmerz lassen sich daraus gut herleiten (s. Lerntexte I.1-6). Ein wichtiges Beispiel zu jeder dieser Entstehungsmöglichkeiten von Schmerzen sollte man wissen: Wundschmerz, Nervenkompression bei Bandscheibenprolaps, die sympathische Reflexdystrophie, ischämische Insulte im Bereich des Thalamus und Phantomschmerzen nach Oberschenkelamputation bei peripherer AVK. Die Pathophysiologie stellt die Grundlage dar, um Therapiemöglichkeiten logisch herzuleiten. Bei einem zentralen Schmerz sollte man beispielsweise zunächst an zentrale Angriffsmöglichkeiten denken und nicht mit einem peripheren Analgetikum beginnen.
Der Unterschied zwischen **akutem und chronischem Schmerz** ist ein zweiter zentraler Punkt in der Schmerztherapie. Die 6-Monatsgrenze ist zunächst wenig einsichtig und erscheint ziemlich willkürlich, begründet sich jedoch aus dem Wissen, dass bei fortbestehenden akuten Schmerzen innerhalb dieses Zeitraums pathophysiologische und psychische Veränderungen ablaufen, die eine Chronifizierung bewirken (s. Lerntext 0.1).
Bei der **medikamentösen Therapie** sollte man den WHO-Stufenplan (Lerntexte III.1 und IV.2) und die wichtigsten Vertreter von zentralen und peripheren Analgetika mit entsprechenden Nebenwirkungen gut kennen. Die Nebenwirkungen von Opioiden werden auch bei den schriftlichen Fragen zu Recht immer wieder abgefragt (s. Lerntext III.3). Das ist eben das tägliche Brot in der Schmerztherapie.
Natürlich macht es Sinn, sich einen Überblick über die Möglichkeiten der Schmerztherapie zu verschaffen. Da sich keiner – selbst die Schmerztherapeuten – in allen Möglichkeiten gleichermaßen auskennt, kommt es wohl auf den Prüfer an, aus welchem Fachbereich er kommt. Ist er Anästhesist, ist man gut beraten, sich die rückenmarknahen Gaben von Medikamenten (s. Lerntexte III.5–III.11) nochmals genauer anzuschauen. Kommt er aus der Neurochirurgie, stehen neurochirurgische Methoden besonders im Vordergrund. Ein Internist ist mehr auf die Medikamente eingeschworen.
Malignom- (s. Lerntext IV.1), **Kopf-** (s. Lerntexte VI.5–8), **Phantom-** (s. Lerntext IV.10) **und der postherpetische Schmerz** (s. Lerntext IV.12) sind klassische Schmerzdiagnosen. Kopfschmerzen kommen nicht nur häufig vor, sondern sind auch gut abzufragen, da die Differenzialdiagnose über die Klinik und nicht über irgendwelche speziellen Untersuchungsmethoden gestellt wird. Nur zur Ausschlussdiagnose werden EEG, CT, NMR etc. benötigt. Hier spielen **Schmerzanamnese** (Wo? Wann? Wie stark? Welcher Charakter?) (s. Lerntext II.1), **Schmerztagebuch** und **psychologische Therapieverfahren** (s. Lerntext III.18) eine herausragende Rolle. Was bedeutet der Begriff der visuellen Analogskala (VAS) (s. Lerntext II.2)? Wie führt man ein Schmerztagebuch (regelmäßige Dokumentation von Schmerzstärke, -lokalisation und -charakter, schmerzreduzierende Maßnahmen und deren Wirkung auf den erlebten Schmerz am besten im zeitlichen Verhältnis zur Schmerztherapie)?

Sachverzeichnis

Sachverzeichnis

A

B

C

Q

R

S

T

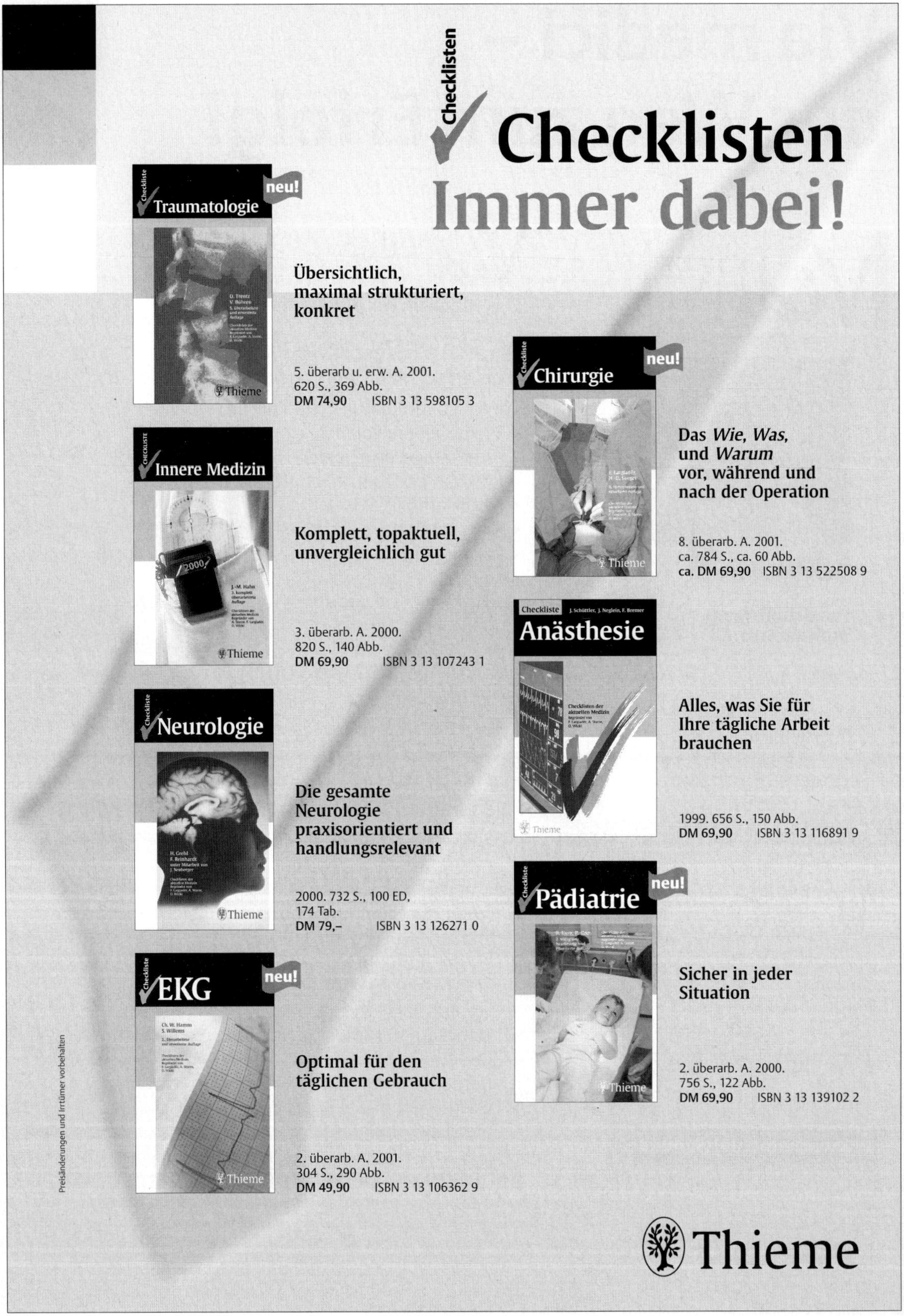
Checklisten
Checklisten
Immer dabei!
Checkliste Traumatologie
neu!
Thieme
Übersichtlich, maximal strukturiert, konkret
5. überarb u. erw. A. 2001.
620 S., 369 Abb.
DM 74,90 ISBN 3 13 598105 3
Checkliste Chirurgie
neu!
Thieme
Das Wie, Was, und Warum vor, während und nach der Operation
8. überarb. A. 2001.
ca. 784 S., ca. 60 Abb.
ca. DM 69,90 ISBN 3 13 522508 9
Checkliste Innere Medizin
2000
Thieme
Komplett, topaktuell, unvergleichlich gut
3. überarb. A. 2000.
820 S., 140 Abb.
DM 69,90 ISBN 3 13 107243 1
Checkliste J. Schüttler, J. Neglein, F. Bremer
Anästhesie
Thieme
Alles, was Sie für Ihre tägliche Arbeit brauchen
1999. 656 S., 150 Abb.
DM 69,90 ISBN 3 13 116891 9
Checkliste Neurologie
Thieme
Die gesamte Neurologie praxisorientiert und handlungsrelevant
2000. 732 S., 100 ED, 174 Tab.
DM 79,– ISBN 3 13 126271 0
Checkliste Pädiatrie
neu!
Thieme
Sicher in jeder Situation
2. überarb. A. 2000.
756 S., 122 Abb.
DM 69,90 ISBN 3 13 139102 2
Checkliste EKG
neu!
Thieme
Optimal für den täglichen Gebrauch
2. überarb. A. 2001.
304 S., 290 Abb.
DM 49,90 ISBN 3 13 106362 9
Preisänderungen und Irrtümer vorbehalten
Thieme

Ihre Meinung ist gefragt!

Sehr geehrte Leserin, sehr geehrter Leser,

ein gutes Buch sollte auch über mehrere Auflagen in Inhalt und Gestaltung den Bedürfnissen seiner Leser gerecht werden. Um dies zu erreichen, sind wir auf Ihre Hilfe angewiesen. Deshalb: Schreiben Sie uns, was Ihnen an diesem Buch gefällt, vor allem aber, was wir daran ändern sollen.
Für Ihre Mühe möchten wir uns mit einer **Verlosung** bedanken, an der jeder Fragebogen teilnimmt. Die Verlosung findet 1 × jährlich statt. Zu gewinnen sind 10 Büchergutscheine à DM 100,– (€ 50,–). Der Rechtsweg ist ausgeschlossen. Wir freuen uns auf Ihre Antwort, die wir selbstverständlich vertraulich behandeln.

Bitte schicken Sie diesen Fragebogen an:

Georg Thieme Verlag
Programmplanung Medizin
Dr. med. P. Fode
Postfach 30 11 20
70451 Stuttgart

Wie beurteilen Sie diesen Band:

Anzahl der Schemata ausreichend	ja ❑	nein ❑
Anzahl der Tabellen ausreichend	ja ❑	nein ❑
Anzahl der Lerntexte ausreichend	ja ❑	nein ❑

Wie beurteilen Sie die inhaltliche Qualität der Kommentare? Welche Kommentare sind besonders gut, welche Kommentare sind nicht ausreichend?

Wie beurteilen Sie die Lerntexte bzw. das Kurzlehrbuch?

Zu folgenden Themen wünsche ich mir einen Lerntext/ausführlichere Erklärungen:

Wie beurteilen Sie den Schreibstil und die Lesbarkeit des Bandes?

Ist die Schwarze Reihe für dieses Prüfungsfach als Vorbereitung ausreichend? Haben Sie noch andere Lehrbücher benutzt? Welche?

Besonders gefallen hat mir an diesem Band:

Weitere Vorschläge und Verbesserungsmöglichkeiten?

Absender (bitte unbedingt ausfüllen)